Saberes em viagem nos manuais pedagógicos

FUNDAÇÃO EDITORA DA UNESP

Presidente do Conselho Curador
Mário Sérgio Vasconcelos

Diretor-Presidente
Jézio Hernani Bomfim Gutierre

Superintendente Administrativo e Financeiro
William de Souza Agostinho

Conselho Editorial Acadêmico
Carlos Magno Castelo Branco Fortaleza
Henrique Nunes de Oliveira
João Francisco Galera Monico
João Luís Cardoso Tápias Ceccantini
José Leonardo do Nascimento
Lourenço Chacon Jurado Filho
Paula da Cruz Landim
Rogério Rosenfeld
Rosa Maria Feiteiro Cavalari

Editores-Adjuntos
Anderson Nobara
Leandro Rodrigues

VIVIAN BATISTA DA SILVA

Saberes em viagem nos manuais pedagógicos
Construções da escola em Portugal e no Brasil (1870-1970)

© 2018 Editora UNESP

Direitos de publicação reservados à:
Fundação Editora da UNESP (FEU)

Praça da Sé, 108
01001-900 – São Paulo – SP
Tel.: (0xx11) 3242-7171
Fax: (0xx11) 3242-7172
www.editoraunesp.com.br
www.livrariaunesp.com.br
feu@editora.unesp.br

Dados Internacionais de Catalogação na Publicação (CIP) de acordo com ISBD
Elaborado por Odilio Hilario Moreira Junior - CRB-8/9949

S586s

Silva, Vivian Batista da
  Saberes em viagem nos manuais pedagógicos: construções da escola em Portugal e no Brasil (1870-1970) / Vivian Batista da Silva. – São Paulo: Editora Unesp, 2018.

  ISBN 978-85-393-0702-9

  1. Pedagogia. 2. Educação. 3. Difusão da escola. 4. Manuais pedagógicos. I. Título.

2018-51   CDD: 371.3
                                                           CDU: 37.013

Editora afiliada:

Asociación de Editoriales Universitarias
de América Latina y el Caribe

Associação Brasileira de
Editoras Universitárias

Agradecimentos

A história do presente trabalho é a história de uma *viagem*, não só porque essa foi uma imagem nuclear na construção do objeto de estudo, mas principalmente porque, ao realizar esse trabalho, eu mesma *viajei* quando ampliei as referências da minha área de origem (a Pedagogia), podendo caminhar também por leituras relacionadas de História, Sociologia, Linguística, quando conheci outros modos de pesquisar, quando participei de reuniões e congressos em diferentes lugares.

Essa história não teria sido possível sem o apoio da Fundação de Amparo Pesquisa do Estado de São Paulo (Fapesp), instituição que me acompanhou durante toda minha trajetória de formação, desde os tempos de Iniciação Científica, passando pelo Mestrado e pelo Doutorado. Também a Coordenação de Aperfeiçoamento do Pessoal de Nível Superior (Capes) foi muito importante, pois me concedeu a bolsa de Doutorado sanduíche por meio da qual pude realizar parte significativa da pesquisa nos seis meses em que estive em Portugal.

Muitas pessoas queridas fazem parte dessa história – família, professores, amigos, colegas... Entre elas, agradeço imensamente à Profa. Dra. Denice Barbara Catani e ao Prof. Dr. António Nóvoa. Seus lugares na história de minha formação e de meu trabalho sempre foram (e serão) singulares. Hoje, mais de dez anos depois de defender a tese, agradeço as leituras e os diálogos com a Prof. Dra. Tânia Braga Garcia e com meus bons colegas do Núcleo de Pesquisas em Publicações Didáticas (NPPD-UFPR). Eles também fazem parte dessa história.

Sumário

Agradecimentos   5
Lista de siglas   9
Prefácio   11
Introdução   17

1   Os livros dos normalistas em Portugal e no Brasil, de 1870 a 1970   63
2   Dos *auctores* aos *lectores*: as referências usadas nos manuais pedagógicos   131
3   Viagem permanente: os saberes construídos nos manuais pedagógicos   193
4   De *lectores* a *auctores*: os manuais pedagógicos no circuito dos saberes educacionais   253

Considerações finais   321
Referências bibliográficas   325
Anexos   343

Lista de siglas

Capes	Coordenação de Aperfeiçoamento de Pessoal de Nível Superior (Brasil)
CNLD	Comissão Nacional do Livro Didático (Brasil)
CNPQ	Conselho Nacional de Desenvolvimento Científico e Tecnológico (Brasil)
COLETD	Comissão do Livro Técnico e Didático (Brasil)
CRPEs	Centros Regionais de Pesquisa (Brasil)
Fapesp	Fundação de Amparo à Pesquisa do Estado de São Paulo (Brasil)
Feusp	Faculdade de Educação da Universidade de São Paulo (Brasil)
LDB	Lei de Diretrizes e Bases da Educação Nacional (Brasil)
MEC	Ministério da Educação e Cultura (Brasil)
OCDE	Organização para a Cooperação e Desenvolvimento Econômico
Prestige	Problems of Educational Standardisation and Transitions in a Global Environment
SNEL	Sindicato Nacional dos Editores (Brasil)
TMR	Training and Mobility of Researchers
UL	Universidade de Lisboa (Portugal)
Unesco	Organização das Nações Unidas para a Educação, a Ciência e a Cultura
Usaid	United States Agency for Internacional Development
USP	Universidade de São Paulo

Prefácio

É bela a trajetória de Vivian Batista da Silva. Em 1995, iniciou o curso de Pedagogia, na prestigiosa Faculdade de Educação da Universidade de São Paulo (Feusp), onde, para além da dedicação ao curso, Vivian começou a trilhar seu caminho de iniciação à pesquisa, por meio do desenvolvimento de um projeto relacionado ao tema da imprensa periódica educacional paulista, com exame da relação entre os saberes pedagógicos e a formação de professores, no período de 1880 a 1990. Por esse motivo, teve a oportunidade de ingressar em um grupo de pesquisa coordenado por Denice Barbara Catani, importante professora e pesquisadora da Feusp, com a qual ela teria um saudável e profícuo relacionamento nos anos seguintes.

No ano de conclusão de sua graduação, em 1998, Vivian pôde acompanhar a montagem e, na sequência, participar de um projeto internacional, unindo duas comunidades de pesquisadores no Brasil e em Portugal, sob o título geral de "Estudos Comparados sobre a escola: Brasil e Portugal – séculos XIX e XX", que, em verdade, originava-se de um projeto anterior, sobre a difusão mundial da escola, desenvolvido com o apoio da União Europeia.

Entre 1999 e 2006, sob a orientação competente e dedicada de Denice, Vivian concluiu investigações relacionadas ao seu mestrado e ao seu doutoramento. Participei das bancas de defesa desses dois trabalhos, quando tive a oportunidade de conhecer, em 2001, sua dissertação de mestrado, intitulada *História de leituras para professores*: um estudo da produção e circulação de saberes especializados nos manuais pedagógicos brasileiros (1930-1971), que revelou um trabalho imenso de levantamento de manuais pedagógicos, de construção de categorias de catalogação de informações e um esforço inicial de compreensão dos significados daquelas produções.

Em um segundo momento, no ano de 2006, tive a feliz oportunidade de conhecer sua tese de doutorado, intitulada *Saberes em viagem nos manuais pedagógicos*: construções da escola em Portugal e no Brasil (1870-1970), que, a partir de uma perspectiva sócio-histórico-comparada, realizou um importante trabalho de levantamento e de análise de fontes, com vistas à difícil tarefa de construção de uma interpretação sobre as formas com que os manuais pedagógicos utilizados em ambos os países colaboravam para a produção de saberes e para a difusão de um modelo de escolarização entre os professores.

É esse segundo trabalho, oriundo do doutoramento de Vivian, que é publicado agora e que tenho a honra de prefaciar. O livro será conhecido pelo título geral *Saberes em viagem nos manuais pedagógicos* e, de certo modo, ele é a conclusão de um empreendimento de Vivian, que só pode ser compreendido pelo esforço que ela realizou nos últimos anos, mas que, necessariamente, coaduna-se com o meio institucional que a acolheu, no qual as possibilidades no âmbito da Feusp e da Universidade de Lisboa e o apoio efetivado por agências de financiamento à pesquisa brasileiras e estrangeiras foram fundamentais.

Sem dúvida, o meio institucional é valioso e, no caso de Vivian, o papel desempenhado pela orientação de Denice é visível, seja no que se refere à formação de uma pesquisadora na área de Educação, particularmente nas importantes especialidades da História da Educação e da História Comparada da Educação, que trabalha muito bem com arquivos e que desenvolveu capacidades interpretativas cada vez mais sofisticadas, como também no âmbito da formação cultural, humana e social. E esse não é apenas o caso de Vivian. Em 2011, quando tive a oportunidade de realizar meu pós-doutoramento na Feusp, sob a supervisão de Denice, não foi difícil perceber o seu empenho em ajudar suas orientandas e seus orientandos no processo de crescimento acadêmico e pessoal. Sem dúvida, esse é um diferencial que marcou positivamente a trajetória de Vivian, que desde 2010 tem atuado nesta mesma Feusp, agora na qualidade de docente e de pesquisadora, já tendo levado à defesa um número considerável de trabalhos em nível de mestrado e de doutorado.

Sob o título *Saberes em viagem nos manuais pedagógicos*, Vivian Batista da Silva comunica os resultados de uma investigação de fôlego, levada a cabo no período de 2002 a 2006, mas que se beneficiava de um trabalho anterior de coleta minuciosa, de catalogação e de análise de manuais pedagógicos no Brasil, e que, neste momento, foi acrescido de um trabalho da mesma natureza realizado agora em Portugal, por ocasião do período que passou na Universidade de Lisboa.

De acordo com Vivian, os manuais pedagógicos analisados eram utilizados pelos normalistas em seu processo de formação, com vistas ao ofício de ensinar, veiculando ideias sobre a importância e a razão de ser da instituição escolar, suas formas de funcionamento, seus métodos etc., o que formava, segundo ela, uma gramática escolar, com ampla difusão mundial, considerada como a forma única de escolarização.

Nesse sentido, não é sem motivo que a demarcação temporal da narrativa contida neste livro tem início na década de 1870, época das grandes reformas educacionais na França e de efetivação de um esforço estatal na direção de constituir uma moral laica republicana, em contraposição aos valores religiosos de antes, cujo epicentro formativo seria a escola pública. Nessa direção, em texto recente, António Nóvoa, afirmou que:

> Tomemos a data de 1870 como marco simbólico. Nesse período, um pouco por todo lado, assiste-se à consolidação do modelo escolar, isto é, de uma forma de conceber e de organizar a educação que, no essencial, chegou até os dias de hoje. [...] O modelo escolar impôs-se com o "único melhor sistema", isto é, como a única forma concebível e imaginável de assegurar a educação das crianças[1].

Seguramente, Vivian assevera essas ideias de Antonio Nóvoa, sobretudo por ele também ter exercido um papel importante em sua formação acadêmica. Mas, para além da construção desse modelo escolar, o intervalo de tempo coberto pelo livro de Vivian estende-se até a década de 1970, período em que muitos acontecimentos afetaram os processos e as ideias relacionadas à formação de professores, e nesse sentido ela teve que fazer recortes temporais que se vincularam ao exame de cada um dos momentos mais marcantes.

---

1 NÓVOA, António. Educação 2021: para uma história do futuro. In: CATANI, Denice Barbara; GATTI JR., Décio. *O que a escola faz?* Elementos para a compreensão da vida escolar. Uberlândia/MG: Edufu, 2015. p.51-69. Coleção História, Pensamento e Educação. Série Novas Investigações, v.7.

Se é verdade que, para termos condições de fazer proposições que possam levar à mudança, devemos antes conhecer bem aquilo que se passa em concreto, na vida social, e que afeta a todos, sem dúvida que, sob esse viés, o texto oferecido por Vivian permite o conhecimento aprofundado daquilo que se prescreveu nos manuais pedagógicos durante um século, de 1870 a 1970, para os futuros professores brasileiros e portugueses nas escolas que se dedicavam à formação deles.

É essa riqueza que atesta a importância deste livro escrito por Vivian. No entanto, é preciso ter em mente que não se tratou de uma investigação acerca das práticas efetivas desses professores nas escolas em que iriam atuar – o que seria interessante saber, mas que seria impossível realizar dado um período de investigação tão longo, tampouco sem fazer recortes institucionais e locais bastantes restritivos. Assim, ao concentrar os esforços na leitura de diferentes manuais pedagógicos, a autora conseguiu apreender elementos prescritivos fundamentais daquilo que deveria ser a escola e a atuação dos professores no interior desta, além de uma série de outros elementos possíveis de se perscrutar.

O livro tem uma introdução densa, que aborda desde os fundamentos teóricos da pesquisa até a forma como a investigação foi conduzida e a estrutura da exposição de seus principais resultados. Em seguida, há quatro capítulos, muito bem construídos, com alto nível de correspondência e de coerência entre eles, denotando o estabelecimento de um fio condutor proveniente da escolha eficiente do objeto e de uma problemática de investigação robusta e bem construída.

No primeiro capítulo, Vivian esclarece sobre os manuais pedagógicos utilizados pelos normalistas em Portugal e no Brasil entre 1870 e 1970. No segundo, debruça-se no meticuloso trabalho de busca e de entendimento das principais obras referenciadas pelos autores dos manuais pedagógicos analisados, com a nítida percepção da ênfase em uma concepção moderna de sociedade. Depois, no terceiro capítulo, detém-se nos saberes construídos pelos autores dos manuais pedagógicos, com destaque para: a definição do papel do professor (1870-1890); a organização da instituição escolar (1890-1910); a compreensão do aluno (1910-1940); a prescrição de métodos de ensino (1940-1970). No quarto e último capítulo, examina os manuais escolares nos circuitos dos saberes educacionais. Finaliza com um texto interessante de considerações finais.

Saberes em viagem nos manuais pedagógicos é, com certeza, uma obra importante no âmbito da História da Educação, em especial no que se refere à História Comparada da Educação e à História da Formação de Professores, com a vantagem de se dedicar ao que ocorreu em duas nações que têm muito em comum, além de uma mesma língua. Obra que interessa tanto a pesquisadores da História da Educação como também aos da área da Educação e das Ciências Humanas em geral. Sem dúvida, um belo trabalho que merece nossa leitura atenta!

Prof. Dr. Décio Gatti Júnior
Universidade Federal de Uberlândia

Introdução

Os manuais pedagógicos e as construções da escola

Este livro se propôs a construir uma história dos manuais pedagógicos, o que significou investigar a constituição de determinadas leituras para professores, desde a edição dos títulos mais antigos dos quais se têm conhecimento, na década de 1870, até o século seguinte, quando foi notável o uso mais recorrente de fotos, ilustrações, capas coloridas, letras maiores, enfim, um conjunto de técnicas editoriais que configuraram outras modalidades de escritos e motivaram práticas de ler pouco frequentes até aquele momento. Os alunos da Escola Normal usaram os manuais para estudarem pela primeira vez as questões relativas ao ofício de ensinar, encontrando nesses textos os saberes a partir dos quais conceberam sua profissão. Ao pretender dar conta dos modos pelos quais esses títulos elaboraram toda uma *cultura docente* (Perrenoud, 1993) e *escolar* (Chervel, 1990; Julia, 1995), o texto aqui apresentado interrogou-se em que medida os livros dos normalistas colaboraram para a consolidação do tipo de escola conhecido em diversas partes do mundo e procurou evidenciar dois aspectos intimamente relacionados. Por um lado, analisou como esse material foi criado no interior de projetos de formação de um número significativo de professores para trabalharem em instituições escolares marcadas por formas específicas de trabalho e personagens próprias, sobretudo os mestres e alunos. Por outro, examinou os manuais pedagógicos como instâncias de produção e circulação dos saberes que fundamentaram esse modelo de ensino. Assim, a história dos manuais articulou-se à difusão mundial da escola e dos conhecimentos pedagógicos.

Procurando reunir em escritos aparentemente sintéticos as questões tidas como essenciais para os educadores, os autores dos manuais citaram escritos de pedagogos, filósofos, sociólogos, psicólogos, biólogos e outros cientistas para definirem as funções docentes, os papéis dos alunos e os métodos de ensino a serem empregados. Quando mencionaram, explicaram ou resumiram diversas ideias, essas pessoas exerceram papel fundamental nas redes de comunicação estabelecidas entre os chamados "teóricos" e os professores em suas práticas cotidianas. Os manuais mediaram, assim, a compreensão do pensamento educacional, expondo aos normalistas algumas informações que essas pessoas ainda não tinham lido ou entendido. Por isso, foi inerente a esses livros certo tom didático ou professoral. O intercâmbio ocorreu quando os textos citaram autores, livros, revistas; explicaram o quão determinadas ciências puderam ser úteis para a Pedagogia ou situaram as iniciativas educacionais levadas a efeito em várias partes do mundo. Desse modo, a circulação de saberes ocorreu basicamente nas relações com o "outro", quando os manuais articularam conhecimentos do campo pedagógico com os de outras áreas, bem como as informações originadas no país onde os títulos foram publicados com outras provindas de diferentes partes do mundo. Esse movimento de ideias caracterizou a escrita dos manuais e construiu os vários componentes do modelo escolar – professores, instituição, alunos, métodos de ensino –, pois a articulação entre diversos conhecimentos permitiu justificar as proposições de trabalho dessa instituição.[1]

Desse modo, o movimento de saberes caminhando de um lugar para outro favoreceu o uso de diversas referências na elaboração de conhecimentos pedagógicos. Quando determinadas obras foram divulgadas – e outras esquecidas –, estiveram em jogo questões relacionadas ao prestígio de certos nomes entre os professores, bem como determinações de ordem econômica, relativas ao interesse das editoras na propaganda de certos títulos. Os saberes moveram-se de um lugar e período determinados para outros e transformaram-se nesse caminho de acordo com as múltiplas situações em que se apresentaram. Houve casos de teorias "deslocadas" de uma cultura para

---

1 Autores como Renato Ortiz (1985; 1991; 2000a; 2000b; 2001; 2003) analisaram a questão da mundialização e da circulação de informações recorrendo à figura da passagem de sangue no corpo, uma metáfora organicista que induziu a pensar nesse processo como a base essencial da vida. Nessa perspectiva, a divulgação dos saberes pedagógicos foi fundamental para a construção dos manuais e da escola.

outra, tal como quando os famosos postulados americanos acerca da educação democrática, elaborados por Dewey, foram importados para outras partes do mundo durante o século XX (Silva, 2001). Cada trajeto percorrido por essa e outras teorias envolveu diferentes leituras nos vários locais nos quais foram conhecidos, criando diferenças relativas às ideias tal como foram originalmente escritas. Desse modo, a circulação de saberes consolidou-se na presente pesquisa como uma das questões nucleares, pois só foi possível conhecer as configurações dos conteúdos dos manuais tomando-as como articulações entre diferentes conhecimentos, a partir de quais saberes específicos dos livros dos normalistas foram criados, de modo a explicarem questões relativas à vida escolar ou proporem determinadas práticas de ensinar. Ao se constituírem como vias de circulação de conhecimentos pedagógicos, nas quais foram apresentadas determinadas ideias aos futuros professores, os textos em pauta colaboraram para a construção e difusão das instituições de ensino e das formas pelas quais elas foram concebidas.

Os saberes usados nos manuais puderam ser comparados a fios de uma *corda discursiva* (Nóvoa, 2000), elaborada ao longo do tempo e graças à comunicação existente entre diferentes espaços. Essa metáfora sugeriu, nos limites do presente texto, o princípio segundo o qual as diversas interpretações de um pensamento comportaram elementos de continuidade: o entrelaçamento de uma corda só foi possível graças aos fios já existentes, a partir dos quais outros entrelaçamentos foram possibilitados. Entretanto, ao se reentrelaçar, a corda assumiu novas configurações, adquirindo outros significados, o que sugeriu o fato de a expansão mundial da escola ter sido um processo relativamente homogêneo e que, simultaneamente, assumiu contornos específicos em espaços determinados (Nóvoa; Schriewer, 2000). Isso porque foi notável a transição de uma *comunidade de sentido* fundamentada nas ideias de autores conhecidos em vários países, compondo "a melhor geração pedagógica de sempre" (Nóvoa, 1995). E os modos pelos quais esses nomes foram dados a ler diferiram no decorrer dos anos e no interior de diversos lugares. Nessa perspectiva as redes de comunicação assumiram dimensões muito amplas, atingindo escalas nacionais, internacionais e mundiais. Por essa razão, foi preciso pensar aspectos da expansão da escola desde o século XIX, evidenciando o quanto isso multiplicou os intercâmbios entre diferentes países, campos de saberes e profissionais interessados nas questões pedagógicas. Os professores entraram em contato permanente com outras ideias e experiências, as quais constituíram um corpo de conhecimentos mundialmente compartilhados e, assim, amplos, fluidos e plurais. Os manuais pedagógicos foram um dentre outros veículos usados nesse processo, com o qual colaboraram também as revistas de ensino, os jornais especializados e outros tipos de escritos sobre educação (Catani, 1994). Palavras e enunciados das mais variadas naturezas puderam circular, desde explicações científicas acerca da criança, justificativas para o uso de determinado método didático, definições para o papel do professor e da escola, até prescrições minuciosas sobre como agir em sala de aula. Nesses termos, as constituições dos manuais para professores e da escola resultaram de conexões estabelecidas em diversas partes do mundo.

Nem a escola, nem os saberes pedagógicos, nem os manuais para professores foram dados naturais, não estiveram meramente *lá*, como entidades independentes e a-históricas. Do mesmo modo, a expansão mundial das instituições de ensino e dos conhecimentos pedagógicos envolveram simultaneamente as nações, os grupos e os indivíduos. Isso favoreceu, por um lado, uma história desse movimento totalizante, relacionado com a expansão do capitalismo entre os séculos XV e XVIII, a formação dos Estados-Nação, o advento das sociedades industriais e a modernidade, aspectos intimamente relacionados com a construção da escola (Meyer, Ramirez e Soyal, 1992). No final do século XX, cristalizou-se um conjunto de fenômenos sociais, políticos e educacionais que transcendeu as nações e os povos. Esses fenômenos permitiram a autores como Meyer, Ramirez e Soyal (1992) e Schriewer (2001) assinalarem um processo de "difusão mundial da escola". Nesse sentido, foram notáveis as observações de autores como Chervel (1990) e Dominique Julia (1995) acerca de uma *cultura escolar* histórica e socialmente construída. Tal como a própria escola, as suas personagens (professores e alunos), o seu funcionamento (processos de ensino e aprendizagem) e seus objetos (dos quais claramente se destacaram aqui os manuais para professores) tiveram uma história e uma tradição de pensamento e vocabulário que lhe deram realidade e presença *no* e *para* o sistema escolar mundialmente difundido. Tanto o modelo de escola quanto os manuais para professores, desse modo, apoiaram-se e refletiram-se mutuamente. Assim, a história dos livros dos normalistas foi construída no interior do presente livro a partir de uma espécie de tríade formada por esses textos, a escola e os saberes educacionais, ou seja, o intuito foi evidenciar os manuais como um produto das iniciativas que corporificaram a escola, ao mesmo tempo em que produziram essa realidade, pois foram lugares nos quais os saberes sustentadores desse modelo circularam e foram elaborados.

Saberes viajantes

O objeto e a problemática que expusemos anteriormente remeteram para o tema do encontro, da troca ou, como diria Peter Burke (2003), do *hibridismo cultural*. Entre os educadores, foi justamente esse o processo que viabilizou a consolidação da escola de uma forma razoavelmente semelhante em países geograficamente próximos ou não, até mesmo econômica, social e politicamente diferenciados. Nessa perspectiva, o ensino formal configurou-se como um sistema administrado e garantido pelo Estado a todos os cidadãos, sendo, portanto, concebido nos termos de uma instituição pública, leiga, gratuita e obrigatória. Vinculada à constituição dos espaços nacionais, a partir do século XVIII, a escolarização foi entendida como um meio de se garantir uma unidade linguística e cultural. Nesse período, os governos europeus passaram a considerar o ensino como um meio de promover a unidade nacional, de educar para a cidadania, promover a integração política no interior de seus países (Nóvoa, 1995; Ó, 2003b). Assim, a chamada *escola de massas*[2] colaborou com o projeto do Estado mediante a institucionalização

---

2 Importa salientar algumas observações acerca do uso do termo *escola de massas*, que diferiu aqui de alguns dos sentidos dados a uma espécie de *massificação do ensino*. No caso brasileiro, por exemplo, esse processo foi associado aos índices da expansão escolar, quando eles atingiram camadas mais significativas da população em alguns estados do país a partir de meados do século XX (Beisiegel, 1984). Entretanto, o que ficou em pauta na tese que seu origem ao presente livro foi uma ideia de *escola pública, leiga, obrigatória e gratuita* que direcionou as políticas nacionais de diversos lugares do globo, sobretudo a partir de finais do século XIX. O uso da expressão *escola de massas* compartilhou, assim, da opção feita em projetos maiores de investigação – o *Prestige* e os *Estudos comparados sobre a escola – Brasil e Portugal (séculos XIX e XX)* – ao traduzir *mass schooling*, a expressão corrente na bibliografia americana e inglesa sobre o tema (Adick, 1989; Meyer, Kamens, Benavot, Cha e Wong, 1992; Meyer, Ramirez e Soysal, 1992). A palavra *massas* não foi usada para indicar que a escola tivesse assumido configurações idênticas em todos os lugares do mundo. Portanto, para evitar possíveis mal-entendidos, vale ressaltar dois aspectos: um relativo às questões ligadas à própria tradução do termo do inglês para o português e outro referente à opção de não relacionar a ideia de *massas* à de homogeneização. Discussões dessa natureza podem ser encontradas no trabalho de Canetti (1995) e Baudrillard (1994). Este último autor associou o termo a algo

de modos de trabalho específicos a ela, uma espécie de *gramática* facilmente reconhecível: classes graduadas agrupando os alunos; professores atuando individualmente junto a uma turma de estudantes, com perfil de generalistas, no caso do ensino primário, e de especialistas, no ensino secundário; lugares estruturados com arquitetura específica, nos quais a sala de aula sempre foi o espaço privilegiado de estudo; tempos específicos para as atividades e saberes produzidos *para, pela e na* escola, compondo o seu currículo (Nóvoa, 1995). Esse tipo de ensino foi por nós conhecido e tomado não como o melhor, mas como o único possível (Tyack, 1974) e a ampla expansão desse modelo só foi possível graças à interação entre as nações e ao contato com ideias do exterior.

Processo semelhante aconteceu em campos como o da música, no qual houve a mistura de formas e gêneros como o *jazz*, o *reggae* ou o *rock afro-celta*; da culinária, na qual foi visível a adoção de pratos típicos de um país como favoritos em outros, como o caso do *curry* com batatas fritas, que recentemente foi incluído na lista das comidas preferidas dos ingleses. Conforme assinalou um grupo de teóricos do hibridismo – como Homi Bhabha, indiano que lecionou na Inglaterra e hoje mora nos Estados Unidos; Stuart Hall, nascido na Jamaica e estabelecido entre os ingleses; Ien Ang, que passou a exercer seu trabalho na Austrália, nasceu na Indonésia e foi educada na Europa; e Edward Said, palestino, cuja infância viveu no Egito para depois se estabelecer como professor universitário nos Estados Unidos –, foram significativos os efeitos desse "deslocamento" de ideias, pois a expansão de determinadas informações gerou o enriquecimento ou a perda de tradições regionais ou raízes locais (Burke, 2003). Isso conduziu a examinar aqui a circulação de conhecimentos educacionais levando em consideração as diferentes origens e articulações estabelecidas entre esses

"sem atributo, sem predicado, sem qualidade, sem referência", sem "*realidade* sociológica" (1994, p.12) porque não remeteu para as interações de um grupo em determinado tempo e espaço, mas, sim, para um "conjunto no vácuo de partículas individuais", uma "opaca nebulosa". As observações do autor foram especialmente sugestivas, porque chamaram a atenção para o fato de que a palavra *massa* poderia anular as especificidades dos sujeitos e das relações estabelecidas entre eles. Neste livro, o intuito não foi remeter para um processo de massificação e, portanto, de uma espécie de uniformização dos padrões de escolarização no mundo todo. De fato, houve uma espécie de *gramática* do ensino, mas essas regras não caíram em uma espécie de vácuo, foram apropriadas em diferentes espaços a partir das relações estabelecidas entre eles no sistema mundial. Por isso, não se poderia usar o termo *escola de massas* sem ponderar o sentido aqui empregado.

saberes, pensada nos termos de uma espécie de *hibridismo* presente nos manuais pedagógicos.

Os princípios da divulgação de ideias entre os professores puderam ser aproximados à imagem da Torre de Babel.³ Escrito no Livro do Gênese (GN, 11, 1-9) – ou o Livro das Origens –, esse foi um ensinamento religioso acerca das relações entre o homem e seu criador, mostrando a difusão e a diversidade das línguas como uma repreensão divina à tentativa de se impor um único padrão de linguagem. Babel significou confusão, instaurada em uma torre criada para reunir o povo em um único lugar, por um único nome, falando uma só língua. A dispersão das pessoas daquele espaço desestruturou o projeto inicial e garantiu a pluralidade de suas falas. Houve uma série de questões aí relacionadas com a diversidade e a comunidade, pois Babel sugeriu o anseio de se dominar os outros por meio do estabelecimento de uma totalidade linguística, mas representou também as múltiplas (e inevitáveis) possibilidades de se entender uns aos outros no mundo. Um processo dessa natureza mobilizou estudiosos que partiram justamente da ideia da torre para tratarem de aspectos da leitura e da linguagem (Steiner, 1975; Derrida, 1987; 2002). Para esses autores, a língua e a comunidade constituíram-se a partir da pluralidade e, nessa perspectiva, a condição babélica indicou não só:

> [...] a diferença *entre* as línguas, mas a irrupção da multiplicidade da língua *na* língua, em qualquer língua. Por isso, qualquer língua é múltipla e algo assim como *uma* língua singular é também um invento dos filósofos e dos linguistas a serviço do Estado. Naturalmente estão os dicionários, as gramáticas e as Academias da Língua, todos eles inventos recentes, mais ou menos contemporâneos ao surgimento do Estado moderno. (...) E naturalmente existem aparatos educativos e culturais, também de Estado, que constroem constantemente línguas normalizadas e falantes igualmente normalizados. As línguas nacionais são línguas de Estado, e talvez não seja demais lembrar todo o poder e toda a violência que existe detrás disso a que chamamos mapas linguísticos, ao mesmo poder e a mesma violência que existe detrás dos mapas políticos. (Larrosa, 2004, p.70-1)

---

3 A Torre de Babel, nos termos como foi utilizada no presente livro, aproximou-se de um mito. "Malinowski, por exemplo, afirmou que os mitos eram – sobretudo, se não exclusivamente – *histórias com funções sociais*. Um mito, aventou ele, é uma história sobre o passado que, em suas palavras, faz as vezes de um 'alvará' para o presente" (Burke, 2002, p.141, grifos nossos).

Foi possível depreender dessas afirmações uma espécie de expansão "babélica" da escola que, como uma construção do Estado moderno, foi uma instituição por meio da qual se buscou normalizar os cidadãos, suas línguas e modos de viver. E a constituição desse modelo ocorreu de forma razoavelmente semelhante em várias partes do mundo, o que não impediu que os saberes a partir dos quais o sistema se difundiu possam ter sido interpretados em diferentes momentos e espaços (Nóvoa; Schriewer, 2000). Em outras palavras, no interior de cada sistema nacional, existiram diferenças relacionadas com a posição geográfica, as condições sociais, a cultura, os trajetos escolares de homens, mulheres, crianças, jovens, médicos, comerciantes etc. No limite, isso permitiu pensar que o ensino escolar assumiu certas particularidades de acordo com os lugares e tempos nos quais se desenvolveu. E mais, cada escola pôde compor várias realidades, considerando as adaptações do modelo de *escolarização de massas*. Os manuais para professores, como um dos veículos de transmissão das informações nas quais esse sistema se baseou ao longo do tempo, foram também meios de transformação de ideias, pois, ao reunirem os saberes tidos como essenciais ao magistério, seus textos resultaram das leituras feitas por seus escritores, reelaborando-as e dando-as a ler em uma circulação permanente de conhecimentos, uma espécie de *deslocamento* ou *viagem* sem fim. Isso porque esses livros – tal qual a literatura como um todo – produziram palavras, cujo sentido não foi possível controlar porque a dimensão de seus sentidos colocou-se como inesgotável (Schneider, 1990).

Saberes *viajantes* foi uma expressão que poderia ter sido designada de outras formas. Segundo Bernstein (1986), tal mecanismo foi descrito como a *localização* de um discurso, em seu ponto inicial de elaboração, e *deslocalização* do mesmo, quando foi interpretado por outras pessoas, em diferentes contextos e épocas. No debate denominado "A leitura: uma prática cultural", Pierre Bourdieu e Roger Chartier (1996) discutiram as múltiplas *apropriações* possíveis de um texto. Ao usarem esse termo, os dois autores sugeriram o problema de se determinar a distância entre o que os livros disseram e o que os leitores aprenderam disso, pois a suposição de leituras no plural implicou encontrar pistas sobre as múltiplas maneiras de ler, mais do que simplesmente sobre a produção, circulação e difusão de títulos, por meio de uma análise mais rigorosa e interrogativa acerca do objeto, para depreender os seus possíveis usos. Por isso, Roger Chartier (1996; 1990; 1991; 2001) referiu-se, em muitos de seus estudos, à liberdade regulada dos leitores diante da ordem imposta pelos livros. A metáfora da *viagem* também remeteu aqui para as observações de Bourdieu (1990) ao explicar a figura do *auctor*, o produtor de um discurso tido como original, e a do *lector*, o qual usou as palavras de outros autores para produzir seu pensamento, um novo pensamento de acordo com seus próprios interesses e capitais. A partir de relações dessa natureza, o pensamento "saiu" de seu lugar inicial e "percorreu", nas interpretações de seus leitores, caminhos múltiplos e diversos. Essa dinâmica remeteu, portanto, para as interações entre *auctores* e *lectores* – e entre *lectores* que puderam se tornar *auctores* –, as quais fundamentaram o contato com experiências, estudos e obras internacionalmente produzidas no campo educacional.

Os saberes *viajantes* puderam ser tomados também como saberes *traduzidos*. A tradução só foi possível na mediação entre as línguas e entre os pensamentos elaborados em uma mesma língua, referindo-se a qualquer processo de transmissão ou de transporte de sentido (Larrosa, 2004, p.63). Assim, ocorreu uma prática implícita a todo ato de comunicação, na emissão e recepção de qualquer modo de significado. Como diria Steiner (1975), ler foi traduzir. A tradução configurou-se, então, como uma ideia fértil para pensar o transporte de sentido, de uma língua a outra, de épocas a outras, de um contexto a outros. O presente livro reconheceu mais do que um sentido meramente técnico na transposição de textos de uma língua para outra, pensando em um processo por meio do qual os saberes foram deslocados. Por isso, a transmissão de ideias abriu a possibilidade da invenção e da renovação porque, ao serem comunicados, os saberes dispersaram-se, multiplicaram-se, confundiram-se, em uma pluralidade infinita de sentidos. Assim, a troca das informações não foi um movimento de colheita ou cópia, e sim de transporte, de comunicação (Larrosa, 2004).

Edward Said remeteu para esse movimento ao descrever três ou quatro estágios do mesmo. No seu entender, primeiro, houve um ponto de origem, ou algo parecido, um lugar inicial do qual a ideia "nasceu" ou "entrou" para o discurso. Segundo, houve uma distância percorrida, uma passagem por meio de vários contextos nos quais os saberes moveram-se de um ponto inicial para outro tempo e lugar onde eles assumiram outra configuração. Terceiro, houve uma série de condições – de aceitação ou resistência – impostas à (re)localização de teorias e ideias. Depois, os saberes assim apropriados foram permanentemente transformados por novos usos, em vários tempos e espaços (1983, p.226-7). Em outras palavras, esse foi o *infinito literário* (Said, 1983, p.126), termo que chamou a atenção para a existência de textos usados como referências nos manuais pedagógicos e que assim foram interpretados, não copiados, para darem origem a outras ideias. E esse movimento foi comum às várias modalidades de impressos usados pelos professores, pois ao longo de décadas nas quais foram sendo elaboradas, lidas, interpretadas e reinventadas, as teorias nas quais a educação se fundamentou puderam ser consideradas como fios entrelaçados a outros, não romperam, portanto, com o passado, mas foram rearticulados continuamente.

Evidentemente, a pergunta sobre onde começa essa *corda discursiva* extrapolou os limites desta obra. Isso porque um saber desencadeou outros nas relações estabelecidas entre eles, em diferentes tempos e lugares[4] (Foucault, 1992; Said, 1983). A esse respeito, Derrida (1972; 1991) assinalou um suposto "ponto inicial" de um conhecimento e sua continuidade, concluindo que o contato com a fonte não produziu uma espécie de regresso a determinadas ideias, que não possuíram um único sentido. O significado foi sempre criado por meio das leituras e representações às quais um texto foi exposto. Consequentemente, os textos dos manuais pedagógicos basearam-se em outros trabalhos, construindo interpretações acerca dos mesmos, as quais puderam ser desdobradas em outras leituras. Ao fazerem isso, os manuais deram "vida" à bibliografia que citaram, dando-a a ser conhecida. Essa foi uma operação chamada de "vivificação" e de "aproximação" de um texto que, conservado em sua literalidade, permaneceria morto e estranho[5] (Larrosa, 2004).

---

4 Nesse aspecto, convém retomar as palavras de Edward Said acerca da originalidade: "Assinalo aqui que o tipo de estudo teórico que estou sugerindo, exceto num sentido muito literal, não assumirá a presença universal e prévia de imperativos que pressionam escritores para escrever mais do que assume a existência anterior de unidades como a novela ou o ensaio; em vez disso, o que é assumido é um conjunto de circunstâncias ou condições contingentes e verbais das quais veio a decisão – selecionada dentre outros cursos de ação – para escrever. A unidade de estudo é determinada por aquelas circunstâncias que, para o escritor em questão, parecem ter habilitado ou gerado a intenção de escrever" (Said, 1983, p.130). Nesse sentido, a melhor maneira de se tomar a "originalidade" não foi atentar para a primeira instância de um fenômeno, mas sim examinar a duplicidade, o paralelismo, a simetria, a paródia, a repetição desse fenômeno.

5 Larrosa situou os debates teóricos já levados a efeito acerca da questão, afirmando: "Para Bakhtin, o texto nos permite falar e escrever livremente, com nossas próprias palavras, porque o fazemos vir até nós, porque o mesclamos com nossas próprias palavras, porque não há um texto único; o infinito do texto está na multiplicidade e na pluralidade de suas traduções,

Configurada nessa perspectiva, a dinâmica da circulação dos saberes nos manuais pedagógicos favoreceu a divulgação das ideias que fundamentaram o modelo escolar. Além disso, como diria Jacques Derrida (1998), os textos só foram conhecidos por terem sido mencionados, traduzidos e assim expostos a outras interpretações. Caso contrário, sem essa *tradução*, eles teriam "morrido" encerrados em si mesmos. Assim, no seu papel de tradutores, os escritores dos manuais foram responsáveis por conduzirem a outros lugares o que, em sua época, considerou-se o "melhor da literatura pedagógica", sintetizando-a, transformando-a e expondo-a a novas leituras.

Os saberes nunca foram completos ou, em outras palavras, a sua *viagem* constituiu-se como infinita. Da mesma forma, nenhuma leitura foi neutra ou inocente, e os textos (inclusive os manuais pedagógicos) estenderam o produto original da teoria que citaram (Said, 1983). Mas o que significou uma *viagem*? Como diria Renato Ortiz, ela "é sempre passagem por algum lugar e sua duração se prolonga entre a hora da partida e o momento de regresso. O viajante é alguém que se encontra suspenso entre esses dois referenciais que balizam o seu percurso" (2000, p.30). Nesse sentido, a metáfora da viagem sugeriu os limites entre os espaços de produção dos conhecimentos. Os viajantes, comparados aqui aos escritores dos manuais pedagógicos, foram, antes de tudo, estrangeiros, intrusos, marginais diante dos saberes que eles selecionaram das obras de vários autores, áreas de saber e lugares do mundo. Por isso os escritores de manuais afirmavam não terem escrito nada de original, o que se expressou nos pedidos de desculpas, nas justificativas dadas por essas pessoas nos prefácios de seus trabalhos, classificando os manuais para professores como obras "modestas".[6] Esse tipo de esforço foi entendido no presente trabalho tomando-se esses autores como uma espécie de estrangeiros: assim, eles não puderam expor as referências que citaram sem terem provado antes o quanto entenderam e valorizaram essas ideias. Feito isso, sentiram-se mais aptos a transitarem no circuito dos conhecimentos acerca da educação, selecionando-os, resumindo-os, explicando-os. Essa situação assemelhou-se à de um homem ao penetrar um território indígena. Segundo Ortiz (2000), essa condição envolveria uma fase preliminar, na

---

de suas encarnações dialógicas. [...] Para Foucault, porém, o texto nos deixa falar e escrever indefinidamente porque se retira, porque escapa, porque resiste a qualquer apropriação, porque nunca chegamos a ele" (2004, p.108-9).

6 Essa questão será tratada mais demoradamente no último capítulo.

qual o estrangeiro ficaria de "quarentena", isolado da aldeia e de um modo de vida do qual não fazia parte até aquele momento. Gradualmente, desenvolver-se-iam as relações entre os índios e essa pessoa "estranha", o que permitiria ao homem, após um período inicial de reclusão, a convivência no círculo de vida da tribo. Todas essas precauções teriam um caráter profilático e simbólico, em uma lógica de funcionamento útil para entender também as condições de quem escreveu os livros dos normalistas diante das referências usadas em seus textos.

Como *viajantes*, os escritores dos manuais pedagógicos foram *intermediários*, pois colocaram em comunicação saberes teóricos e práticos, relacionados a diferentes áreas de saber. Tal perspectiva sugeriu a importância de se pensar o tema das relações com o Outro, no caso, as várias fontes apreendidas nos manuais e articuladas para se construir a ideia de escola. Mas isso não significou apenas uma mobilidade de conhecimentos, pois a *viagem* também produziu uma certa *fixidez* (Ortiz, 2000). O seu deslocamento foi apenas o primeiro passo percorrido, pois, ao serem divulgadas em diferentes espaços, algumas ideias puderam penetrar as referências da *cultura escolar*. O que foi exposto até agora acerca dos *saberes viajantes* justificou as formas pelas quais a história dos manuais pedagógicos foi construída aqui. Optou-se, portanto, em estudar os textos desses livros "não somente pelo seu valor expressivo ou pelas suas transformações formais, mas nas modalidades da sua existência: os modos de circulação, de apropriação dos discursos" (Foucault, 1992, p.70). Isso sugeriu o fato de as ideias produzidas e postas a circular pelos livros dos normalistas terem fundamentado determinadas visões acerca do trabalho escolar. Embora o professor, a sala de aula, os alunos e a didática tenham sido dados a ler de forma semelhante em diversas partes do mundo, os mesmos também foram expostos a diferentes tipos de interpretação, em determinados momentos e espaços. A *viagem* dos saberes foi, então, um aspecto decisivo para compreender a expansão mundial da escola e a constituição dos manuais pedagógicos como objetos de leitura.

Para conhecer caminhos percorridos pelos saberes pedagógicos: o desafio da comparação

O estudo dos manuais pedagógicos e das formas pelas quais eles participaram da divulgação de saberes sobre a escola em diversos países conduziu o presente livro a determinadas opções de investigação. Um dos esforços centrais foi analisar o *espaço de produção desses livros*, pois se eles colaboraram de alguma maneira para a *constituição mundial da cultura escolar*, foi inevitável examinar em que lugar do mundo eles foram escritos. Ou seja, houve a necessidade de conhecer espaços determinados, nos quais os conhecimentos educacionais foram dados a ler e que, portanto, evidenciaram a dinâmica internacionalmente estabelecida de contato e troca de experiências, além das possíveis variáveis desse processo em diferentes espaços. Foi possível, assim, ultrapassar o estudo de questões internas a um espaço nacional, abrangendo lugares mais amplos onde as ideias circularam (Catani, 2000). Dito de outro modo, o movimento internacional de informações foi tomado aqui como um processo incorporado de forma específica pelos portugueses e brasileiros. Integrando o chamado *mundo lusófono* – constituído basicamente por Portugal e suas ex-colônias – esses países não se aproximaram por questões geográficas – postas as suas distâncias no mapa-múndi – nem por critérios econômicos ou antropológicos – cuja fragilidade interpretativa foi criticada. Os vínculos entre Portugal e Brasil apoiaram-se em aspectos políticos e culturais, permitindo, no interior do texto aqui apresentado, "imaginar *comunidades de sentido*, emergentes da partilha de um mesmo espaço linguístico" (Nóvoa, 2000, p.126). A exemplo de Anderson (1989), a *lusofonia* foi considerada resultado da construção de uma *comunidade imaginada*. Nessa perspectiva, portugueses e brasileiros compuseram elos linguísticos e históricos *imaginados* porque, embora nem todos os membros de cada lado do oceano puderam se conhecer pessoalmente, em suas mentes habitou (e ainda habita) a imagem de um passado e língua comuns. E, não obstante as desigualdades características das relações entre Portugal e Brasil durante o período colonial, houve uma certa fraternidade entre os dois países. Mas o sentido de *comunidade* entre portugueses e brasileiros não se constituiu de forma idêntica à de uma nação, limitada por fronteiras mais finitas e um sentimento de união mais forte. Os laços nacionais sempre foram tomados no sentido de um companheirismo profundo e horizontal, evidenciado na partilha de um mesmo território, língua e cultura.[7] Como assinalou Burke (2002), o termo *comunidade* obrigou a pensar o fato de cada grupo ter sido permeado por solidariedades elaboradas e reconstruídas no decorrer do tempo, não por atitudes homogêneas ou livres de conflitos.

Ao analisar os vínculos entre Portugal e Brasil quando esses países empreenderam esforços para implantarem e desenvolverem a escola, foi notável um consenso na literatura educacional, inclusive nos manuais pedagógicos: o de que as ideias circulantes foram produzidas em um "centro", ou seja, em um espaço também *imaginado* no qual estiveram incluídos países como a Alemanha, a França, os Estados Unidos e a Inglaterra. Essa foi uma espécie de imposição dos padrões de determinados países a outros, por meios que não se referiram ao uso da força física, mas a uma *violência simbólica* (Bourdieu, 1983), acabando por se fazer reconhecer a cultura dominante como a mais legítima.[8] De fato, a noção de "ideias fora do lugar" não foi inédita nem na historiografia e já foi usada para se falar da "reprodução social". Nesse sentido Schwarz assinalou que, "incansavelmente, o Brasil põe e repõe ideias europeias, sempre em sentido impróprio" (1981, p.24). Assim o autor usou o termo "ideologia", interpretando um descompasso entre o plano das ideias e

---

7 "Por outro lado, a questão das condições sob as quais se formaram as identidades nacionais, principalmente no século XIX, tem despertado mais polêmica. Para Benedict Anderson (1983), por exemplo, os fatores relevantes na criação dessas 'comunidades imaginadas' são o declínio da religião e o surgimento de línguas vernáculas (...). Para Ernest Gellner (...), o fator decisivo é o surgimento da sociedade industrial com a criação de uma homogeneidade cultural que 'aparece na superfície na forma de nacionalismo'. Já Eric Hobsbawn (1990) é cauteloso ao distinguir o nacionalismo de governos formados a partir do nacionalismo do povo; segundo ele, o sentimento das pessoas comuns a respeito de nacionalidade tornou-se uma questão de importância política apenas no fim do século XIX" (Burke, 2002, p.85).

8 "A elegância intelectual das análises quanto a um conjunto de conceitos opostos, embora complementares, é bastante atraente. A utilização desses conceitos deve estimular a busca de uma linha de investigação histórica frutífera, apesar de relativamente negligenciada. Os historiadores estão acostumados a estudar a centralização, porém mal começaram a explorar o processo de 'periferização'. Exemplo óbvio vem da história da língua; a crescente centralização política da Grã-Bretanha e da França no século XIX foi acompanhada pela difusão do inglês e do francês e pela marginalização ou 'periferização' do bretão, do galês, do provençal, do gaélico etc. (...) Há, lógico, contramovimentos, movimentos de revitalização linguística na periferia, incluindo declarações da independência das formas provinciais ou coloniais de uma língua, como no caso do inglês americano ou australiano. Todos esses conceitos têm seu valor, mas também seu preço – a ambiguidade, por exemplo. O termo 'centro' às vezes é usado em sentido literal (geográfico), porém outras vezes em sentido metafórico (político ou econômico). Em consequência, declarações como 'a centralização da França foi a obra de Luís XIV' são muito menos claras do que parecem à primeira vista" (Burke, 2002, p.116).

o plano das práticas. Isso fez, no seu entender, com que o Brasil "importasse" referências exteriores sem conseguir incorporar em seu cotidiano os ideais de modernidade tão perseguidos. A história de uma suposta ideologia na construção do caráter nacional brasileiro foi objeto de outro trabalho muito conhecido entre os pesquisadores da área, o de Dante Moreira Leite (1983), no qual o autor afirmou que as ideias importadas da Europa foram as grandes fontes de inspiração de movimentos como a independência das colônias sul-americanas. Essa foi a razão pela qual "os temas de nossa independência e de nosso nacionalismo sejam uma transposição, mais ou menos adequada e feliz, dos encontrados no nacionalismo europeu da época" (Leite, 1983, p.26).

No âmbito das iniciativas educacionais, Portugal e Brasil também foram tomados como casos de "atraso". Segundo Nóvoa, esse foi:

> [...] um estigma de que não conseguimos libertar-nos e que os *números* foram sucessivamente confirmando: nas primeiras estatísticas do final do século XIX, nos Anuários Internacionais da Educação do pós-Grande Guerra, nos documentos da Unesco do pós-guerra, nos recentes indicadores publicados pelo OCDE, nas bases de dados da União Europeia etc. (2000, p.122)

Tal "impropriedade" dos pensamentos brasileiro e português, como foi concebida durante um certo tempo por alguns autores, em várias "teorias", de inspirações marxistas ou liberais, produzidas no âmbito da Sociologia, foi notável também nos manuais pedagógicos, cujos escritores partiram das referências ao "mundo desenvolvido" para explicarem as realidades dos países tidos como "subdesenvolvidos". Esses esforços acabaram por desconsiderarem as *diferenças* entre as sociedades tidas como "atrasadas" e as dos países "centrais" e postularem a existência de uma continuidade que supostamente iria do subdesenvolvimento ao desenvolvimento. Entretanto, neste livro essa interpretação foi analisada em outro sentido, de modo a destacar o fato de ter sido social e historicamente construída.[9] Conforme assinalou

---

9 Sobre os riscos da comparação, Peter Burke assinalou o seguinte: "Em primeiro lugar, há o risco de aceitar muito facilmente a premissa de que as sociedades 'evoluem' de acordo com uma sequência inevitável de estágios. (...) Então, o problema é fazer análises comparativas que não sejam evolucionistas nem estáticas – como costumavam ser as de Weber –, porém levar em conta os diferentes caminhos que uma sociedade pode seguir. Em segundo lugar, existe o risco do etnocentrismo. Pode parecer estranho apontar tal risco, uma vez que a

Fernando Henrique Cardoso, "a análise das formas específicas da dependência não pode limitar-se à caracterização de uma estrutura reflexa com relação à outra; requer a análise de ambas em sua interrelação" (1969, p.17). Assim, as estruturas "dependentes" não foram meros reflexos de outras mais "adiantadas", tiveram sua própria dinâmica no interior dos limites definidos pelas relações de dominação/subordinação entre os países. Essa perspectiva de análise justificou a importância da ideia dos *saberes viajantes* porque os conhecimentos educacionais foram *traduzidos* nas mais diversas partes do mundo, incorporando uma pluralidade inerente a eles. Nesse sentido, autores como Popkewitz (2000) delimitaram de forma não hierárquica a relação entre saber e poder, questionando a ideia comum segundo a qual os saberes circularam em um único sentido, desde as "nações centrais" até os "países periféricos". Pelo contrário, o global e o local estiveram, nessa perspectiva, relacionados mediante padrões complexos que foram múltiplos e multidirecionais. A suposição do "atraso educacional" português e brasileiro não resultou, então, de uma impropriedade inerente aos pensamentos elaborados nesses espaços, mas, antes, de uma hierarquia criada entre os países "mais" e os "menos" modernos. Nessa perspectiva, a lógica da expansão da escola pelo mundo classificou os países ora como "exemplos de modernidade" a serem seguidos, ora como grupos a quem coube aprender como organizar seus sistemas de ensino a partir das lições oferecidas pelos países "mais modernos", classificação muitas vezes ligada a questões de ordem econômica. Envergonhando a uns, irritando a outros educadores da época, a suposta posição atrasada de seus países foi um argumento poderoso e incorporado ao discurso educacional português e brasileiro. Certamente, essa lógica de apropriação foi visível nos manuais pedagógicos e não poderia deixar de incorporar a análise feita no presente trabalho, pois ela foi fundamental para se estabelecer determinadas formas de produção e circulação de saberes educacionais e, portanto, foi útil para compreender como os livros dos normalistas colaboraram com a difusão de um modelo de ensino conhecido nas mais diversas partes do mundo.

---

análise comparativa há muito vem sendo associada com o conhecimento cada vez maior das culturas não ocidentais por parte dos estudiosos do Ocidente. Ainda assim, esses acadêmicos, muitas vezes, consideram o Ocidente uma norma da qual divergem as outras culturas. (...) Há o risco evidente de se tentar classificar a história de outros povos em categorias ocidentais dessa espécie" (Burke, 2002, p.44).

Um caso ilustrativo da tendência em se considerar uma espécie de "atraso" educacional brasileiro foi localizado em um dos livros escritos por Orbelino Geraldes Ferreira, ele mesmo autor de um manual pedagógico português, o *Didática prática*, editado em 1953. Em *Brasil pedagógico* (notas duma viagem de estudo, crítica aos programas de Ensino Primário do Brasil), publicado pela Associação Acadêmica da Escola do Magistério Primário de Lisboa, Ferreira ofereceu indícios importantes para responder à questão da existência (ou não) de *vizinhanças* e *distâncias* entre Brasil e Portugal no que se referiu à *apropriação* de ideias e modelos educacionais. Ao apresentar a obra, ele explicou que foi ao Brasil para "ver e julgar imparcialmente a sua Pedagogia, como antes fora a Espanha". A partir dessa experiência ele escreveu o livro, afirmando o seguinte:

> Aprendi muito nesta viagem feita exclusivamente à minha custa, *e aprendi sobretudo a valorizar o que é nosso. Nós somos, realmente, melhores, no campo pedagógico e literário*. Nada do que vi me assombrou, a não ser o conhecimento que tomei dos exagerados vencimentos que os seus professores auferem e do pouco rendimento que dão. (Ferreira, 1953, grifos nossos)

E, procurando expor todas as suas impressões acerca da experiência educacional brasileira, Orbelino Ferreira ponderou que:

> A verdade, às vezes não agrada, por não ser conveniente que se diga ou para não ferir susceptibilidades. Não importa – direi apenas a verdade do que vi, ouvi e li, por lá; do que fiz e como me trataram; da nostalgia que se sente das coisas da Pátria, com o corpo abrasado por um sol que não se vê e *apertado entre uma população que nos é de certo modo hostil*. (Ferreira, 1953, grifos nossos)

Assim, na apresentação do livro, foi possível notar que o Brasil não se configurou para os portugueses como uma *sociedade de referência*. Conhecer as experiências brasileiras significou, na verdade, uma tentativa de confirmar a primazia portuguesa na área da educação e produção de conhecimentos. Outros modelos, que não os de sociedades tidas como mais "atrasadas", foram mais legítimos.[10] No caso, o exemplo americano foi um dos mais

---

10 Ao estudar a circulação mundial da cultura, Renato Ortiz (2000) argumentou de modo semelhante. Em suas palavras: "é no século XIX que as nações começam a se formar. Durante o

poderosos na divulgação de um "modelo de sociedade nacional", baseando-se nos mitos do indivíduo, da nação como coletivo de indivíduos, do progresso nacional e individual, da socialização e continuidade do "ciclo de vida" e do Estado como guardião da nação (Schriewer, 2000, p.105-6). Isso conduziu a pensar em um sistema mundialmente estabelecido de difusão do modelo de ensino (Nóvoa et al., 2002, p.213). Conforme assinalaram John W. Meyer, Francisco O. Ramirez e Yasemin N. Soysal (1992), a partir da pesquisa feita considerando cento e vinte países ao todo, a expansão da *escola de massas* intensificou-se em várias partes depois da década de 1950, mas o processo evidenciou-se desde 1870, em espaços organizados como Estados-nação ou que tiveram esse projeto em suas agendas políticas. A circulação dos saberes educacionais seguiu as relações de poder entre espaços referidos como "modelares" e outros como "atrasados". Dito de outro modo, houve espaços tomados como exemplos e outros não, o que Bendix (1980) e Schriewer (2000) reconheceram como a constituição das *sociedades de referência*, definidas "sempre que os líderes intelectuais e um público cultivado reagem a valores e instituições de outro país com ideais e ações que concernem ao seu próprio país" (Bendix, 1980, p.292). As escolas dos franceses, alemães, ingleses e americanos foram modernizadas não porque se descobriu que elas eram "modernas", mas porque *podiam se constituir* assim. Nessa mesma lógica, os manuais pedagógicos foram um dos impressos que *representaram* (Chartier, 1991; Bourdieu, 1996) o sistema escolar mundial, situando

---

período romântico, a Alemanha moderna é uma abstração, ou melhor, uma aspiração; ela não existe ainda. É este 'ainda', hiato entre as condições históricas e o porvir, que permite aos intelectuais visar o pretérito com olhos no futuro. A valorização do popular se faz na medida em que a nação é uma utopia, um projeto. Isso não é porém uma característica imanente ao romantismo alemão. Trata-se de uma dimensão inerente à relação entre o popular e a constituição da nação. Ela se manifesta em diversos países e em contextos variados. O caso da América Latina é exemplar. Durante o século XIX e parte do XX ela anima os intelectuais, os políticos e os movimentos culturais (cinema, literatura, pintura etc.). Dos muralistas mexicanos aos modernistas brasileiros, temos a presença de um ideal constante: a nação. Mas é preciso ter claro. Essa entidade, idealizada pelo pensamento, não se realiza como atualidade; ela é sempre algo incompleto. Este é o seu segredo. Por ser utópica, defasada no tempo, sua construção galvaniza a imaginação de todos. Frente às agruras do presente, aos impasses, às dificuldades (pobreza, subdesenvolvimento, atraso tecnológico), a nação cristaliza um sonho ainda não materializado. Cada país busca então, nas raízes de suas expressões populares, os elementos dessa autenticidade almejada. A cultura popular age, assim, como substância simbólica que articula uma alteridade possível. Ela encerra, na mente dos homens, as potencialidades de um mundo 'diferente'" (Ortiz, 2000, p.39).

as posições ocupadas pelos diferentes países. Muitas vezes os textos citados nos manuais foram originalmente publicados em diversas partes do mundo, permitindo não apenas que assim essas referências exteriores tivessem sido dadas a conhecer, como também os manuais explicaram aos seus leitores de que maneira elas foram "influentes" ou não. Foi justamente por meio desses esforços de citar e explicar ideias nacional e internacionalmente produzidas que os manuais pedagógicos contribuíram para difundir mundialmente saberes educacionais.

E, se um dos elos entre portugueses e brasileiros na construção da escola foi a incorporação de uma situação periférica no mundo, convém assinalar o fato de o *território lusófono* ter sido marcado também por *ausências, negações* e *distanciamentos*. Acerca das maneiras como essa relação foi construída ao longo do tempo, Alfredo Margarido (2000) e Benjamin Abdala Júnior (1989) teceram considerações relevantes. O primeiro autor chamou a atenção para aspectos polêmicos do intercâmbio historicamente estabelecido entre os dois lados do oceano. Ele expôs a *lusofonia* como uma construção teórica portuguesa baseada na língua. Tal ideia apoiou-se também em uma "história comum", "mesmo se esta for frequentemente maculada pela violência do 'fato colonial'" (Margarido, 2000, p.13). Segundo o autor, inventar o *espaço lusófono* foi uma tentativa dos portugueses para retomarem relações com suas ex-colônias, rompidas em grande parte durante os anos 1960 e no decorrer do regime ditatorial português. Assim como a *francofonia* e a *hispanofonia*, por exemplo, a *lusofonia* serviu para afirmar particularismos nacionais ou culturais, o que foi dificultado pela difusão de um modelo característico do regime capitalista, o qual, sobretudo a partir de 1815 e tendo como grande potência os EUA, pautou-se na existência de espaços econômicos amplos, sem o controle rígido do Estado sobre a produção e circulação de mercadorias.

Se a ideia de um *espaço lusófono* acabou fragilizada diante de movimentos internacionalmente constituídos, como foi o caso da expansão do capitalismo e do fortalecimento da imagem norte-americana como modelo de progresso, ela articulou-se também a um conjunto complexo de relações estabelecidas entre Portugal e Brasil. A Independência política brasileira (1822) e a Semana da Arte Moderna (1922) foram exemplos dos momentos de ruptura entre os dois países e, nas palavras de Margarido (2000), significaram um "autêntico nascimento" do Brasil, nos quais os brasileiros reforçaram seus direitos sobre seu próprio território. Não obstante, outros tipos de reações à condição de colônia foram observados em obras como as de Gilberto Freyre, que favoreceram os laços de Portugal com o Brasil, na perspectiva de uma "modernidade colonial" na qual os portugueses apareceram como os criadores de novas técnicas de colonização capazes de eliminarem a violência dos conflitos raciais. Além das tensões, houve relações de ordem familiar entre ambos:

> A maneira como os portugueses têm considerado o Brasil, como estado-filho ou como estado-irmão mais novo ou caçula, implica a existência de um parentesco que deve manter unidos os dois países, mesmo se o percurso brasileiro, cada vez mais americano, tem pouco a ver com as opções portuguesas. (Margarido, 2000, p.19)

Margarido (2000) sublinhou ainda os perigos de se confirmar, por meio da ideia de *lusofonia*, os supostos direitos de Portugal sobre os territórios de suas ex-colônias, assegurando sua vontade de controlar o uso da língua e das produções dos outros países. Por isso, o presente trabalho diferiu seus critérios metodológicos daqueles que enfatizaram e preservaram, em pesquisas comparativas, situações de dependência cultural. Pretendeu-se, em um outro sentido, realizar um estudo sócio-histórico-comparado atento às *relações de vizinhança* pautadas sobretudo no poder estruturante da língua sobre as formações culturais (Catani, 2000). Esforço semelhante foi realizado por Abdala Júnior (1989) no exame das literaturas de ênfase social dos países de língua oficial portuguesa. Nessa pesquisa, o autor ofereceu importantes referenciais analíticos, pois identificou estratégias discursivas comuns a escritores do *espaço lusófono*. Para ele, esse espaço foi marcado por uma:

> [...] dinâmica da comunicação em português, que envolveu historicamente constantes semelhantes da série ideológica, que podemos apontar para a *existência de um macrossistema marcado como um campo comum de contatos entre os sistemas literários nacionais*. Quando aproximamos os sistemas nacionais é por abstrato que chegamos a esse macrossistema que se alimenta não apenas do passado comum, mas também do diverso de cada atualização concreta das literaturas de língua portuguesa. E, em um movimento inverso, à *diferenciação mais específica de cada nacionalidade nas atualizações desse macrossistema* mais

abstrato, correspondem fatores históricos de convergência (da tradição e também de modelos culturais de ruptura). (1989, p.16, grifos nossos)

Assim, houve *proximidades* – inseridas no âmbito de espaços comuns entre os países – e *diferenças* – pautadas na afirmação das características próprias a cada nação. Nesse *macrossistema*, onde proximidades e diferenças dialogaram constantemente, ocorreu aquilo que Abdala Júnior denominou como dinâmica do *intertexto*, "em uma perspectiva em que cada literatura nacional ficará situada ao lado de outra, em conjunção, sem a subordinação comparativista do passado, que dava ênfase ao estudo de problemáticas influências" (1989, p.12). O autor ainda observou o fato de a *intertextualidade* ter permitido a constante apropriação de um patrimônio coletivo mais amplo que, nos limites do trabalho aqui apresentado, correspondeu a um modelo de escola e de leituras para professores internacionalmente difundidos. Em outras palavras, esse foi um trabalho de *interação* e *transformação*, ao contrário da ideia de *permanência cultural*, que, por sua vez, restringia o papel do texto por restringir o seu papel ao de uma simples cópia ou ressonância. Assim entendido, o *intertexto* configurou-se como outra noção fundamental neste livro, pois permitiu entender as maneiras como os manuais pedagógicos portugueses e brasileiros puderam se apropriar de determinados saberes constantes em obras, experiências e modelos educacionais, colaborando, assim, para expandir essas ideias nas mais diversas partes do mundo.

A articulação de conhecimentos que fundamentaram a criação e expansão da escola já mobilizou estudos na área durante os anos 1930, quando Friedrich Schneider reconheceu as redes de comunicação estabelecidas entre educadores das mais diversas nacionalidades em um tratado sobre educação comparada. Entretanto, os historiadores tenderam a rejeitar a comparação, alegando estarem interessados no estudo das particularidades de um lugar determinado (Burke, 2002). Nos últimos anos, houve uma retomada do interesse pela comparação em História,[11] a partir do reconhecimento de que

---

11 "A comparação sempre ocupou um lugar central em teoria social. Na verdade, Durkheim declarou que 'a sociologia comparativa não é um ramo específico da sociologia; é a própria sociologia'. O autor destacou o valor do estudo da 'variação concomitante', em particular, como uma espécie de 'experimento indireto' que permitia ao sociólogo passar da descrição de uma sociedade para a análise dos fatores que a levam a assumir uma determinada forma" (Burke, 2002, p.39).

a escola se tornou possível por meio da diversidade e de que, assim, foi possível também conhecer o que esteve presente (ou não) nos diferentes espaços, assinalando a importância de uma *ausência específica* (Burke, 2002, p.40). Schriewer e Pedró (1993) notaram que o problema central do pensamento comparativo foi encontrar âmbitos de intersecção entre dados históricos de diferentes contextos. Para além do conhecimento de histórias paralelas, esse esforço exigiu a elaboração de explicações acerca das *proximidades* e *distâncias* entre nações (Catani, 2000). Foram justamente as relações entre a parte e o todo, manifestadas na incorporação local de discursos mundialmente difundidos acerca da escolarização, que puderam ser evidenciadas mediante o estudo comparado de duas realidades educacionais. Isso permitiu romper com a ideia de que a expansão mundial da escola acarretou tão somente sua homogeneização ou sua completa diversificação, como se esses movimentos tivessem sido distintos, tendendo ora para a totalidade, ora para o particular (Ortiz, 2000). De fato, o desafio de comparação aqui assumido não visou a estabelecer dicotomias, encontrando experiências tidas como "mais avançadas" ou outras como "mais atrasadas", mas quis compreender o modo como diferentes práticas discursivas relacionaram-se, configurando determinadas maneiras de pensar e agir. Importou, então, apreender a amplitude da História e a lógica das relações entre diversos países em um determinado momento e espaço, bem como pensar nas várias partes constituintes desse processo. "É nesta dupla lógica de 'amalgamar' e de 'desnovelar' que encontramos *zonas de olhar* por descobrir. A descoberta destas novas *zonas* é o desafio mais estimulante da pesquisa comparada" (2000, p.133).

Para entender esse processo, John Meyer, Francisco Ramirez e Yasemin Soysal (1992) usaram o termo *difusão*, deduzindo-se a existência de um centro a partir do qual as informações espalharam-se, o que favoreceu uma organização razoavelmente uniforme dos sistemas educativos em níveis nacional e internacional. Foram encontradas outras explicações para esse processo, enfatizando os modos de *recepção* do modelo escolar nos vários espaços onde ele tem se desenvolvido desde os séculos XVIII e XIX. Foi nesses termos que Jürgen Schriewer (2001) usou o termo *externalização* para explicar os efeitos das experiências de determinadas nações em outros lugares. Para o autor, em alguns países houve o esforço para conhecer experiências educacionais realizadas no exterior, como ocorreu nos anos 1960, quando o governo japonês se mobilizou para os Estados Unidos, no intuito de saber mais detalhes sobre a escolarização americana, cujos resultados sempre foram reconhecidos como "bons". Com essas referências "externas", o Japão apropriou-se de conhecimentos que assim puderam circular também no interior de seu espaço nacional.

O prefixo "inter" foi crucial para entender o que se passou, pois a circulação de informações só existiu porque determinadas nações interagiram entre si e a dinâmica mundial derivou desse movimento entre os países. Tais premissas foram implícitas também aos conceitos de colonialismo ou imperialismo, nos quais destacou-se um centro (o império) como elemento propulsor do movimento de expansão (Ortiz, 2000). A produção de saberes educacionais foi, nessa perspectiva, o cruzamento das dinâmicas mundiais e transnacionais, no qual ficaram claras as distinções entre "centro" e "periferia", "dentro" e "fora", bem como as relações de poder aí envolvidas. Evidentemente, seria equivocado tomar essas unidades: "local", "nacional" e "global" como autônomas, posto que elas se ordenaram a partir da capacidade de definirem sua própria centralidade e contracenarem com o que lhes foi externo. Elas se articularam de formas diversas, incorporando-se nos vários espaços um modelo mundialmente expandido (Ortiz, 2000). Essa dinâmica foi especialmente útil para explicar a circulação de ideias pedagógicas e a consolidação mundial do modelo de ensino, pois permitiu pensar que os vários componentes da escola. Ou seja, a estrutura da instituição, a figura do professor, a definição da criança como aluno, a elaboração de métodos pedagógicos foram aspectos trabalhados nos manuais portugueses e brasileiros, e também em livros escritos em outras partes do mundo. De fato, a expansão desses modos de escolarização só foi possível mediante as trocas de informações ocorridas em níveis nacionais e internacionais. Pelo que foi exposto até aqui, a comparação dos manuais pedagógicos portugueses e brasileiros foi fundamental para este texto, na medida em que possibilitou compreender os modos pelos quais esses livros contribuíram para expandir a escola. No caso, o intuito foi examinar como esse processo ocorreu em países que comungaram de uma condição "periférica" no mundo e estabeleceram relações culturais e linguísticas. A análise de manuais brasileiros e portugueses permitiu entender a lógica de consolidação de um modelo de ensino, apreendendo as especificidades desse movimento em determinados lugares.

Por uma leitura dos manuais pedagógicos

O exame dos manuais pedagógicos portugueses e brasileiros concretizou-se aqui a partir do princípio segundo o qual foi possível conhecer como *teoria*, mais do que meramente como casos, ilustrações ou exemplos (Nóvoa, 2000), a circulação dos saberes relativos à escola, em Portugal, no Brasil e no mundo. Este livro visou a construir a história dos manuais pedagógicos utilizando contribuições da Sociologia e de outras áreas, como a Linguística e a Literatura, o que permitiu identificar modalidades de produção e circulação de conhecimentos nos livros dos normalistas a partir de determinados modelos e métodos de análise[12] (Burke, 2002). Na verdade, o estudo de objetos como os manuais suscitou um grande número de questões – desde aquelas relativas ao seu conteúdo, às suas formas tipográficas, passando pelas iniciativas de autores, editores e órgãos governamentais que incorporaram os livros (Chopin, 2000) – e compôs um campo extremamente vasto para ser tratado apenas nos limites de uma única disciplina. Por isso, não houve uma única metodologia capaz de fazer conhecer o que foi essencialmente heterogêneo e aberto a várias áreas de estudo. Essa articulação foi fértil para entender a constituição dos saberes que fundamentaram ao longo do tempo a forma pela qual, hoje, concebemos a escola, seu funcionamento e as relações de suas personagens (professores e alunos). Assim, a história dos manuais pedagógicos, tal como foi criada neste texto, foi constituída no entrecruzamento de certas disciplinas e metodologias de trabalho, para apreender os múltiplos elementos que compuseram esses textos, durante um período relativamente longo (1870-1970), nos diferentes espaços nos quais eles foram publicados.

---

12 Para situar melhor o uso, na História, de modelos e métodos de pesquisa de outras áreas do conhecimento, convém retomar uma definição ampla dada por Peter Burke (2002), quando ele afirmou ser a Sociologia o estudo da sociedade humana com ênfase em generalizações acerca de sua estrutura e desenvolvimento. A História, por sua vez, tendeu a pensar as sociedades humanas no plural, destacando suas particularidades e mudanças ao longo do tempo. Nesse sentido, os sociólogos estiveram mais dispostos a observarem ou formularem regras gerais e analisarem suas exceções. Os historiadores puderam explicar detidamente os detalhes de alguns casos, ilustrando as possibilidades dos padrões gerais. Como nota o autor, essas duas abordagens muitas vezes foram tidas como contraditórias mas, acredita, foram potencialmente complementares, integrando o projeto de uma *teoria social* ou *teoria cultural*.

Essa perspectiva sócio-histórica configurou-se, ainda, ao se comparar duas realidades integradas a um sistema mundial de trocas de informações. Por isso, a análise teve a oportunidade de se especializar em uma região determinada – o *espaço lusófono* – a fim de averiguar as regras de comunicação dos saberes tal como ocorreu em Portugal e no Brasil, supondo prováveis paralelos desse processo em outros lugares. Essa delimitação conduziu a uma espécie de *nível intermediário* de análise, ou seja, o intuito não foi restringir a pesquisa a um único caso, nem tampouco uma medida demasiadamente geral, que visasse à difusão da escola em todas as partes do mundo. Obviamente, a expansão desse modelo assumiu essa dimensão ampla – que não coube aos limites do presente trabalho – e o olhar comparativo para os dois países permitiu encontrar leis gerais do conhecimento e algumas de suas múltiplas particularidades. Por isso, a análise dos manuais pedagógicos aqui realizada assumiu uma dimensão sócio-histórica-comparada.

Nesse sentido, não houve filiação restrita à determinada teoria tampouco o esforço de pôr a prova um dado modelo de explicação. Ao identificar os efeitos do processo de divulgação de ideias entre os educadores na expansão mundial da escola, o exame não recorreu somente à *teoria dos campos*, de Pierre Bourdieu (1983), que ajudaram a compreender as regras a partir das quais houve a produção e circulação de saberes no campo educacional. Igualmente relevante foi a *teoria dos produtos artísticos* apresentada pelo mesmo autor para situar os livros não como meras *criações*, mas como produtos de esforços mobilizados pelos seus escritores, editores, críticos, vendedores e, também, pelos seus leitores (Bourdieu, 1996). Os conceitos trabalhados por esse autor foram particularmente importantes porque a *noção de campo* remeteu para uma estrutura flexível, historicamente constituída, nas interações de um conjunto de campos – o campo educacional, o campo literário, o campo econômico, o campo científico etc. Os manuais foram definidos com base nas *posições* ocupadas nesse espaço e também como um campo de forças impondo determinadas relações àqueles que nele atuaram. Assim concebido, o conceito de campo permitiu analisar o aparecimento dos manuais para professores em finais do século XIX como um imperativo de diversos fatores, como a organização dos sistemas de ensino, interesses literários, econômicos, intelectuais e de formação docente. O desenvolvimento desses livros articulou-se, portanto, às relações entre esses diferentes espaços.

Outras contribuições marcantes para este livro localizaram-se nas formas pelas quais Michel Foucault (1992), Roland Barthes (1988) e Roger Chartier (1998) discutiram a figura do autor como categoria fundamental na constituição dos conhecimentos. Nessa perspectiva, esta obra filiou-se a narrativas sociais e históricas das práticas de leitura, encaradas não só pelas formulações internas ao texto lido, mas principalmente a partir dos mecanismos pelos quais determinados escritos foram postos no campo como "obras" fundamentais à formação para o magistério,[13] compartilhando as referências nas quais Roger Chartier (1990) baseou uma história das *apropriações* dos livros na França, bem como os exames procedentes da teoria literária (Steiner, 1977; Larrosa, 2004), e da filosofia (Derrida, 1998) acerca dos processos de transmissão de sentido, na perspectiva da *tradução* de ideias e da *intertextualidade* presente nas relações estabelecidas entre diversos conhecimentos (Abdala Jr., 2000). A investigação dos manuais pedagógicos aqui realizada também partiu de contribuições relativas à *mundialização* da cultura (Ortiz, 1985; 1991; 2000a; 2000b; 2001; 2003) e da escola (Schriewer, 2000; Meyer et al., 1992), identificando nessa variedade de contribuições um ponto comum, relativo às práticas de leitura das ideias que fundamentaram o modelo de ensino. Esse foi, no interior deste texto, o ponto de aproximação encontrado no diálogo estabelecido entre os vários tipos de teoria e áreas de saberes usados como referência, os quais incluíram a História, a Sociologia, a Filosofia e a Linguística, o que significou uma "virada teórica" de alguns historiadores sociais e uma "virada histórica" de alguns teóricos (Burke, 2002), evitando uma perspectiva de trabalho empirista, restrita à coleta exaustiva de informações, e outra abstrata, dos "teóricos puros".

Inspirado nessa tendência historiográfica, este livro[14] analisou os dados coletados a partir da identificação e quantificação da bibliografia, autores,

---

13 As condições de produção e apropriação do livro foram centrais para a história da leitura. "Roger Chartier e Robert Darnton realizaram explorações mais sistemáticas desse tipo, concentrando-se na França do século XVIII e examinando, entre outras coisas, as anotações, os registros das bibliotecas circulares, as diferenças entre originais e traduções a fim de reconstruir as visões dos leitores em relação a certos textos. Os historiadores da arte também se mostram cada vez mais preocupados com as respostas a imagens" (Burke, 2002, p.137-8).

14 Para tanto, foi criada uma Ficha de Análise que permitiu encontrar nos manuais pedagógicos informações para se responder às questões relativas aos modos pelos quais eles produziram e fizeram circular saberes educacionais. Essa ficha foi feita para cada manual examinado, tanto da parte brasileira quanto da portuguesa, contando, neste último caso, com a colaboração de António Carlos Correia e Laura Girão. A reunião de todos os itens coletados resultou na

comunidades internacionais, países e áreas de saberes citados ao longo das páginas dos livros, de modo a mapear da forma mais exaustiva possível esse *conjunto de referências* dos manuais, no intuito de conhecer os caminhos percorridos pelas ideias nos manuais pedagógicos. Sem isso, seria impossível saber quem foi citado, como foi citado e por quem foi citado, o que conduziu, em uma primeira fase da pesquisa, a identificar as menções presentes nas páginas dos livros, relativas a autores, obras, periódicos, áreas de conhecimento, como a Psicologia, a Sociologia, a Biologia, a Filosofia etc.,[15] países, organizações nacionais e transnacionais. Essa abordagem propiciou, como se verá no decorrer do texto, instrumentos de comparação ao mostrar as semelhanças e as diferenças entre os conhecimentos produzidos nos livros portugueses e brasileiros, de vez que os modos de contagem usados foram comuns aos dois casos. Assim foram operacionalizados os princípios teoricamente postos à pesquisa e, se a contagem das citações tivesse ficado limitada à mera descrição dos autores mais ou menos citados, pouco se poderia entender do processo de constituição dos discursos sobre a formação docente e a pedagogia nos dois países. Entretanto, a contagem das referências teve

---

composição de Base de Dados capaz de armazená-los e cruzá-los a partir de tabelas diferenciadas. Uma delas identificou os títulos, suas datas, locais de publicação e editora responsáveis. Cada manual exigiu o preenchimento de outras tabelas, vinculadas a: 1) Autores do livro e/ou de seu prefácio, para saber quem foram e qual profissão exerceram; 2) Conteúdo do manual, para saber que temas foram tratados ao longo dos capítulos; 3) Materialidade do texto, para saber em que formato foram apresentados; 4) Esquemas; 5) Fotos; 6) Gráficos; 7) Tabelas; 8) Propostas de exercícios; 9) Ilustrações, para saber quais dispositivos foram usados para facilitar (ou não) a leitura. Outra tabela foi nuclear na investigação aqui realizada, pois foi um espaço para registrar quais conhecimentos foram postos a circular nos manuais. Nessa parte, foram registrados todos os autores, obras, periódicos, organizações e experiências educacionais mencionadas ao longo das páginas, para que essas referências fossem contabilizadas, daí a opção pelo uso do programa Access para criar e preencher a Base de Dados. Isso permitiu, por exemplo, saber quais pessoas foram mais citadas ou não, em que período isso ocorreu ou não, quais referências foram citadas simultaneamente ou não. Os resultados dessa coleta de informações evidenciaram importantes aspectos das formas de produção e circulação de saberes nos manuais pedagógicos e incorporaram em vários momentos a presente obra. Algumas tabelas apareceram para ilustrar alguns dos argumentos ao longo do texto, outras, por terem ocupado um número razoável de folhas, apareceram em anexo, pois poderão ser úteis para futuras consultas.

15 Note-se que os manuais pedagógicos, além desses ramos do conhecimento, citaram também disciplinas ministradas na escola primária, quando orientaram os normalistas quanto às aulas a serem por eles ministradas. Foi o caso da história, da matemática, da língua portuguesa, da geografia etc. que, tendo em vista a problemática do presente livro, não foram incorporados à contagem feita das referências.

uma complexidade muito maior do que os seus resultados quantitativos. Em primeiro lugar, porque a partir desse esforço foram suscitadas perguntas acerca dos usos que os manuais fizeram das citações (Correia e Silva, 2002). Foi preciso, então, optar pelo uso dos métodos quantitativos como a disponibilização de dados *indiciários* (Ginzburg, 1990), e as suas potencialidades dos resultados do Banco de Dados só puderam ser sentidas no exame de outros aspectos relacionados ao conteúdo dos livros, ou seja, às suas *condições de produção* (Bourdieu, 1996), pois a escolha pelo uso de determinadas referências nos manuais seguiu, basicamente, as prescrições dos programas das Escolas Normais[16] e decorreu dos *capitais* e das *relações* (Bourdieu, 1983) estabelecidas pelos seus escritores no campo educacional.[17]

Outro motivo para o diálogo interdisciplinar aqui proposto vinculou-se à natureza do objeto de pesquisa, seguindo uma tendência dos historiadores em deslocarem-se da tradicional narrativa política, a das ações dos governos nacionais, para a História Social e Cultural, de objetos ainda pouco examinados, mas extensamente lidos (Hunt, 1992), como foi o caso da famosa Biblioteca Azul (Chartier, 1990) e dos manuais dos normalistas. Embora pouco legitimados no campo educacional e historiográfico (Batista, 1999), esses livros foram marcados, paradoxalmente, por um uso extensivo, pois foram leituras obrigatórias nos cursos de formação docente. Não se constituíram como registros oficiais do governo acerca da organização dos sistemas de ensino, nem como relatos de professores, apresentando aspectos vivenciados cotidianamente nas escolas. Os compêndios usados nas Escolas Normais assumiram outro papel, o de *mediadores* entre as prescrições do Estado e da ciência e as práticas desenvolvidas junto aos alunos. Os manuais também não foram incluídos entre as obras escritas pelos pensadores mais reconhecidos no campo, foram antes obras "menores" e pouco conhecidas. Poderíamos, então, destacar a hierarquia construída na literatura educacional dividindo os textos em dois níveis, um mais legítimo – ligado à produção de saberes teóricos – e outro mais relacionado às práticas docentes. Essa divisão estruturou os conteúdos dos manuais pedagógicos e foi reconhecida em

---

16 Essa questão disse respeito à própria natureza e definição dos manuais pedagógicos, sendo tratada mais demoradamente no Capítulo 1.
17 Uma das constatações do trabalho diz respeito à importância da atuação dos escritores dos manuais no campo educacional na legitimação ou esquecimento de seus livros. Esses aspectos foram analisados no Capítulo V.

afirmações como a de Rafael Grisi (1956), ele mesmo escritor de um manual, segundo as quais existiu uma "pedagogia dos céus", feita pelos teóricos, em academias e bibliotecas, e uma "pedagogia da terra", realizada pelos professores no dia a dia de suas atividades. Assim, os manuais dirigiram-se aos normalistas para falarem das ideias dos "grandes" pensadores, intermediando as relações entre ambos como "livros modestos" e nada "originais" – expressões comumente encontradas nos prefácios dos textos. Muitas vezes esses livros foram esquecidos porque não foram assinados pelos "grandes" pedagogos de uma época, mas sua posição intermediária e sua larga difusão entre os normalistas chamaram a atenção para a importância que assumem aqui como objeto de estudo.[18]

O interesse por obras "menores" tem reunido historiadores, sociólogos, críticos literários e outros mais atentos à cultura popular, no tocante às atitudes e valores de pessoas comuns e às suas formas de expressão (Burke, 2002, p.165). Nos limites deste livro, a questão colocada foi a construção de uma *cultura profissional docente*, de modo a destacar as interpretações dos saberes mais legitimados no campo educacional. O olhar para esse tipo de apropriação foi pensado para realçar as formas pelas quais um grupo – o dos professores – adotou e adaptou, inverteu ou subverteu as informações dos "grandes teóricos" (Certeau, 1995). Procurou-se entender como os saberes divulgados nesses livros foram construídos, lidos, traduzidos, inventados e reinventados em níveis nacionais, internacionais e mundiais. Nessa perspectiva, nem o progresso nem tampouco uma suposta originalidade foram naturais aos países e autores tidos como mais avançados na área educacional e que, dos *lectores* esquecidos aos *auctores* reconhecidos, milhares de redes fizeram circular, em múltiplos sentidos, os fluxos dos saberes, garantindo os intercâmbios sem os quais a escola hoje conhecida em todo mundo não teria sido possível. O exame da dualidade entre "saberes do céu" e "saberes da terra", "saberes centrais" e "saberes periféricos" decorreu da opção por mostrar como isso resultou de uma construção deliberada com fins políticos: desde o século XIX, as estatísticas internacionais insistiram em comprovar a existência de países mais adiantados e outros atrasados e os próprios manuais concordaram em louvar "os grandes teóricos" e colocaram-se em um lugar mais modesto na bibliografia educacional por não terem produzido esse mesmo

---

18 Esses aspectos serão retomados e tratados mais detalhadamente no Capítulo 1.

tipo de saber, mas antes conhecimentos que puderam ajudar o professor em sua prática cotidiana. A ideia do "centro" foi examinada na mesma perspectiva em que Michel de Certeau (1995) atacou a ideia de "cultura no singular", que ele criticou por ser sempre traduzida como "o singular de um meio". Daí o intuito de substituir, no caso da história dos manuais pedagógicos, a noção de *referência no singular* – a qual sugeriu e reproduziu uma representação que se quis impor em determinados momentos e espaços – por uma outra concepção, centrada em *referências no plural* e capaz de indicar o jogo de forças orientadoras das configurações assumidas pelos fios da corda discursiva na qual a ideia de escola se fundamentou. Portanto, a dimensão sócio-histórica do livro vinculou-se ao reconhecimento da importância da *cultura* como uma *construção dinâmica e maleável*. Foi justamente nessa perspectiva que se concebeu a circulação nacional e internacional dos saberes educacionais nos manuais pedagógicos como um dos princípios da difusão mundial do modelo de ensino.

Uma história da história dos manuais pedagógicos

A história dos manuais pedagógicos aqui construída foi o resultado da busca de uma reflexão teórica e conceitual mais elaborada acerca desses títulos, bem como da análise do conhecimento produzido a seu respeito em História da Educação. Em outras palavras, o intuito foi conhecer trabalhos já desenvolvidos acerca desses textos, identificando as questões e os referenciais que os mobilizaram. Isso permitiu notar que os manuais pedagógicos ainda não se afirmaram no conjunto das pesquisas da área, embora tenham sido reconhecidos aqui como fonte e objeto ricos para a história da profissionalização docente e dos saberes que a sustentaram. Um ponto de partida possível para pensar a história da história desses impressos foi o exame da proximidade entre esses livros e outros manuais escolares. Dado que o estudo dos textos dirigidos aos alunos dos mais diversos níveis de ensino – notadamente os primário e secundário – formou um campo de pesquisa incomparavelmente mais desenvolvido, foi útil começar por ensaiar o reconhecimento de características comuns aos impressos escolares. Assim, um dos primeiros esforços na realização deste trabalho foi discutir e afinar o entendimento dos livros dos normalistas, diferenciando-os, em sua natureza e forma, dos textos usados nas aulas dos alunos do ensino primário.

Por terem se destinado aos alunos da Escola Normal, os manuais pedagógicos constituíram-se em uma das leituras promovidas pela escola. Mas, diferentemente do que ocorreu com os livros escritos para outros níveis de ensino, os textos dos normalistas foram feitos para ensinarem a essas pessoas modos de socializarem seus futuros alunos. Das afinidades e especificidades existentes entre os manuais escritos para as crianças e os que foram feitos para os futuros professores, foi possível assinalar o fato de ambos terem sustentado o processo de socialização escolar, organizando o discurso que instituiu os atores e a sua subjetividade. No entanto, no caso dos manuais para professores, existiu a construção de um discurso com foros de cientificidade acerca da natureza do ato escolar, do espaço-tempo da escola, da infância, da sua Psicologia e do seu desenvolvimento, das questões fisiológicas, dentre outras referências que legitimaram o modo como os saberes pedagógicos foram selecionados e dados a ler. Assim, a formação inicial do professor produziu efeitos sobre a socialização escolar das crianças, mas foi acompanhada de uma espécie de discurso particular, supostamente superior à dos textos do público infantil. Mais do que produtos da *cultura escolar*, os manuais pedagógicos foram encarados do ponto de vista da constituição de um corpo de saberes especializados, os quais sustentaram a profissão docente e cuja constituição foi palco de lutas intensas pela afirmação social e institucional de novos campos e disciplinas científicas, das quais a Pedagogia e Psicologia Experimentais nos finais do século XIX e primeiras décadas do século XX foram exemplares (Nóvoa, 1987). A (re)produção, circulação e apropriação dos conteúdos dos manuais pedagógicos estiveram, portanto, relacionadas também às vicissitudes da institucionalização das Escolas Normais e da constituição de campos acadêmicos usados na área educacional.

Na maior parte das vezes, os títulos em pauta atingiram um grande número de edições, o que significou uma notável trivialidade, familiaridade e ampla difusão. Paradoxalmente, isso motivou um certo desinteresse por parte dos pesquisadores com relação à produção e circulação de manuais para professores e livros escolares em geral. Segundo Chopin (2000), um dos primeiros estudiosos que se dedicaram ao estudo dos textos escolares, até aproximadamente meados do século XX, houve poucas investigações sobre o material e faltou um esforço mais sistemático de conservação e catalogação do mesmo. A quantidade de pesquisas dessa natureza aumentou a partir da década de 1960, um momento de democratização do sistema educativo, de descolonização no caso francês e aumento dos progressos técnicos. Os trabalhos então encaminhados privilegiaram questões a respeito da vida escolar, da constituição da memória coletiva – o nacionalismo, o patriotismo, a moral – ou mesmo do racismo. Assim, os esforços quanto ao exame do conteúdo dos livros versaram sobre uma multiplicidade de temas, permitindo conhecer referências familiares a respeito de gênero, culturas, direitos humanos. Nos últimos vinte anos, houve uma mudança nesse tipo de interesse, decorrente não tanto do seu aumento e diversificação, mas, sobretudo, do desenvolvimento de projetos com novas perspectivas ou especializados em disciplinas e áreas nunca trabalhadas até então. Dos anos 1980 em diante, procurou-se construir uma história da literatura escolar, com a elaboração de inventários de coleções, identificação das leis que regularam o gênero, reconstituição da vida das editoras, da atuação profissional dos autores, da difusão e recepção do material etc., o que foi favorecido pela ampliação das técnicas de armazenamento de dados. Em outro texto também relativo à produção de estudos sobre manuais, Chopin (2002) assinala como uma das tendências atuais o interesse pela dimensão transnacional e pela circulação das ideias e dos mecanismos de elaboração das identidades culturais em diferentes países.

María del Mar del Pozo Andrés (2002), na introdução do volume da revista *Paedagogica Historica* dedicado ao tema "Livros e Educação: 500 anos de leitura e aprendizagem", ofereceu um panorama dos projetos de pesquisa levados a efeito nos últimos 20 anos e evidenciou o significado que os livros escolares tiveram para os historiadores da educação ao longo do tempo. Um dos aspectos mais relevantes notados pela autora foi a multiplicidade de palavras (livros-texto, manuais e livros escolares) usadas nas investigações para designarem uma mesma categoria, a dos textos escritos para a educação formal. Gabriela Ossenbach e Miguel Somoza (2001) também notaram uma certa "ambiguidade terminológica" para denominar o objeto de pesquisa em pauta, o qual foi referido nos trabalhos de diversas formas: livros escolares, livros de texto, livros para crianças, manuais, almanaques, cartilhas, livros de cópias, catecismos, obras de autores determinados, como Walter Benjamin, Comenius, Rousseau e Mary Somerville, e até livros infantis. Essa variedade de termos conduziu à necessidade de se construir um "consenso acadêmico" sobre a denominação e categorização desse objeto (Andrés, 2002), embora não tivesse havido dúvidas quanto à importância dos livros como elementos centrais na história do currículo e como fontes fundamentais para entender o funcionamento das disciplinas e das práticas escolares, das quais puderam ser vistos como "símbolo" e "emblema". Os textos escolares representaram também fontes para conhecer a economia das publicações editoriais, incluindo-se aí as modalidades de impressão ou a semiologia da imagem (Munakata, 1997; 1999). Nesse sentido, os educadores concordaram que os impressos utilizados por alunos e professores permitiram conhecer o cotidiano das salas de aula. Isso porque essa bibliografia organizou os conteúdos escolares mais "legítimos" (Apple, 1995). No entender de Jean-Claude Forquin (1993), a elaboração desse conjunto supôs uma seleção do patrimônio humano construído ao longo de gerações e ainda uma reelaboração dos tópicos escolhidos em nome de propósitos didáticos. Tal imperativo obrigou a emergência de modos de pensamento tipicamente escolares, constituindo uma espécie de cultura própria.

Segundo Chopin (2000), os manuais foram objetos complexos nos quais foram disponibilizados aos estudantes saberes, valores morais, religiosos e políticos. Para o corpo docente, esse material auxiliou o ensino, destacando algumas informações e sugerindo a adoção de determinados métodos e técnicas de transmissão das mesmas. Além dessa multiplicidade de aspectos, o autor ainda assinalou outras razões para explicar a riqueza dos manuais escolares como fonte e objeto de estudo. Uma delas referiu-se ao fato de que esse gênero foi produzido a partir de prescrições dos programas oficiais e, portanto, orientou de forma mais detalhada do que essas instruções o ensino que efetivamente ocorreu durante as aulas (ver também Correia, 2000). Tal repertório, no intuito de tornar os seus escritos acessíveis ao leitor, constituiu um *corpus* relativamente homogêneo, o que permitiu construir métodos comparativos de análise. Foi possível ainda empreender estudos seriais, acompanhando ao longo do tempo a aparição e o desenvolvimento de uma noção científica, de um método pedagógico em vários títulos, por exemplo, ou, ainda, as variações tipográficas apresentadas por eles.

Esses esforços configuraram um campo de conhecimento recente, pelo qual muitos pesquisadores se interessaram. O número 19 de *Historia de la educación* – Revista Interuniversitaria (2000) reservou uma seção para trabalhos relativos a manuais escolares, publicando um balanço sobre o encaminhamento de investigações na área, desde a década de 1960 (Alain Chopin), a apresentação da origem e evolução do projeto Manes (Investigación sobre los Manuales Escolares), com sede na Universidad Nacional de Educación a Distancia de Madrid e contando com a colaboração de diversas instituições de nível universitário da América Latina (Alejandro Tiana Ferrer e Gabriela Ossenbach Sauter), além de um trabalho a respeito do movimento editorial na Espanha (Miguel Beas Miranda) e de uma série de artigos interessados em publicações destinadas ao ensino de disciplinas específicas, tais como a História (Verena Radkau García), a História da Educação (Antonio Molero), a Física (Antonio Moreno González), a Gramática (Isabel Martinez Navarro). Como observou Benítez ao comentar o volume, esses textos ressaltaram aspectos ainda pouco conhecidos da literatura escolar.

Em seminário apresentado na Faculdade de Educação da USP em abril de 2000, intitulado "Olhar a escola através dos livros de texto para formação de professores", A. C. Correia atentou para a riqueza dos manuais, entendendo-os como peça essencial das representações do magistério, das relações dos docentes com seus colegas, alunos, bem como com os saberes, o ensino e a aprendizagem escolares (Correia, 2000, p.1). Nesse sentido, o autor não negou a importância do exame dos planos de estudos, das disciplinas, programas e conteúdos, mas assinalou também a riqueza de informações constantes nos livros ou manuais de ensino, pois foi nesse material que se desenvolveram os tópicos dos currículos de uma forma mais detalhada. O exame dessa modalidade de textos permitiu conhecer as características dos discursos com os quais os atores sociais da educação construíram as suas práticas e as suas identidades.

De fato, os manuais para professores, e também os dos alunos, permitiram múltiplas possibilidades de investigação, mobilizando diversos domínios do conhecimento: História, Pedagogia, Sociologia, Linguística, Política, Economia. Dentre vários estudos históricos sobre esse material, foi possível assinalar uma publicação dirigida por Agustín Escolano Benito, a *Historia ilustrada del libro escolar em España de la posguerra a la reforma educativa* (1998). Um dos artigos incluídos nessa coletânea foi assinado por Narciso de Gabriel Fernández e José Luis Iglesias Salvado, versando sobre *Los libros y guías para el maestro*. Os autores desenvolveram uma investigação a respeito de obras feitas para orientarem os professores no exercício do magistério, um material utilizado tanto pelos estudantes – pois forneceu orientações para a aprendizagem – quanto pelos professores – porque reuniu conteúdos e procedimentos de ensino. Esses foram textos centrais nas atividades escolares, cujas características e usos variaram segundo o período, o contexto, a idade dos alunos, a matéria ou as exigências de cada método utilizado. Os autores optaram por centrarem atenção somente nos impressos dirigidos aos mestres já atuantes, tais como livros ou guias a respeito de questões morais, administrativas ou metodológicas.

Ainda no que se referiu às produções espanholas, Antonio Pintado (2000) fez um artigo no qual tratou da introdução da disciplina História da Educação nos currículos de cursos de formação docente e examinou a bibliografia nacional e estrangeira que sintetizou os tópicos da matéria. Heloísa Villela (2000) desenvolveu esforço semelhante em sua tese intitulada *Da palmatória à lanterna mágica: a Escola Normal da Província do Rio de Janeiro entre o artesanato e a formação profissional (1868-1876)*, na qual analisou a formação realizada nas Escolas Normais da Província do Rio de Janeiro durante o século XIX, tomando como uma de suas fontes um manual escrito para os normalistas, além de outras fontes, como os relatórios oficiais, reformas, programas das disciplinas e material pedagógico. Na França, houve o trabalho de Michèle Roullet: *L'avenement d'une "science pèdagogique"* – Manuels de pèdagogie et de Psychologie des écoles normales en France entre 1880 et 1920 (1998), no qual a autora examinou as propostas educacionais e os temas constantes nos títulos, construindo uma tipologia dos discursos veiculados.

Tais estudos deixaram entrever o fato de que os manuais pedagógicos partilharam de características comuns a outros textos também destinados ao uso de estudantes, mas apresentaram especificidades importantes nos propósitos com os quais foram escritos e nos modos pelos quais foram produzidos. Podemos, a partir dessa retomada dos trabalhos, identificar o crescente interesse de pesquisadores sobre os manuais escolares e uma certa predominância dos estudos referentes aos livros destinados ao nível primário de ensino, se bem que foi notável um progressivo aumento do número de análises relativas aos textos destinados à formação dos professores. Foi possível encontrar na bibliografia examinada uma variedade de interesses de estudo. Os trabalhos referiram-se a diversos lugares (EUA, Brasil, Argentina, Austrália, México, Polônia, Lituânia, Espanha, França, Portugal, Inglaterra), atentando para uma variedade significativa de períodos cronológicos. Entre os períodos mais recuados estiveram os séculos XV e XVI, havendo uma concentração significativa de investigações centradas nos séculos XIX e XX.

Entre as investigações acerca dos manuais para professores, observou-se a pouca visibilidade daquilo que diferiu essa categoria de outros impressos usados pelos alunos (Ossenbach; Somoza, 2001). Não houve ainda uma diferenciação mais clara dos manuais para professores em relação aos manuais para alunos, o que as pesquisas acabaram deixando de lado porque não assinalaram as peculiaridades tanto da tipologia de cada categoria, quanto das estruturas internas e, sobretudo, dos usos aos quais cada livro se destinou. As fontes, os tempos, os lugares e os temas de pesquisas, tal como apareceram nos trabalhos sobre manuais usados por alunos e pelo corpo docente evidenciaram que, de certa forma, as questões e as fontes usadas nas investigações não se diferenciaram de modo significativo.

As fontes foram semelhantes tanto nos estudos sobre os livros para alunos como sobre os textos para professores. Em geral, foram examinados depoimentos, manuscritos, revistas especializadas e, evidentemente, os próprios manuais. Entretanto, quanto aos temas investigados, os interesses não foram tão parecidos e decorreram das finalidades de ensino de cada livro. Com relação aos tempos delimitados nas investigações, foi notável uma diferença importante. Houve uma característica dos estudos dos manuais para professores, que versaram predominantemente sobre momentos anteriores àqueles estudados em trabalhos sobre livros para crianças. Uma boa parte dos trabalhos sobre textos da Escola Normal examinou o período compreendido desde meados do século XIX até o início do século XX, quando os sistemas de ensino começaram a se constituir, configurando-se as preocupações com as regras de ingresso na carreira do magistério (por meio dos concursos) e da formação inicial da categoria (em cursos especializados). No caso dos manuais para alunos, os períodos mais tratados concentraram-se em meados e finais do século XX.

Além de uma definição mais trabalhada, a construção de uma história dos manuais teve como uma das alternativas férteis a capacidade de transformar esses livros de objetos de uso comum no cotidiano escolar, em *objetos de pesquisa*, construídos teórica e metodologicamente de forma a romper com as evidências do senso comum, como sugeriu Bourdieu em *La métier de sociologue* (1980). Assim, para além de uma descrição que reproduziu o modo como os manuais se apresentaram, uma perspectiva como essa envolveu uma problematização determinada das relações desses livros com outras dimensões da escola. O conjunto dos trabalhos já desenvolvidos na área evidenciou o potencial dos manuais como uma das fontes relativas a diferentes aspectos da vida escolar, notadamente: as fases de uma determinada disciplina do currículo tal como ela foi explicada em alguns manuais destinados a esse fim ou a carreira de um autor e as razões que o levaram a escrever um manual ou o conteúdo de um título lembrado pelo grande número de edições ou as iniciativas editoriais no setor. A partir de tais questões seria possível operar uma espécie de "reinterpretação criativa" (Bourdieu, 1996) das teorias acerca dos manuais para professores. Houve, no interior deste livro, o esforço para se dedicar suficiente cuidado à análise do lugar e do papel desses livros no quadro da *cultura escolar*. Nesse sentido, o trabalho aqui apresentado construiu uma história dos livros dos normalistas e dos modos pelos quais eles produziram e fizeram circular saberes relativos ao magistério, aos alunos e aos métodos de ensino, colaborando assim para difundir um modelo de escola mundialmente conhecido. Conforme assinalou Bourdieu, a fertilidade de um investimento como esse:

> [...] é fazer funcionar a propósito de um objeto diferente [os manuais para professores, no caso] o modo de pensamento que aí se exprime, reativá-lo em um novo ato de produção, tão inventivo e original quanto o ato inicial [este último tomado aqui como o conjunto mais amplo das pesquisas sobre manuais escolares em geral]. (1996, p.206-7)

Tal como foi proposta aqui, a análise dos manuais pedagógicos inseriu-se no quadro de investimentos mais amplos, na busca de objetos de pesquisa e metodologias de trabalho capazes de contribuírem para uma renovação na abordagem comparada em História da Educação em língua portuguesa (ver, em especial, o artigo de Carvalho; Cordeiro, 2002). Isso porque este texto articulou-se a um projeto maior, que reuniu investigações de ambos os lados do Atlântico no intuito de produzir estudos acerca da difusão mundial da escola, conforme veremos a seguir (Nóvoa; Schriewer, 2000). O processo de escolha do tema, de definição do âmbito cronológico e do estabelecimento de uma metodologia de pesquisa comum pôs em evidência a importância, para projetos como esse, de parceria e partilha de instrumentos de trabalho, de um percurso prévio de explicitação e (des)construção dos quadros teóricos, dos conceitos e métodos mobilizados entre pesquisadores portugueses e brasileiros. No texto que se segue, o intuito foi atentar mais demoradamente para a história desse trabalho coletivo, âmbito no qual foi construída uma análise sócio-histórico-comparada dos manuais pedagógicos escritos em Portugal e no Brasil desde 1870 até 1970.

Os modos de produção do estudo

Este livro foi produzido desde algum tempo e as suas construções relacionaram-se diretamente à trajetória de formação de quem o escreveu. Participar de um projeto de pesquisa já na graduação significou os primeiros passos na vida universitária e o início de esforços que tiveram continuidade na época do mestrado e doutorado. Nesse momento houve o contato com a imprensa pedagógica, procedendo-se junto com outras bolsistas de Iniciação Científica[19] ao exame e coleta sistemática de dados de revistas de ensino paulistas, colaborando com estudos que então se desenvolviam na área (Catani, 1994). Este foi o projeto intitulado *Imprensa periódica educacional paulista: saberes pedagógicos/formação de professores (1880-1990)*, desenvolvido entre agosto de 1996 e julho de 1998 com apoio da Fapesp,[20] quando foi possível também a inserção no interior de um grupo de pesquisa coordenado pela Prof.ª Dr.ª Denice Barbara Catani e formado por outras alunas da Faculdade de Educação na Universidade de São Paulo (Feusp).

Um dos momentos mais marcantes dessa trajetória foi o ano de 1998, quando houve uma reunião entre o grupo da Feusp com pesquisadores da Universidade de Lisboa (UL), realizada para pensar os possíveis encaminhamentos de projetos de pesquisas conjuntas acerca da difusão do ensino escolar entre os portugueses e brasileiros, desde finais do século XIX, quando os sistemas educacionais públicos, obrigatórios e destinados a todos começaram a se configurar nos dois países, até o século seguinte. Esse

---

19 A Iniciação Científica, no Brasil, convém esclarecer, corresponde aos trabalhos desenvolvidos por alunos de cursos de graduação junto a projetos de pesquisa apoiados por agências especializadas, como a Fapesp e o CNPq e orientados por professores conceituados na área.
20 A Fapesp auxiliou não só o projeto de Iniciação Científica como também os trabalhos desenvolvidos no Mestrado (entre 1999 e 2001) e Doutorado (entre 2003 e 2005).

foi um estudo realizado em perspectiva sócio-histórico-comparada, intitulado *Estudos comparados sobre a escola: Brasil e Portugal – séculos XIX e XX* (financiado na parte brasileira pelo Acordo Capes-ICCTI).[21] A colaboração foi originada de um outro projeto, também relacionado à expansão mundial da escola e desenvolvido junto a um programa financiado pela União Europeia, o *Prestige* (*Problems of Educational Standardisation and Transitions in a Global Environment*).[22] O referido programa vinculou-se ao *Training and Mobility of Researchers* (TMR), cujo objetivo foi consolidar redes de investigadores e centros de pesquisa no âmbito da educação comparada. Essas análises mais amplas inspiraram de modo significativo a construção da história dos manuais pedagógicos feita no presente trabalho, que se beneficiou dos diálogos teóricos e metodológicos com colegas da USP e da UL.

O exame dos manuais pedagógicos visou a compreender como esses livros influenciaram a formação de professores, organizando saberes especializados e autorizando modos de atuação próprios dessa categoria profissional no âmbito da implantação da escola em diversas partes do mundo. Primeiro, em nível de mestrado, foram examinados títulos brasileiros (Silva, 2001). O marco inicial da investigação foi o ano de 1930, levando em conta a reorganização das escolas normais em vários estados do país, no sentido de imprimir aos seus planos de estudos um caráter menos propedêutico e mais profissionalizante e, sobretudo, a acentuada proliferação de manuais de Pedagogia, Didática, Metodologia e Prática de Ensino. Para a delimitação da data final, correspondente a 1971, considerou-se a promulgação da LDB nº 5692, a qual substituiu os antigos cursos pela Habilitação Específica para o Magistério, e ainda o fato de, nesse momento, as edições examinadas terem utilizado recursos tipográficos mais sofisticados. Para o levantamento dos títulos, foram consultados os acervos das Bibliotecas da Faculdade de Educação da USP, da Pontifícia Universidade Católica de São Paulo, da Biblioteca Municipal Mário de Andrade e do Instituto de Estudos Educacionais Sud

---

21 O projeto foi coordenado pelo Prof. Dr. António Nóvoa, da Universidade de Lisboa, e a Profª Drª Denice Barbara Catani, da Universidade de São Paulo.

22 Convém assinalar que uma das iniciativas desse projeto foi a publicação dos *Cadernos Prestige*, ou seja, documentos de trabalho nos quais divulgou-se junto à comunidade científica estudos ainda em fase de elaboração. Entre as publicações da série aqui citadas incluíram-se o trabalho de Correia (2000), Correia e Silva (2002) e Carvalho e Cordeiro (2002).

Mennucci – todos estes da cidade de São Paulo – e da Universidade Estadual de Campinas, reunindo número significativo de publicações na área educacional. Isso permitiu encontrar uma coleção representativa composta por quarenta e quatro títulos, sem contar as edições e reedições de cada um deles. Além do exame do conteúdo e da materialidade dos manuais, aspectos como as iniciativas editoriais empreendidas na produção de manuais para professores, comentários feitos por educadores acerca desses livros em revistas de ensino e dispositivos mediante os quais o Estado tentou ordenar a produção foram questões estudadas na dissertação. Embora não tenham sido nucleares, essas temáticas permitiram compreender de forma mais acurada os modos pelos quais os livros dos normalistas configuraram-se como objetos de leitura entre os professores, integrando o mercado dos impressos e sendo objeto de regulamentações oficiais.

No doutorado, os manuais portugueses foram incluídos no estudo, considerando-se, tanto para o caso brasileiro como para o português, o tempo de edição do título mais antigo, nos anos de 1870, até o século seguinte, quando foram visíveis mudanças significativas nesses livros decorrentes, em grande parte, da transformação caracterizada por Décio Gatti Júnior (1998) como a transformação dos *antigos manuais escolares* nos *modernos livros didáticos*. Para além da ampliação dos limites temporais, a tese assumiu uma perspectiva sócio-histórico-comparada e passou a examinar de forma mais detida a produção e circulação de conhecimentos entre os professores. Analisando as *vizinhanças* linguísticas e culturais entre Portugal e Brasil, a tese pretendeu investigar se existiu ou não uma certa homogeneidade nos modos pelos quais os saberes pedagógicos foram produzidos e postos a circular nos manuais publicados em ambos os países, interrogando-se também acerca de possíveis particularidades desse processo nos diferentes espaços. No âmbito do doutorado, a busca dos títulos incluiu os acervos paulistas já mencionados anteriormente e estendeu-se à Biblioteca Nacional do Rio de Janeiro, prosseguindo o levantamento para encontrar outros títulos brasileiros que não puderam ser localizados em acervos da capital paulista. No caso português, o levantamento de títulos foi levado a efeito por pesquisadores da Universidade de Lisboa. Os acervos consultados foram a Biblioteca Nacional, a Escola Superior de Educação de Lisboa, o acervo do Instituto de História da Educação e a Biblioteca da Faculdade de Psicologia e de Ciências da Educação da Universidade de Lisboa.

O intuito de comparar manuais publicados em Portugal e no Brasil no decorrer do período compreendido entre 1870 e 1970 impôs alguns desafios à pesquisa. Ao todo, foram oitenta títulos incluídos na análise (vinte e cinco na parte portuguesa e cinquenta e cinco na parte brasileira), somados às reedições encontradas de cada um. Além disso, a necessidade de criar instrumentos comuns de coleta e sistematização dos saberes mobilizados ao longo das páginas de todos esses textos, questão nuclear do texto aqui apresentado, conduziu ao levantamento de uma quantidade de informações sem dúvida muito grande. Ora, foi preciso saber quais autores, obras, países, organizações, áreas de conhecimento e eventos foram citados em cada manual (considerando para essa contagem a edição mais antiga que se teve em mãos). Com isso, buscou-se identificar que referências foram usadas, onde e quando o foram. As possibilidades de exame configuraram-se de múltiplas formas, de vez que isso permitiu acompanhar as várias menções feitas a uma obra, autor ou país em um único título ou apenas no período em que elas apareceram, que autores e obras foram mais ou menos citados, quais textos foram usados simultaneamente, quais foram esquecidos ou não. Também foi possível conhecer que tipo de destaque as citações tiveram no corpo do texto, em nota de rodapé ou na bibliografia dos manuais, utilizando-se técnicas suficientemente sofisticadas do programa Access para estabelecer diferentes tipos de cruzamentos entre os registros feitos das citações.

De fato, essa quantificação foi imprescindível para o esforço de comparação aqui proposto e isso conferiu à pesquisa um caráter peculiar, pois tanto o seu *corpus* quanto as informações dele coletadas foram numerosos. Isso impôs outro desafio, pois esse volume de dados poderia conduzir a descrições interessantes, mas pouco férteis do ponto de vista explicativo. Poder-se-ia saber, apenas a título de ilustração e tomando resultados preliminares da recolha, que John Dewey foi, no Brasil, entre 1930 a 1971, o nome mais citado em 44 títulos. Entretanto, as leituras feitas desse autor nos manuais variaram no decorrer do tempo: entre os anos 1950 e 1960, Dewey foi menos citado do que na década de 1930. Além disso, se em um primeiro momento a obra desse filósofo americano foi destacada por enfatizar os princípios democráticos da sociedade moderna, a partir da década de 1950 as menções serviram mais para fundamentar as recomendações acerca do planejamento docente e da aplicação de métodos de ensino. Outro aspecto da contagem das referências foi que números totais não significaram necessariamente uma ampla divulgação do autor em causa. Uma primeira análise da quantificação das menções recolhidas sugeriu a pertinência de caracterizar o universo próprio de cada manual, com alguns nomes referenciados quase em exclusivo. Por exemplo, os nomes de Alexandre Gali e Teobaldo Miranda Santos foram, cada um, referidos sete vezes apenas no manual de Orbelino Ferreira (*Didática prática*, 1953). Das doze citações feitas a Bernardino da Fonseca Lage, onze foram feitas por ele mesmo em *Didática geral da escola moderna* (1945).

Esse tipo de informação, por si só, daria pouca visibilidade às formas pelas quais os livros da Escola Normal produziram e fizeram circular os conhecimentos que fundamentaram o modelo de escola difundido em várias partes do mundo. Assim, se a quantificação foi imprescindível e interessante, também foi perigosa. Inicialmente houve um investimento demorado para produzir essa sistematização das referências, mas, para fugir de um trabalho excessivamente descritivo, foi preciso realizar uma espécie de "apagamento" dos dados quantitativos para construir a história dos manuais. Isso significou uma atenção mais dirigida às formas pelas quais esses livros participaram da expansão mundial do modelo escolar. As quantificações foram utilizadas a partir dessa questão e talvez a visibilidade delas no interior deste livro seja relativamente pequena diante do trabalho minucioso realizado quando da coleta das informações: elas apareceram predominantemente no Capítulo 2 e compuseram principalmente as tabelas presentes nos Anexos 2, 3, 4 e 5. Na verdade, essa foi a alternativa considerada mais fértil para construir a história dos manuais pedagógicos portugueses e brasileiros.

Esse tipo de desafio se impôs não só para o exame dos manuais como também para o de outras fontes incluídas no projeto *Estudos comparados sobre a escola*, dentre as quais estiveram autobiografias e romances de professores, a legislação e as revistas de ensino. Estas últimas e os manuais, como instâncias de produção de um conhecimento que se pretendia científico, permitiram a construção de bases de dados muito parecidas. Ambos os materiais foram interrogados acerca dos modos pelos quais deram a conhecer obras, autores e experiências educacionais entre os professores. No caso das revistas, o texto de Luíz Miguel de Carvalho e Jaime Cordeiro (2002) e a dissertação de Milena Colazingari (2005) tiveram por base esse tipo de coleta e, no caso dos manuais, o Banco de Dados foi útil não só ao presente trabalho como também para o de António Carlos da Luz Correia (2000), nas suas investigações acerca do currículo escolar. Espera-se, ainda, que esse material possa vir a ser útil para outras pesquisas.

As questões metodológicas estiveram assim intimamente ligadas à construção da história dos manuais. Na verdade, a sistematização feita das informações dos livros das normalistas baseou-se em uma ficha de análise concebida originalmente para as revistas, mas esse Banco de Dados foi elaborado e (re)pensado algumas vezes a partir das especificidades dos manuais.[23] A coleta dos dados sempre foi acompanhada de reuniões com os colegas portugueses na Feusp e na UL ou mesmo via internet. A estada em Lisboa para realizar o chamado Doutorado-Sanduíche, entre janeiro e julho de 2004, foi outro momento muito decisivo na elaboração deste livro, quando a dimensão comparativa do estudo delineou-se de forma mais clara com a ampliação e aprofundamento das referências teóricas e o trabalho com as fontes: primeiramente, os manuais e ainda algumas fontes secundárias, relativas a periódicos educacionais publicados em Portugal, bem como à legislação referente aos planos de estudo da Escola Normal. Assim, a localização das fontes, a coleta das informações, a sistematização e análise de dados possibilitaram a construção da história dos manuais pedagógicos portugueses e brasileiros e incorporam a trajetória de formação da autora no âmbito de esforços de um grupo de pesquisadores. Isso fez da história do texto aqui apresentado a história de um trabalho coletivo.

* * *

O livro foi dividido em quatro capítulos, iniciando com uma parte dedicada à constituição dos manuais pedagógicos como objetos de leitura na Escola Normal. Ao identificar quando esses livros surgiram, a partir de quais imperativos e como eles se desenvolveram, foi possível apreender as diferentes formas pelas quais os textos dos normalistas configuraram-se no decorrer dos anos. A partir dessa caracterização procedeu-se aos critérios de seleção dos manuais incluídos no estudo, bem como à exclusão de determinados títulos. No Capítulo 1 foram delineados os primeiros elementos de

---

23 O modelo da ficha foi apresentado detalhadamente nas páginas 39 a 41 da dissertação de mestrado sobre os manuais pedagógicos brasileiros (Silva, 2001).

comparação entre as produções portuguesas e brasileiras, estabelecendo-se os "pares" de manuais publicados em ambos os lados do oceano em um mesmo período de tempo. Isso exigiu que se tivesse identificado os propósitos com os quais os textos foram escritos e os diversos vínculos estabelecidos com os projetos de formação de professores e os programas de estudos das Escolas Normais.

Os três capítulos seguintes evidenciaram diversas fases dos processos nos quais os livros selecionaram autores e obras para serem divulgadas e explicadas aos normalistas, produzindo saberes e participando do circuito de divulgação de informações no campo educacional. Essas três partes mostraram, em seu conjunto, que os manuais pedagógicos não tiveram características *naturais*, mas essas mudaram conforme seus contextos de elaboração e leitura. Para tanto, foram analisados os aspectos ligados às referências que apareceram ao longo das páginas dos manuais, seus conteúdos e suas condições de produção, especialmente as iniciativas de seus escritores, foram estudados de modo a comparar as características das publicações portuguesas e brasileiras.

Assim, no Capítulo 2 os manuais puderam ser chamados de obras de *lectores*, pois selecionaram ideias contidas nas obras de *auctores*. Quem foram esses *auctores*? Como esses nomes foram pensados no processo de difusão da escola? Quais foram os lugares, nomes e áreas de saber mais legitimados nos manuais? Quais foram os mecanismos de leituras dessas ideias estabelecidos no decorrer dos anos, tanto em Portugal como no Brasil? Esse exame teve como base uma sistematização quantitativa das referências constantes nos manuais portugueses e brasileiros, feita de modo a cruzar dados e comparar a recorrência das citações.

Em seguida, o Capítulo 3 investigou as modalidades de saberes construídas nos manuais pedagógicos. Isso porque ficou evidente que não só as referências, como também os temas privilegiados nos conteúdos dos livros mudaram ao longo do tempo, como paradigmas que fundamentaram nossos modos de conceber a escola. O intuito foi mostrar que os manuais de finais do século XIX e anos iniciais do século XX privilegiaram as questões de organização da escola (matrícula dos alunos, condições do prédio, modelos de aula etc.) e de definição do papel do professor, o que pôde ser explicado pelo fato de que esse foi um momento inicial de ordenação dos sistemas escolares em cada país. Uma vez estabelecido um "consenso" em torno das questões relativas à escola e ao professor, os manuais das primeiras décadas do século XX passaram a versar predominantemente sobre os saberes referentes ao aluno/criança, de modo a encontrar caminhos mais favoráveis à aprendizagem. Em um terceiro momento, tornou-se evidente a progressiva especialização das metodologias de ensino. Foi um momento em que houve uma espécie de retorno do tom prescritivo assumido pelos manuais de fins do século XIX, mas que se configurou de uma outra forma, pois as questões de organização da escola estavam, de certa forma, resolvidas, assim como também se percebeu a necessidade de se respeitar as potencialidades da figura do aluno/criança. Em meados do século XX o objetivo norteador dos projetos de formação docente foi garantir a eficácia dos instrumentos utilizados para ensinar. Esse terceiro capítulo evidenciou as maiores *vizinhanças* entre Portugal e Brasil, pois a comparação entre os conteúdos dos manuais, mostrou o quanto as produções de ambos os países foram semelhantes.

Finalmente, o Capítulo 4 do livro pretendeu mostrar que o lugar dos manuais pedagógicos no conjunto da literatura educacional passou por mudanças. E, aqui, as produções portuguesas e brasileiras apresentaram diferenças significativas no que se referiu à trajetória dos escritores e às condições de produção desses livros (ligadas à expansão das Escolas Normais e às iniciativas editoriais). Ou seja, de obras originalmente escritas como meros resumos de outras ideias, alguns desses livros – sobretudo no caso do Brasil, onde houve também o aumento crescente da quantidade de manuais publicados – passaram a ser referências para outros manuais e, nesse sentido, passaram de livros de *lectores* para livros de *auctores*. Quando surgiram, em um momento ainda de organização inicial do sistema escolar, os manuais caracterizaram-se como obras de *lectores*. A consolidação da *escola de massas* foi um dos fatores que favoreceu a difusão cada vez mais alargada desses livros, oferecendo as condições para que eles, em um período correspondente a um século (1870 a 1970) tivessem se tornado referências em outros manuais, transformando-se assim em obras de *auctores*. O intuito foi identificar quais mecanismos possibilitaram essa mudança, mostrando o quanto a variedade da formação e a circularidade dos escritores dos manuais foi decisiva para o reconhecimento de suas obras. Ao mesmo tempo, a organização da escola para um número cada vez maior de pessoas explicou a crescente demanda por manuais pedagógicos, sendo que a sua legitimação no campo educacional esteve estritamente ligada à própria constituição dos sistemas de ensino, afirmando a tese de que os manuais foram produtos das iniciativas que corporificaram a escola, ao mesmo tempo em que produziram essa realidade, pois foram lugares nos quais os saberes sustentadores desse modelo circularam e foram elaborados.

O texto incorporou ainda um conjunto de anexos distribuídos entre os capítulos e que sistematizaram informações relevantes para a compreensão de determinadas partes do livro. O material permitiu examinar as *aproximações* e *distâncias* entre os manuais pedagógicos portugueses e brasileiros no processo de difusão mundial da escola e dos conhecimentos que fundamentaram a construção desse modelo.

1
Os livros dos normalistas em Portugal e no Brasil, de 1870 a 1970

Como o intuito aqui foi elaborar uma história dos manuais pedagógicos portugueses e brasileiros em um período correspondente a um século, desde a publicação do título mais antigo, em 1870, considerou-se necessário começar mostrando que livros foram esses. A listagem abaixo organizou os textos, inicialmente, de acordo com os lugares nos quais foram publicados: em Portugal ou no Brasil. No interior dessas duas entradas, os manuais foram apresentados em ordem cronológica, considerando-se a data da 1ª edição (ou daquela mais antiga da qual houve notícia) e os anos de outras edições encontradas, informando-se também o sobrenome dos autores.[1] As referências completas de todos os manuais e das várias edições encontradas incorporaram-se ao Anexo 1 deste livro e, por ora, o que se quis foi expor o seguinte:

Quadro 1 – Lista de manuais pedagógicos portugueses e brasileiros.

	Portugal
1	*Compêndio de pedagogia* (Sá, 1870; 1873)
2	*Elementos de pedagogia* (Afreixo e Freire, 1870; 1871; 1875; 1882; 1886)
3	*Noções elementares de pedagogia* (Baganha, 1878)
4	*Metodologia* (Afreixo, 1887)
5	*Elementos de pedagogia* (Coelho, 1894)
6	*Apontamentos para lições de pedagogia teórica e prática* – volume 1 (Câmara, 1902)

---

[1] Convém assinalar que nem todas as grafias originais dos títulos foram mantidas, pois a ortografia foi inteiramente atualizada neste texto, considerando-se, inclusive, os nomes dos autores (exceto a acentuação dos nomes dos autores portugueses).

Portugal

7	*Apontamentos para lições de pedagogia teórica e prática* – volume 2 (Câmara, 1903)
8	*Noções de pedagogia elementar* (Coelho, 1903)
9	*Lições de pedagogia I* (Leitão, 1903)
10	*Elementos de pedagogia* (Leitão, 1907; 1913; 1915)
11	*Lições de pedologia e pedagogia experimental* (Vasconcelos, 1910; 1923; sem data)
12	*Psico-fisiologia* (Pimentel Filho, 1916; 1927)
13	*Lições de pedagogia geral e de história da educação* (Pimentel Filho, 1919; 1931)
14	*Lições de metodologia* (Lage, 1923)
15	*Metodologia* – 1º volume (Lima, 1921; 1927)
16	*Pedagogia sociológica I* (Lima, 1929)
17	*Metodologia* – 2º volume (Lima, 1932)
18	*Didática geral* (Almeida, 1933)
19	*Pedagogia sociológica II* (Lima, 1936)
20	*Notas de didática especial* (Gaspar e Ferreira, 1944; 1946)
21	*Elementos de pedagogia* (Evangelista, 1944)
22	*Didática geral da escola moderna* (Lage, 1945)
23	*Da capacidade pedagógica para o magistério primário elementar* (Soeiro, 1947; 1953; 1958; 1963; 1965; 1971; 1973)
24	*Lições de pedagogia e didática geral* (Loureiro, 1950; sem data; sem data; sem data)
25	*Didática prática* (Ferreira, 1953)

Brasil

1	*Compêndio de pedagogia* (Pontes, 1874; 1881)
2	*Pedagogia e metodologia* (Passalaqua, 1887)
3	*Lições de pedagogia*. Primeira Parte – Psicologia (Magalhães, 1900)
4	*Compêndio de pedagogia* (Velozo, 1907)
5	*Lições de pedagogia colecionadas por um "amigo da instrução"* (Amigo da instrução, 1907)
6	*Lições de pedagogia*. Teoria e prática da educação (Bonfim, 1920)
7	*Escola brasileira*. Desenvolvimento do programa de Pedagogia em vigor nas Escolas Normais (Toledo, 1925; 1929; 1932)
8	*Didática nas escolas primárias* (Toledo, 1930; 1930)
9	*Introdução ao estudo da Escola Nova* – bases, sistemas e diretrizes da pedagogia contemporânea (Lourenço Filho, 1930; sem data; 1942; 1961; 1974; 2002)

	Brasil
10	*A Escola Nova* comentada e explicada (Conte, 1932)
11	*Tratado de pedagogia* para uso das Faculdades de Filosofia, das Escolas de Professores e Institutos de Educação (Anísio, 1933; 1955)
12	*Técnica da pedagogia moderna* (Backheuser, 1934) *Manual de pedagogia moderna* (Backheuser, 1942; 1954)
13	*Pedagogia* (Menezes, 1935)
14	*Compêndio de pedologia e pedagogia experimental* (Anísio, 1937)
15	*Fundamentos do método* (Penteado Jr., 1938)
16	*Pedagogia* (manual teórico-prático para uso dos educadores) – I-O educando e sua educação (Leôncio, 1940)
17	*Práticas escolares* 1º volume (D'Ávila, 1940; 1942; 1949; 1955; 1965; 1966)
18	*Práticas escolares* 2º volume (D'Ávila, 1947; 1959; 1966)
19	*Práticas escolares* 3º volume (D'Ávila, 1962)
20	*Metodologia do ensino primário* (Santos, 1948; 1955)
21	*Prática de ensino* (Santos, 1948)
22	*Noções de prática de ensino* (Santos, 1951; 1958)
23	*Fundamentos de educação* (Fontoura, 1952; 1954; 1968)
24	*Pedagogia* teoria e prática (1º volume) (D'Ávila, 1954)
25	*Prática do ensino primário.* Diário de atividades da professoranda (Queirós e outras, 1954)
26	*Lições de pedagogia moderna* (Arquêro Jr., 1955)
27	*Introdução à pedagogia moderna* (Santos, 1955)
28	*Metodologia do ensino primário* (Fontoura, 1955; 1963)
29	*Noções de didática geral* (Santos, 1955; 1964; 1967)
30	*Didática mínima* (Grisi, 1956; 1963)
31	*Pedagogia* – Estudo filosófico-científico da educação (Andrade Filho, 1957)
32	*Sumário de didática geral* (Matos, 1957; 1964; 1975)
33	*Noções de prática do ensino* (Santos, 1958)
34	*Introdução à didática geral* – dinâmica da escola (Nérici, 1960)
35	*O planejamento no ensino primário* (Fontoura, 1960; 1963)
36	*Manual do professor primário* (Santos, 1962)
37	*Noções de pedagogia científica* (Santos, 1963)
38	*Introdução à prática de ensino* – 1ª série normal (Fagundes e outras, 1964)
39	*Metodologia e prática moderna de ensino.* Tomo I (Lima, 1964)
40	*Metodologia e prática moderna de ensino.* Tomo II (Lima, 1964)

	Brasil
41	*Didática geral* (Pentagna, 1964; 1977)
42	*Noções de metodologia do ensino primário* (Santos, 1964)
43	*Didática geral* (Fontoura, 1965)
44	*Didática geral* (Penteado Jr., 1965)
45	*Estudo dirigido* (Pentagna, 1967)
46	*Diretrizes de didática e educação* (Campos, 1967)
47	*Prática de ensino* (Fontoura, 1967)
48	*Compêndio de pedagogia moderna* (Pentagna e outras, 1968)
49	*Ensinando à criança* – guia para o professor primário (Marcozi e outras, 1969)
50	*Pedagogia e didática modernas* (Andrade Filho, 1969)
51	*Ensinar não é transmitir* (Marques, 1969)
52	*Antologia do bom professor* (Tahan, 1969)
53	*Nova dimensão no ensino* (Cersósimo, 1970)
54	*Introdução à educação e didática teórica e prática* (Oliveira e Lamas, 1970)
55	*Ensino renovado e fundamental* (Nérici, 1972)[2]

O ensino como objeto de ensino

> Ao reler ou ao ler esse manual, que muito se parecia com aqueles que conheci ao tempo em que era estudante secundário, fiz a seguinte pergunta para mim mesmo: será que a literatura pode ser para nós algo que não uma lembrança de infância? Quero dizer: o que é que continua, o que é que persiste, o que é que se fala da literatura depois do colégio?
>
> (Barthes, 1988, p.53)

As palavras de Roland Barthes referiram-se a um manual de história da literatura francesa. Amplamente difundido nas mais diversas partes do mundo, esse tipo de impresso suscitou reflexões acerca dos modos pelos quais uma determinada realidade foi dada a ler. "O que foi possível lembrar da literatura estudada no colégio?" correspondeu, portanto, a uma interrogação

---

[2] Esta foi a data da segunda edição do título que, provavelmente, foi publicado pela primeira vez por volta de 1970. Por essa razão, o manual foi incluído no *corpus*.

nuclear no trecho acima transcrito e induziu a fazer, aqui, a seguinte pergunta acerca dos manuais de formação docente: "o que constituiu o ensino para os professores?". Importantes lições puderam ser extraídas das incursões feitas por Barthes e uma delas referiu-se justamente ao fato de que os manuais sempre transformaram um determinado tema em um objeto de ensino. Assim, se durante a vida na escola secundária foram aprendidos os principais conteúdos de disciplinas como a literatura, organizados em manuais, o mesmo ocorreu na Escola Normal, onde foram aprendidos os principais conteúdos relacionados ao ofício de ensinar, sistematizados nos livros escritos com essa finalidade.

Os manuais pedagógicos tiveram, assim, o ensino como seu objeto de ensino, produzindo uma espécie de *gramática do magistério* e articulando os elementos para se conceber e agir nesse ofício como nenhum outro tipo de livro fez, nem mesmo títulos mais famosos e reconhecidos como a *Didática magna*, de Comenius (1657) ou o *Emílio*, de Rousseau (1762). Isso não significou negar essas duas últimas obras como magistrais nem mesmo esquecer seus lugares na configuração da Didática e da Pedagogia. De fato, tais livros começaram por sistematizar um corpo de doutrinas pedagógicas e de tecnologias instrucionais que, na altura de suas edições originais, representaram uma inovação (Hamilton, 1999). A *Didática Magna* vinculou-se às próprias origens da escolarização moderna, estruturando uma espécie de *máquina de ensinar e aprender* (*teaching and learning machine*), imagem que remeteu para a famosa máxima de se ensinar tudo a todos. Foi assim definida a *grande Didática* de Comenius, uma distinção estabelecida em vários países europeus desde o século XVII.[3] Entretanto, essa obra não se destinou à formação

---

3 Acerca desse processo, Hamilton ainda explicou o seguinte: "Em alguns contextos europeus, como Espanha e Portugal, a didática ainda é considerada um artesanato em sala de aula conduzida por artesãos [...]. Em outros países, no entanto, a didática também pode ser considerada como responsabilidade dos arquitetos dos sistemas [...], administradores educacionais que têm a responsabilidade geral de projetar, construir e orientar sistemas de escolaridade. Tão importante, a Didática Magna de Comenius também parece marcar a extensão original do interesse anglo-americano na didática, marcada no intercâmbio internacional de idéias entre Comenius e seus seguidores [...]. O interesse da língua inglesa no trabalho de Comenius e Ratke não retornou até a segunda metade do século XIX. Foi despertado, por exemplo, pelos ensaios de R. H. Quick sobre reformadores educacionais (1868), pela tradução de M. Keatinge da Didática Magna de Comenius em 1896 e pela tese de mestrado da Turnbull em Ratke, submetida à Universidade de Liverpool em 1913 [...]. De fato, Quick observou em seu prefácio que 'uma história da educação, não tem apenas bons livros, mas todos os livros estão em alemão'" (Hamilton, 1999, p.143).

sistemática de professores, assim como o *Emílio* de Rousseau não pôde ser considerado um manual pedagógico porque foi escrito a partir do trabalho de um preceptor com seu discípulo.

Os livros da Escola Normal foram escritos com outros propósitos e destinaram-se a um público diferenciado. A produção desses textos ocorreu durante a constituição de sistemas de ensino públicos, obrigatórios, gratuitos e organizados pelo Estado. Os investimentos não se dirigiram, nessa perspectiva, à formação de um único discípulo, mas ampliaram-se para o povo e, por isso, os manuais pedagógicos vincularam-se aos projetos de expansão da escola. Esses títulos foram usados desde o século XIX nas mais diversas partes do mundo: em Portugal, no Brasil e em outros países como a França (Roullet, 1998) e a Espanha (Fernándes e Salvado, 1998; Pintado, 2000), onde houve esforços para democratizar as oportunidades escolares. Tais impressos foram leitura obrigatória, sobretudo entre aquelas pessoas que não tiveram acesso a graus mais elevados de instrução e que, para ingressarem na carreira docente, limitaram seus estudos ao âmbito das Escolas Normais ou do preparo para admissão na carreira do magistério.[4] O fato de os manuais terem sido feitos para formarem um grande e crescente número de professores conduziu à reflexão nuclear deste livro, quando se buscou compreender de que maneira esses livros contribuíram para a difusão e construção do modelo de ensino. Os manuais foram, nesse sentido, produtos da escola feita para o povo, ao mesmo tempo em que explicaram a composição dos elementos da vida nessa instituição, ou seja, as atribuições do docente, as atividades do aluno, o funcionamento das aulas, a organização dos conteúdos, os métodos didáticos.

Ao se afirmar que os manuais pedagógicos tiveram o ensino como seu objeto de ensino, o intuito foi remeter para as relações desses livros com a formação dos professores feita no interior dos projetos de democratização das oportunidades escolares. Assim, todos os títulos em pauta produziram e fizeram circular saberes sobre o ofício de ensinar, tomando-os como temas a serem explicados durante as aulas nas Escolas Normais. De fato, as questões ligadas à educação mobilizaram estudos produzidos por psicólogos,

---

4 Ao investigar as características de professores que frequentaram Escolas Normais, Nóvoa (1987) assinalou que essas pessoas não atingiram grau de instrução muito elevado nem pertenceram às camadas mais ricas da sociedade.

sociólogos, biólogos ou filósofos, apenas para citar alguns exemplos. Mas as áreas que responderam mais diretamente às interrogações postas pelo magistério foram a Pedagogia, a Didática, a Metodologia e a Prática de Ensino, cujo desenvolvimento foi profundamente relacionado com a construção da docência como profissão (Nóvoa, 1987). Isso conduziu, no interior do presente trabalho, a definir os manuais pedagógicos como os textos que expuseram aos normalistas os conteúdos das disciplinas mais especializadas em ensino.

Além dos temas, os usos desses livros também foram decisivos na sua classificação. A palavra "manual" indicou justamente uma modalidade de textos lidos em escolas, os quais apresentaram aos alunos uma série de conteúdos organizados de forma clara e acessível ou, como se poderia dizer ilustrativamente, foram "postos nas mãos de seus leitores". Uma breve incursão pelos significados do termo "manual", já tão utilizado neste livro, permitiu articular os textos aqui estudados ao uso escolar. O *Novo dicionário da língua portuguesa* indicou os sentidos de uma palavra usada que assinalou o seguinte:

> 1. Relativo à mão: habilidade manual. 2. Feito com as mãos: trabalho manual. 3. Que é manobrado ou acionado com as mãos: máquina manual. 4. Maneiro [...] 5. Pequeno livro. 6. Livro que contém noções essenciais acerca de uma ciência, de uma técnica etc.; compêndio, epítome: manual de geografia. 7. Livro de ritos e rezas; breviário. 8. Teclado de órgão. (Ferreira, 1986)

Esse significado comumente atribuído ao "manual" aproximou-se daquele oferecido por outro dicionário publicado em meados do século XX, segundo o qual essa palavra indicou o "Relativo à mão. // Feito a mão. // Que depende do exercício da mão. // Concernente ao trabalho de mãos. // Fácil de manusear, de simples execução. // Maneiro, leve, portátil; que facilmente se pode trazer nas mãos ou mover-se a mão" e também, num sentido mais útil ao texto aqui apresentado, o significado assinalado foi o *"compêndio; livro pequeno e portátil que contém os ritos com que devem administrar-se os sacramentos"* (Freire, 1954, grifos nossos). Esta última afirmação, relacionada aos "ritos", suscitou outras perguntas para compreender as implicações do uso do termo manual pedagógico. No mesmo dicionário, o "rito" apareceu como um dos sinônimos de "ritual", expressão que, por sua vez, conduziu a pensar nas observações de Bohoslavsky (1985) num texto sobre as formas de transmissão cultural. Para esse autor:

> O ritual da aula inaugural, o ritual da primeira aula, o ritual do trabalho prático, o ritual formalizado num programa, que determina a ordem em que os conteúdos devem ser aprendidos, o ritual dos exames, o ritual da formatura, o ritual dos trabalhos monográficos, as teses de doutoramento são alguns exemplos das múltiplas formas que o ensino assume. (Bohoslavsky, 1985, p.326)

Os manuais pedagógicos manifestaram rituais das aulas ministradas junto aos normalistas quando explicaram determinadas ideias e sugeriram procedimentos e atividades a serem reproduzidos futuramente pelos estudantes no exercício do magistério. Assim, esses textos definiram regras ideais para se conduzir o ensino ou, em outras palavras, delimitaram "rituais" ou "ritos" específicos da escola primária. Além de produzirem assim elementos de uma *cultura escolar* (Chervel, 1990; Julia, 1995), os livros dos normalistas foram lugares de uma *cultura pedagógica* (Benito, 2002) porque essas orientações acerca da organização do ensino primário foram o núcleo das preocupações com a própria formação do magistério e, portanto, de uma cultura específica dos professores. Na construção de um *corpus* de títulos portugueses e brasileiros, produzidos em lugares fisicamente tão distantes e escritos para sistematizarem tópicos de concurso de ingresso no magistério ou os itens de programas das Escolas Normais, passando pela formalização e edição de anotações de aulas já ministradas, um propósito sempre foi notável nos manuais pedagógicos: formar os futuros professores, garantindo-lhes um primeiro contato com os saberes pedagógicos, sempre de uma forma acessível e facilitada. Nessa perspectiva, os manuais portugueses e brasileiros apresentaram características muito próximas. Isso permitiu estabelecer pares de títulos publicados em diferentes momentos e espaços, e essa *vizinhança* decorreu justamente de movimentos que foram semelhantes no decorrer da história da formação docente nos dois países.

Assim, se o marco inicial do estudo dos livros dos normalistas foram as décadas finais do século XIX, o intuito foi identificar os primeiros títulos publicados e marcar o fato de que essas edições articularam-se aos esforços de formação sistemática de professores, que, tanto no Brasil como em Portugal, começaram a se estruturar via concursos de ingresso na carreira e também por meio das Escolas Normais, criadas nesse período em ambos os países. Nessa época, entre os portugueses foram publicados o *Compêndio de pedagogia*, escrito por António Francisco Moreira de Sá e editado originalmente em 1870; os *Elementos de pedagogia*, escritos por José Maria da Graça Afreixo e Henrique Freire, editados originalmente em 1870; as *Noções elementares de pedagogia*, escritas por Domingos Anes Baganha, editadas originalmente em 1878; a *Metodologia*, escrita por José Maria da Graça Afreixo, editada originalmente em 1887; os *Elementos de pedagogia*, escritos por José Augusto Coelho, editados em 1894; as *Lições de pedagogia*, de António Leitão, cujo primeiro volume foi publicado em 1903; os *Apontamentos para lições de pedagogia teórica e prática I-II*, escritos por António da Fonseca da Câmara, editados entre 1902 e 1903; as *Noções de pedagogia elementar*, escritas por José Augusto Coelho, editadas em 1903; e os *Elementos de pedagogia*, escritos por António Leitão e editados originalmente em 1907. Entre os brasileiros foram publicados os títulos: *Compêndio de pedagogia*, escrito por Antônio Marciano da Silva Pontes, editado pela terceira vez em 1881;[5] *Pedagogia e metodologia* (teoria e prática), escrita por Camilo Passalaqua, editada em 1887; as *Lições de pedagogia*, escritas por Valentim Magalhães, com a primeira parte, referente à Psicologia, editada no ano de 1900; o *Compêndio de pedagogia* aprovado e adaptado pela congregação da Escola Normal, escrito por Dario Velozo e editado em 1907; e as *Lições de pedagogia* colecionadas por um "amigo da instrução", também publicadas em 1907.

Um segundo marco da história dos manuais pedagógicos foi mais ou menos coincidente em ambos os países e vinculou-se ao movimento da Escola Nova, durante as décadas iniciais do século XX. Esse foi um momento crucial para a legitimação da Pedagogia nos dois países e do magistério como profissão. Daí o esforço para garantir a esses cursos uma efetiva expansão do número de vagas e imprimir às Escolas Normais um caráter menos propedêutico e mais especializado. As disciplinas ditas pedagógicas ganharam mais espaço nos planos de estudos e tenderam a se articular com as Ciências da Educação (Nóvoa, 1987 e Tanuri, 2001), o que explicou não só a proliferação de manuais pedagógicos escritos no período como também certo aprimoramento das temáticas já expressas nos títulos, que denotaram

---

5 De acordo com os Relatórios da Presidência da Província, esse compêndio foi publicado originalmente em 1874 e entre a primeira e terceira edições houve alguns trechos modificados. Essas observações foram feitas por Villela (2000), mas, infelizmente, não foi possível examinar nenhuma das edições, que não foram localizadas nem nos acervos consultados nem junto aos ex-normalistas. As informações coletadas foram suficientes para dar notícias da existência desse título e de algumas características de seu conteúdo.

um tom "cientificizado", inédito até então. Foram publicados nesse período, em Portugal, os seguintes títulos: *Lições de pedologia e pedagogia experimental*, de Antônio Faria de Vasconcelos, editadas em 1910; a *Psico-fisiologia*, de Alberto Pimentel Filho, editada em 1916; as *Lições de Pedagogia Geral e de História da Educação*, também escritas por Alberto Pimentel Filho, editadas em 1919; as *Lições de metodologia*, de Bernardino da Fonseca Lage, editadas em 1923; os dois volumes de *Metodologia*, de Adolfo Lima, editados entre 1921 e 1932; e os dois volumes de *Pedagogia sociológica*, do mesmo autor, editados entre 1929 e 1936. No Brasil, publicaram-se em 1920 as *Lições de pedagogia*, escritas por Manuel Bonfim; a *Escola brasileira*, de João Toledo, cuja primeira edição datou de 1925; a *Introdução ao estudo da Escola Nova*, de Manoel Bergström Lourenço Filho, editada originalmente em 1930; a *Didática nas escolas primárias*, de João Toledo, com as duas edições de 1930; *A Escola Nova* comentada e explicada, de Alberto Conte, editada em 1932; o *Tratado de pedagogia*, do monsenhor Pedro Anísio, em 1933; a *Técnica da pedagogia moderna*, de Everardo Backheuser, editada em 1934; a *Pedagogia*, de Djacir Menezes, editada em 1935; o *Compêndio de pedologia e pedagogia experimental*, do Monsenhor Pedro Anísio, editado em 1937; os *Fundamentos do método*, de Onofre de Arruda Penteado Júnior, editados em 1938; e a *Pedagogia*, escrita por Carlos Leôncio e editada em 1940.

Um terceiro marco expressou o processo correntemente denominado pelos estudiosos da área[6] como sendo o de *tecnicização do ensino*, segundo a qual os professores foram tomados como funcionários do Estado. Isso explicou, em boa parte, a redução dos planos de estudos das Escolas Normais, em ambos os países depois dos anos 1940 e uma tendência crescente, até pelo menos os anos 1970, caracterizada por uma espécie de receituário de ensino, acompanhada de uma especialização crescente da Didática. O magistério, nessa perspectiva, limitou-se à execução de planos de lições previamente elaborados, correntemente localizados nos manuais pedagógicos então publicados. Em Portugal, estamos falando da *Didática geral*, de João Almeida, publicada pela primeira vez em 1933; das *Notas de didática especial*, de José Maria Gaspar e Orbelino Ferreira, publicadas em 1944; dos *Elementos de pedagogia*, de Domingos Evangelista, publicados em 1944; da *Didática geral da escola moderna*, de Bernardino da Fonseca Lage, publicada em 1945; *Da*

---

6 Para o caso brasileiro, ver Machado (1980).

capacidade pedagógica para o magistério primário elementar, de Rafael de Barros Soeiro, publicada em 1947; das *Lições de pedagogia e didática geral*, de Francisco de Sousa Loureiro, publicadas em 1950; e da *Didática prática*, de Orbelino Ferreira, publicada em 1953.

E, no Brasil, foram editados nesse terceiro momento da história da formação de professores aqui assinalado os seguintes títulos: *Manual de pedagogia moderna*, escrito por Everardo Backheuser, publicado em 1942; *Prática de ensino*, escrita por Teobaldo Miranda Santos, publicada em 1948; a *Metodologia do ensino primário*, escrita pelo mesmo autor, publicada em 1948; as *Noções de prática de ensino*, escritas por Teobaldo Miranda Santos, publicadas em 1951; os *Fundamentos de educação*, escritos por Afro do Amaral Fontoura, publicados em 1952; a *Prática do ensino primário*, escrito por Brisolva de Brito Queirós e suas colegas, publicada em 1954; o primeiro volume da *Pedagogia – teoria e prática*, escrito por Antônio D'Ávila, publicado em 1954; a *Metodologia do ensino primário*, escrita por Afro do Amaral Fontoura, publicada em 1955; as *Lições de pedagogia*, escritas por Aquiles Archêro Júnior, publicadas em 1955; as *Noções de didática geral*, escritas por Teobaldo Miranda Santos, publicadas em 1955; a *Introdução à pedagogia moderna*, escrita por Teobaldo Miranda Santos, publicada em 1955; a *Didática mínima*, escrita por Rafael Grisi, publicada em 1956; a *Pedagogia*, escrita por Bento de Andrade Filho, publicada em 1957; o *Sumário de didática geral*, escrito por Luíz Alves de Matos, publicado em 1957; os três volumes das *Práticas escolares*, escritas por Antônio D'Ávila, publicadas ao longo das décadas de 1950 e 1960; *O planejamento no ensino primário*, de Afro do Amaral Fontoura, publicado em 1960; *Introdução à didática geral*, escrita por Imídeo Giuseppe Nérici, também publicada nesse ano; o *Manual do professor primário*, escrito por Teobaldo Miranda Santos, publicado em 1962; as *Noções de pedagogia científica*, do mesmo autor, publicadas em 1963; a *Didática geral*, escrita por Romanda Gonçalves Pentagna, publicada em 1964; a *Metodologia e prática moderna de ensino*, escrita por Angelina de Lima, publicada em 1964; a *Introdução à prática de ensino*, coordenada por Eunice Mendes Fagundes, publicada em 1964; as *Noções de metodologia do ensino primário*, escritas por Teobaldo Miranda Santos, publicadas em 1964; a *Didática geral*, escrita por Afro do Amaral Fontoura, publicada em 1965; a *Didática geral*, escrita por Onofre de Arruda Penteado Júnior, publicada em 1965; as *Diretrizes de didática e educação*, escritas por Ismael de França

Campos, publicadas em 1967; o *Estudo dirigido*, escrito por Romanda Gonçalves Pentagna, publicado em 1967; a *Prática de ensino*, escrita por Afro do Amaral Fontoura, publicada em 1967; o *Compêndio de pedagogia*, de Romanda Gonçalves Pentagna e outras colegas, publicado em 1968; a *Pedagogia e didática modernas*, escrita por Benedito de Andrade, publicada em 1969; o *Ensinando à criança*, escrito por Alaíde Madeira Marcozzi e outras colegas, publicado em 1969; a *Antologia do bom professor*, escrita por Malba Tahan, publicada em 1969; o *Ensinar não é transmitir*, escrito por Juraci Marques, publicado por 1969; a *Nova dimensão no ensino*, escrita por Jonas Cersósimo, publicada em 1970; a *Introdução à educação e didática teórica e prática*, escrita por Ivone Oliveira e outras colegas, publicada em 1970; e o *Ensino renovado e ensino fundamental*, escrito por Imídeo Giuseppe Nérici, com 2ª edição datada de 1972.

As relações entre os manuais pedagógicos e as orientações dos cursos de formação para o magistério deixaram entrever um elemento determinante dos conteúdos desses livros, ou seja, a estreita dependência com os programas das disciplinas de Pedagogia, Didática, Metodologia e/ou Prática de Ensino. Por isso, foi possível articular os livros da Escola Normal ao chamado *currículo editado* (Benito, 2002), tomando esses textos como a *vulgata* de determinadas disciplinas e dos modos pelos quais elas se constituíram no decorrer dos anos (Chervel, 1990). Uma das evidências mais marcantes desse aspecto pôde ser constatada com base no exame das edições e reedições de cada um dos títulos. Tanto em Portugal como no Brasil, a maioria dos títulos foi editada apenas uma vez: entre os portugueses houve quinze casos desse tipo, considerando-se os vinte e cinco manuais examinados e, entre os brasileiros, houve aproximadamente trinta casos desse tipo, considerando-se os cinquenta e cinco manuais examinados. Em geral, os intervalos entre uma edição e outra não ultrapassaram o período de uma década. Na parte portuguesa, os *Elementos de pedagogia* (Afreixo; Freire, 1870) tiveram um ciclo de vida relativamente longo, ou seja, foram dezesseis anos nos quais sete edições foram publicadas. Outro ciclo de vida notável foi o *Da capacidade pedagógica para o magistério elementar* (Soeiro), editado sete vezes entre 1947 e 1973. Mas o período de publicação mais longo foi o do título brasileiro *Introdução ao estudo da Escola Nova* (Lourenço Filho), editado quatorze vezes desde 1930 até 2002. Em ambos os países foram mais raros esses casos de manuais pedagógicos editados mais do que quatro ou cinco vezes, num grande período de publicação. E nas várias versões em que puderam aparecer, os livros apresentaram pouca ou nenhuma alteração, vinculando-se quase que exclusivamente às exigências dos regulamentos dos programas dos cursos de formação de professores.

O *Sumário de didática geral* (Nérici), por exemplo, foi publicado no Rio de Janeiro inicialmente em 1957 e, na sua 13ª edição, em 1975, ele foi atualizado de acordo com as exigências da LDB n. 5692 de 1971, na parte relativa às Habilitações Específicas para o Magistério. Em *Elementos de Pedagogia* (Afreixo e Freire), as mudanças nos subtítulos indicaram que os mesmos foram feitos "para servirem de guia aos candidatos ao magistério primário" (1ª edição, 1870; 2ª edição, 1871; 3ª edição não encontrada; 4ª edição, 1875; 5ª edição, 1880) e, depois de 11 anos de publicação, foram totalmente reformados e acomodados ao programa das Escolas Normais. Até então, em Portugal o ingresso na carreira tinha sido feito por meio de concursos, seguidos na feitura do texto, que se adaptou quando do Decreto de 28 de julho de 1881 por ocasião das 6ª (1882), 7ª (1886) e 8ª (1891) edições. Esta última, inclusive, foi, tal como consta na capa, "composta sobre o texto da sétima, porém totalmente refundida com as ampliações acomodadas às novas necessidades do ensino de Pedagogia". Em outro manual de mesmo título, António Leitão anunciou inicialmente que o mesmo esteve "de harmonia com os programas das escolas normais" (1ª edição, 1906) e, na reimpressão desse mesmo texto (1907), destinou-o "para uso dos alunos das escolas de ensino normal". Tais informações repetiram-se, com variações de enunciado muito pequenas, nas 2ª (1913), 3ª (1914) e 4ª (1915) edições, nas quais falou-se "em harmonia com os programas das escolas normais". As 5ª e 6ª edições não foram localizadas e na 7ª (1918) e 8ª (1923) o subtítulo não foi usado, embora na edição de 1918 assinalou-se que era "corrigida e aumentada". Mesmo tendo apenas duas edições, o primeiro volume de *Metodologia* (Adolfo Lima) foi muito explícito na natureza de seu texto. Em 1921, o subtítulo foi "Lições de metodologia professadas na escola normal primária de Lisboa nos anos de 1918-1919 e 1919-1920" e em 1927, edição "corrigida e atualizada", como se informou na própria capa, não detalhou o período em que as aulas "reproduzidas" foram dadas, mas continuou a afirmar que se trataram das "Lições de metodologia professadas na escola normal primária de Lisboa". A única edição do 2º volume teve tom semelhante ao complementar seu título assinalando que foram "Lições de metodologia especial – processologia – professadas na escola do magistério primário de Lisboa". *Notas de didática especial* (José Maria Gaspar & Orbelino Ferreira), em 1944 foi um texto "Rigorosamente de harmonia com os programas atualmente em vigor, para uso dos candidatos ao magistério primário elementar" e, na sua 2ª edição (1946), continuou "De harmonia com os atuais programas das escolas do magistério primário". Talvez o título que mais evidencie essa vinculação aos programas de ensino dos futuros professores tenha sido o de Rafael de Barros Soeiro, *Da capacidade pedagógica para o magistério primário elementar*. A 1ª edição (1947) teve em seu complemento de título o aviso de que o texto correspondeu a "Esquemas de ensino e relatórios justificativos". Em 1954, quando veio a lume a 2ª edição, "refundida, corrigida e atualizada", consagrou-se esse princípio de organização, pois "além de elementos de Didática geral, (o texto) possuiu cerca de oitenta planos especiais do tipo monoclássico, biclássico e pluriclássico para uso das escolas de aplicação ao magistério primário, exames de Estado e escolas primárias elementares". Em 1958, quando a publicação foi novamente "revista e ampliada", o subtítulo foi "Possui planos de lições para prática pedagógica e estágios dos alunos das escolas do magistério primário, bem como relatórios justificativos", indicando que o conteúdo do livro detalhou-se segundo imposições dos programas de estudos. O mesmo subtítulo foi mantido até 1973, data da 7ª edição que, como a 6ª (1971), foi "revista e atualizada", tendo sido a 5ª (1965) "revista e ampliada".

Foi importante notar que a razão de ser das reedições dos manuais decorreu dos usos feitos pelos normalistas, mas não de um suposto prestígio desses títulos na literatura educacional. Além disso, as reedições também não significaram uma reelaboração do conteúdo. Na verdade, muitas vezes as novas versões estiveram muito próximas do que seria uma simples reimpressão, evidenciando mais a continuidade e o aperfeiçoamento da forma de dar a ler as ideias originalmente desenvolvidas. As apresentações dos títulos na forma de novas edições, em vez de simples reimpressões, significaram um esforço para legitimar o manual e o trabalho de seu autor, sugerindo uma produção mais cuidada de cada versão dos textos. Assim, as reedições foram antes uma estratégia editorial do que propriamente uma reelaboração do texto. E, nas raras vezes nas quais isso ocorreu, os manuais estiveram subordinados aos programas da Escola Normal. Mesmo com seus títulos diferentes, os textos de Leitão intitulados *Lições de Pedagogia* (1903) e *Elementos de Pedagogia* (1907) foram exemplos dessa tendência. À primeira vista, foram trabalhos idênticos, trataram do mesmo tema e o fizeram com a mesma organização formal. Contudo, entre as *Lições* e os *Elementos* destacou-se uma diferença sutil, mas extremamente decisiva nos modos pelos quais se concebeu a Pedagogia e o ensino. No primeiro livro, que foi feito para uso das Escolas Normais, mas que não esteve de acordo com o programa,[7] o magistério foi apresentado como uma tarefa a ser desenvolvida a partir da criança, suas características e necessidades, o que sugeriu inspirações do movimento escolanovista, divulgado posteriormente e com mais evidência por manuais das décadas de 1910, 1920 e 1930. No segundo livro, este sim submetido à aprovação legal, a criança apareceu numa outra perspectiva, como um ser moldável, sugerindo que, por razões de ordem legal, o autor afastou-se dos postulados anteriores e seguiu outra tendência então configurada na história da formação dos professores portugueses. Esse tipo de mudança foi previsível tanto no caso dos livros escritos por António Leitão, como também em relação a todos os outros manuais pedagógicos encontrados, que foram feitos justamente para desenvolverem os programas dos cursos de formação de professores, sem demandarem grandes alterações em seus conteúdos, os quais foram aceitos até que novas mudanças ocorreram nos cursos para o magistério.

A subordinação dos manuais às aulas da Escola Normal impôs um tipo de organização peculiar a esses textos. *Psico-fisiologia* (Pimentel Filho, 1916), por exemplo, foi um resumo das lições professadas por Pimentel Filho, então professor da Escola Normal. O seu texto resultou das anotações que uma de suas alunas fez durante as aulas, depois revistas pelo autor. Por conta disso, algumas lições, como a quinta, começaram com a temática da Lição anterior (Atividade reflexa, no caso) para concluí-la. De fato, o manual reproduziu – na medida do possível – as lições tal como foram professadas. Assim, a conclusão de uma temática na lição seguinte pode ter sido um indício de que uma aula não foi suficiente para estudar toda a questão. No livro cada parte poderia estar ordenada por temas, como foi comum em produções desse tipo, mas Pimentel seguiu outra ordem, a ordem das lições professadas.

---

7 Na apresentação do referido manual, o seu autor afirmou o seguinte: "Apresento ao público o primeiro volume de umas 'Lições de Pedagogia' para uso dos alunos das escolas de ensino normal. Não vai escrito de harmonia com os programas oficiais ultimamente publicados: quando apareceram, já o plano deste trabalho havia sido dado à execução, e não se coadunava com o meu espírito refundi-lo segundo fórmulas arbitrárias, desconexas e ilógicas, como são as de tais programas" (Leitão, 1903).

No Brasil, o *Compêndio de pedagogia* (Velozo, 1907) apresentou uma lógica semelhante e foi publicado na mesma época do manual português acima referido. No parecer transcrito no prefácio do livro, o relator "encontrou a marcha do ensino e dos estudos da matéria traçada em *esquemas* que o mesmo Sr. Dario, relativamente a cada lição organizara e adotara, desde março de 1904 até então" (prefácio do *Compêndio de pedagogia*, Velozo, 1907, sem números de página). E, por isso, ele julgou que, "embora em alguns pontos secundários de doutrina, [discordou] do modo de ver do Sr. Dario, [continuou] a adotar como guia valiosíssimo do ensino e dos estudos na aula de Pedagogia os aludidos *esquemas*" (prefácio do *Compêndio de pedagogia*, Velozo, 1907, sem números de página). E o parecer foi concluído destacando o texto:

[...] pela forma e pelo fundo, pela ordem rigorosamente lógica da exposição da matéria, pela adaptação que [fez] do ensino da Pedagogia às necessidades do curso da Escola Normal deste Estado [Paraná], [foi] merecedor de todos os encômios. Na impossibilidade de uma exposição detalhada [...][...], aqui [expôs] a Comissão as epígrafes das lições. (prefácio do *Compêndio de pedagogia*, Velozo, 1907, sem números de página)

Essas lições, a partir das quais o *Compêndio de pedagogia* (Velozo, 1907) foi organizado, foram detalhadamente descritas por João Podeleck Boué e Lysimacho Ferreira da Costa[8] e Francisco R. Azevedo Macedo, responsáveis pelo parecer:

PRIMEIRO ANO
1ª Lição – Preliminares. Definições. Da Pedagogia. Da Educação; 2ª Lição – Histórico. Antiguidade. Chineses. Egípcios. Hebreus; 3ª Lição – Histórico. Antiguidade. Hindus. Persas; 4ª Lição – Histórico. Antiguidade. Gregos e

---

8 Lysimacho Ferreira da Costa realizou em 1923, no estado do Paraná, uma reforma das Escolas Normais que permitiu o desdobramento dos estudos propedêuticos dos profissionais ao compor dois cursos distintos: um fundamental ou geral, com três anos, e o profissional ou especial, com três semestres. Segundo Leonor Tanuri, a "preocupação dessa reforma com a formação técnico-profissional fica evidente na diferenciação da disciplina Metodologia de Ensino, que se distribui pelas várias especialidades: metodologia da leitura e da escrita, do vernáculo, da aritmética, do ensino intuitivo, das ciências naturais, do desenho, da geografia, da música, dos exercícios físicos, dos trabalhos manuais" (2000, p.70).

romanos; 5ª Lição – Histórico. Medievalismo. Tempos modernos até nossos dias; 6ª Lição – Pedagogia didática e metodologia; 7ª Lição – Métodos de ensino em geral (definições); 8ª Lição – Modos de ensino em geral (definições); 9ª Lição – Da educação, divisão, definições; 10ª Lição – Do professor. Da organização da Escola;

SEGUNDO ANO

1ª Lição – Resumo do 1º Ano; 2ª Lição – Métodos de ensino (exposição) indutivo, dedutivo, subdivisões; 3ª Lição – Princípios didáticos relativos ao ensino, ao aluno e ao professor; 4ª Lição – Modos de ensino (exposição) individual, simultâneo, mútuo e misto; 5ª Lição – Formas de ensino. Invenção. Exposição. Regras e aplicações; 6ª Lição – Processos de ensino (especialização dos modos): de exposição, de explicação, de correção; 7ª Lição – Educação física. Ginástica. Higiene; 8ª Lição – Educação intelectual. Dos sentidos. Da inteligência. Cultura; 9ª Lição – Educação moral. Faculdades morais: sentimentos. Consciência: virtude, verdade. Manifestações da moralidade: vontade. Da criança. Amor do bem. Deveres; 10ª Lição – Educação estética. Imaginativa. Sentimentos superiores;

TERCEIRO ANO

1ª Lição – Resumo do 2º Ano; 2ª Lição – Leitura e escrita; 3ª Lição – Lições de coisas; 4ª Lição – Língua materna; 5ª Lição – Estudo da Geografia; 6ª Lição – Estudo da História; 7ª Lição – Estudo das ciências abstratas e concretas; 8ª Lição – Ensino do desenho, música e canto; 9ª Lição – Jardim da infância; 10ª Lição – Moral. Instrução cívica; 11ª Lição – Recompensas e punições. (prefácio do *Compêndio de pedagogia*, Velozo, 1907, sem números de página)

A prática de expôr os conteúdos das disciplinas nas apresentações ou índices ocorreu em outros manuais e o *Compêndio de pedagogia* (Velozo, 1907) foi apenas um caso exemplar da importância dos programas da Escola Normal. As *Lições de pedagogia* (1920), de Manoel Bonfim, foram apresentadas por seu autor como "os resumos das minhas lições no curso de Pedagogia, da Escola Normal, de acordo com o respectivo programa, subordinado por sua vez ao Regulamento da mesma Escola", no Rio de Janeiro (Bonfim, 1920, p.5). E, embora o programa incluiu naquela altura a parte relativa à Psicologia, o autor preferiu, desde a edição inicial do livro, feita em 1915, separar as duas matérias, explicando o seguinte:

Desde que se criou a cadeira de Pedagogia na Escola Normal, há 18 anos, foi ela desdobrada em dois cursos – um preparatório, de Psicologia, feito na terceira série, e o de Pedagogia e Metodologia, professado na quarta série. A última reforma, regulamentada há menos de um ano, reduziu taxativamente as duas disciplinas a um só curso, ensinado a um ano, com a recomendação explícita – de que a parte de Psicologia se reduziria a noções prefunctórias (sic.)... Há tanta propriedade em fundir a Psicologia na Pedagogia, como em fazer desaparecer a ciência da Fisiologia na arte da Higiene. (Bonfim, 1920, p.5)

Essa organização conduziu às seguintes iniciativas do autor:

Atendendo a tudo isto, e atendendo principalmente às exigências racionais do método, compendiei separadamente as *Noções de Psicologia* e as *Lições de Pedagogia*. São resumos. Na exposição didática, em classe, a elucidação de cada um dos capítulos pedia desenvolvimento muito maior do que o que se pode dar nas páginas de um compêndio; a forma deixava de ter esse tom sintético, que os resumos exigem; mas a matéria, o método, a marcha do desenvolvimento, eram rigorosamente as mesmas que aqui se encontram. Omiti somente algumas apreciações, a que era levado pela necessidade de explicar o que pode haver de desconexo no programa, mais sensível agora que depois que se fundiu a Psicologia na Pedagogia. (Bonfim, 1920, p.6)

Toda a explicação dada por Bonfim sobre os conteúdos de Pedagogia ajudaram a entender as formas pelas quais ele escreveu seu manual, tal como deixaram entrever as seguintes afirmações:

Num curso normal, a cadeira de Pedagogia deverá ser a discussão sistemática da Doutrina da Educação, isto é, a aplicação racional dos princípios científicos – biologia, psicologia, sociologia... à arte da educação. A parte de metodologia, propriamente dita, seria feita no curso das respectivas disciplinas. E é por isso que as matérias do programa primário fazem parte do programa das escolas normais. A nossa tradição é diferente. Na Escola Normal, as disciplinas são todas professadas como o seriam num liceu secundário, sem outras referências à metodologia primária, que foi incorporada, então, ao programa de Pedagogia. Além disso, foi preciso acrescentar-lhe capítulos que dissessem alguma coisa quanto à organização do ensino, uma vez que não há cadeira onde os futuros mestres aprendam o que devem aprender quanto à organização material das escolas e à instituição legal da instrução primária, que é hoje um verdadeiro serviço público geral. Um programa onde se amontoam matérias tão distintas não pode apresentar a homogeneidade, nem o desenvolvimento lógico que teria a discriminação didática no curso de uma ciência caracterizada. (Bonfim, 1920, p.6-7)

Teria sido apressado concluir que os autores dos manuais estivessem sempre de acordo com as diretrizes impostas aos currículos. Foi o caso de Francisco de Sousa Loureiro (na época professor efetivo dos liceus e diretor da Escola do Magistério Primário de Coimbra) na terceira edição de seus *Lições de pedagogia e didática geral* (3ª edição, s.d.), quando ele afirmou o seguinte:

O terem-se esgotado uns milhares de exemplares animou-me a rever e a ampliar o conteúdo da 1ª Edição destas Lições, e a publicar agora esta 3ª edição, no desejo de melhor corresponder aos Alunos, aos Colegas e à finalidade educativa do Governo da Nação. Procuro não me afastar da ortodoxia doutrinal e da simplicidade, tão necessárias para quem deseje exercer conscientemente a ação educativa e sentir-me-ei feliz, se a presente edição continuar a merecer dos Alunos e dos Colegas do Magistério o mesmo decidido aplauso que lhes mereceu as anteriores. *Embora anunciada uma reforma da orgânica das Escolas do Magistério Primário, nem por isso deixo de fazer nova edição, porque seriam inconcebíveis, por absurdas, Escolas do Magistério, sem Pedagogia ou PsicoPedagogia e sem Didática ou Metodologia.* Em qualquer hipótese, creio poder continuar a ser a presente obra um livro de iniciação e é com esse pensamento que pretendo corresponder aos estímulos e à manifestada simpatia dos meus Colegas do Magistério, a quem dirijo o meu sentido reconhecimento. (p.9, grifos nossos)

Outro exemplo do caso português foi encontrado em *Metodologia I*, de Adolfo Lima (1921). No prefácio do livro, José de Magalhães, figura de prestígio nos meios pedagógicos da época (Bandeira, 2003, p.84-846), assinalou os inconvenientes do programa de Metodologia então em vigor nas Escolas Normais, tidos como os únicos entraves à qualidade do texto, cujo autor, a quem Magalhães dirigiu-se como colega, foi elogiado pela qualidade de sua formação e trabalho. Alguns trechos foram ilustrativos:

Li o seu livro e *lastimei que tão boa vontade e tanto trabalho tenham sido despendidos para satisfazer a um programa mal concebido*. Bem sei que não cumprir o programa seria uma falta contra a disciplina, mas, aqui para nós, eu teria preferido cometer uma falta contra a disciplina por amor à Pedagogia, a praticá-la contra a Pedagogia, por obediência à disciplina. (p.XIX-XXII, grifos nossos)

Denunciando os inconvenientes do currículo da Escola Normal, o autor prosseguiu:

Não, o atual programa de Metodologia não está adequado às necessidades da escola normal primária. Começa por uma confusão de todo o ponto lamentável, fazendo da metodologia das ciências e da metodologia do ensino duas espécies do mesmo gênero – a metodologia geral. [...] Tudo isto é óbvio, e estou que o próprio autor do programa, quem quer que seja, não poria grandes dificuldades em concordar: o que deu lugar à confusão foi o emprego do mesmo termo – metodologia – para designar coisas diversas, e o hábito ainda muito corrente de querer deduzir a natureza das coisas dos termos que as designam. [...] Deste erro fundamental do programa decorrem outros, tais como a pretensão de ensinar a filosofia das ciências com os critérios de classificação das ciências em que se chocam os sistemas de Augusto Comte, Spencer, Litré, Stuart Mill, Wundt e outros, a futuros professores primários que, quando muito, terão o quinto ano dos liceus. (p.XIX-XXII, grifos nossos)

E, depois de ter identificado esses aspectos, Magalhães sugeriu ter sido melhor desobedecer as diretrizes do programa. As palavras que ele dirigiu a Adolfo Lima foram as seguintes:

Já por aqui vê o meu amigo a armadilha em que caiu por obediência ao programa. Esforçou-se por fazer obra útil, e fez o melhor que pôde, mas o que não podia era destruir o vício da origem. Em compensação, na parte relativa à metodologia do ensino, os alunos encontram no seu livro muita coisa aproveitável, apesar de que, mesmo nesta parte, o programa é impertinente com as suas inúmeras designações de métodos e processos que não seria nada difícil reduzir a quatro ou cinco. (p.XIX-XXII)

Não obstante possíveis críticas do autor de um manual aos programas das Escolas Normais, a subordinação do conteúdo dos livros a esses planos foi inevitável. Foi uma condição que provocou, em alguns casos, a edição de livros feitos "apressadamente", como ocorreu no já referido *Metodologia I* (Lima, 1921), que trouxe uma "Corrigenda", justificando erros na feitura do manual.

As condições difíceis e o curto prazo que tivemos para compor, imprimir e fazer a necessária revisão, porquanto tínhamos de ter este trabalho pronto em certo tempo, e ainda a nossa desastrada imperícia em ver "gralhas" – muitos erros, alguns "saltos" e defeitos de pontuação nos escaparam, como uns *adquados, regeitados, femeninos, descriminar*, em vez de *adequados, rejeitados, femininos, discriminar*, etc. Uns facilmente serão corrigidos pelo leitor inteligente e de boa-fé, em face do sentido da frase; outros, porém, carecem de ser retificados, porquanto deturpam justamente esse sentido. Tanto para uns como para outros as nossas desculpas. (Lima, 1921, p.XXIII, grifos do autor)

Outro caso foi o de Gaspar e Ferreira (1944), em *Notas de didática especial*, escritas rigorosamente de harmonia com os programas em vigor, para uso dos candidatos ao magistério primário elementar. Apresentando os escritos, os autores afirmaram:

Os cuidados oficiais na formação do professor primário e as legítimas esperanças da Nação nos resultados da recente abertura das Escolas do Magistério Primário requeriam o aparecimento dum livro muito mais ordenado, perfeito e completo do que este. Mas, por outro lado, os cursos em trânsito e os professores sem preparação profissional reclamavam, num compreensível anseio de informação e aperfeiçoamento, quaisquer normas, mesmo gerais, que os habilitassem à interpretação eficiente dos programas e à remoção das iniciais dificuldades da vida escolar. [...] E foi o que determinou a apressada aparição destas "Notas" cujas muitas e graves deficiências assim se consideram antecipadamente relevadas. Que elas sirvam de auxiliar diretriz, mesmo superficial, no meio a que se destinam e não será esse o menor estímulo a mais amplos trabalhos que, na expectativa, vamos deixando alinhavados. (Gaspar e Ferreira, 1944, não paginado)

Após essas ponderações acerca dos limites impostos à escrita do manual, os autores reconheceram que:

> Uma obra útil de Didática séria não pode obter-se ante as simples reações dum único curso ou apenas na luxuosa consulta ao que dizem os teóricos. Tem, sim, de elaborar-se ao contato duma vida que a não venha diminuir ou contradizer porque, como qualquer professor, também uma dessas vidas não se improvisa. Executamos nas aulas o que expomos no livro. Mas no nosso livro como nas nossas aulas, não pretendemos nem desejamos impor opiniões e apenas ajudar a formá-las. (Gaspar e Ferreira, 1944, não paginado)

Palavras dessa natureza deixaram entrever como os próprios autores dos livros reconheceram o caráter "não original" e até "menor" desse *corpus*. Mas falar em manuais pedagógicos foi tratar de livros cuja concepção variou entre uma função mais prática e outra mais teórica, articulando diferentes formas de ver, conceber e dar a ler a profissão docente. Isso conduziu a estabelecer uma tipologia dos manuais, de modo a identificar a multiplicidade dos modos pelos quais esses textos puderam se apresentar. Nessa tipologia, foi possível encontrar nos títulos dos livros os seguintes termos:

√ Lições

Em Portugal foram publicadas as *Lições de Pedagogia* (Leitão, 1903), as *Lições de pedologia e Pedagogia experimental* (Vasconcelos, 1910), as *Lições de metodologia* (Lage, 1923) e as *Lições de Pedagogia e Didática geral*, Loureiro, 1950). No Brasil, foram publicadas as *Lições de pedagogia. Primeira Parte – Psicologia* (Magalhães, 1900), as *Lições de pedagogia colecionadas por um "amigo da instrução"* (Amigo da instrução, 1907); as *Lições de pedagogia. Teoria e prática da educação* (Bonfim, 1920) e as *Lições de pedagogia moderna* (Arquêro Jr., 1955).

√ Apontamentos

Apenas em Portugal foram publicados dois volumes de um manual cujo título usou esse termo, os *Apontamentos para lições de Pedagogia teórica e prática I-II*, Câmara, 1902-1903).

√ Notas

Em Portugal foram publicadas as *Notas de Didática especial* (Gaspar e Ferreira, 1944).

√ Compêndio

Em Portugal foi publicado o *Compêndio de Pedagogia* (Sá, 1870). No Brasil, houve o *Compêndio de pedagogia* (Pontes, 1874; 1881), o *Compêndio de pedagogia* (Velozo, 1907), o *Compêndio de pedologia e pedagogia experimental* (Anísio, 1937) e o *Compêndio de pedagogia moderna* (Pentagna e outras, 1968).

√ Noções

Em Portugal, foram publicadas as *Noções elementares de Pedagogia* (Baganhá, 1878) e as *Noções de Pedagogia elementar* (Coelho, 1903). No Brasil, foram editadas as *Noções de prática de ensino* (Santos, 1951), as *Noções de prática do ensino* (Santos, 1958), as *Noções de pedagogia científica* (Santos, 1963), as *Noções de didática geral* (Santos, 1955) e as *Noções de metodologia do ensino primário* (Santos, 1964).

√ Elementos

Em Portugal, foram publicados os *Elementos de Pedagogia* (Afreixo e Freire, 1870), os *Elementos de Pedagogia* (Coelho, 1894), os *Elementos de Pedagogia* (Leitão, 1907) e os *Elementos de Pedagogia* (Evangelista, 1944).

√ Referência direta ao tema/disciplina da Escola Normal

Em Portugal foram publicados títulos como a *Metodologia I-II* (Lima, 1923-1932), a *Didática geral* (Almeida, 1933), a *Pedagogia sociológica I-II* (Lima, 1929-1936), a *Didática geral da escola moderna* (Lage, 1945), a *Didática prática* (Ferreira, 1953). No Brasil, foram editados títulos como a *Pedagogia e metodologia* (Passalaqua, 1887), a *Didática nas escolas primárias* (Toledo, 1930; 1930), a *Pedagogia* (Menezes, 1935), a *Pedagogia* (manual teórico-prático para uso dos educadores) – I – O educando e sua educação

(Leôncio, 1940), a *Metodologia do ensino primário* (Santos, 1948; 1955), a *Prática de ensino* (Santos, 1948), a *Pedagogia* teoria e prática (1º volume) (D'Ávila, 1954), a *Prática do ensino primário. Diário de atividades da professoranda para uso das Escolas Normais e Institutos de Educação* (Queirós e outras, 1954) e o *Sumário de didática geral* (Matos, 1957).

Essa tipologia, para além de permitir notar a multiplicidade de nomenclaturas usadas nos títulos dos manuais, correspondeu a um primeiro passo para problematizar o própria definição de *manuais pedagógicos*, tal como eles foram concebidos aqui. Apenas um livro brasileiro deixou entrever o uso do termo manual (Santos, 1962) e os escritores preferiram fazer referências diretas às disciplinas da Escola Normal. Os títulos ainda evidenciaram algumas referências sutis, mas significativas, no que tange à origem e destino dos livros. Quando usou o termo "apontamentos" para intitular sua obra, Câmara (1902) quis assinalar o fato de que seu texto resultou de anotações anteriores, usadas em aulas já ministradas. Um tom relativamente mais culto, se assim se poderia dizer, foi sugerido com o uso dos termos "compêndio", "noções", "elementos". Isso porque essas expressões puderam ser lidas como um alerta para a modéstia das obras, mas não necessariamente para uma suposta modéstia de seus autores. Esses escritores conheceram a "grande literatura pedagógica" e assumiram o compromisso, aparentemente simples, de apresentá-la de modo rápido e acessível, mas não original. Ao assumirem sua "posição inferior" em relação à chamada *alta Pedagogia*,[9] esses escritores acabaram por revelar sua vasta cultura enciclopédica e justificaram porque tinham, afinal, legitimidade para resumir e ensinar o que houve de "melhor" na bibliografia sobre educação, *intermediando* a leitura que os professores fizeram dos "grandes" pensadores da área educacional.

---

9 A distinção entre *alta* e *baixa pedagogia* foi feita por Depaepe (2000; 2002) para delimitar as características de um discurso de tipo pragmático e mais próximo da chamada *baixa pedagogia* e outra modalidade mais científica e próxima da *alta pedagogia*. "The pedagogical periodicals, moreover, are a very interesting source for the historian of education from a methodological perspective since they, as journals for and by practitioners, followed other discursive rules than did the theoretical expositions of the great educational thinkers (like Herbart) as well as those of the academic pedagogy that developed later at the universities. We have thematised this distinction as a difference in level between 'lower' and 'higher' pedagogy (Dams et al., 1999; Depaepe et al., 2000, p.44-45), which, in a certain sense, comes close to the split between the knowledge built up from practice and the findings of scientific research" (Depaepe, 2002, p.364).

A oscilação entre uma palavra e outra – manual, elementos, noções, compêndio etc. – não pareceu estar relacionada apenas com o momento no qual o texto foi produzido. Ora, um mesmo termo apareceu em diferentes períodos e os fatores que determinaram esse aspecto foram as iniciativas ligadas à produção dos manuais: o contexto do qual se originaram (se foram, por exemplo, o resultado de anotações para aulas ou o cumprimento de exigências legais para o ingresso e permanência na carreira docente em Escolas Normais), bem como com a formação (em Filosofia, Medicina, Sociologia ou Pedagogia) e atuação de seus escritores (como professores do ensino primário, diretores da instrução pública ou docentes do ensino superior, entre outras ocupações). Parece que foi justamente esse último fator um dos principais determinantes na configuração de um livro mais "pragmático" ou mais "teórico". Assim, não foi possível deixar de notar, além das semelhanças entre os manuais, importantes variações de suas características no decorrer do tempo e no interior de diferentes espaços. Na verdade, um título publicado em finais do século XIX diferiu, e muito, de outro editado na década de 1960, por exemplo, e ambos foram classificados aqui como manuais pedagógicos.

Os livros de caráter pragmático (porque se referiram mais à prática de ensino) foram escritos por pessoas ligadas quase que exclusivamente à Escola Normal, cuja formação restringiu-se à área da educação e que ao longo de sua carreira tiveram pouca mobilidade em termos institucionais e até mesmo espaciais. Os livros de caráter mais "teórico" (porque mobilizaram saberes de outras áreas e usaram uma linguagem mais próxima da acadêmica) foram escritos por pessoas formadas em outras áreas de conhecimento que não a Pedagogia, notadamente o Direito e a Medicina, que atuaram em Escolas Normais, mas também no ensino superior, com formação de professores ou nos campos do Direito, Engenharia, Medicina e que tenderam a possuir uma produção bibliográfica mais vasta em termos de variedade de assuntos e número de títulos publicados. As questões relativas à formação e à atuação de quem escreveu manuais serão tratadas com mais cuidado no último capítulo do livro. Por ora, convém assinalar como exemplos de títulos mais teóricos a *Psico-fisiologia*, de Alberto Pimentel Filho, publicada originalmente em 1916, e a *Lições de pedologia e pedagogia experimental* (1910) de Faria de Vasconcelos, no caso português; e, no brasileiro, os *Fundamentos do método* (Penteado Jr., 1938), a *Técnica da pedagogia moderna* (Backheuser, 1934) e a *Introdução ao estudo da Escola Nova* (Lourenço Filho, 1930).

Assim, podemos afirmar que as palavras "sumário", "noções", "lições" foram usadas como *protocolos de leitura* – para retomar aqui a expressão usada por Chartier (1990) quando ele analisou esforços presentes em todo e qualquer tipo de texto para direcionar suas possíveis leituras. Essas expressões, no caso dos manuais pedagógicos, sugeriram algumas das formas como eles apresentaram aos normalistas os conhecimentos educacionais. Ou seja, por terem remetido a algumas noções ou explicado alguns temas, os livros dos normalistas assumiram uma determinada posição no conjunto da literatura educacional, ou seja, foram textos que resumiram outros trabalhos reconhecidos na área, de modo a introduzir os futuros professores nas questões sobre ensino, *intermediando* o contato dessas pessoas com os "grandes" teóricos. Esse lugar dos manuais foi fundamental para compreender os modos pelos quais eles produziram e fizeram circular os saberes que sustentaram o magistério e os outros elementos da *cultura escolar*, entre os quais o papel do aluno, as metodologias de ensino e a organização institucional da escola foram exemplos marcantes. Por isso este texto se propôs a construir a história desses livros, identificando suas contribuições para a difusão do modelo de ensino.

Quando apresentaram seus livros como espécies de compêndios, os escritores deixaram entrever o fato de que conheceram uma leitura pedagógica mais ampla e foram, antes de mais nada, estudiosos do tema. Essa formação permitiu a eles escreverem textos como os dos manuais. Assim, ao assumirem a suposta simplicidade de seus escritos, esses autores acabaram por revelar, de forma sutil, a sua erudição. Curiosamente, o uso dos termos "introdução", "noções", "apontamentos", "compêndio" foi mais raro entre os manuais de Didática ou Metodologia de Ensino, ou seja, aqueles que trataram de questões mais práticas e menos teóricas, como se esses temas pudessem dispensar a erudição tão refinada que caracterizou a produção no caso da Pedagogia e ciências afins. Foram textos elaborados por professores e, principalmente, professores de escola primária e do curso normal, que escreveram seus trabalhos a partir de suas experiências em sala de aula. Isso permitiu pensar, de um lado, nos manuais mais teóricos e reconhecidos e, de outro, naqueles mais prescritivos e menos valorizados. Tratou-se de uma oposição configurada não só com relação aos livros dos normalistas, como num âmbito maior, relativo à própria configuração dos saberes pedagógicos, que acabou por desvalorizar as temáticas produzidas pelos professores acerca de seu trabalho, destacando os conhecimentos elaborados por profissionais ligados a diferentes áreas, como a Filosofia, a Psicologia ou a Sociologia (Nóvoa, 1987). Nessa perspectiva, os manuais pedagógicos mais conhecidos foram escritos por pessoas como Faria de Vasconcelos, para o caso português, e Lourenço Filho, para o caso brasileiro, cujos manuais (caracteristicamente mais teóricos) chegaram a ser posteriormente referidos em outros livros da Escola Normal. Diante do exposto, foi impossível igualar um manual de 1870 com outros da década de 1910 ou 1950. As mudanças entre um título e outro ocorreram de acordo com as imposições dos currículos de formação de professores e com as possibilidades das iniciativas de produção desses livros.

De um modo geral, a oposição entre manuais mais teóricos e aqueles mais práticos permitiu agrupar os títulos de finais do século XIX, os primeiros a serem publicados, numa categoria marcada por um pequeno grau de especialização porque esses livros apenas descreveram os tópicos previstos para os concursos e, ao mesmo tempo, dirigiram-se a um público amplo, ou seja, todos aqueles que quiseram ingressar na carreira docente via concursos. Um caso exemplar e até curioso foi o de Baganha (1878), que escreveu um manual porque ajudou suas irmãs a prestarem concurso de ingresso na carreira docente, embora esse escritor tenha sido formado na área de pecuária. Já os manuais das primeiras décadas do século XX tiveram um conteúdo com maior especialização na área educacional, dirigindo-se a um grupo mais selecionado, o dos alunos das Escolas Normais. Foi um momento de consolidação desses cursos e da própria Pedagogia como área de conhecimento (Nóvoa, 1987). Em meados do século XX o conteúdo teve um caráter mais técnico, tratou mais diretamente das tarefas a serem realizadas pelos professores em sala de aula e atendeu a um público crescente, posto que houve uma significativa expansão dos cursos de formação docente, notavelmente no caso brasileiro (Tanuri, 2001), exigindo dos escritores dos manuais a opção por um conteúdo cada vez mais simplificado e próximo de um receituário. Para além da quantidade de pessoas a serem formadas, foi preciso considerar que o tipo de preparo para o magistério orientado pelo Estado acabou por restringir essas atividades à execução de planos de ensino no interior das salas de aula, tanto em Portugal como no Brasil, mas sem deixar de constituir diferentes exigências que deveriam ser cumpridas pelos manuais. Da necessidade de preparar um roteiro que permitia conhecer os tópicos exigidos para o ingresso na carreira, passando pelo estudo científico das questões pedagógicas e pela exposição de um guia metodológico, os manuais pedagógicos assumiram ao longo de sua história diferentes configurações. Assim, alguns títulos estiveram mais próximos da *baixa Pedagogia* e outros enquadraram-se melhor na categoria da *alta Pedagogia*.

O que definiu tais características foi, sobretudo, o *conjunto de referências mobilizadas nos livros*, pois o maior ou menor apelo a autores, obras, áreas de saber e iniciativas foi um fator decisivo na configuração do discurso dos manuais. Na história desses livros, foi notável um movimento cíclico dessa tendência. Assim, num primeiro momento esse tipo de referências foi feito de modo incipiente, pois se tratou ainda do período inicial de estruturação das Escolas Normais e da própria Pedagogia, aproximando as publicações à *baixa Pedagogia*. Num segundo momento, houve um forte apelo científico vinculado ao movimento da Escola Nova, "elevando" o conteúdo dos manuais à *alta Pedagogia*. Tratou-se de um período crucial na história desses livros, que começaram a ganhar uma certa legitimidade no campo pedagógico (legitimidade que decorreu, paradoxalmente, da mobilização do discurso de outras áreas). Num terceiro momento, houve um retorno de características da *baixa Pedagogia*, ou seja, uma vez criado um consenso em torno do modelo de escola por nós conhecido e tomado como o único possível (Tyack, 1974, Nóvoa, 1995), o uso de referências foi bem menor e os livros aproximaram-se de um receituário das atividades a serem desenvolvidas nas salas de aula.

Em segundo lugar, foi preciso levar em conta a *formação e atuação dos autores dos manuais*. Num momento inicial, considerando-se os títulos do final do século XIX, os escritores apresentaram pouca ou até nenhuma especialização na área educacional. O caso de Domingos Baganha, formado em pecuária e autor de um dos manuais portugueses publicados na década de 1870 (as *Noções elementares de pedagogia*), pode novamente ser tomado como um exemplo. De fato, o campo educacional, a constituição dos sistemas de ensino e a formação de profissionais em educação corresponderam a processos incipientes naquela altura, tanto em Portugal como no Brasil, e contribuíram para aproximar os manuais para professores da *baixa Pedagogia*. Em seguida, considerando-se os livros das primeiras décadas do século XX, quando eles se "elevaram" à *alta Pedagogia*, os seus escritores já contaram com uma formação mais especializada. Entretanto, nem sempre essa formação foi na área educacional. Alguns casos foram exclusivamente dessa área, outros mesclaram a formação na Medicina ou no Direito com a atuação como educadores e escritores da imprensa pedagógica. Isso induziu a pensar na questão referente às razões pelas quais essa mobilidade de um autor entre diversos campos de conhecimento pôde ou não contribuir para a legitimidade de sua produção no campo educacional. Finalmente, foram destacados os manuais de meados do século XX, cujos conteúdos desceram novamente à *baixa Pedagogia*. Nesse momento, os manuais relacionaram-se mais a um "saber fazer", a uma dimensão técnica do ofício docente. Os escritores contaram, então, com uma formação inicial já na área da Pedagogia, que contou com um prestígio menor do que outras áreas científicas.

Cabe assinalar aqui que também as condições de escrita dos manuais pedagógicos variaram ao longo do tempo. Em Portugal, o Decreto n.1, de 1894, visou a estabelecer uma uniformidade nos livros escolares, dentre os quais estiveram incluídos os impressos destinados à formação docente. Na década de 1910, o professor de Escola Normal que quis ocupar o cargo de efetivo teve de publicar as lições por ele professadas (Decreto 2.213, de 10 de fevereiro de 1916), uma exigência inédita até então, mas que deixou de existir nos anos 1930, quando o curso foi substituído pelas Escolas do Magistério Primário. Os livros publicados pelos professores passaram a ser escritos de outra forma em Portugal durante meados do século XX. Em vez de publicarem lições já professadas, eles organizaram seus textos, submeteram os mesmos à aprovação legal e aí, sim, os títulos foram publicados. Tratou-se de uma iniciativa de controle mais acentuado da produção desses textos. No Brasil, houve indícios desse tipo de controle já no início dos anos 1900, quando da edição do *Compêndio de pedagogia*, de Dario Velozo (1907), subsidiado pelo governo do estado do Paraná, aprovado e adotado pela Congregação da Escola Normal. O prefácio do livro expôs o parecer feito sobre o manual, feito por pessoas que, como Velozo, atuaram como lentes do Ginásio Paranaense e da Escola Normal e finalizaram a avaliação afirmando na Ata da Congregação, de 1º de Junho de 1907 que: "Submetido este parecer à discussão, não havendo quem a respeito dele pedisse a palavra, foi posto a voto e unanimemente aprovado" (prefácio ao *Compêndio de pedagogia*, Velozo, 1907, sem números de página).

Ainda com referência ao caso brasileiro, até o início do século XX, as regulamentações sobre o tema foram menos sistemáticas e, dado o pequeno número de textos, essas iniciativas privilegiaram o sistema de autorizações. Dentre as obrigações dos mestres esteve, já no Império, a utilização dos manuais aprovados por diretores de cada estabelecimento de ensino, inspetores escolares e conselhos especializados. O não cumprimento do dever pôde acarretar a suspensão do exercício docente ou o pagamento de multas (Bittencourt, 1993). A possibilidade de escolha dos compêndios começou a se delinear na fase republicana mas, de qualquer forma, essa liberdade foi concedida ao professor com algumas restrições, pois a adoção continuou sendo, em grande parte, determinada pelas autoridades educacionais. Com o *processo de democratização do ensino* (Beisiegel, 1984) no país após 1930 e o consequente aumento de títulos destinados ao uso escolar, as formas de vigilância foram ampliadas com o Decreto n. 1006, de 30 de dezembro de 1938, o qual estabeleceu as condições de produção, importação e utilização dos livros didáticos em nível nacional. Esta lei prescreveu que, a partir de 1940, os escritos destinados às escolas pré-primárias, primárias, normais, profissionais e secundárias de toda República só puderam ser adotados no caso de terem obtido autorização prévia do Ministério da Educação e Saúde (órgão criado em 1930 pelo governo Vargas). Somente os professores das escolas normais, profissionais e secundárias tinham o direito de escolher as obras didáticas constantes numa relação oficial. Os textos usados pelos alunos das escolas pré-primárias e primárias, tal como foi estabelecido em lei, não poderiam ser escolhidos pelo corpo docente, mas sim pelos diretores de cada estabelecimento (art. 5º, Decreto n. 1.006, de 30/12/1938).

E, para a análise e aprovação dos textos, instituiu-se a Comissão Nacional do Livro Didático (CNLD), cujas atribuições foram descritas pelo artigo 10 do Decreto-Lei n. 1.006, 30/12/1938. Complementando as disposições relativas ao tema, o Decreto-Lei n. 8.222, de 26 de novembro de 1945, dispôs sobre a autorização para uso de livro didático de autoria de membro da Comissão Nacional do Livro Didático. Até o final da gestão Capanema no Ministério da Educação, em 1945, o referido Decreto encontrou dificuldades de operacionalização, com inúmeros adendos aos dispositivos originais e dificuldades de funcionamento da Comissão Nacional do Livro Didático. A redemocratização política motivou mudanças no modo de se conceber e regulamentar o material. A CNLD, por exemplo, foi objeto de críticas pelo seu caráter centralizador, embora ela nunca tenha efetivado medidas significativas. As suas atribuições foram reorganizadas no Decreto n. 8.460, de

1945. No entender de Bomény (1984), essa lei deixou de enfatizar a retórica nacionalista característica do Estado Novo e, nesse momento, passaram a ser valorizados os apelos de liberdade de cátedra, de reforço à qualificação profissional do magistério, aspectos mais relacionados à metodologia educacional. As determinações relativas aos temas continuaram sendo, em grande parte, responsabilidade do Governo Federal, mas houve regulamentações estaduais referentes ao assunto (Bomény, 1984).

Na década de 1950, a liberdade de escolha do livro didático suscitou debates entre os educadores. A Lei estadual n. 1.536, de 28 de dezembro de 1951, por exemplo, determinou serem os livros didáticos objetos de livre escolha dos professores (Ver art. 2º da Lei n. 1536, 28/12/1951). No início dos anos 1970 manifestou-se uma maior flexibilidade quanto à adoção, utilização e substituição nos compêndios nas escolas. Os manuais escolares passaram a ser objeto de "normas flexíveis que [funcionaram] como sugestões ou recomendações orientadoras" (Circular n. 1, de 17 de abril de 1970). Os professores e também as famílias puderam participar mais diretamente da escolha desses livros, embora isso tivesse sido feito mediante justificativas plausíveis e observando-se os regimentos de cada escola. Para tanto, estiveram disponíveis setores como o Instituto Nacional do Livro e a Fundação Nacional de Material Escolar da Comissão do Livro Técnico e Didático (Colted). Esta última instância foi criada em 1966 pelo Acordo MEC/Usaid, integrando uma política de financiamento de livros didáticos e tendo como obrigação comprar o material diretamente das editoras para distribuí-los aos estados. A criação dessa comissão foi tratada por dois Decretos promulgados no Governo Castelo Branco: a Lei n. 58.653 de 16 de junho de 1966 e a Lei n. 59.355 de 4 de outubro de 1966 (Bomény, 1984, p.54).

Evidentemente, essa breve incursão feita pelas regulamentações do livro didático no Brasil não pretendeu ser exaustiva, mas apenas ressaltar alguns esforços feitos para controlar a edição de textos feitos para a escola, categoria na qual os livros dos normalistas foram inseridos. Os usos feitos desses livros no Curso Normal conduziram a denominá-los aqui de *manuais*, termo que remeteu de imediato para esse tipo de leitura. E *pedagógicos* foi uma palavra que não deixou dúvidas com relação à natureza dos temas tratados nos textos. Tratou-se de uma fonte essencial para conhecer os modos pelos quais a ideia da escola foi construída, pois os manuais pedagógicos foram uma importante via de circulação de saberes originados em diferentes momentos e lugares. Nesse sentido, as considerações tecidas por Bourdieu e Passeron (1975) foram especialmente úteis para o estudo dos manuais pedagógicos, porque assinalam que a educação, principal objeto desses livros, foi um lugar intermediário, por meio do qual políticos, médicos, juízes e outros profissionais puderam levar a efeito projetos de alcance social mais amplo. Em outras palavras, os educadores compuseram vozes por meio das quais outras vozes falaram. E o campo educacional foi um espaço no qual se abrigou e articulou poderes externos a ele mesmo, conforme se depreendeu da leitura das *Notas de didática especial*:

> Há muito se deduziu, da lógica e da vida, que um bom professor não se improvisa. Contra o que muitos poderiam supor num País, onde toda a gente nasce com diploma de educador e onde uma grande parte ensina o que não sabe, o cuidado na preparação de mestres precisa de ser tão pormenorizado nos primários como nos superiores. Nem mais, nem menos. A todo professor incumbe uma missão formativa. Se não for cuidadosamente preparado para ela, – para a *sua* missão [grifos dos autores] – traí-la-á destruindo, muitas vezes irremediavelmente, impulsos pessoais utilíssimos ao progresso social coletivo. Os cuidados oficiais na formação do professor primário e as legítimas esperanças da Nação nos resultados da recente abertura das Escolas do Magistério Primário requeriam o aparecimento dum livro muito mais ordenado, perfeito e completo do que este. Mas, por outro lado, os cursos em trânsito e os professores sem preparação profissional reclamavam, num compreensível anseio de informação e aperfeiçoamento, quaisquer normas, mesmo gerais, que os habilitassem à interpretação eficiente dos programas e à remoção das iniciais dificuldades da vida escolar. [...] E foi o que determinou a apressada aparição destas "Notas" cujas muitas e graves deficiências assim se consideram antecipadamente relevadas. (Gaspar; Ferreira, 1944)

Este livro reconheceu esse *lugar intermediário* dos manuais e do discurso educacional, expresso nas relações estabelecidas no interior do campo da educação, bem como entre os educadores e outras instâncias da sociedade. Nessa perspectiva, os manuais pedagógicos foram objeto privilegiado de estudo, pois ocuparam uma *posição intermediária num campo intermediário*. Ou seja, eles foram produções dos educadores que apresentaram os "grandes teóricos e pedagogos" aos professores. Os seus textos explicaram as questões de ensino supondo a existência de um consenso, pois os escritos apresentaram-se sempre de forma concisa, dando pouco espaço para a descrição de discussões entre os educadores. Um tratado de Filosofia, por exemplo, não ocupou esse mesmo tipo de posição porque, no campo educacional situou-se mais na intersecção com o campo filosófico, tal como os livros de Psicologia Educacional situaram-se mais na intersecção com o campo da Psicologia; os de Sociologia da Educação, com o campo da Sociologia e assim por diante. As revistas educacionais, por sua vez, puderam ocupar múltiplas posições (Catani, 1994) e, dependendo de sua natureza, os periódicos estiveram mais abertos ao debate e à polêmica (Rogan; Luckowski, 1990), evidenciando múltiplas relações com associações estudantis, com o Estado e com as diferentes áreas de saber. O mesmo não ocorreu com os manuais pedagógicos. Isso não quer dizer que a posição desses livros tenha sido estática, pelo contrário, o seu conteúdo dependeu de uma *rede de comunicação* complexa e decorreu de opções e leituras historicamente situadas.

Nessa perspectiva, a noção de *intertextualidade* foi útil para este livro, pois remeteu para o fato de que um texto foi sempre construído em relação com outros. No caso dos manuais pedagógicos, ao cumprirem o seu papel de *mediadores de uma gramática recontextualizada* (Bernstein, 1986), acabaram por apresentar relações muito específicas: afirmaram-se enquanto sínteses apenas, obras nada originais, apenas resumos, retomadas de outras ideias. Daí chamá-los aqui, com base nas considerações de Bourdieu (1996) acerca da produção de leituras em determinados espaços, textos de *lectores*. Poderíamos ser induzidos a usar a metáfora "ladrões de palavras" (Schneider, 1990), chamá-los de "obras menores" ou do grupo da *baixa Pedagogia* (Depaepe, 2000; 2002), já que responderam a uma necessidade muito pontual, a do desenvolvimento de cursos profissionalizantes para futuros professores e, por conta disso, na maior parte das vezes restringiram o seu conteúdo a uma espécie de receituário de como exercer o magistério. Poucas vezes eles foram referidos em revistas educacionais, quase nunca foram objeto de resenhas feitas por educadores. Eles tenderam a serem esquecidos por quem os usou na Escola Normal, daí a dificuldade, inclusive, de proceder ao levantamento dessa fonte. Além disso, esses livros não se preocuparam em dar luz a polêmicas do campo educacional, pelo contrário, até quando situaram esse tipo de questão, usaram um tom mais expositivo e objetivo, de quem não "tomou partido".

Poderíamos, então, discutir com mais apuro o que implicou a natureza do manual, pois, no lugar do que se costumou analisar apenas como um "trabalho menor" de compilação, foi possível assinalar um trabalho de seleção e eleição do que houve de "melhor" na área educacional. Os manuais se separaram, de certa forma, dos outros impressos que constituíram a imprensa de ensino e "olharam" para eles numa perspectiva, por assim dizer, exterior. Assim os manuais indicaram sua "condição menor", excluindo-se, em certa medida, da "bibliografia consagrada" da área, porque assim puderam marcar suas especificidades e traduziram alguns conhecimentos para os professores na fase inicial de formação. No decorrer de praticamente um século de publicação, os manuais oscilaram entre o que Depaepe (2000; 2002) chamou de *alta* e *baixa Pedagogia*, porque as suas configurações foram historicamente situadas. Isso se deveu à própria natureza desses livros, que se transformaram em função da organização do Ensino Normal. Além disso, a natureza teórica ou prática dos livros só pôde ser pensada nas relações entre os manuais e outras produções da área da educação. Para construir a história dos manuais pedagógicos nessa perspectiva, o que se procurou fazer até aqui foi assinalar os aspectos comuns a todos os livros da Escola Normal e, por outro lado, houve o esforço para identificar as diferentes configurações desses livros no decorrer dos anos e as formas pelas quais eles deram a ler os saberes relativos à profissão docente e à escola.

Manuais pedagógicos e *Escola de Massas*

As formas pelas quais os livros dos normalistas constituíram-se ao longo do tempo conduziram a pensar em várias questões quando da escolha do *corpus* de estudo, composto, na parte portuguesa, por vinte e cinco títulos e, na parte brasileira, por cinquenta e cinco. Antes de mais nada, optou-se por levar em conta apenas os manuais destinados ao preparo para o magistério primário, extraindo-se por consequência os livros estudados pelos futuros docentes do ensino secundário e superior. E, ao se tomar apenas as disciplinas relativas a aspectos fundamentais do ensino, a saber, a *Pedagogia*, a *Didática Geral*, a *Metodologia* e a *Prática de Ensino*, deixou-se de lado textos relativos às Ciências da Educação (*Psicologia, Sociologia, Biologia e História da Educação*, por exemplo) e às Didáticas Específicas a cada matéria da escola primária (*Didática da Matemática, da Geografia, da Leitura, da Escrita*, por exemplo). Tais opções decorreram, aqui, do intuito de se entender como os manuais pedagógicos contribuíram para consolidar determinados modos de educação do povo em várias partes do mundo.

Quando tomaram por objeto a formação de professores primários, os textos da Escola Normal foram elementos cruciais na construção desse modelo escolar destinado a todos. Isso porque eles foram escritos para as pessoas que trabalharam no plano mais elementar da escolarização básica, em que os anseios de expansão das oportunidades de ensino foram mais presentes. Em *Pedagogia sociológica II*, Lima (1936) expôs de forma muito clara as diferenças entre os diversos níveis de ensino, evidenciando o caráter mais democrático do nível primário e o caráter mais seletivo dos outros graus. O autor identificou diversas modalidades de educação, a "cientista ou 3º ciclo", a "tecnológica e preparatória cientista ou 2º ciclo", a "média" e a "elementar ou 1º ciclo", "vulgarmente designado por 'Ensino Primário', 'Escola Primária', 'Instrução Primária' e 'Educação Primária'" (Lima, 1936, p.236). Em seu entender, as funções e relações deste nível com os demais ciclos definiram-se a partir de três critérios:

> A) – Critério que considera o 1º ciclo como inteira ou quase inteiramente independente do fim ou ideal social da educação, contendo em si próprio a sua finalidade. Neste caso, o 1º ciclo é apenas formal. Resume-se num instrumento de aperfeiçoamento subjetivo, e, portanto, nada tem com os intuitos da Educação dos outros ciclos (2º e 3º). O seu fim é apenas dar instrumentos para uma futura cultura. Esses instrumentos são: ler, escrever e contar.
>
> B) – Critério que inclui o 1º ciclo na finalidade ou ideal a alcançar pela Educação e considera-o como a primeira fase da sua gradação, devendo, por conseguinte, obedecer ao ideal geral adotado, como objetivo supremo, por essa Educação. Neste caso, o 1º ciclo ou Educação da infância é uma parte de um todo; é uma parte convergente para um mesmo fim. Presta auxílio e contribui, pelo esforço conjugado, para o êxito final, para a realização do ideal comum de todos os graus da Educação. Constitui a parte inferior, o alicerce do todo, do edifício da educação. É uma preparação serventuária, indispensável para os graus ou ciclos subsequentes.
>
> C) – Critério que integra a educação da infância no objetivo ou ideal supremo e geral da organização da Educação, mas considera-a também como

devendo constituir, simultaneamente, só por si, um todo, uma habilitação social. (Lima, 1936, p.236-237)

Sobretudo de acordo com os critérios "B" e "C" acima expressos, a educação primária forneceu as bases para os outros ciclos de ensino e, nesse sentido, Lima conduziu a concluir que se tratou de um nível obrigatório e destinado não apenas às pessoas dedicadas à ciência (ou ao ensino superior, cujo preparo foi obtido no nível secundário). Nessa perspectiva, enquanto "ao educador cientista (universitário, superior, técnico) [...] cumpre realizar e organizar toda a vida científica, técnica e profissional que convém a um povo" (Lima, 1936, p.220), o professor primário deveria ter outros tipos de preocupação, de modo a atender a um público em seu contato inicial com o mundo escolar. A própria organização formal da escola foi pensada em Portugal e no Brasil a partir a distinção de um nível mais básico, em que se ensinou a leitura, a escrita e a contagem e pelo qual todos passaram obrigatoriamente, continuando ou não a sua vida escolar. No que se referiu à instrução do povo português, esta foi pensada em dois planos: o da instrução geral elementar e o da instrução geral superior, de acordo com o Decreto com sanção legislativa de 20 de setembro de 1844 e respectivo Regulamento de 1845, que instituiu as Escolas Normais para habilitação de professores de 1º e 2º graus. No intuito de atender às características de cada nível, a formação de professores primários foi concebida, de acordo com o Regulamento para a Escola Normal Primária do Distrito de Lisboa, de 24 de dezembro de 1845, distribuindo-se o curso para a formação e habilitação dos docentes de instrução primária em dois anos. Em um primeiro ano foram habilitados os profissionais para o primeiro grau e em dois anos para o segundo grau (Leite, 1892, p.11).

Ainda em Portugal, alguns autores de manuais pedagógicos chegaram a vincular a Pedagogia dos tempos modernos com a educação primária. Foi o caso de José Maria da Graça Afreixo, escritor de mais de um título destinado à Escola Normal, um deles intitulado *Apontamentos para a história da pedagogia* (1883), em cuja Introdução afirmou:

A educação, elemento essencial do desenvolvimento nas idades tenras, perde de importância, ao passo que o homem se aproxima da virilidade; *é pois bem fundadamente que as questões pedagógicas têm uma importância capital, quando se trata da educação primária; perdem o lugar de honra na educação média ou secundária; quase se anulam na instrução superior.* É que na instrução primária todo o trabalho é do preceptor, o aluno tem de ser totalmente atraído pela beleza do método e pelo agrado das maneiras; na secundária o trabalho já é bipartido, o professor torna-se doutrinário e o aluno presta atenção mais volitiva a seus trabalhos; na superior estão totalmente invertidos os papéis, o professor é apenas guia e espelho de sabedoria, o aluno é que atrai a si as graças do sábio, por seus estudos especiais e aturados. E, se assim é, não admira que, nos tempos modernos, a pedagogia se tenha quase exclusivamente dedicado a estudos sobre a educação primária. Dizemos, *nos tempos modernos*, por que antes da invenção da imprensa a educação teve forma diferente, a que não foram alheias a escravidão e o atraso da mecânica e dos conhecimentos geográficos, como notaremos a propósito de cada capítulo. Em resumo: até ao século XV trataremos a pedagogia sob o ponto de vista geral da educação do indivíduo como molécula do Estado. Desde o século XVI iremos limitando os nossos trabalhos ao estudo da educação primária. (p.8-9, grifos nossos)

Nessa perspectiva, a Escola Normal Primária foi concebida como um curso nuclear para o desenvolvimento da *escola de massas*. No *Congresso pedagógico hispano-português-americano* realizado em finais do século XIX, Luís Felipe Leite assinalou o quanto essa instituição "consubstancia assim quase inteiramente o grave problema da instrução geral e é condição essencial da vida e progresso de todo o ensino primário". Ainda citando o Decreto português de 14 de dezembro de 1869, Leite afirmou que "nem há um só país onde a instrução e educação popular se elevasse acima dos obscuros limites de uma deplorável mediania e lograsse ocupar lugar eminente entre as nações mais cultas, que não consagrasse ao estabelecimento de escolas normais *somas avultadas e cuidados incessantes*" (Leite, 1892, p.27, grifos do autor). No Brasil foi notável um movimento semelhante. Como assinalou Leonor Tanuri (2000) em um artigo sobre a história da formação docente no país, a criação das escolas destinadas ao preparo para o magistério também vinculou-se à institucionalização da instrução pública, inspirada nas ideias liberais de secularização e extensão do ensino primário (Tanuri, 2000). Assim, considerando os projetos de expansão da escola do povo e de formação de professores do ensino primário, não estiveram entre os manuais pedagógicos aqui estudados os livros destinados às Escolas Normais

Secundárias.¹⁰ Não obstante, os livros citados anteriormente serviram muitas vezes de inspiração na escrita de alguns livros da Escola Normal. Èmile Planchard, por exemplo, foi em meados do século XX uma figura decisiva na formação de professores secundários portugueses que, depois de terem sido formados em cursos ministrados por ele, atuaram como professores de Escolas Normais Primárias e escreveram manuais pedagógicos. Como professor da Faculdade de Letras da Universidade de Coimbra, ele formou profissionais como Rafael de Barros Soeiro (Habilitado com o Curso de Ciências Pedagógicas pela Universidade de Coimbra e Professor efetivo da Escola do Magistério Primário de Braga), ele mesmo autor de um manual para futuros professores primários, intitulado *Da capacidade pedagógica para o magistério elementar* (1947).

De todo o levantamento realizado, foi preciso excluir também títulos que, pelo seu conteúdo, aproximaram-se dos manuais pedagógicos, mas o seu uso foi muito diverso, destinando-se a professores dos mais diversos graus em exercício. No Brasil, o *Ensinar a ensinar*, de Afrânio Peixoto (Rio de Janeiro, Editora Francisco Alves, 1925), foi muito sugestivo em seu título, mas não se destinou às Escolas Normais, foi antes uma espécie de coletânea de textos produzidos pelo autor ao longo de sua carreira.¹¹ Em Portugal, alguns

---

10 Em Portugal, estamos nos referindo aos dois volumes de *Problemas escolares*, escritos por Faria de Vasconcelos e publicados em Lisboa pela Editora Seara Nova, entre os anos de 1921 e 1929, integrando a Biblioteca de Educação. Esses textos foram excluídos porque constituíram o curso do professorado na Escola Normal Superior de Lisboa. Foram desconsiderados também os livros de Èmile Planchard, escritos quando ele atuou junto ao ensino superior em Portugal. Esses textos foram os *Problemas atuais de pedagogia*, publicados pela Coimbra Editora em 1942, e *A pedagogia escolar contemporânea*, publicado no mesmo ano pela Coimbra Editora, além da *Introdução à pedagogia*, publicado pela Coimbra Editora em 1962 e, finalmente, a *Pedagogia e didática*, publicado por iniciativa da Faculdade de Letras de Coimbra em 1965. A *Súmula didática*, de Alberto Pimentel Filho, também não se destinou à formação de professores primários, tendo sido editada em Lisboa, pela Guimarães e Companhia, no ano de 1934. Da mesma forma, a *Pedagogia geral*, de Mário Gonçalves Viana (Porto: Livraria Figueirinhas, 1946) foi excluída do *corpus* de estudo do presente livro.

11 Ao apresentar seu livro, A. Peixoto afirmou o seguinte: "Antigo diretor da Escola Normal e, depois, diretor da Instrução Pública, cargos a que me chamou a indulgência de meu sábio mestre amigo o sr. prof. Azevedo Sodré, diretor de Instrução e depois Prefeito do Distrito Federal, das nossas iniciativas e reformas, – nem todas malogradas pela desorientação e debilidade, que são os achaques da administração nacional, sem seguimento, nem tenacidade nos propósitos, – ficou alguma coisa. Ficou muito, de parte dele, e só a reforma do ensino profissional bastaria para lembrança de um governo; ficou ainda o que me permitiu fazer, – por termo, enfim!, à monstruosa anomalia de uma escola normal a moças pobres, cansadas, de

títulos excluídos corresponderam ao *A minha escola: breve guia do professor* (Manuel Fernandes, Lisboa, Editora Avelar Machado, 1938) e do *Manual prático de pedagogia* (Coelho, Porto: Livraria Figueirinhas, 1900). Manuel Fernandes era o pseudônimo de Fernando Alfredo Palyart Pinto Ferreira, que publicou vários manuais escolares, relativos a disciplinas como História, Gramática, Geografia, Moral e Civismo, Ciências Naturais, Aritmética etc., sobretudo na década de 1930. *A minha escola* foi um trabalho de divulgação, no qual o autor utilizou uma linguagem simples, dando conselhos aos seus leitores acerca da melhor maneira de agir no exercício do magistério. As temáticas tratadas referiram-se a questões relativas ao papel do professor, ao seu trabalho em sala de aula, às disciplinas a serem ensinadas aos alunos da escola primária e também ao civismo, às relações escola-família. "O livro é, de fato, um excelente documento de vulgarização que nos permite compreender o pensamento corrente, entre os professores, sobre os assuntos educativos e escolares" (Fróis, 2003, p.548).

O *Manual prático de pedagogia* (Coelho, 1900), por sua vez, integrou uma série de títulos, muitos deles chamados aqui de manuais pedagógicos e escritos por Augusto Coelho a partir de uma obra editada entre 1891 e 1893 em quatro volumes, intitulando-se *Princípios de pedagogia*, que estiveram à venda em Lisboa, pela Livraria Manoel José Ferreira, no Porto, pela Casa de Bento José da Costa, e em São Paulo, pela Casa Editora Teixeira & Irmãos).[12]

---

dia, em ensinarem nas escolas primárias o que não sabiam, e à noite a aprenderem o que não conseguiram bem saber; abuso singularíssimo no mundo contra o qual protestara, mais de vinte e cinco anos antes, Rui Barbosa, no seu mirífico 'Relatório', e nenhuma administração, antes da nossa, conseguira vencer – e dar à Escola Normal, restituída à sua normalidade, o complemento indispensável, que nunca tivera, e é ainda, nesse triste liceu de humanidades, o único real ensino de pedagogia, sua finalidade profissional, sua *Escola de Aplicação*, que lhe criara Ramiz Galvão e nós conseguimos realizar. Ficaram ainda, como remanescentes desse período de trabalho em prol do ensino público, algumas ideias, várias páginas, que, pela intenção, talvez se não devessem perder, e são agora recolhidas, neste livro. O título que as enfeixa foi o nosso lema de combate – no Brasil ainda hoje se ensina, sem se ter aprendido a ensinar, por isso se ensina e se aprende tão mal... – professores de ensino superior, de ensino secundário, e de ensino primário em muito lugar, ainda quando sabem, não sabem ensinar, porque não aprenderam e desdenham aprender... – esse é o maior mal da educação nacional – esse bem pode ser a divisa de uma propaganda..." (1925, páginas sem número).

12 Nos prefácios de seus manuais pedagógicos, Coelho situou as inspirações encontradas nos seus *Princípios de pedagogia* (1891-1893). Ao apresentar seus *Elementos de pedagogia* (1894), por exemplo, ele afirmou o seguinte: "Havendo o autor dos presentes 'Elementos' publicado um Tratado intitulado *Princípios de Pedagogia*, tornava-se indispensável elaborar um resumo que, contendo as noções pedagógicas mais fundamentais com aplicação à instrução infantil e

Esses *Princípios* não se destinaram ao uso dos alunos da Escola Normal, mas foi importante considerá-los porque eles serviram de inspiração a outros livros, estes sim, compêndios elaborados pelo mesmo escritor posteriormente. O subtítulo do *Manual* de 1900 já indicou o uso dos professores em geral e em especial dos docentes de ensino médio e primário e a apresentação do texto deixou entrever a preocupação com o exercício – e não com a formação inicial – do magistério. Entretanto, foi curioso notar que o conteúdo desse título pouco diferiu dos textos de outros manuais pedagógicos, destinados aos normalistas e que corresponderam aos *Elementos de pedagogia* (1894) e às *Noções de pedagogia elementar* (1903) de Augusto Coelho.

No Brasil, pelo menos seis títulos incluíram-se nessa mesma categoria. Autor de outros livros destinados especificamente à Escola Normal, a *Escola brasileira* (1925) e *Didática* (1930), João Toledo escreveu também os *Planos de lição*, editados em São Paulo pela Livraria Liberdade (1934), compostos por uma série de orientações para aulas a serem desenvolvidas no ensino primário a partir dos chamados "centros de interesse" e das "noções comuns", acompanhadas de ilustrações feitas pela filha do autor, Aimée Toledo, professora normalista em exercício. Em um tom pragmático semelhante, Luís Alves de Matos, outro escritor de uma série de manuais pedagógicos, organizou um título para ser usado no exercício do magistério, *O quadro negro e sua utilização no ensino* (Rio de Janeiro, Editora Aurora, 1954). Em *Sumário de didática geral* (Matos, 13.ed., Rio de Janeiro, Editora Aurora, 1975), sobre o texto anteriormente citado assinalou-se a capacidade do autor "com sua conhecida argúcia e penetração", ao mostrar "como, explorando habilmente o seu quadro-negro, o professor poderá melhorar consideravelmente o seu ensino, tornando-o mais dinâmico, atraente e expressivo, prendendo melhor a atenção dos alunos e conduzindo-os a um autêntico aprendizado". Já "com o fito único e exclusivo de auxiliar – naquilo que de útil encerrasse – ao nosso mestre escola e, indireta, mas profundamente, à criança", Caio de Figueiredo

---

primária, pudesse adaptar-se ao uso dos alunos das escolas normais primárias: é esse resumo que, com o nome de *Elementos de Pedagogia*, presentemente damos a lume. Na sua composição, tivemos o cuidado de seguir, passo a passo, as grandes linhas do 'Tratado de Pedagogia' – na parte aplicável, é claro, à instrução primária, inscrevendo no fim de cada parágrafo a designação numérica dos parágrafos que, nos *Princípios de Pedagogia*, se lhe referem: assim, o leitor poderá, querendo, completar em campo mais largo as resumidas noções que, sobre cada secção pedagógica, lhe oferece o presente livro, de sua natureza essencialmente resumido. Lisboa, 1 de março de 1894. O autor" (Coelho, 1894, páginas sem número).

Silva apresentou ao magistério atuante a sua *Processologia na escola primária* (Porto Alegre, Editora Globo, 1956) e Teobaldo Miranda Santos incluiu na sua série de títulos da Coleção Psicologia e Pedagogia, da Companhia Editora Nacional, os *Métodos e técnicas do estudo e da cultura* (1957), tratando de métodos para se ler, escrever, conversar, estudar e adquirir cultura. Francisca Alba Teixeira versou especificamente sobre a *Unidade de trabalho*, publicada no Rio de Janeiro pela Editora Ao Livro Técnico, em 1967. E o *Ensino, sua técnica, sua arte* foi escrito com propósito semelhante por Rui Santos Figueiredo (Rio de Janeiro, Lidador, 3.ed., 1967) quando ele se dirigiu aos professores atuantes para explicar os fundamentos do ensino, a questão da liderança, da arte de falar, dos acessórios audiovisuais, dos métodos de ensino, da organização do plano de ensino, das provas de aproveitamento.[13]

Ao chamar de manuais pedagógicos apenas os livros destinados às Escolas Normais Primárias, foi necessário ponderar a inclusão da *Metodologia*, de José Maria da Graça Afreixo (1887). Isso porque o título, quando integrou a Coleção Biblioteca do Povo e das Escolas, teve um uso mais amplo do que o dos manuais, dirigindo-se, para além dos normalistas, aos pais e demais pessoas interessadas na temática do texto. Isso poderia conduzir à sua exclusão do conjunto dos manuais pedagógicos, entretanto, outros fatores concorreram para tomar a *Metodologia* como objeto de estudo, tais como a sua temática, a produção bibliográfica de seu autor – que escreveu mais de um manual pedagógico, sempre desenvolvendo argumentos semelhantes – e, principalmente, o fato de esse título, em seu Prólogo, ter feito referências explícitas ao currículo desses cursos, evidenciando uma preocupação mais direcionada com o curso de formação de professores. Assim explicou Afreixo:

> O atual programa das Escolas Normais em Portugal divide por três anos o estudo da Pedagogia e Metodologia; consagra, porém, ao estudo desta segunda parte apenas seis meses do curso. Não é intento nosso fazer aqui apreciação desse programa; queremos acentuar somente a razão por que necessariamente

---

13 Convém assinalar que alguns dos títulos brasileiros que aqui não foram considerados manuais pedagógicos integraram o *corpus* de estudo da dissertação de mestrado feita sobre a história desses livros no Brasil entre 1930 e 1971 (Silva, 2001). Isto porque a tese aqui apresentada deu continuidade ao levantamento e análise de questões acerca dos manuais e isso conduziu a critérios de escolha mais refinados, a partir dos quais alguns textos acabaram sendo excluídos da pesquisa.

nos havemos de alongar, neste livrinho da *Biblioteca do Povo e das Escolas*, muito além do que à primeira vista cuidaria quem olhasse para o referido programa sem ligar outra importância ao termo *Metodologia*. (1887, não paginado)

Diferentemente do que se verificou em Portugal, no caso brasileiro houve títulos publicados a partir dos anos 1940 que se destinaram simultaneamente a Escolas Normais, Institutos de Educação (onde também se formaram os professores de nível primário) e às Faculdades de Filosofia (âmbito de preparo para o magistério secundário). Tratou-se, por exemplo, de alguns dos títulos escritos por Teobaldo Miranda Santos e esse foi um aspecto curioso e revelador de particularidades da história da formação docente no Brasil. O caso português evidenciou uma separação mais clara entre as modalidades de estudos oferecidas aos diferentes níveis de magistério, pois nenhum manual pedagógico foi usado nas chamadas Escolas Normais Secundárias. Mas as produções brasileiras, por sua vez, responderam a uma tendência particular do país, relativa à progressiva expansão dos cursos de professores, enquanto em Portugal houve o fechamento das Escolas Normais entre 1936 e 1942. A crescente demanda entre os brasileiros exigiu um acesso cada vez maior a publicações que permitiram um contato inicial com as questões de ensino e os manuais pedagógicos puderam dar conta desse propósito. Foi possível entrever ainda uma certa uniformização nos modos pelos quais a formação de professores foi pensada no Brasil após meados do século XX. Com relação às Faculdades de Filosofia, especificamente, o uso de livros indicados também para as Escolas Normais pôde sugerir o desenvolvimento do processo denominado por Chervel (1990) como o de *secundarização do ensino superior*. Evidentemente, os lugares do primário e de outros níveis de ensino assumiram novas configurações ao longo do desenvolvimento da *escola de massas*. No caso brasileiro, estudos (Beisiegel, 1986; Sposito, 1992) evidenciaram esforços empreendidos a partir dos anos 1930 para efetivar o processo de *democratização da escola* para jovens e adultos (Beisiegel, 1986). Isso imprimiu à formação de professores primários em finais dos anos 1960 e início dos 1970 mudanças em sua concepção e organização, reconfigurando o lugar dos manuais pedagógicos no projeto da *escola de massas*.

Outro critério de inclusão dos manuais foi o da natureza do objeto tratado nesses livros. Isso porque, conforme já se afirmou anteriormente, foram deixados de lado os títulos acerca das Ciências da Educação e das Didáticas

Específicas. E tal exclusão não pôde ser feita sem um olhar atento à constituição dos currículos e programas das Escolas Normais. Ora, o estudo dos currículos e programas, descrito a seguir no presente trabalho, evidenciou que a *Pedagogia* já esteve vinculada à *História da Educação*, a *Psicologia* chegou a integrar a cadeira de *Pedagogia* em ambos os países e o estudo das *Didáticas Especiais* foi, ainda que de forma sutil, perpassado pela *Didática Geral*. Dessa forma, para tratarem de questões fundamentais do ofício docente, articularam em seus conteúdos temas ligados ao ensino de disciplinas específicas (Exemplo: *Notas de didática especial*, Gaspar e Ferreira, 1944, e *Da capacidade pedagógica para o magistério elementar*, de Soeiro, 1947). Foi notável o fato de terem sido editados livros de Pedagogia, Didática e/ou Metodologia que reservaram parte de suas páginas ao ensino de matérias específicas do currículo da escola primária e suas respectivas metodologias. Isso foi mais recorrente em finais do século XIX e inícios do século XX. Progressivamente, essas metodologias específicas tenderam a ganhar mais autonomia, sendo desenvolvidas em títulos separados. No Brasil, durante as décadas de 1920 e 1930 foram realizadas diversas reformas em vários estados da federação[14] que, além de destacarem a formação técnico-profissional das Escolas Normais, procuraram diferenciar a disciplina Metodologia de Ensino de acordo com suas várias especialidades, desde os métodos da leitura e escrita, passando pelo ensino das ciências naturais ou dos exercícios físicos (Tanuri, 2000).

Outros livros de Pedagogia incluídos no *corpus* articularam em seus conteúdos temas ligados a:

- *Estudos de Pedologia*. Por exemplo, as *Lições de pedologia e pedagogia experimental* (Vasconcelos, 1910).
- *Estudos de História da Educação*. Por exemplo, as *Lições de pedagogia geral e história da educação* (Pimentel Filho, 1919).

---

14 Casos exemplares foram os da Reforma feita no Ceará por Lourenço Filho (Decreto 474, de 2/1/1923); na Bahia por Anísio Teixeira (Lei 1.846, de 14/8/1925); em Pernambuco por Carneiro Leão (Ato 1.239, de 27/12/1928, Ato 238, de 8/2/1928 e Ato 238, de 8/2/1929); no Distrito Federal por Fernando de Azevedo (Decretos 3281, de 23/1/1928 e 2940, de 22/11/1928); em Minas Gerais por Francisco de Campos e Mário Casassanta (Decreto 7970-A, de 15/10/1927) (Nagle, 1974).

- *Estudos de Sociologia.* Por exemplo, a *Pedagogia sociológica I-II* (Lima, 1929-1936).
- *Estudos de Psico-fisiologia.* Por exemplo, a *Psico-fisiologia* (Alberto Pimentel Filho, 1916.

Isso evidenciou que a configuração das disciplinas especializadas e da formação profissional dos professores variou no decorrer dos anos. Antes do início da edição de manuais pedagógicos, em finais do século XIX, foi possível localizar as primeiras iniciativas de profissionalização do magistério. No caso português (Nóvoa, 1987), as Reformas Pombalinas (1759, 1772) já começaram a delimitar com mais precisão a profissão docente, no sentido de compor uma carreira mediante uma concessão da licença de ensinar. Tal sistema foi adotado por essas reformas e sancionado pelo Decreto de 30 de dezembro de 1850, o qual previu a abertura de concursos parciais, no caso de haver cadeiras de professores não preenchidas (Baptista, 2004, p.40). Nesse primeiro momento, a licença não foi obtida por meio de cursos especializados, mas apenas por meio da atestação de bons costumes morais, religiosos e políticos e a aprovação num exame englobando somente as matérias a serem ensinadas na escola primária,[15] contexto no qual ainda não se fez necessária a elaboração de manuais pedagógicos e de que ainda não se pôde falar propriamente na constituição de um corpo de profissionais.

Os professores eram os agentes da sua profissionalização que, neste caso, era um treino, um aperfeiçoamento individual de cada um no seu ofício, nem sempre conseguida, como provam as muitas queixas das entidades que superintendiam e administravam o ensino e da população em geral. Havia uma

---

15 Os referidos exames classificam os candidatos em termos qualitativos (distinto, bom, suficiente e insuficiente) e, de acordo com isso, eles podem assumir cargos de substituto ou vitalício. "O substituto era o professor que em exame não havia obtido a classificação de Bom, sendo-lhe passada a carta de provimento por um, dois ou três anos. Findo este tempo, submetia-se sucessivamente a exames, até atingir a classificação exigida, altura em que passava a proprietário da cadeira. Em meados do século XIX, o substituto é designado de temporário e/ou provisório; em relação ao termo proprietário, embora continue em uso, é mais corrente dizer-se vitalício, sem que nada tivesse mudado no estatuto deste professor. Enquanto o professor não atingia a qualidade de vitalício, era provido temporariamente cada dois ou três anos, apresentando-se a exame quando acabava o tempo de provimento. Por vezes acontecia que, depois de haver regido uma cadeira temporariamente, voltava a fazer exame e ficava reprovado" (Baptista, 2004, p.38).

percentagem significativa de professores que não conseguia a propriedade da cadeira, um aspecto que obstou à profissionalização plena do corpo docente nesta época. (Baptista, 2004, p.39)

O projeto de profissionalização docente só foi possível, tal como se pensou desde finais do século XVIII, por meio de uma formação especializada. Em sua concepção inicial, o sistema de concursos sequer previu o domínio de questões relativas aos modos de ensinar, exigindo apenas que o candidato soubesse as matérias da escola primária. A inclusão da *Pedagogia* nos concursos ocorreu apenas em 1870 e foi um passo decisivo na configuração de um preparo específico do corpo docente. De acordo com a Circular da Direção Geral de Instrução Pública dada a ler no *Diário do Governo*, n. 81, 12/4/1870, o exame constou de provas escritas e orais, sobre disciplinas integrantes do programa do 2º grau do ensino primário, a saber, Princípios Elementares de Gramática Geral e Conhecimento Racional e Prático da Língua Portuguesa, Doutrina Cristã, Aritmética, Sistema Métrico-Decimal, Noções de História Geral, História Pátria, Noções Elementares de Agricultura e Desenho Linear, uma prova de Caligrafia e Pedagogia. De acordo com a Circular da Direção Geral de Instrução Pública (*Diário do Governo*, n. 81, 12/4/1870), a *Pedagogia* teve uma cotação idêntica aos saberes básicos da escola primária e o seu programa incluiu uma parte mais específica, relativa às finalidades da educação e outras referentes à Organização Escolar, à Metodologia Geral e Específica das várias disciplinas da escola primária, à Legislação e à Higiene Escolar.

Também no Brasil, durante um primeiro inicial, os Cursos Normais foram insuficientes e atraíram poucos candidatos, o que explicou o fato de os esforços de seleção por meio de concursos públicos terem antecedido os de formação de professores. Uma das iniciativas exemplares nesse sentido foi a do Alvará de 6/11/1772 regulamentando os exames aos quais foram submetidos os docentes em Portugal e suas colônias, como foi o caso do Brasil. Aproximadamente cinquenta anos depois, no Império brasileiro, outra Lei foi a de 15/10/1827, criando escolas de primeiras letras em todas as cidades, vilas e lugares mais populosos e estabelecendo exames de seleção para os chamados mestres. Nesse período, as escolas de ensino mútuo ministraram as primeiras letras, bem como instruíram professores no domínio desse método. Mas, conforme assinalou Leonor Tanuri a esse respeito:

Pouco resultou das providências do Governo central referentes ao ensino de primeiras letras e preparo de seus docentes de conformidade com a Lei geral de 1827. As primeiras escolas normais brasileiras só seriam estabelecidas, por iniciativa das Províncias, logo após a reforma constitucional de 12/8/1834, [...] com a exclusão das escolas superiores então já existentes e de outros estabelecimentos de qualquer tipo ou nível que, para o futuro, fossem criados por lei geral. (Tanuri, 2000, p.63)

Nesse momento, tanto em Portugal como no Brasil (Nagle, 1974), houve um número reduzido de livros acerca de tais questões, principalmente se considerarmos aqueles escritos em âmbito nacional. Entre os brasileiros houve notícias do uso de traduções, como foi o caso do *Curso prático de pedagogia* destinado aos alunos-mestres das Escolas Normais Primárias e aos instituidores em exercício, escrito por Daligault, na época o diretor da Escola Primária de Alencon, e traduzido por Joaquim Pires Machado Portela. Publicada no Rio de Janeiro pela Livraria Popular de A. A. Da Cruz Coutinho, a segunda edição datou de 1874 e foi, segundo constou na capa do volume, "melhorada pelo tradutor, e acompanhada da tradução de uma lição de Mr. Dumouchel sobre os métodos".[16] Em seu estudo sobre a história da Escola Normal portuguesa, Maria Isabel Baptista (2004) localizou

---

16 A segunda edição teve prefácio do editor, quando ele apresentou as razões pelas quais considerou importante a publicação do manual. Em suas palavras: "Bem conhecido é o desenvolvimento que nestes últimos anos tem tido a instrução primária no Brasil. À par da solicitude dos poderes públicos vão eficazmente se manifestando o patriotismo e a iniciativa particulares. Assim é que não há providência em que não se veja ir aumentando o número de escolas primárias. Daí a necessidade de maior número de pessoas devidamente habilitadas para regê-las. Ora, não se pode ser bom professor sem estar versado na arte de ensinar: portanto cumpre vulgarizar as boas obras de Pedagogia. Eis por que empreendemos agora a 2ª edição da tradução do *Curso prático de pedagogia*, de Mr. Daligault, feita pelo exm. sr. dr. Joaquim Pires Machado Portela, e que tem sido adotada para compêndio em algumas escolas normais do Império. O geral acolhimento que teve a 1ª edição, que já se acha esgotada, assaz demora que bem avisado andou o ilustrado tradutor de tão importante livro, quando de preferência o escolheu para preencher a lacuna que havia de obras deste gênero na língua vernácula. Na verdade feliz foi na escolha, e feliz na tradução. E não será desconveniente que dentre os juízos manifestados pela imprensa de diversas províncias quando apareceu a 1ª edição, aqui transcrevamos o que publicou o *Jornal do Recife*, e bem assim o parecer do Conselho Diretor da Instrução Pública de Pernambuco. A 2ª edição vai muito melhorada pelo tradutor, que a enriqueceu de notas. Para tornar mais completa a parte relativa aos métodos, adicionamos o cap. 3º da parte 2ª das *Lições de Pedagogia*, de Dumouchel, a que se refere a nota final. Com a presente publicação julgamos fazer um serviço" (1874, não paginado).

um dos compêndios estrangeiros usados pelos portugueses, originalmente publicado com o título *Manuel des Aspirantes au brevet de capacité pour l'Enseignement Primaire Supérieur*, de vários autores e aprovado pelo Conselho Superior de Instrução Pública francês, assinalando a ausência de iniciativa semelhante em seu país naquela altura. Então, foi ao *Manual Enciclopédico* de Aquiles Monteverde que os aspirantes ao magistério primário recorreram para passarem pelos concursos de ingresso na carreira ao longo do século XIX, sem terem tido outra alternativa, pois o referido título não se caracterizou, no entender da autora, pela clareza e exatidão necessárias a obras desse gênero. Daí ela afirmar que, nesse primeiro momento da história da formação de professores em Portugal, "o professor ia orientando o processo de ensino na base do senso comum. Aprendia na profissão, ensinando" (Baptista, 2004, p.43). Outra tradução da qual se teve notícia teve como título *Curso teórico e prático de pedagogia*, escrita originalmente por Michel Charbonneau e traduzida por José Nicolau Raposo Botelho, publicada no Porto, pela Ernesto Chardron, em 1883.

Os dois manuais portugueses mais antigos destinaram-se à formação inicial de professores, consubstanciada no preparo para os concursos. Um deles intitulou-se *Elementos de pedagogia*, tendo sido publicado pela primeira vez em 1870, escrito por José Maria da Graça Afreixo e Henrique Freire, que no Prefácio reconheceram a escassez de obras dessa natureza e a sua necessidade em face da inclusão da Pedagogia como matéria de estudo nos exames de admissão na carreira do magistério. "O novo programa dos concursos, exigindo o conhecimento da Pedagogia, e a falta de um auxiliar qualquer na língua portuguesa sobre tal matéria levaram-nos a compilar estes elementos..." (Afreixo; Freire, 1870, não paginado). O outro manual foi editado no mesmo ano com o título *Compêndio de pedagogia*, de António Francisco Moreira de Sá, cujas palavras de introdução ao livro foram muito próximas das de Afreixo e Freire, evocando as mesmas razões para a publicação do texto. Em suas palavras:

> Coordenamos este *Resumo de Pedagogia* a pedido de alguns dos nossos colegas, e em vista dos programas para os exames dos professores e dos candidatos ao magistério, publicados no *Diário do Governo* de 22 de março, do corrente, e por isso não seguimos aqui os excelentes sistemas adotados pelos grandes pedagogistas Charbonneau, Ambroise Rendu, Fils, Eugéne Rendu, e outros, e só,

por assim dizer, tratamos de explicar os pontos exarados no dito programa, pois que são a eles, que os candidatos têm de responder, quer oral, quer por escrito. (Sá, 1870, não paginado)

Na edição de 1871, o autor continuou assinalando a "falta de um livro qualquer na língua portuguesa sobre tal matéria" e o fato de seus escritos terem se constituído por doutrinas "respigadas nas obras de distintos escritores estrangeiros e nacionais, cujos nomes omitimos por ser extensa a lista" (Sá, 1870, não paginado).

E, mesmo antes da Circular de 1870, que incorporou pela primeira vez a Pedagogia aos concursos, houve a publicação, em Portugal, de livros como o *Manual para o exame de habilitação para o magistério de instrução primária I e II*, escrito por F. de Castro Freire e J. de Freire Macedo (1868), o qual dedicou-se mais a matérias do ensino primário. Em 1884, foi editado o *Manual do professor de instrução primária*, cujo autor foi identificado apenas com as letras V.J.C. De acordo com Baptista (2004), esse livro correspondeu à reimpressão do *Manual para o exame de habilitação para o magistério de instrução primária I e II*, contendo alguns acréscimos. A *Biblioteca do Povo e das Escolas*, já referida anteriormente, foi outra iniciativa feita na área, como "propaganda de instrução para portugueses e brasileiros", cujo uso foi mais amplo do que aquele feito dos manuais pedagógicos, pois essa coleção estendeu-se aos pais e quis estar "ao alcance de todas as inteligências". Foi nesse âmbito que foram editados títulos destinados também aos futuros professores, como foi o caso da *Pedagogia* (sem autor, 1884).[17]

Mesmo com a criação das Escolas Normais, os concursos continuaram sendo uma instância crucial na formação do magistério em ambos os países. No Brasil, quando a Escola Normal funcionou de maneira efêmera e pouco sistemática, as várias províncias selecionaram seus docentes por meio de concursos ou exames, alternativas economicamente mais rentáveis. Essas provas, pouco rigorosas, como afirmou o então inspetor geral da Instrução Pública de São Paulo, em 1864, incluíram matérias do ensino primário e os chamados "métodos principais de ensino" (Tanuri, 2000). Entre 1881 e 1887,

---

17 A *Metodologia*, escrita por José Maria da Graça Afreixo, integrou essa coleção. Afreixo foi autor de outros manuais pedagógicos propriamente ditos, e publicada em 1887, seguindo os programas das Escolas Normais.

os Cursos Normais em Portugal prepararam um total de 238 professores (141 do sexo feminino e 97 do sexo masculino), número reduzido quando comparado com os 1.158 docentes que passaram pelas comissões de exames das circunscrições de inspeção, entre 1884 e 1888. No período que decorreu de 1835 a 1860, os cursos especializados estiveram reduzidos a escolas de ensino mútuo nas diversas capitais dos distritos administrativos, que foram também, nesse âmbito, Escolas Normais de reduzido alcance, cujo funcionamento foi parecido com os de instituições de formação contínua. Apenas em 1896 essa situação começou a dar sinais de mudança, quando os exames foram realizados nas Escolas Normais, pautando-se por novos critérios de rigor e exigência. Outra iniciativa importante ocorreu já no século XX, em 1901, quando o diploma da Escola Normal configurou-se como exigência para ingresso na carreira de professor[18] (Nóvoa, 1987; Baptista, 2004).

Antes dessa data, em Portugal foram disponíveis, além dos já citados *Metodologia* (Afreixo, 1887), *Elementos de Pedagogia* (Afreixo e Freire, 1870) e *Compêndio de pedagogia* (Sá, 1870), os *Elementos de pedagogia*, de José Augusto Coelho (1894), livro apresentado como "um resumo que, contendo as noções pedagógicas mais fundamentais com aplicação à instrução infantil e primária, [quis] adaptar-se ao uso dos alunos das escolas normais primárias".[19] O ano de 1878 foi tomado aqui como um marco porque antes disso[20] não foi possível vincular nenhuma disciplina dos programas dos cur-

---

18 A necessidade de Escolas Normais começou a ser sentida desde os finais do século XVIII, quando em 1791, o Reitor Reformador da Universidade de Coimbra, D. Francisco Rafael de Castro, propôs transformar o Colégio das Artes em Escola Normal dos Estudos Menores (Baptista, 2004, p.39).

19 Em 1894, na relação dos livros adotados para os alunos da Escola Normal do Porto (frequentada pelo sexo masculino e feminino), foram indicados, para o estudo da Pedagogia, os seguintes livros de autores portugueses: *Elementos de Pedagogia*, de Graça Afreixo; *Elementos de Pedagogia*, de José Augusto Coelho; *Pedagogia*, de José Augusto Coelho (esse não foi encontrado no levantamento realizado durante a pesquisa) e *História da pedagogia*, de Amaral Cirne. Houve também obras em língua francesa e traduções desta língua para português, como: *Hygiène*, de Hector George; *Écoles Primaires*, de Narjorax; *Lições de coisas*, de dr. Saffray (Baptista, 2004).

20 Em 1844, dentre as disciplinas pedagógicas temos as *Notícias dos métodos de ensino*, e *legislação respectiva à Instrução Primária* (Reforma da Instrução Pública de Costa Cabral de 1844). Em 1860, temos a *Pedagogia prática; conhecimento da legislação e administração do ensino, quanto é indispensável ao professor primário* (disciplina ministrada no curso de 1º grau, feito em dois anos. É estudada também pelos alunos do curso de 2º grau, que passam obrigatoriamente pelas disciplinas do curso de 1º grau, durante 3 anos) (Decreto regulamentar de 4 de dezembro de 1860). Em 1863, temos a *Pedagogia prática; deveres da mestra primária e suas*

sos a manuais pedagógicos, que até então foram produzidos em Portugal para Escolas Normais.

De fato, entre a Reforma da Instrução Pública de Costa Cabral (1844) e a Reforma da Instrução Primária (1901-1902), foi notável que até os programas de 1878 não houve notícias de manuais pedagógicos portugueses e que o lugar das componentes pedagógicas nos planos gerais de estudo da Escola Normal foi exíguo (Baptista, 2004). Assim, as disciplinas Notícias dos métodos de ensino, e legislação respectiva à Instrução Primária (1844); Pedagogia prática; conhecimento da legislação e administração do ensino, quanto é indispensável ao professor primário (1860); Pedagogia prática; deveres da mestra primária e suas relações com o Estado (1863); Pedagogia prática; conhecimento da legislação do ensino primário; organização das escolas (1869) e Pedagogia (e metodologia); conhecimento da legislação do ensino primário (1870) muito provavelmente foram estudadas com o apoio de livros estrangeiros, sobretudo franceses, posto que essa literatura foi uma das grandes fontes de inspiração dos educadores portugueses e brasileiros da época. Um dos títulos mais famosos foi o *Curso teórico e prático de pedagogia*, de Michel Charbonneau (Diretor da Escola Normal de Melun), traduzido por José Nicolau Raposo Botelho (capitão de infantaria e professor do Liceu Central do Porto) e acompanhado das "principais disposições da nova lei de instrução primária" portuguesa (Porto, Ernesto Chardron, 1883). Tratou-se da "nova edição portuguesa", feita segundo a 11ª edição francesa de 1882, revista e precedida de uma introdução por J. J. Rapet, inspetor geral honorário do ensino primário. Houve manuais portugueses, como os *Apontamentos*

---

relações com o Estado (Decreto de 20 de outubro de 1863 – sinopse dos estudos e exercícios da escola normal feminina). Em 1869, temos a *Pedagogia prática; conhecimento da legislação do ensino primário; organização das escolas*, disciplina ministrada no curso de 1º grau, feito em dois anos. É estudada também pelos alunos do curso de 2º grau, que passam obrigatoriamente pelas disciplinas do curso de 1º grau, durante 3 anos. "O curso para o magistério nas escolas normais ou complementar (comparando com o curso de 1860) compreenderia, além das disciplinas antecedentes; [...] 4º Cursos de pedagogia e metodologia professados pelos alunos sob a direção dos professores" (Leite, 1892, p.30). Em 1870, temos a *Pedagogia; conhecimento da legislação do ensino primário* no Primeiro grau (com duração de dois anos, preparando os professores do ensino primário) e a continuação da *Pedagogia e Metodologia* no Segundo grau (com duração de três anos, preparando os professores do ensino complementar) (Decreto de 22 de dezembro de 1869 e Decreto de 3 de agosto de 1870, que dispõe sobre as escolas normais para o sexo feminino e foi revogado pela carta de lei de 27 de dezembro de 1870).

para lições de pedagogia teórica e prática I-II, (Câmara 1901-1902) que deram testemunho do quanto essa obra foi usada nas Escolas Normais.

As matérias denominadas *Pedagogia*; *Metodologia*; e *Legislação relativa às Escolas Primárias*, constantes nos programas das Escolas Normais a partir de 1878, puderam ser desenvolvidas usando-se os *Elementos de pedagogia* para servirem de guia aos candidatos ao magistério primário. A 7ª edição do manual, originalmente escrito para os concursos, apareceu então acomodada ao programa das Escolas Normais (aprovado por decreto de 28 de julho de 1881) (Afreixo; Freire, 1886). A 8ª edição, em cuja capa informou-se ter sido "composta sobre o texto da sétima, porém totalmente refundida com as ampliações acomodadas às novas necessidades do ensino de pedagogia", foi de 1890 e "[traduziu] o intento, que têm seus proprietários, de o tornarem um compêndio de pedagogia, conforme as exigências atuais da teoria do ensino". Além dos *Elementos* de Afreixo e Freire, houve os *Elementos de pedagogia*, de José Augusto Coelho (1894), e a *Metodologia*, de José Maria da Graça Afreixo (1887). O Prólogo deste último título foi esclarecedor quanto à organização do programa das Escolas Normais portuguesas então em vigor, o qual "[dividiu] por três anos o estudo da Pedagogia e Metodologia; [consagrou], porém, ao estudo desta segunda parte apenas seis meses do curso". Em 1896, quando estudou-se a *Pedagogia e legislação relativa às escolas primárias*, provavelmente continuam a serem usados os *Elementos de pedagogia* (Afreixo e Freire, edições publicadas entre 1881 e 1890) e o manual de mesmo título escrito por Coelho e publicado em 1894. Esses manuais estiveram vinculados a um currículo estruturado a partir da consolidação da Pedagogia como área de saber privilegiada, das produções educacionais feitas por autores estrangeiros (comumente usados como referências nos manuais) e da formação de professores como parte integrante da política de intervenção do Estado (Nóvoa, 1987).

Entre os brasileiros, a primeira Escola Normal foi criada na província do Rio de Janeiro, de acordo com a Lei n. 10 de 1835, mas teve uma curta duração, até 1849. Quando, em 1859, outro curso foi instituído pela Lei provincial n. 1.127, os estudos duraram três anos e versaram sobre as seguintes disciplinas: Língua Nacional, Caligrafia, Doutrina Cristã e Pedagogia na primeira cadeira; Aritmética, Metrologia, Álgebra, Noções Gerais de Geometria teórica e prática na segunda cadeira; Elementos de Cosmografia e Noções de Geografia e História, principalmente do Brasil na terceira cadeira. Essa trajetória incerta e atribulada das instituições de formação de professores primários ocorreu em outros lugares do país (como Minas Gerais, Bahia, São Paulo, Alagoas ou Sergipe), só conseguindo subsistir a partir dos anos finais do Império. Até então, os normalistas estudaram conteúdos próximos aos da escola primária, acrescidos da *Pedagogia* ou *Métodos de Ensino*, de caráter essencialmente prescritivo (Tanuri, 2000). Ao atentar para as práticas de formação realizadas nas Escolas Normais durante o período compreendido entre 1860 e 1880, Villela (2000) analisou o *Compêndio de pedagogia* (Pontes, 1881), o qual foi escrito a partir de apostilas ditadas durante as aulas teóricas da 1ª cadeira da Escola Normal de Niterói, expondo aos alunos questões relativas ao método de ensino e ao princípio geral da Pedagogia nos termos em que foi expresso segundo o Regimento Interno do Curso. A *Pedagogia e metodologia* (Passalaqua, 1887) foi escrita na mesma época, quando foi notável o empenho de praticamente todas as províncias na criação de suas escolas para professores primários e na reelaboração de seus programas. Esse manual compreendeu a Higiene Escolar, a Organização Geral e a Direção Particular das Escolas, de acordo com os sistemas modernos de ensino e com os princípios das ciências fisiológicas, psicológicas e morais, explicados para uso dos alunos da Escola Normal de São Paulo. Antes das reformas empreendidas no país durante os anos 1920 e 1930, ainda foram publicadas as *Lições de pedagogia. Primeira Parte – Psicologia* (Magalhães, 1900), o *Compêndio de pedagogia* (Velozo, 1907) e as *Lições de pedagogia colecionadas por um "amigo da instrução"* (Amigo da instrução, 1907) como apoio para o estudo que os normalistas fizeram das questões pedagógicas.

Até então, a profissão docente era encarada mais como uma vocação, concepção que tendeu, no caso português, a se transformar na direção da figura do "professor pedagogista". Tratou-se de um tipo de professor *expert* legitimado pela ciência, cujo modelo foi primeiramente levado a efeito, no caso português, na Escola Normal de Marvila (1862-1869),[21] "um nicho de

---

21 Segundo Pinheiro (1990), essa Escola Normal foi estabelecida nos arredores de Lisboa, em conformidade com o Decreto Regulamentar de 4 de dezembro de 1860, tendo sido inaugurada a 21 de abril de 1862 pelo rei d. Luís. Junto do Palácio e sob a responsabilidade do governo, foi construído um amplo edifício para servir de escola do ensino primário e de lugar para se efetuar a prática de ensino e os exames didáticos dos normalistas. Essa instituição funcionou ao longo de sete anos, de 1862 a 1869, em regime de internato, até que o Decreto de 31 de dezembro de 1868 determinou a sua extinção. Tratou-se de uma escola modelo cuja concepção foi similar à de escolas na França, onde o entusiasmo pela criação de Escolas

cultura pedagógica que acompanhava com clarividência os avanços científicos verificados em alguns países europeus, nomeadamente a França e a Alemanha" (Baptista, 2004, p.73). De fato, essa imagem de professor implicou o redimensionamento da formação docente, articulada ao processo denominado por Nanine Charbonnel como o nascimento intelectual e institucional da Ciência da Educação da década de 1880 (Nóvoa, 1998, p.126). Tanto em Portugal como no Brasil, a tendência foi incorporar aos planos de estudos saberes que foram para além daqueles ensinados na escola primária, passando a englobar principalmente um *corpus* de conhecimentos científicos e pedagógicos, que muitas vezes vincularam diversas áreas de saber. No caso das articulações entre a Pedagogia e a História da Educação, foi possível considerar que talvez tenham sido usados para o estudo de questões pedagógicas livros como os de Graça Afreixo (*Apontamentos para a História da Pedagogia*, 1883) e de Francisco do Amaral Cirne (*Resumo da história da pedagogia*, 1881). Entretanto, não se encontrou nenhum indício mais seguro de que esses livros foram usados para o estudo da *Pedagogia* nas Escolas Normais da época. Acerca da estrutura curricular da Escola Normal de Marvila, Baptista descreveu a articulação da *Pedagogia* com outras áreas, como a *Higiene Escolar*, a *Metodologia*, a *História da Educação*, a *Legislação e Organização Escolares* e a *Psicologia*.

> Na componente pedagógica, a Higiene Escolar, que antes era abordada de modo muito vago na Pedagogia, aquando do estudo da temática educação física, aparece agora de modo autônomo. [...] O programa de Pedagogia, Metodologia e Legislação relativa às escolas, distribuído por três anos, com a carga horária de três horas semanais no 1º e 2º anos e quatro no 3º ano, continuava a albergar no seu seio conteúdos do domínio da Pedagogia propriamente dita, da Metodologia, da História da Educação, da Legislação Escolar, da Organização Escolar, da Psicologia e da Moral. No 1º ano estudava-se a Organização da Escola, a Metodologia Geral e Específica das disciplinas de especialidade do professor primário e, ainda, outras temáticas inseridas na Pedagogia, como educação (preliminares) e educação físicas (regras a seguir). No 2º ano começava-se com exercícios sobre as matérias aprendidas no 1º ano, passando-se, depois,

---

Normais foi visivelmente maior. Em 1848 existiram setenta e sete cursos desse tipo espalhados pelo país (Baptista, 2004).

a retomar aspectos da Pedagogia, da Psicologia, História da Pedagogia, da História da Instrução Nacional e finalizava-se com a Legislação concernente à instrução primária. O 3º ano, para os alunos do curso do 2º grau, era, essencialmente, orientado para o desenvolvimento e repetição das matérias dadas no curso elementar, procurando-se que todo trabalho fosse canalizado para o sucesso das Conferências Pedagógicas. [...] A Psicologia, ainda no seio da Pedagogia, afirma-se a partir de temáticas sobre educação intelectual e moral, não havendo, contudo, diferenças substanciais entre o programa em vigor e o que analisamos anteriormente, ou seja, o que se seguia na Escola Normal Masculina de Marvila. (Baptista, 2004, p.82-83)

Essa articulação entre a *Pedagogia* e outras áreas de saber constituiu-se de diferentes formas ao longo do tempo e manifestou-se na organização de estabelecimentos de ensino normal e superior, associações de professores ou congressos (Nóvoa, 1987). O currículo da Escola Normal de Marvila, por exemplo, já deixou entrever uma tendência confirmada no início do século XX (Decreto n. 8, de 24/12/1901), quando as disciplinas pedagógicas previstas para estudo foram a *Pedagogia, e, em especial, metodologia do ensino primário* e a *Legislação da escola primária portuguesa*. E os manuais usados na época entre os portugueses foram os seguintes: 1) *Apontamentos para lições de pedagogia teórica e prática I-II*, de António da Fonseca Câmara (1902-1903), 2) *Noções de pedagogia elementar*, de José Augusto Coelho (1903), 3) *Lições de pedagogia I-II*, de António Leitão (1903-1905) e 5) *Elementos de pedagogia*, de António Leitão (1906).

As contribuições da ciência positiva na formação de professores tornaram-se mais visíveis no início do século XX,[22] quando em Portugal e no Brasil foi notável o esforço de apropriação do movimento educacional científico estrangeiro. No caso português:

> A República, ao depositar uma fé desmedida na escola para a renovação da sociedade portuguesa, retomava as ideias da Revolução Francesa agora dentro de um ambiente científico mais plural. Portugal, neste período, participou, dentro do vasto movimento positivista, na edificação das Ciências da Educação,

---

22 Ver, no que tange ao caso português, a Lei n. 233, de 7/7/1914, regulamentada em 1916, e o Decreto n. 6.137, de 29/9/1919.

através da produção de obras, entre as quais sobressaem as de Adolfo Lima, Faria de Vasconcelos, António Sérgio e outros. (Baptista, 2004, p.117)

Quanto aos manuais pedagógicos, isso significou a configuração de textos mais próximos do padrão acadêmico. Ou seja, os seus conteúdos deixaram de ter o tom prescritivo do período anterior e passaram a utilizar estudos desenvolvidos em diversas áreas do conhecimento para fundamentarem o trabalho docente. De forma mais acentuada no Brasil, esse tipo de publicação proliferou-se em termos numéricos, já que a demanda aumentou em decorrência do fato de as próprias Escolas Normais serem então repensadas no sentido de imprimir à formação um caráter mais profissionalizante, com o acréscimo de estudos previstos para disciplinas como a *Pedagogia*, a *Didática* e a *Metodologia*.

Reformas como as de Minas Gerais, de 1927, do Distrito Federal, de 1928 e de Pernambuco, ocorrida no mesmo ano, organizaram os planos de estudo da Escola Normal ao longo de cinco anos, no interior dos quais foram estabelecidos dois ciclos, um geral de três anos e outro profissional, durando dois anos. Neste último nível, continuaram a existir a *Pedagogia*, a *Psicologia* e a *Didática* e foram introduzidas disciplinas até então inéditas para os normalistas, como foi o caso da *História da Educação*, da *Sociologia*, da *Biologia e Higiene*, do *Desenho* e dos *Trabalhos Manuais* (Nagle, 1974; Tanuri, 2000). Dependendo do estado, os currículos e programas apresentaram pequenas variações,[23] mas, de qualquer forma, eles seguiram os princípios escolanovistas e inspiraram a escrita de manuais como as *Lições de pedagogia* – Teoria

---

23 Convém informar algumas especificidades das Escolas Normais nos diferentes estados brasileiros. Segundo Leonor Tanuri, "uma diferenciação nas modalidades de escola, com a previsão de uma Escola Normal Rural, no Distrito Federal, e a especificação de três níveis de instituição da reforma mineira: 1) *Escolas Normais de Segundo Grau* (somente oficiais), oferecendo a seguinte formação: Curso de Adaptação, complementar ao primário (dois anos); Curso Preparatório, de cultura geral (três anos) e Curso de Aplicação, de caráter essencialmente profissional (dois anos); 2) *Escolas Normais de Primeiro Grau* (oficiais e particulares), oferecendo o Curso de Adaptação (dois anos) e Curso Normal com três anos de duração, sendo três de cultura geral e um de formação profissional; 3) *Cursos Normais Rurais*, com a duração de apenas dois anos, funcionando junto aos grupos escolares, e oferecendo apenas um aprofundamento das matérias do ensino primário, acrescido de atividades de prática de ensino. Destaque-se ainda que na reforma mineira criava-se uma Escola de Aperfeiçoamento Pedagógico, com dois anos de continuação de estudos profissionais, para professores já em exercício" (Tanuri, 2000, p.71). Uma descrição mais detalhada dos programas foi feita na história dos manuais pedagógicos brasileiros durante os anos 1930 e 1971 (Silva, 2001).

e prática da educação (Bonfim, 1920); a *Escola brasileira*. Desenvolvimento do programa de Pedagogia em vigor nas Escolas Normais (Toledo, 1925); a *Didática* nas escolas primárias (Toledo, 1930); a *Introdução ao estudo da Escola Nova* (Lourenço Filho, 1930); *A Escola Nova* comentada e explicada (Conte, 1932), o *Tratado de pedagogia* para uso das Faculdades de Filosofia, das Escolas de Professores e Institutos de Educação (Anísio, 1933); a *Técnica da pedagogia moderna* (Backheuser, 1934), depois reeditada com o título *Manual de pedagogia moderna* (Backheuser, 1942; 1954); a *Pedagogia* (Menezes, 1935); o *Compêndio de pedologia e pedagogia experimental* (Anísio, 1937); os *Fundamentos do método* (Penteado Jr., 1938); e a *Pedagogia* (manual teórico-prático para uso dos educadores) (Leôncio, 1940).

Um dos manuais pedagógicos aqui estudados foi testemunha das mudanças operadas nesse momento nos cursos de formação docente. Ao prefaciar as *Lições de pedagogia geral e de história da educação* (Pimentel Filho, 1919), P. J. da Cunha reconheceu o quanto a lei em vigor imprimiu às Escolas Normais Primárias um cunho acentuadamente profissional, destinando-se o curso não a:

> [...] dar aos alunos um acréscimo de cultura geral, mas sim a industriá-los na difícil arte de educar. É óbvio que uma das condições imprescindíveis para se poder ensinar é conhecer-se a matéria sobre a qual há de versar o ensino. A lei vigente, exigindo o curso geral dos liceus, ou habilitações consideradas equivalentes, para a entrada nas referidas escolas, quis que essa condição se encontrasse já verificada, pelo menos em grande parte, ao iniciar-se o ensino normal. Teve até em atenção o princípio, que todos acatam hoje, de que quem ensina precisa saber muito mais do que a matéria restrita que tem se ensinar, carece de abranger horizontes muito mais vastos do que aqueles que tem de abrir aos seus educandos. (Cunha, 1919, não paginado)

Ainda nas palavras de Cunha:

> As escolas normais primárias veriam assim limitado o seu âmbito ao ensino, por um lado, do conjunto de leis e teorias científicas em que se baseia a arte de educar, por outro lado, dos métodos a empregar no estudo das crianças e dos resultados que até hoje se têm obtido. E esse estudo teórico seria naturalmente aferido e completado com exercícios práticos, executados em condições tão

iguais quanto possível às que se haveriam de verificar na vida futura dos alunos-mestres, como é próprio de escolas profissionais (Cunha, 1919, não paginado).

Quanto às disciplinas do curso, o autor do prefácio assinalou o seguinte:

Para obviar a circunstância de na preparação científica geral, que a lei exige para o ingresso nas escolas normais, não se incluírem todos os conhecimentos que os professores precisam ter, ainda independentes, até certo ponto, daquele em que se baseia a arte de educar, criaram-se nessas escolas outros cursos, cujo ensino, aliás, é feito segundo o mesmo critério utilitário, ou seja, os de *História da Instrução Popular em Portugal, Noções de Higiene e Higiene Escolar, Educação Social, Direito Usual e Economia Social, Legislação comparada do Ensino Primário, Noções de Economia Doméstica, Noções de Agricultura e Economia Rural, Trabalhos Manuais Educativos* e *Música e Canto Coral*. (Pimentel Filho, 1919)

P. J. da Cunha ainda reportou-se longamente às disciplinas ditas profissionalizantes:

[...] ao estudo físico e psíquico das crianças, e ao estabelecimento dos princípios basilares da arte de educar e sua aplicação. O primeiro é feito no curso especial de *Psicologia experimental e Pedologia*, que tem por fim dar aos alunos-mestres os conhecimentos indispensáveis sobre a natureza e o mecanismo mental das crianças e dos adultos, e habituá-los ao estudo objetivo dos fenômenos psíquicos e suas aplicações à técnica pedagógica. [...] O segundo dos ensinos privativos das Escolas Normais Primárias é versado especialmente nos cursos de *Metodologia e Pedagogia Geral e História de Educação*. O estudo a fazer nesses cursos, principalmente no segundo, tem de basear-se em grande parte na *Psicologia experimental e Pedologia*, mas também constituem para ele um alicerce valioso os ensinamentos doutros cursos já citados, que oferecem, portanto, uma dupla utilidade; tais são os de *História da Civilização relacionada com a História Pátria, História da Instrução Popular em Portugal, Noções de Higiene e Higiene Escolar, Educação Social, Direito Usual e Economia Social* e *Legislação comparada do Ensino Primário*. A Higiene Escolar pode até considerar-se como um Capítulo da Pedagogia Geral. Esta poderia também abranger o curso de Metodologia, se a sua grande extensão não aconselhasse o dar-se-lhe uma autonomia relativa. Abstraindo, por um momento, da organização dos estudos das novas Escolas Normais Primárias, não oferece hoje dúvidas, em todos os países cultos, que os preceitos da Pedagogia, são, por assim dizer, os corolários das leis da Psicologia e da Sociologia. (Cunha, 1919, não paginado)

No estudo das questões pedagógicas, a *Psicologia* recebeu destaque notável, tal como Cunha deixou entrever nas seguintes palavras:

Mas é sobretudo à Psicologia que os educadores, há pouco mais de vinte anos, vêm pedindo, tanto a indicação de métodos novos como a justificação de processos antigos. [...] De posse destes conhecimentos e sugestionados por eles, seguirão certamente com interesse nos anos imediatos os estudos referentes ao objeto e ao sujeito da Pedagogia, aos diferentes aspectos da educação e aos meios e instrumentos que são próprios desta ciência. (Cunha, 1919, não paginado)

No caso português, a Reforma de 1911, a qual não chegou a ser implantada, previu para os planos de estudos das Escolas Normais as disciplinas *Pedagogia geral, pedologia e metodologia do ensino*, sendo que, naquela altura, puderam ser usados os manuais *Lições de pedologia e pedagogia experimental*, escrito por Faria de Vasconcelos (1919), *Psico-fisiologia* (que, conforme informa o autor, foi um tema estudado na cadeira de Pedagogia na época), escrito por Alberto Pimentel Filho (1916) e reeditado em 1927. Tais livros provavelmente foram usados posteriormente, quando o Decreto n. 2213, de 1916 e o Decreto n. 6203, de 1919 estabeleceram para os planos de estudos a *Pedagogia geral e história da educação* e a *Metodologia*. Foi também desse período a publicação das *Lições de pedagogia geral e de história da educação*, de Alberto Pimentel Filho (1919), da 2ª edição de *Lições de pedagogia geral e de história da educação*, do mesmo autor (1932), da *Pedagogia sociológica I-II*, escrita por Adolfo Lima (publicada entre 1929 e 1936), da *Metodologia I-II*, do mesmo autor (editada entre 1921 e 1932) e, finalmente, das *Lições de metodologia*, de Bernardino Lage (1923).

A publicação desses livros se deu num período conhecido como a "época de ouro" das instituições de formação docente em Portugal. Houve estudos (Baptista, 2004) que identificaram a Reforma de 1919 como um "monumento de glória do regime republicano". Isso porque o nível de exigência para ingresso no curso foi maior, envolvendo o curso geral dos liceus ou habilitação equivalente, como foi mais qualificado também o currículo dos professores dessas escolas. A Escola Normal de Lisboa foi, na altura, chamada de Sorbonne de Benfica, sugerindo que a legitimidade dos cursos vinculou-se à apropriação de modelos e ideias educacionais produzidos no exterior, em países como a França. E, apesar:

> [...] de todas as convulsões sociais, políticas e econômicas, nefastas para a concretização de tão férteis pensamentos pedagógicos, este foi período de experimentação e inovação pedagógica, seguido de outro, onde dominam ideias conservadoras e tradicionais – o Estado salazarista. (Baptista, 2004, p.132)

Em Portugal, a escola representou para o Estado Novo, assim como a Igreja, uma forma de legitimar seu projeto alicerçado na tríade Deus, Pátria e Família. Nessa perspectiva, a formação docente voltou-se mais para aspectos morais, em detrimento do caráter científico privilegiado até então, embora tivessem apostado numa cultura técnica legitimada pelas Ciências da Educação (Nóvoa, 1987, v.II, p.555). Entretanto, as primeiras iniciativas desse período não deixaram entrever essa tendência de modo tão visível. O Decreto n. 16.037, de 15/10/1928, previu uma organização curricular idêntica à do Regulamento de 1919, com a incorporação das disciplinas Higiene Escolar, Psicologia, Pedologia, Pedotecnia, Pedagogia, Legislação Comparada do Ensino Primário, História da Educação e Metodologia, cuidando ainda mais de aspectos relativos à prática pedagógica e da preparação dos candidatos ao magistério primário (Baptista, 2004).

A partir dos anos 1930, no caso português, e dos anos 1940, no caso brasileiro, os professores foram formados para o trabalho a realizarem no interior das salas de aula. As antigas preocupações, características do movimento da Escola Nova, referentes aos princípios da educação deixaram de ser tão visíveis quanto às preocupações com as metodologias de ensino. Note-se que tanto os currículos quanto os manuais pedagógicos desse período, tanto em um país como no outro, não enfatizaram tanto a Pedagogia e as Ciências da Educação para darem luz às questões de Didática e Metodologia. E, no Brasil, falou-se também na Prática de Ensino como disciplina das Escolas Normais e temática nuclear de livros escritos para os normalistas. Tratou-se de uma tendência conhecida entre os pesquisadores da área (Machado, 1980) como a "tecnicização do ensino", muito marcante no campo educacional até pelo menos os anos 1970.

Em Portugal, o Decreto n. 18.646 de 1930 substituiu as Escolas Normais Primárias pelas Escolas do Magistério Primário, Elementar e Infantil. No Brasil, iniciativa semelhante só ocorreu em 1971, em meio ao Regime Militar e por meio da LDB 5.692, que extinguiu as Escolas Normais e criou as chamadas Habilitações Específicas para o Magistério. No caso português, nos anos 1930, a nova nomenclatura dos cursos de formação docente correspondeu a uma das primeiras iniciativas no sentido de imprimir a essa formação um caráter mais técnico (o que aconteceu no Brasil de forma mais acentuada a partir dos anos 1950), incorporando a *Didática Geral* e a *Pedagogia Geral e Experimental* como as disciplinas destinadas ao estudo das questões de ensino. O Decreto n. 21.695, de 1932, discriminou os programas das disciplinas das Escolas, aprovados pelo Decreto n. 25.311, de 1935[24] e nos quais apareceram a *Pedagogia*, sem a antiga designação de "Experimental", que sugeriu mais a preocupação com o uso de estudos científicos (e agora com três aulas semanais na primeira classe e quatro aulas semanais na segunda classe) e a *Didática* (com três aulas semanais na primeira classe e três aulas semanais na segunda classe).[25] Nesse período, os normalistas podiam estudar usando o manual *Didática geral*, de João de Almeida, editado originalmente em 1933. Além de uma certa "simplificação" dos conteúdos ministrados no curso, mais próximos de receitas de como proceder junto aos alunos, a própria criação das Escolas do Magistério Primário portuguesas, conforme o Decreto n. 18.646, de 1930, deixou entrever os "intuitos que [determinaram] esta reforma", os quais:

> [...] não divergem dos que têm inspirado as modificações introduzidas pela Ditadura noutros capítulos dos serviços públicos: simplificar, uniformizar, reduzir cada organismo a uma função rigorosamente definida. Simplifica-se,

---

24 O Decreto n. 25.954, de 19 de outubro de 1935, aprovou o regulamento da prática dos alunos-mestres das escolas oficiais do magistério primário.

25 Segundo o Art. 9º do Decreto de 1930, "O curso do magistério primário elementar é constituído pelas disciplinas abaixo designadas, distribuídas pelos semestres letivos de harmonia com o seguinte quadro: (Disciplinas: Psicologia; Pedologia; Higiene geral e escolar; Pedagogia geral e experimental (4 horas ou aulas para cada um dos 4 semestres do curso); Educação moral e cívica; Música e canto coral; Trabalhos manuais e jardinagem; Modelação e desenho; Economia doméstica, lavores femininos e culinária; Educação física; Didática e sua prática na escola de aplicação (3 horas ou aulas no 1º semestre; 6 horas ou aulas no 2º semestre; 10 horas ou aulas no 3º semestre; 18 horas ou aulas no 4º semestre)".

sem prejuízo da preparação que tem em vista, o curso do magistério primário, reduzindo-o aos elementos considerados essenciais para a cultura profissional que constitui o seu objetivo, e excluindo todo o ensino que, nas escolas agora extintas, representava uma duplicação da finalidade que a outros órgãos do ensino deve competir. Consegue-se com esta modificação um razoável encurtamento, que vem ao encontro das conveniências nacionais mais instantes, no que respeita à expansão do ensino primário. Não deixará a Ditadura de, a seu tempo e asseguradas as condições de êxito, consagrar a este problema os esforços e sacrifícios que ele reclama; não pode pois portanto deixar de interessar a diminuição do tempo de demora dos futuros professores nas escolas que os habilitam. Pela instituição dos Exames de Estado uniformiza-se o critério de apreciação e valorização dos candidatos ao magistério. (Decreto n. 18.646 de 1930, *Diário do governo*, 19 de julho de 1930)

Os referidos Exames de Estado[26] foram, em Portugal, uma das instâncias mais importantes de formação do professorado. Articulados às Escolas do Magistério Primário, eles acabaram por funcionar como mais um mecanismo de uniformização dos estudos e, quando os cursos foram extintos, entre 1936 (pela Portaria n. 8.731, de 4 de junho de 1937[27]) e 1942, esses

---

26 Acerca dos Exames de Estado, o Decreto de 1930 afirmou, no Art. 44, "A qualificação e classificação final da aptidão pedagógica para os exercícios do magistério primário elementar e infantil é atribuída mediante Exames de Estado, cada um dos quais consta das seguintes provas: a) Da execução de todos os serviços escolares de um dia letivo, de uma escola primária elementar ou infantil; b) De crítica e argumentação sobre os planos das lições realizadas, os quais devem ter sido entregues pelo candidato ao presidente do júri antes da prestação das provas referidas na alínea antecedente; c) De crítica e argumentação sobre as lições dadas. § 1º Os assuntos das lições são tirados à sorte com quarenta e oito horas de antecedência. § 2º Os planos das lições devem ser acompanhados de um relatório justificativo dos motivos pedagógicos que os determinaram. § 3º A prova da alínea a) não é pública. As restantes são públicas. Art. 45 As provas de Exame de Estado do magistério primário elementar ou infantil realizam-se anualmente em cada uma das cidades de Lisboa, Porto, Coimbra e Ponta Delgada, e numa escola primária elementar ou infantil, designada para esse efeito pela Direção Geral do Ensino Primário".

27 "Portaria n. 8.731, de 4 de junho de 1937 – Organiza os exames dos regentes de postos escolares, a que se refere o artigo 3º, §§ 2º e 3º, do decreto-lei n. 27.279. [...] I O exame constará de provas de cultura, incidindo sobre os programas do ensino primário elementar, e de provas de aptidão pedagógica. II As provas de cultura são escritas e constam: a) De um ditado de doze a quinze linhas; b) De um exercício de redação, que deverá abranger o mínimo de quinze linhas; c) Da resolução de seis problemas. [...] VII As provas de aptidão consistem na lição dada a uma classe, durante trinta minutos, sobre assunto previamente

exames foram a única via de acesso à profissão e alguns dos manuais pedagógicos portugueses aqui estudados foram escritos justamente para darem conta das necessidades dos candidatos a professores (Correia; Peres, 2000). Foi o caso do manual intitulado *Da capacidade pedagógica para o magistério primário elementar*, escrito por Rafael Soeiro e publicado pela primeira vez em 1947,[28] e de outro título, que não esteve incluído no *corpus* de estudo porque, na verdade, não chegou a tratar de questões relativas à Pedagogia ou à Didática, mas trouxe apenas planos de lição das várias matérias do currículo da escola primária. Tratou-se das *Noções elementares de técnica didática*, editado em 1941 em quatro volumes, cujo autor foi desconhecido.

Da capacidade pedagógica para o magistério primário elementar (Soeiro, 1947) foi de fato um manual pedagógico porque, embora tivesse sido escrito para os Exames de Estado, continuou a ser usado nas Escolas do Magistério Primário quando essas foram reabertas, no início da década de 1940. Esse foi um dos manuais portugueses mais editados e as transformações mais significativas na organização formal conteúdo ocorreram justamente quando a sua finalidade de uso passou a ser a dos cursos de formação docente. Houve outro aspecto a se ponderar acerca desse título. Isso porque o livro foi usado junto à disciplina *Didática Especial* e, por conta disso, poderia ser excluído de nosso *corpus* de estudo. Entretanto, uma boa parte de suas páginas, para introduzir tal temática, acabou por tratar de questões de Didática Geral ou Pedagogia, como ocorreu em outro título, as *Notas de didática especial*, de Gaspar e Ferreira (1944). Isso induziu a pensar que esses manuais foram usados em duas disciplinas diferentes, sendo uma delas a *Pedagogia e Didática Geral*, incorporada aos planos de estudos das Escolas logo que as mesmas foram reabertas e aprovadas mediante o Decreto n. 32.629, de 1943. Para esta última matéria estiveram à disposição dos professores e alunos da Escola do Magistério Primário os *Elementos de pedagogia*, escrito por Domingos Evangelista (1944), a *Didática geral da escola moderna*, de Bernardino Lage (1945), as

---

designado pelo júri e cujo ponto será tirado à sorte pelos candidatos até às dezessete horas do dia anterior ao da prestação das provas."

28 Segundo o próprio livro informou, a relação dos pontos de capacidade pedagógica em conformidade com os Exames de Estado corresponderam à língua materna, aritmética, geometria, geografia, história, ciências da natureza, moral cristã, ginástica, trabalhos manuais e música (Soeiro, 1947).

Lições de pedagogia e didática geral, de Francisco Loureiro (1950) e as *Notas de didática especial*, escritas por Gaspar e Ferreira (1944).

Em 1960, o Decreto n. 43.369, de 2 de dezembro de 1960, introduziu algumas mudanças nos programas das Escolas e, no que tange às disciplinas relativas ao ensino, incorporou à *Pedagogia e Didática Geral* a *História da Educação*. Essa articulação foi notável já em finais do século XIX e primeiras décadas do século XX nas Escolas Normais. Um caso exemplar foi o das *Lições de pedagogia geral e de história da educação*, escritas em finais dos anos 1910 por Alberto Pimentel Filho. Curiosamente, não houve nenhum manual português publicado nos anos 1960 que tivesse feito explicitamente esse mesmo tipo de relação entre a Pedagogia, a Didática e a História da Educação, embora isso tenha sido previsto nos planos de estudo. Na verdade, o único título reeditado nessa época foi o de Rafael Soeiro, confirmando a forte tendência da época em restringir a formação de professores aos elementos de Didática Geral e Especial, aos planos de lições para a prática pedagógica e às exigências dos estágios feitos pelos alunos-mestres, termos assinalados nos subtítulos das edições de 1963, 1965, 1971 e 1973 (as 4ª, 5ª, 6ª e 7ª edições, respectivamente).

No Brasil, a ênfase nas questões mais práticas do ensino ficou evidente em iniciativas como a Lei Orgânica do Ensino Normal (Decreto n. 8.530 de 2 de janeiro de 1946), correspondente à primeira regulamentação dos cursos de formação para o magistério em nível federal. As diretrizes então estabelecidas para os currículos das Escolas Normais começaram a ser concebidas no âmbito de uma política educacional centralizadora do governo Vargas, embora tivessem possibilitado uma certa flexibilidade de decisão em nível estadual, pois os estados poderiam acrescentar algumas disciplinas ao currículo determinado para toda a federação. De modo geral, os planos de estudos distanciaram-se de temáticas mais amplas da vida escolar e social, motivando o progressivo aumento do número de disciplinas técnico-pedagógicas (Tanuri, 2000; Almeida, 1993). O referido Decreto estabeleceu dois níveis de formação, quais sejam, o Curso de Regentes do Ensino Primário (4 anos) e o Curso de Formação do Professor Primário (3 anos). A existência dessas duas modalidades foi julgada necessária por conta das diferenças econômicas e culturais das várias regiões brasileiras. O primeiro módulo correspondeu ao ciclo inicial dos cursos de segundo grau, habilitando os denominados regentes do ensino primário. O outro curso equivaleu ao segundo ciclo, devendo ser realizado após a conclusão do ginásio e do primeiro nível de estudos, formando os chamados mestres. O Curso de Regentes do Ensino Primário incluiu apenas duas disciplinas pedagógicas dentre as dezesseis matérias ao todo. A *Pedagogia*, então vinculada à *Psicologia*, foi ministrada somente no último ano. O mesmo aconteceu com a *Didática e Prática de Ensino*, unidas numa única matéria. No Curso de Formação de Professores Primários, por sua vez, o currículo foi composto por aproximadamente quinze disciplinas, dentre as quais estiveram a *Metodologia do Ensino Primário* (dois últimos anos do curso) e a *Prática do Ensino* (último ano).

A maioria dos estados brasileiros manteve, em linhas gerais, a Lei Orgânica como referência para a organização dos cursos de formação docente (Tanuri, 2000). Em São Paulo, a adoção e adequação das determinações federais relativas à organização curricular das Escolas Normais foram realizadas a partir do Decreto n. 17.698 de 1947. Todas as instituições especializadas do estado ofereceram o curso de dois anos de duração, excetuando-se o famoso Instituto de Educação "Caetano de Campos", onde professores primários e pré-primários eram formados após três anos de estudos. As Escolas Normais ministraram doze matérias num curso organizado em quatro seções: *Educação*; *Biologia educacional*; *Sociologia* e *Artes*. Mediante o Decreto n. 19.525-A de 27 de junho de 1950, o Curso Normal em São Paulo passou a ser equivalente aos outros cursos de nível médio, exigindo a conclusão do ginásio e permitindo acesso direto ao ensino superior. As escolas ofereceram um Curso Primário, de quatro anos; um Curso Pré-Normal, de um ano; e um Curso de Formação Profissional do Professor, de dois anos de duração. Este último abrangeu nove matérias, distribuídas nas seções acima citadas. As disciplinas pedagógicas incluíram a *Psicologia*, ministrada nos dois primeiros anos, a *Pedagogia*, ministrada nos dois primeiros anos, a *História da Educação*, ministrada apenas no segundo ano, a *Prática de Ensino*, ministrada nos dois primeiros anos e o *Desenho pedagógico*, ministrado nos dois primeiros anos. Em 1954, a *Metodologia* e a *Prática de Ensino* passaram a constituir, de acordo com a Lei n. 49, de 5 de dezembro de 1954, uma única matéria do currículo, estudada durante a primeira série do curso ao longo de 3 aulas semanais e, no caso do período noturno, contou com apenas 2 aulas semanais. A *Pedagogia* integrou-se à *Psicologia Geral e Educacional*, formando uma única disciplina a ser ministrada na segunda série do curso, com 4 aulas semanais, e na terceira série, com 3 aulas por semana. Aos alunos da noite, os estudos seriam distribuídos entre a 2ª e a 4ª série, com um número menor de aulas para cada período. Assim como os programas dos anos 1930 e de 1954, o documento articulou a disciplina com as tarefas cotidianas do professor na escola. Nesse momento, tais aspectos ganharam maior relevo porque o seu estudo passou a ocupar uma boa parte da carga horária das Escolas Normais (Tanuri, 2000; Almeida, 1993).

Uma breve retomada dos títulos brasileiros publicados depois dos anos 1940, já apresentados no início deste primeiro capítulo, permitiu notar a atenção desses livros no que se referiu às metodologias e práticas de ensino. E um movimento semelhante ocorreu entre os portugueses. No caso brasileiro, essa tendência tecnicista dos manuais pedagógicos relacionou-se com as opções políticas dos anos 1950 e 1960. O discurso educacional da época evidenciou claramente sua adesão à política desenvolvimentista do Governo Kubitschek, condicionando todas as tarefas pedagógicas a um planejamento que, conforme se acreditou, garantiu eficiência e disciplina, o que aproximou as atividades escolares do modelo social e econômico pautado na industrialização (Cunha, 1999). E, versando justamente sobre a *Didática*, a *Prática* e a *Metodologia de ensino*, disciplinas constantes nas Escolas Normais da época, os manuais pedagógicos brasileiros tornaram nuclear o planejamento do ensino, criando a crença segundo a qual problemas como a repetência escolar puderam ser solucionados a partir de opções exclusivamente metodológicas e pretensamente científicas ou mediante o uso de recursos tecnológicos.

Entre 1960 e 1971, os manuais pedagógicos destinaram-se às disciplinas *Didática, Prática de Ensino, Metodologia* e *Pedagogia*. De acordo com determinações da LDB n. 4.024 de 1961, houve a equivalência legal de todas as modalidades do ensino médio, a descentralização administrativa e a flexibilidade curricular e os estados adquiriram maior autonomia na organização de seus sistemas de ensino. Em São Paulo, por exemplo, o Decreto n. 45.159-A, de 19 de agosto de 1965, unificou os dois primeiros anos do Curso Normal com os dois primeiros anos do ensino médio. Além disso, a Secretaria da Educação regulamentou três anos para a formação de professores primários. O ingresso nessa escola passou a ser possível só mediante diploma do ginásio ou equivalente. Somente São Paulo, Sergipe, Espírito Santo, Rio de Janeiro, Guanabara e Distrito Federal ofereceram escolas de segundo ciclo de grau médio para a formação de professores. A maioria dos estados continuou a manter dois níveis de Escola Normal, um ginasial e outro colegial, posto que houve um número insuficiente de profissionais qualificados para o magistério no ensino primário (Tanuri, 2000).

Já no final da década de 1960, a Escola Normal paulista abrigou o Curso de Formação de Professores para o Ensino Primário, de quatro anos, e outros cursos em nível de pós-graduação (Almeida, 1993). No primeiro caso, os dois primeiros anos de estudos compreenderam matérias comuns às dos currículos de todos os cursos de nível médio. Apenas as duas últimas séries do curso de formação docente reuniram disciplinas mais relacionadas à educação. Nas terceira e quarta séries do Curso de Formação de Professores, houve sete disciplinas obrigatórias, dez optativas e quatro relacionadas a práticas educativas. Em âmbito nacional houve o crescimento do número de disciplinas de formação técnico-pedagógica nos currículos. Segundo Leonor Tanuri:

> Relativamente ao currículo anterior, notam-se uma diversificação das metodologias e práticas de ensino e o aparecimento de algumas disciplinas novas em alguns currículos, como administração e organização escolar. De um modo geral, além dos "Fundamentos da Educação" (psicologia, biologia, sociologia, história e filosofia da educação), estavam presentes a didática e a prática de ensino, numa visão geralmente dicotomizada, aquela destinada a oferecer "os princípios teóricos que fundamentam a prática de ensino" e esta encarregada de oferecer as oportunidades para que o aluno "vivenciasse os conhecimentos e as técnicas adquiridos durante o curso". (Tanuri, 2000, p. 79)

Com a Ditadura Militar, a tendência tecnicista acentuou-se, contribuindo para a divisão do trabalho pedagógico. O intuito foi formar professores "eficientes e produtivos", aptos a trabalharem em nome do desenvolvimento econômico e da segurança nacional. Tal como se pensou, a Escola Normal constituiu-se como um curso especificamente "profissionalizante", no sentido de oferecer predominantemente os conhecimentos metodológicos para o exercício do magistério. O que se denominou de "modernização" do trabalho docente correspondeu à operacionalização dos objetivos, ao planejamento, coordenação e controle das atividades pedagógicas, à aplicação e métodos e técnicas de avaliação dos alunos, à utilização de tecnologias de ensino desenvolvidas, tais como os recursos audiovisuais (Tanuri, 2000). A Didática, a Metodologia e a Prática de Ensino apareceram como disciplinas das mais importantes para a formação do professorado, pois deram conta justamente de aspectos técnicos do magistério.

Na sua análise sobre a história da formação de professores no Brasil, Leonor Tanuri (2000) assinalou o quanto esse tipo de iniciativa contribuiu para descaracterizar a Escola Normal enquanto instituição de profissionalização docente. No entender da autora, os esforços do governo durante o Regime Militar e a deterioração das condições de trabalho e remuneração dos professores foram outros aspectos que concorreram para esse processo. No que se refere aos cursos de formação, a LDB n. 5.692/1971 aboliu os Institutos de Educação e transformou a antiga Escola Normal na denominada Habilitação Específica para o Magistério (H.E.M.). Esta passou a ser ministrada no segundo grau e não mais em nível ginasial, pois este foi extinto e integrou o primeiro grau do sistema de ensino, com oito anos de duração. A principal mudança dessa nova estrutura referiu-se ao fracionamento do curso em Habilitações Específicas, ou seja, o futuro professor poderia especializar-se para o magistério em escolas maternais e jardins de infância ou, se preferisse, no primeiro grau. Essa multiplicidade de alternativas fragmentou a formação de professores, transformando a antiga concepção de Escola Normal no país (Tanuri, 2000).

Assim, tanto em Portugal como no Brasil notou-se a proximidade de algumas alternativas referentes ao preparo dos professores. Mas algumas diferenças também foram notáveis. Os cursos de formação brasileiros, por exemplo, nunca foram extintos, como ocorreu entre os portugueses. O número de manuais publicados no Brasil aumentou progressivamente ao longo do tempo, diversamente do que aconteceu no caso português. De qualquer modo, em meados do século XX houve um modelo de formação essencialmente prática de professores, que implicou na reformulação da literatura pedagógica como um todo, dos currículos dos cursos especializados e, como não poderia deixar de ser, dos manuais pedagógicos. Por essas razões, seria impossível justificar a composição do *corpus* de estudo neste livro sem uma atenção mais demorada a essas questões, a partir das quais foi possível situar a publicação dos manuais no interior dos projetos de formação dos professores portugueses e brasileiros que trabalharam nas instituições de ensino destinadas ao povo. As características dos livros da Escola

Normal e as várias iniciativas a partir das quais eles foram produzidos foram, portanto, aspectos essenciais para compreender a historicidade desses textos e os modos pelos quais eles contribuíram para a construção da ideia que hoje temos de escola.

2
DOS *AUCTORES* AOS *LECTORES*: AS REFERÊNCIAS USADAS NOS MANUAIS PEDAGÓGICOS

> Subentende-se que a viagem é interminável e que o destino da viagem, portanto, é flexível. Viajar torna-se a própria condição da consciência moderna, de uma visão moderna do mundo – a representação do desejo ou do desalento. Nessa visão, todos são potencialmente viajantes.
>
> (Sontag, 2005, p.354)

Questões de referência

Uma das questões nucleares do presente livro correspondeu aos modos pelos quais os livros da Escola Normal fizeram circular os saberes que fundamentaram o modelo de ensino conhecido em várias partes do mundo. Esses conhecimentos foram divulgados nos manuais pedagógicos quando nesses textos foram mencionados pedagogos, professores, médicos, psicólogos, sociólogos, filósofos, bem como livros, revistas, áreas de saber, países ou organizações ligadas ao ensino que, assim, tornaram-se *referências* consagradas no campo educacional ou, como diriam Carvalho e Cordeiro, "sinais da mobilização seletiva de modelos educacionais" (2002, p.15). Esse processo foi comparado aqui a uma *viagem* feita pelos saberes que, ao serem citados, apareceram em diferentes lugares. Em uma primeira fase de sua história, os manuais estruturaram-se a partir da explicação que seus escritores, como *lectores*, fizeram das ideias dos *auctores* (Bourdieu, 1996) e as citações foram justamente o espaço no qual foi possível o encontro entre uns e outros, quando os textos articularam saberes da Pedagogia com os de outras áreas, além de informações originadas no lugar onde os títulos foram publicados com outros saberes produzidos em várias partes do mundo. Esse esforço fez com que os escritores dos manuais assumissem a condição de *estrangeiros*, termo usado aqui para assinalar o fato de que seus textos foram produzidos a partir do contato com referências produzidas em lugares que estiveram fora de suas fronteiras nacionais, espaciais, linguísticas e culturais, quando foram citados outros autores, áreas de saber ou países.

A complexidade do contato com o Exterior e com o Outro foi sugerida por Susan Sontag (2005) num ensaio sobre a literatura dedicada ao tema da viagem. Desde descrições feitas nas épocas medieval e clássica acerca de povos monstruosos, evidenciando representações do tipo "nós bons, eles ruins" ou "nós bons, eles horrendos", Sontag assinalou outras modalidades de encontro incluindo também as ficções do século XVIII, quando do auge das mistificações de viagens, das quais a mais célebre foi a de Gulliver. Em relatos de viajantes feitos nessa época, a autora identificou o esforço para classificar determinados povos como bárbaros. A moderna literatura sobre o tema marcou um outro tipo de narrativa, que deixou de assinalar com tanta certeza quem seria civilizado e quem seria bizarro. E a viagem assumiu então os contornos de uma "fantasia didática" na voz dos *philosophes* (os primeiros intelectuais no sentido moderno) ao invocarem outras sociedades que pudessem oferecer lições para os seus espaços e suas épocas. As referências, nesse sentido, foram "para fora da civilização – o presente – rumo a algo melhor: o passado ou o futuro" (Sontag, 2005, p.352).

Todas essas considerações induziram a pensar nos sentidos assumidos pelas citações feitas nos manuais pedagógicos. Partindo da afirmação de Sontag (2005) segundo a qual os percursos feitos pelos viajantes corresponderam a um processo interminável e flexível, foi impossível não considerar que as modalidades de viagem feita pelos conhecimentos nos livros dos normalistas foram historicamente construídas. Ou seja, os usos feitos de Aristóteles não foram os mesmos daqueles feitos de Dewey. Houve uma primeira categoria de nomes citados para se explicar aspectos da História da Educação e as ideias dos "grandes pensadores" antigos. Nesse sentido, os manuais referiram-se às origens da organização do ensino, falando de Comenius, Sócrates, Rousseau, Pestalozzi, ou da Grécia, Esparta e Atenas como "berços da humanidade". De fato, questões históricas muitas vezes estiveram ligadas à Pedagogia, disciplina cuja constituição vinculou-se em muitos momentos à História da Educação, tal como se tratou mais demoradamente no Capítulo 1. Outros nomes foram mencionados para situar as ideias que foram tomadas como fundamentos do trabalho dos professores. Nessa perspectiva incluíram-se autores como Kilpatrick, Pio XI, Decroly, Ferrière e Piaget. Essa segunda tipologia foi muito ampla e referiu-se a experiências educativas realizadas em países como a França, os EUA e a Alemanha, a metodologias de ensino e a resultados de investigações que elucidaram aspectos relacionados à educação (desenvolvidos no âmbito da Psicologia, da Biologia, da Sociologia e da Filosofia).

Evidentemente, esses diferentes tipos de referência não apareceram de forma homogênea nos manuais. Houve momentos em que uma modalidade de citação foi mais recorrente do que as outras e esse processo decorreu dos interesses e dos capitais dos escritores dos livros, bem como da situação do campo educacional na época em que esses textos foram produzidos. Desde o início das publicações de manuais pedagógicos, nos anos 1870 até as décadas iniciais do século XX, as referências predominantes foram aquelas relativas à organização da escola. Os esforços concentraram-se em orientar as tarefas administrativas e de ensino. Isso porque esse foi um momento de estruturação do sistema de ensino obrigatório e extensivo a todos e de definição da profissão docente. Ser professor, nessa perspectiva, significou ministrar aulas e realizar tarefas como ordenação das classes, do calendário escolar, de preenchimento das listas de presença, controle das notas. Durante as décadas iniciais do século XX, os textos articularam referências relativas à História da Educação, além de mencionarem eventos e experiências de outros países e estudos desenvolvidos na área. Nesse momento, foi notável uma formação de caráter menos prático e mais científico. Ou seja, os argumentos não visaram a orientar o professor nas suas tarefas cotidianas em sala de aula, mas, antes, houve o intuito de apresentar as referências acerca dos princípios e fins da educação. Daí os esforços em situar o campo educacional historicamente, suas origens e as suas configurações. Isso esteve relacionado com a própria afirmação da Pedagogia como ramo específico de conhecimento e com o desenvolvimento das Ciências da Educação (Nóvoa, 1987). As referências predominantes mudaram, como mudaram também o próprio conteúdo dos manuais, agora muito mais "intelectualizado", mais formalizado e próximo de um padrão acadêmico, cheio de citações, repleto de bibliografias, com páginas numerosas. De meados do século XX em diante houve o predomínio de argumentos relativos aos métodos de ensino a serem usados pelos professores no seu ofício. Não só os manuais pedagógicos como os próprios cursos de formação de professores, naquela época, privilegiaram os temas didáticos e a concepção de bom professor assumiu uma visão tecnicista.[1]

A *viagem* dos saberes percorrida nos manuais pedagógicos oscilou, portanto, entre dois extremos: por um lado, o da dimensão mais teórica e, por outro, o da dimensão mais técnica e prática. Em finais do século XIX, ela aproximou-se da experiência do viajante que se deslocou de um lugar para outro e viu, com curiosidade, outras experiências e, a partir delas, procurou estruturar o seu próprio espaço. No início do século XX, o conteúdo dos manuais inspirou-se em grande parte nos estudos sobre a criança desenvolvidos no exterior (notadamente nos países considerados mais desenvolvidos, mais modernos). Essa tendência evidenciou-se nas inúmeras citações a autores, obras, eventos e experiências internacionais, muito características dos livros então escritos. A partir dos anos 1940, quando o número de citações feitas nos manuais diminuiu em termos quantitativos, já tinha ocorrido uma ampla divulgação de determinadas ideias e obras, as quais foram conhecidas ao ponto de não se considerar necessário citá-las nos textos. Isso significou que se estabeleceu um *consenso* acerca de determinados postulados educacionais, fato relacionado com a divulgação de saberes cada vez mais integrados a um *sistema escolar mundialmente localizado*. Nesse processo, os conhecimentos deixaram de ser difundidos entre diversas partes do mundo, com fronteiras físicas, linguísticas e culturais anteriormente mais bem definidas. Eles constituíram-se então como referências globalmente compartilhadas, inserindo-se num âmbito sócio-histórico mais amplo de consolidação da *escola de massas* não em nível internacional, mas mundial.[2]

Para a compreensão desses fenômenos, a noção de *reterritorialização da importação pedagógica* desenvolvida por Gita Steiner-Khamsi (2002) foi especialmente útil. Embora a autora use o conceito para assinalar as *políticas educativas de empréstimo*[3] levadas a efeito nos anos 1990 na África do Sul, Lituânia e Suíça, uma boa parte de suas conclusões foi semelhante àquilo que se fez notável no processo de apropriação de referências nos

---

1 O exame dos conteúdos dos manuais pedagógicos será realizado no Capítulo 3.
2 O exame dos conteúdos dos manuais pedagógicos será realizado no Capítulo 3.
3 Em inglês, a autora usou as expressões *borrowing, externalization and lessons learned from abroad* para definir tais políticas.

manuais pedagógicos portugueses e brasileiros publicados ao longo de um século de implantação e desenvolvimento do modelo de escola por nós hoje conhecido. Ao pedir emprestadas essas referências, consideradas *lições a serem aprendidas* de diferentes autores e encontradas em obras produzidas em vários países, o discurso pedagógico acabou por implantar reformas, transformar a visão de escola, educação e mundo das pessoas. Os empréstimos tomados do exterior nada mais foram do que estratégias para transformar práticas locais consolidadas. Foi precisamente para delimitar e legitimar projetos educativos que tanto os legisladores quanto os estudiosos da área recorreram a esses *argumentos internacionais*. Portanto, as referências foram usadas como instrumentos de legitimação para sustentarem determinadas representações acerca da escola nos espaços nacionais, sem o que isso seria mais facilmente contestável.

Esse tipo de empréstimo foi notável nos manuais pedagógicos portugueses e brasileiros desde quando esses textos começaram a ser publicados, em finais do século XIX. Foi assim que, ao apresentar o seu *Pedagogia e metodologia*, Camilo Passalaqua (1887) ressaltou seu intuito de imprimir ao seu livro toda a "atualidade possível", reunindo os "conhecimentos adquiridos nos mais provectos e autorizados mestres antigos e modernos", articulando-os com "a consciência do dever da parte do mestre e a constante correspondência do aluno" para salvar "a instrução e a educação da nossa mocidade". Em perspectiva semelhante, José Maria da Graça Afreixo e Henrique Freire compilaram os *Elementos de Pedagogia* (1870) recorrendo a produções de "eminentes pedagogistas estrangeiros", devido à "falta de um auxiliar qualquer na língua portuguesa sobre tal matéria". Essas considerações deixaram entrever que as fronteiras entre os espaços nacional e internacional foram mais visíveis, tanto no caso português como no brasileiro, havendo um esforço concentrado na ordenação da escola e dos saberes a ela referentes no interior de cada país.

Durante as décadas iniciais do século XX as referências ao Outro tornaram-se uma estratégia mais recorrente nos livros dos normalistas. Nesse período, houve uma intensa propaganda da Escola Nova em Portugal e no Brasil, feita via citações a outras obras, autores, áreas de saber e países. Os manuais propuseram, então, estruturações ao modelo de escola e profissionalidade docente que, na época, representaram inovações a serem legitimadas para poderem ser aceitas e difundidas. No prefácio ao seu *Compêndio de*

Pedagogia, Dario Velozo (1907) deixou entrever esse esforço quando assinalou a importância do estudo da língua vernácula e também da língua francesa, pois essa última, em especial:

> [...] ampliou os lindes de vossa expansão intelectual, os círculos de vossos conhecimentos, facultando-vos toda uma literatura riquíssima e variada, que assimila e reflete o saber de todos os povos e os aspectos das mais remotas civilizações. (Velozo, 1907, não paginado)

Além desse conjunto de obras com as quais foi possível entrar em contato através do domínio do francês, aos normalistas foram ensinados saberes de diferentes áreas, como a Matemática, a Física, a Química, a História Natural, a Geografia, a História Universal. Assim, Velozo dirigiu-se aos estudantes afirmando que:

> [...] a Matemática ensinou-vos o raciocínio e a lógica; a Física e a Química explicaram os fenômenos do som e da luz, a constituição íntima dos corpos, a alotropia e a isomeria, o magnetismo e as afinidades siderais; a História Natural nitidizou-vos a formação geológica do planeta, a eclosão da vida em suas infinitas modalidades; a Geografia vos apresentou a Terra em seus relevos e depressões, as raças humanas e as formas de governo, usos e costumes, a distribuição regional dos seres e das coisas, as relações do comércio e das indústrias; a História Universal vos disse a Evolução da Humanidade através dos séculos, seus conflitos e decepções, suas vitórias, suas conquistas, seu enlace magnético para um ponto invisível no espaço e no tempo, o fluxo e refluxo das vagas humanas impelidas para o futuro, para o Desconhecido; a História Pátria foi toda uma epopeia de liberdade e civismo, em suas linhas mais nítidas, em seus mais fortes relevos: – disse-vos o porque devemos amar a terra brasileira, dignificando-a, nobilitando-a sempre. (Velozo, 1907, não paginado)

Outro caso exemplar dessa tendência em buscar outras referências além das produções nacionais e de saberes diretamente ligados à Pedagogia foi o manual de Pimentel Filho (1916), publicado em Lisboa com o título *Psico--fisiologia*. Este livro foi apresentado pelo autor reportando-se à necessidade de se implantar nas Escolas Normais de seu país o estudo das descobertas da

Pedologia e o uso dos testes, aspectos ainda pouco conhecidos e que, no seu entender, mereceram ser objeto de maior atenção. Para Pimentel Filho:

> Do emprego racional e frequente dos testes nas escolas anexas e mesmo nas escolas primárias existentes nas sedes das diferentes Escolas Normais, resultaria, ao cabo de pouco tempo, a fixação do tipo médio de criança portuguesa, nas diferentes idades escolares, tanto pelo que respeita ao índice físico, como ao índice psíquico, feitas, a respeito deste último, as ressalvas necessárias. Quinze anos perdidos, desde 1901 até hoje, enquanto noutros países os materiais de observação se iam estratificando, pertinazmente, como o provam os trabalhos de Binet, Simon, Claparède, Meumann, Baldwin, Schuyten, Gilbert, Kraepelin, Stanley Hall, Lucien Cellérier, Dugas, etc. O nosso professor primário, importa ainda repeti-lo, não conhece o tipo médio da criança portuguesa, não sabe proceder aos singelos exames pedagógicos que permitem destrinçar as crianças normais das anormais, nem sequer sabe (ou, se sabe em raros casos, não foi por que lho ensinassem nas Escolas Normais) apreciar o grau visual dos seus alunos, a fim de por ele regular a distribuição dos lugares nas classes e aconselhar os reconhecidamente amétropos a consulta dos oftalmologistas. Mais: nem mesmo lhe ensinam a avaliar sumariamente as condições de iluminação das salas de aula. (Pimentel Filho, 1916, não paginado)

Ainda se referindo a um suposto atraso de seu país no trato com as questões relativas às crianças e ao seu desenvolvimento, o autor recordou "o alvoroço com que em Portugal foi recebido o livro de Binet *Les idées modernes sur les enfants*, aparecido em 1910. Dir-se-ia que uma revelação acabava de ser feita em matéria pedagógica". Ao refletir sobre esse momento, Pimentel Filho falou da "enorme distância que separava os moldes do *psitacismo* pedagógico nacional, das ideias, dos princípios filosóficos e das ilações práticas, de valor incontestável, que no estrangeiro, e para o caso especial em França, estavam norteando a ciência da educação", apesar de, conforme ele mesmo assinalou, já em finais do século XIX tanto Binet quanto outros estudiosos, como Wundt (que fundou em Leipizig o primeiro laboratório de Psicologia experimental) terem participado ativamente do desenvolvimento da Psicologia moderna. Mas, lamentou o autor do manual, no início do século XX esses estudos estiveram completamente desconhecidos entre os educadores portugueses.

Enquanto, num longo período de mais de trinta anos, se lançavam e desenvolviam os princípios de uma ciência pedagógica, cujas aplicações práticas, de valor incontroverso, justificavam a formação da pedologia; enquanto os métodos objetivos e experimentais se congraçavam, substituindo as bases empíricas sobre que a educação principalmente assentara até aí, por outras de rigoroso caráter científico; enquanto essa evolução se efetuava, a pedagogia nacional permanecia entricheirada no bisantinismo taxionômico dos processos e métodos de ensino! (Pimentel Filho, 1916, não paginado)

De fato, a *Psico-fisiologia* foi um dos manuais portugueses de divulgação das ideias da Escola Nova e da proposição da criança como elemento central das atividades escolares. Na época, tais concepções apareceram como uma novidade no campo educacional português. A organização do conteúdo do referido livro também foi exemplar das formas pelas quais diferentes referências articularam-se como objeto de estudo dos normalistas. Ao todo, vinte e uma lições foram tratadas, sendo que as cinco primeiras se organizaram da seguinte forma:

Lição I
(Ciência e arte, seus objetivos e dependência recíproca. Ciência e arte da educação. Autonomia científica da pedagogia. Vastidão e complexidade dos problemas que esta ciência é chamada a resolver. Por que tem variado através dos tempos a concepção da educação. A concepção da educação nas sociedades hindu e hebraica);
Lição II
(A concepção da educação nas sociedades hebraica, grega e romana. Razão da disparidade por vezes observada entre a Pedagogia e as práticas educativas. Interregno da Pedagogia durante a Idade Média e seu renascimento no século XVI. O Humanismo e o monopólio clerical da educação. Aspiração latente duma educação liberal, utilitária e prática. Os grandes filósofos e pensadores do século XVII. Como explicar a lenta evolução da Pedagogia?);
Lição III
(A erudição histórica considerada como um dos elementos da propedêutica pedagógica. A importância atribuída à Pedagogia será geral? Uma observação de William James. O bom senso, a aptidão e a prática impropriamente reputados às teorias pedagógicas. Crítica de Claparède a este respeito. Os autores

teóricos ou dogmáticos, os autores práticos e os autores científico-ecléticos. A possibilidade da educação e as três teorias que dela se ocupam: ceticismo, relativismo e dogmatismo, baseadas na diferente interpretação psicológica do caráter. Definições do caráter. O caráter considerado unicamente como produto da hereditariedade e elaborado por processos psicológicos inconscientes. Curta digressão psicológica. Os céticos. Kant, filósofo, em contradição com Kant pedagogo. O pessimismo de Schopenhauer. Como a psicologia moderna derrui o conceito pessimista);

Lição IV
(A concepção moderna do caráter. Tendências inatas e adquiridas. Caráter coletivo e caracteres individuais. Ação que sobre um e outros pode exercer a educação. Os dogmáticos: Ribot, Mosso, Maudsley, Guyau, Rousseau, Höffding e Fouillée. Resumo desta discussão. As divisões e subdivisões da Pedagogia. Importância capital da psicopedagogia, psicodiagnóstico, psicotécnica e psicoprognóstico);

Lição V
(Os problemas da psicopedagogia devem ser resolvidos nas escolas. A função dos médicos pedagogos. Importância moral e econômica dos problemas de psicoprognóstico. Escolha da carreira para o indivíduo ou escolha do indivíduo para a carreira. Psicopedagogia e pedagogia experimental: sua diferença induzida do caso particular dos métodos de leitura. Variabilidade dos processos a adotar na execução dos métodos e sua seleção por via experimental. Os processos de ensino considerados como pedra de toque da competência e dos recursos dos mestres. A higiene escolar. Categorias de anormais. Ortofrenia médico-pedagógica). (Pimentel Filho, 1916, não paginado)

As temáticas mais diretamente relacionadas com a Pedagogia foram marcantes nas sexta e sétima lições, cujos tópicos foram transcritos a seguir:

Lição VI
(Pedagogia estética. História sumária das Escolas Normais portuguesas. Pedagogia administrativa. Pedagogia histórica: seu valor filosófico, prático e moral);

Lição VII
(Lugar da Pedagogia no quadro geral das ciências e suas íntimas relações com a fisiologia e a psicologia. O objeto da psicologia. A consciência

considerada como uma função mental de síntese. A escola sensualista ou empirista. Psicologia humana, zoológica e geral. Evolução desta última. A alma animal e a antiguidade pagã. A filosofia aristotélica e o seu conceito dos seres irracionais. O automatismo de Descartes. Opinião de Buffon. O século XIX e a noção de atividade instintiva. Cuvier, Flourens, Blanchard e Lamarck. Gênese da atividade instintiva. Como a interpretam Spencer, Lewes, Baron, Pouchet, Perrier e Ribot. A plasticidade dos instintos: Romanes e William James. Os instintos considerados como atos originariamente conscientes e sucessivamente automatizados pelo hábito e pela hereditariedade. Objeções feitas a esta tese: antagonismo entre o instinto e a inteligência; falta de instintos intermediários). (Pimentel Filho, 1916, não paginado)

As lições relativas aos temas de Psicologia e Psicopedagogia corresponderam às de número oito a dez, nas quais foram situados os autores, as temáticas estudadas na área, e os lugares de produção dos estudos:

Lição VIII
(Objeções feitas à tese que considera os instintos como adaptações inteligentes tornadas automáticas e hereditárias; instintos dos insetos e dos animais. A seleção natural e a gênese dos instintos: opinião de Darwin. Atitude de psicologia moderna em face da questão. Como Dugas entende as relações da Pedagogia com a Psicologia. Psicologia infantil. Características da vida mental e afetiva das crianças. A criança é pequena porque não é adulta ou é pequena para poder ser adulta? Solução de Claparède. A evolução da psicopedagogia: Locke e Rousseau. Tiedemann e a primeira observação seguida e metódica de uma criança. Kant e Herbart. O movimento psicopedológico contemporâneo. Estados Unidos: Stanley Hall. Inglaterra. França: a obra de Binet);

Lição IX
(O movimento psicopedológico: Alemanha. A psicologia das diferenças individuais e o sistema de Mannheim. Áustria. O pansexualismo de Freud; psicanálise; o processo da sublimação; profilaxia educativa. Suissa. Claparède e o Instituto J. J. Rousseau. Bélgica. A sociologia da criança; Rouma e a linguagem gráfica infantil; os jogos educativos de Decroly);

Lição X
(O movimento psicopedológico contemporâneo: Itália: o método Montessori; Espanha. Portugal: o ensino oficial da pedologia. O ensino da psicologia.

A Sociedade de Estudos Pedagógicos. A higiene escolar. A miopia escolar em Portugal. A Escola-Oficina nº 1 e os Jardins-Escolas João de Deus. Ensino infantil e método montessori). (Pimentel Filho, 1916, não paginado)

As iniciativas levadas a efeito em Portugal no que se referiu ao ensino de crianças tomadas como "anormais" apareceram como objeto das lições onze a treze:

Lição XI
(Portugal, anormais psíquicos. O Instituto Médico-Pedagógico de Santa Isabel. O Instituto de São Bernardino. Anormais sensoriais: a educação dos surdos-mudos. Jacob Rodrigues Pereira: os seus antecessores e os seus contemporâneos. Renascimento do ensino dos surdos-mudos: o padre Aguilar. O Instituto Municipal de surdos-mudos. O Instituto Araújo Porto: Miranda de Barros. O Instituto da Casa Pia: Pavão de Costa e Cruz Felipe. Fase atual: o Instituto Jacob Rodrigues Pereira. O ensino particular dos surdos-mudos: Aniceto Fusillier. Surdos-mudos portugueses que se têm distinguido. Períodos históricos e caracterização do ensino dos surdos-mudos em Portugal);
Lição XII
(O ensino dos cegos em Portugal);
Lição XIII
(Origens da pedotecnia judiciária em Portugal). (Pimentel Filho, 1916, não paginado)

A Sociologia foi tema de estudo na décima quarta parte do manual:

Lição XIV
(Sociologia: seu objeto. O instinto sociável do homem. Os progressos da organização social considerados como função crescente do desenvolvimento das aptidões humanas. A sociologia, ciência autônoma. O método histórico em sociologia: exemplo tirado da História pátria. Relações da sociologia com toda a filosofia natural. Influência das condições astronômicas, geológicas, geográficas e dos conhecimentos físico-químico-naturais sobre a organização social. A sociologia, ciência relativamente moderna. Aristóteles, Montesquieu, Condorcet, Comte e Spencer. Relações da pedagogia com a sociologia). (Pimentel Filho, 1916, não paginado)

E, por fim, a Pedagogia foi novamente objeto de atenção, sendo tratada numa perspectiva histórica nas últimas seis lições:

Lição XV
(A Pedagogia histórica. Critério a adotar na sua exposição, segundo Compayré e Paroz. Critério do autor. As três fases da História da Pedagogia. Primeira fase: organização teocrático-nacional da educação: chineses e egípcios);

Lição XVI (Transição entre a organização teocrática e a educação nacional da educação: persas. Resumo da história da pedagogia dos povos orientais. Organização nacional da educação: gregos. Os três grandes vultos da pedagogia grega: Sócrates, Platão e Aristóteles);

Lição XVII
(Zenofonte. A econômica. A pedagogia romana. Eloquente lição cívica contida na história de Roma. Organização do ensino em Roma. O primusmagister. Condições materiais do professorado e das escolas primárias de Roma. O ensino doméstico. A lenda de Catão, o Censor);

Lição XVIII
(A instrução em Roma. Principais pedagogistas romanos Quintiliano e a Instituição Oratória. O sistema de educação moral de Plutarco. Moral pagã: o estoicismo. As máximas de Seneca. Marco Aurélio, o imperador filósofo);

Lição XIX
(Organização filosófica da educação. Os primeiros cinco séculos do cristianismo. Ecletismo e ortodoxia. Clemente de Roma, Clemente de Alexandria e Orígenes. Os catecumenatos. Tertuliano e Cipriano. Julião, o Apóstata, e os dois Apolinários. Origens do monarquismo e das escolas cristãs. São Gregório, São Basílio, São João Crisóstomo e São Jerônimo. O delírio ascético e as verdades pedagógicas da Carta a Laeta);

Lição XX
(falta páginas no manual estudado – Renascença, ensino escolástico);

Lição XXI
(A Renascença do século XII. As universidades. Cultura mental dos portugueses na passagem do século XII para o século XIII. Frei Gil Pais e Pedro Julião. A Universidade de Lisboa. As primeiras obras pedagógicas portuguesas e a nossa primeira escola municipal. Males de que enfermou o movimento universitário durante a Idade Média. Nominalismo e realismo. A dialética teológica. As grandes figuras da Escolástica: Santo Anselmo, Abelardo e Gerson.

Os precursores da grande Renascença: Vitorino de Feltro e Pio II. O misticismo científico da Idade Média e o doutor admirável Rogério Bacon). (Pimentel Filho, 1916, não paginado)

Ao organizar dessa maneira o conteúdo de seu manual, Pimentel Filho (1916) deixou entrever um esforço comum aos manuais pedagógicos portugueses e brasileiros publicados na época. Tal processo, designado por Schriewer (2000) de *externalização*, funcionou como uma forma de exercer autoridade para implantar uma reforma. Em tempos nos quais se assistiu a rápidas transformações no nível social, econômico e político, as referências internas pouco serviram para justificar projetos e romper com o passado. O intuito foi apelar para a importação de ideias novas, "pegando emprestados" outros modelos, discussões teóricas ou práticas de outros sistemas escolares. Foi isso o que aconteceu nos manuais escolanovistas e com as suas proposições de algo novo para a escola, para os alunos e para os professores, a chamada "revolução copernicana" do ensino que precisou, na altura, ser divulgada e legitimada para ser aceita. Nesse sentido, Lourenço Filho afirmou na primeira edição de sua *Introdução ao estudo da Escola Nova* que "a *educação renovada* é um fato, que precisamos conhecer", pois a literatura brasileira acerca da questão foi escassa, naquela altura, em contraposição à "copiosíssima bibliografia europeia e americana" (Lourenço Filho, 1930, p.7). As referências ao Outro foram usadas, portanto, como forma de autoridade para se construir um projeto de escola no espaço nacional, articulado assim a ideias internacionalmente produzidas e dadas a ler.

A ênfase na construção da nacionalidade brasileira foi evidenciada de modo especial nos manuais: *Escola brasileira* (São Paulo, 1ª edição em 1925 e 3ª em 1932) e *Didática* (São Paulo, 1ª e 2ª edições em 1930). Todos esses livros foram escritos pelo mesmo autor e publicados pela Livraria Liberdade, em São Paulo, mostrando uma preocupação comum. No primeiro, destinado às aulas de Pedagogia ministradas na Escola Normal, foram expostas as "necessidades imperativas da educação nacional", de acordo com as quais, em *Didática*, foram desenvolvidos os temas ligados à disciplina, expondo aos normalistas metodologias de ensino. O autor, João Toledo,[4] foi um nome

---

4 A série de textos escritos por João Toledo para a Escola Normal incluiu também os títulos: *O crescimento mental*, escrito para o ensino de Psicologia (São Paulo, Livraria Liberdade, 4.ed.,

de destaque no sistema educacional paulista do período: em *Didática* (1930), ele apareceu como Inspetor geral do ensino; em *Escola brasileira* (edição de 1932), ele foi destacado como assistente técnico do ensino no estado de São Paulo. Essas condições foram nucleares para constituírem esses manuais como parte das estratégias do governo paulista na construção de sua rede de ensino, com o intuito de modelar práticas que servissem como paradigmas, inclusive, para outros estados brasileiros.

Nessa perspectiva, os referidos manuais propuseram o que eles mesmos chamaram de um "novo" tipo de trabalho nas escolas primárias, adequado às exigências do mundo moderno. Para tanto, o material disponibilizou orientações quanto às atividades do educando, os conteúdos, métodos e processos de ensino. A linguagem adequada à sala de aula e a disciplina foram temas que também integraram o conteúdo de *Didática*. A prática docente foi prescrita com a apresentação de planos de várias disciplinas específicas a serem desenvolvidos nas classes primárias. Dentre os manuais pedagógicos publicados nos anos 1930, esse título destacou-se por evidenciar de forma mais intensa o intuito de produzir na prática as condutas legítimas da "arte de ensinar". Nesse sentido, tendo os planos das aulas em mãos, consciente de sua tarefa na "causa educacional":

> [...] tem o mestre o roteiro: siga os atalhos, onde lhe for possível; demore-se onde houver necessidade e conveniência, mas tenha bem claros na mente – seu ponto de partida e a meta a ser alcançada. (Toledo, *Didática*, 1930, 2.ed., p.18)

Desse modo, Toledo propôs a remodelação do sistema de ensino, ou seja, a transformação da chamada "escola tradicional", cujas funções, como entendeu o autor, limitaram-se à "assimilação de um programa" e à "transmissão do conhecimento pelo mestre".

> As crianças, assentadas e bem quietinhas, de olhos abertos e ouvidos atentos, escutariam o ensino ministrado pelo mestre e procurariam ver tudo quanto ele fizesse ou lhes mostrasse, com o intuito de objetivar as lições. Todas as

---

1934), *Planos de lição* (São Paulo, Livraria Liberdade, 1934) e *Sombras que vivem* (São Paulo, Livraria Francisco Alves, 6.ed., 1934), livro sobre educação cívica escrito para leitura em classes adiantadas do curso primário.

dificuldades, seu saber e sua experiência removeriam; o bocado mental, mastigado por ele, seria deglutido pelos alunos que o assimilariam prontamente, incorporando-o ao seu patrimônio cultural. Nenhum esforço por parte dos que aprendem, a não ser escutar e ver; o professor esforçar-se-ia por todos, prepararia as noções, que ofereceria em boa ordem para terem entrada e serem acumuladas nas inteligências receptoras. (Toledo, *Didática*, 1930, 2.ed., p.11)

Ainda de acordo com João Toledo, a chamada "escola educativa" transferiu o centro de suas atenções para a criança. As matérias e as atividades de ensino foram pensadas para tornarem os alunos "mais resistentes, mais belos, mais felizes do que o seriam se abandonados a si próprios. [...] As melhoras todas que as crianças possam alcançar centralizam os cuidados do mestre e não as qualidades de um programa determinado, como outrora acontecia" (Toledo, *Didática*, 1930, 2.ed., p.12). Essa necessidade de mudança da escola foi justificada pelas transformações culturais e sociais do momento.

> Premida já pela situação externa, viu a escola, nesse fato, como um dever imperativo, a necessidade de mudar de rumo, para imprimir, ao treino breve, facultado às massas formadoras do povo, *um cunho diretor capaz de conduzir este a integralizar-se em uma civilização* que o espírito humano, há muito, definiu e precisou. (Toledo, *Didática*, 1930, p.9, grifos nossos)

Portanto, as primeiras décadas do século XX corresponderam a um período no qual o intuito foi consolidar aquilo que passou a ser considerado o único modelo de escola imaginável (Tyack, 1974). Uma vez criado um consenso em torno dessas questões, as referências ao Outro foram cada vez mais reduzidas nos manuais, tanto portugueses quanto brasileiros. Isso porque não se sentiu mais a necessidade de buscar justificativas em experiências e produções educacionais desenvolvidas em outros lugares. Quando uma determinada reforma foi aceita, os *sistemas de autorreferenciação* (Luhmann, 1990; Steiner-Khamsi, 2002) passaram a ser mecanismos úteis. Nesse momento, os sistemas escolares se perpetuaram tendo por base referências internas, notadamente aquelas que enfatizaram as tradições e as organizações nacionais, bem como os saberes diretamente ligados ao ensino. Nessa perspectiva, as *Práticas escolares* de Antônio D'Ávila compreenderam "o essencial do assunto que normalistas e professores primários devem conhecer, publicado juntamente com copiosa bibliografia, modelos de exercícios, de testes e de trabalhos práticos" (1965), tal como informaram os editores no prefácio da décima edição do título, originalmente editado em 1940. Em seu *Metodologia do ensino primário*, Teobaldo Miranda Santos (1948) também evidenciou a preocupação mais centrada nas questões diretamente ligadas à Didática, sem recorrer tanto a referências de outras áreas, como ocorreu durante algumas décadas anteriores. Isso porque a publicação de seu compêndio, contendo "todos os problemas capitais da moderna metodologia pedagógica", visou a "atender às exigências da recente lei orgânica do ensino normal,[5] que fez da Metodologia do Ensino Primário uma das matérias básicas das nossas Escolas Normais, como também pôr em execução, cujo conjunto constituirá uma pequena enciclopédia brasileira de pedagogia" (Santos, 1948, p.3).

Para ilustrar os *sistemas de autorreferenciação* ao espaço nacional, convém aqui retomar as palavras de Domingos Evangelista no seu manual *Elementos de Pedagogia* (1944), um dos títulos que, no período, mais fizeram referências ao Outro, embora essas tenham sido escassas. Evangelista entendeu terem sido:

> [...] ricas as fontes que alimentam o nacionalismo educativo português; a sua linfa pura escorre pelas gloriosas páginas da nossa história desde os fundamentos da nacionalidade, e tem criado na sub-consciência étnica do nosso povo verdadeiros 'valores' instintivos que são a melhor salvaguarda das virtudes morais e cívicas da grei portuguesa. (Evangelista, 1944, p.48)

Para o autor, o "nacionalismo tem sempre atualidade, pois não é uma força estática feita de tradições contemplativas; é antes uma força sempre renovada pelos valores sociais que, através dos tempos, se vêm demonstrando e realizando" (Evangelista, 1944, p.175). No manual, as referências ao Outro foram vagas e extremamente resumidas, como deixou entrever o seguinte trecho:

---

5 A referida lei correspondeu ao Decreto n. 8.530 de 2 de janeiro de 1946, a primeira regulamentação dos cursos de formação para o magistério feita em nível federal no caso brasileiro.

Por este rápido esboço histórico, nós vemos como do empirismo pedagógico inicial, servindo conceitos religiosos e guerreiros, se vai subindo para uma gradação de sistematizações filosóficas e científicas sucessivas até a escola de hoje, rica de técnicas, de tendências nacionalistas fortemente acentuadas e de ideologias equilibradas pela colaboração eficaz de outras ciências. (Evangelista, 1944, p.18-24)

Curiosamente, embora os manuais publicados após os anos 1940 tivessem apresentado um conteúdo diferenciado daqueles do início do século XX, eles evidenciaram um consenso em torno de ideias defendidas no movimento escolanovista acerca do lugar central da criança na organização das atividades escolares. Ao tratar da estrutura dos escritos que compuseram os seus *Fundamentos de Educação*, Afro do Amaral Fontoura mostrou como essas temáticas articularam-se no seu livro, que "pretende ser, acima de tudo, um *método de trabalho*". Nessa perspectiva, o autor sistematizou "os conhecimentos básicos de Pedagogia, partindo destas perguntas: – que é educação? – que é escola? – que é educação renovada? Em seguida abordamos a Psicologia da Infância, as diferenças individuais e o 'aluno-problema'" (Fontoura, 1952, p.11). A partir daí, o manual explicou a metodologia das várias matérias da escola primária e questões relativas à administração escolar. Assim, o trabalho docente estruturou-se a partir dos postulados da Escola Nova, organizando-se agora em torno dos métodos de ensino. Na 9ª edição desse mesmo título, de 1968, o autor explicitou como essa articulação foi possível. Em suas palavras:

Pensam muitos que a Educação Renovada, dando toda essa ênfase ao *trabalho do aluno*, diminui ou anula o papel do mestre. Muito pelo contrário, a Didática Nova eleva-o e exige dele competência, capacidade e dedicação infinitamente maiores! Facílimo ora, na Escola Antiga, ser professor. Bastava conhecer um assunto (ou estudá-lo em casa) e, na aula, falar 50 minutos sobre ele. Na Escola Viva, porém, o mestre passa a ser um guia, um orientador, um consultor. Vejamos a complexidade de suas tarefas: 1. Ele deverá *motivar* muito bem a aula, isto é, despertar o interesse da turma pelos assuntos a serem tratados; 2. Precisará ter habilidade para fazer perguntas *motivadoras*, que provocam o diálogo, e habilidade maior para conduzir esse diálogo, sem que o mesmo se transforme e confusão e tumulto; 3. Deverá saber expor os fundamentos do problema, a fim de dar uma certa direção à aula, sem no entanto, dizer tudo, deixando uma grande parte do assunto para ser *redescoberto* pela turma. É importantíssimo este ponto: o mestre em vez de fazer a "exposição" do assunto, deverá levar os alunos a pensarem, a raciocinarem, a descobrirem a verdade, a raciocinarem, a descobrirem a verdade, através do diálogo, empregando ao máximo o *método indutivo*; 4. Deverá conhecer bem o tema para responder às perguntas formuladas, com inteira liberdade, pela turma; 5. Deverá ter antecipadamente preparado algum material (quadros, figuras, mapas, esquemas, objetos) e estimular os alunos para que queiram fazer outro tanto, baseados no que viram; 6. Considerando que o *trabalho em equipe* desperta maior interesse e apresenta alto valor para a *educação social* dos alunos, o professor deverá dar preferência a esse tipo de atividade, para o que precisará saber organizar, dirigir e orientar *grupos*, como a seguir mostraremos. (Fontoura, 1968, p.19-36)

A ênfase nas questões metodológicas e específicas do trabalho docente, evidenciada no trecho acima transcrito, estruturou outros títulos, como a *Didática mínima*, escrita por Rafael Grisi, que apresentou o seu manual diferenciando-o da estrutura comumente usada nos compêndios de Pedagogia, Filosofia, Biologia, Sociologia, Psicologia e outras áreas "aplicadas" à educação. Ao comparar o seu texto com esse tipo de produção, que costumou "partir dos princípios e conhecimentos sistematizados, para, em seguida, por via silogística, indicar as 'aplicações' didáticas", Grisi preferiu destacar primeiramente "*fatos e flagrantes* das salas de aula", para então, "por argumentos explícitos ou por sugestões veladas", expôr os "princípios axiológicos que os embasam e [os] conhecimentos científicos de que descendem por filiação lógica" (1956, p.12). Por isso, os capítulos dos manuais assinalaram perguntas diretamente ligadas ao cotidiano das salas de aula, como foi o caso do uso da lousa, das recomendações sobre como manter a disciplina dos alunos ou como usar materiais didáticos. Preocupações semelhantes foram comuns a títulos publicados em Portugal nessa mesma época, como evidenciaram as palavras de Rafael Soeiro no manual intitulado *Da capacidade pedagógica para o magistério primário elementar*:

Antes de tudo, deveremos falar do que se entende por *plano de ensino* já que entre os didatas nem sempre tem havido pleno acordo. O *plano de ensino* ou de *lição* é, como o próprio nome indica, um esboço geral, um projeto, logicamente, organizado para uma realização efetiva. [...] É preciso que, como em tudo, se aceite a justa medida das coisas, se adote uma atitude de equilíbrio entre *o que deve ser*, entre *o ideal* e *o real*. *Doutra sorte, inverter-se-iam os termos do problema, sujeitando a criança ao plano em vez de sacrificar este àquela. Tal conduta ressuscitaria a orientação da escola antiga que, em vez de se adaptar à criança, obrigava esta a escravizar-se àquela. Ora o que se propõe e em que estão de acordo todos os pioneiros da escola renovada, é que, em tudo e por tudo, seja a criança o fulcro de toda a educação e seja sempre em função dela que a processologia se renove*. (Soeiro, 1947, p.158-9, grifos nossos)

Essa apropriação da Escola Nova, na verdade, não se articulou tanto a argumentos "emprestados" do exterior (de outros lugares do mundo ou de outras áreas de saber, que não a Pedagogia), como ocorreu nas décadas iniciais do século XX, mas mais ao caráter essencialmente técnico daquilo que se propôs como eixo da formação dos professores. Nas palavras de Soeiro, para o docente organizar um plano: "Há que respeitar a nosso ver, certas *condições didáticas, pedagógicas, psicológicas, higiênicas, morais* e *estéticas. Só assim, ele poderá ser completo, satisfazendo a todas as exigências da escola nova*" (Soeiro, 1947, p.160, grifos nossos).

Para isso precisa de conhecer o coeficiente ponogênico de certas disciplinas, o que só uma cultura através de estudo consciencioso dos higienistas o porá em condições de determinar. Além disso, os estudos experimentais sobre a fadiga, nas suas relações com a *idade, o sexo, a inteligência, as condições sociais, as variações individuais, as horas do dia, os dias da semana, as estações e as matérias de ensino*, vieram esclarecer muitos outros problemas escolares, até então insolúveis. Por meio de provas pedagógicas tais como o *processo dos ditados*, o *dos cálculos*, o *da cópia de letras*, o *grafológico*, e provas fisiológicas como o *processo estesiométrico, ergográfico, algesimétrico*, etc., avaliaram os higienistas as características diferenciais da fadiga: *sua origem, sede, causas, mecanismo, sinais reveladores*, etc., o que muito contribuiu para a possibilidade de se racionalizar o horário, sujeitando-o às condições psico-fisiológicas do educando. Em vez de lógico, tornou-se psicológico. Em vez de horário para o professor, passou a ser para professor e alunos. (Soeiro, 1947, p.161)

Argumentos como esses colaboraram para a construção do modelo de escola (com seus horários, métodos instrucionais e procedimentos de administração) e sugeriram os diferentes usos feitos das menções a autores, países, obras e áreas de saber nos manuais pedagógicos. Isso significou que o ato de referir não foi um dado natural, mas sim uma prática social e historicamente constituída, decorrente de escolhas e exclusões através das quais foram elaboradas as representações de aula, do aluno, do professor, do ensino, da aprendizagem, enfim, dos elementos da vida escolar. A noção de *jogo das citações* foi especialmente útil para entender essa questão, pois designou um movimento através do qual as referências circularam de um lugar a outro, ou seja, de um país a outro, dos especialistas aos professores, de um trabalho acadêmico a revistas, enciclopédias ou manuais especializados. Um processo dessa natureza relacionou-se, então, com a permanente luta para compor as imagens de ensino, articuladas a determinados espaços nos quais foram produzidas as obras e experiências mais legitimadas no campo educacional e que, assim, estiveram mais propensas a serem apropriadas em outros lugares do mundo. O exame das citações usadas nos manuais publicados em Portugal e no Brasil evidenciou que ambos os países posicionaram-se como espaços específicos, marcados por uma certa permeabilidade aos conhecimentos produzidos pelo Outro e nos quais foi mais comum "pegar ideias emprestadas".

Muitas pistas levaram a crer, no caso das referências usadas nos manuais portugueses e brasileiros, que diversos espaços educativos foram representados como os mais úteis para o mundo todo, desde o pensamento europeu, notadamente francês e alemão tão divulgado em finais do século XIX até a emergência de novos espaços de influência norte-americana, no século XX. Nos manuais pedagógicos a Europa e a América foram imaginadas enquanto espaços de progresso, nos quais foram levadas a efeito as mais notáveis e inovadoras experiências educacionais, fontes nucleares das proposições que compuseram as formas de ensino difundidas em outras partes do mundo. Para parafrasear Edward Said, a Europa e a América foram para os educadores uma das "mais profundas e recorrentes imagens do Outro" (2001, p.13), em outras palavras, foram tomados como espaços modelares para organizar os sistema de ensino em outros lugares. Isso construiu uma visão implícita às citações usadas nos livros da Escola Normal: de um lado, aquelas originadas em países que tiveram o que ensinar e, de outro, aquelas originadas nos países que tiveram muito o que aprender.

Desse modo, os textos dos manuais conduziram a pensar numa distinção entre a Europa/América e o que estaria fora desse espaço. Na verdade, a composição desses lugares modelares não correspondeu necessariamente à localização geográfica de cada país. Quando nos textos as referências americanas foram assinaladas, certamente as produções brasileiras, argentinas ou venezuelanas não estiveram incluídas nesse grupo. Elas foram pensadas em uma outra perspectiva, a de países tidos como "atrasados" em termos educacionais. Isso porque o que esteve em jogo não foi a inclusão dos diferentes lugares no mapa-múndi, mas sim o fato de os mesmos terem sido reconhecidos ou não como exemplos de progresso. No caso das referências americanas, elas estiveram mais associadas aos Estados Unidos ou ao Canadá. Do mesmo modo, as experiências portuguesas não foram incorporadas nos manuais pedagógicos ao grupo das obras europeias mais legitimadas, como foi o caso das obras francesas, alemãs ou inglesas. Entretanto, embora a Europa e a América tivessem correspondido a espaços modelares, isso não significou que os franceses ou americanos tivessem determinado de modo unilateral o que foi dito sobre a educação, mas as leituras e descrições feitas acerca de suas produções e experiências deu sentido a toda uma rede multidirecional de comunicações, na qual os saberes educacionais foram difundidos. Foi nessa perspectiva que a escola em Portugal e no Brasil construiu sua identidade.

Portanto, a imagem de países mais propensos a aprender e outros mais dispostos a ensinar resultou de construções discursivas e das modalidades de uso de determinadas referências. Portugal e Brasil foram colocados claramente no primeiro grupo, considerando-se o cenário internacional e comparando os portugueses e brasileiros com nações "europeias" e "americanas", tal como elas foram representadas nos manuais pedagógicos. Mas, atentando-se para os dois países isoladamente e examinando-se as relações entre eles estabelecidas ao longo do tempo, essa mesma capacidade permeável não foi visível. Houve, por parte do Brasil, a negação do Outro. Nas raras vezes em que manuais brasileiros fizeram alusão a Portugal, destacou-se o passado colonial, como um conteúdo a ser transmitido nas aulas do ensino primário. E houve, por parte de Portugal, a tendência em se expor o Brasil ora como um filho, ora como um irmão mais novo ou, como afirmou Ferreira (1953), como país atrasado, violento e perigoso. Ambos os países não se consideraram mutuamente como *sociedades de referência* (Schriewer, 2000). Na verdade, os portugueses e brasileiros sempre apareceram em estatísticas internacionais relacionados a "países atrasados", com experiências de escolarização pouco louváveis (Nóvoa, 2000). A ideia de *lugares exemplares*, discutida por Steiner-Khamsi (2002),[6] ajudou a compreender porque alguns países tornaram-se *sociedades de referência* e outros não. A França, a Alemanha e os EUA, em momentos e por razões diversas, ocuparam esse lugar, enquanto Portugal e Brasil foram tomados como lugares menos favorecidos, cabendo-lhes dessa maneira o esforço para legitimar e melhorar seus projetos nacionais. Isso também acabou por distanciar Portugal e Brasil, pois nenhum serviu de exemplo para o outro.

Portugal e Brasil estiveram fora daquilo que Ortiz (1991; 2000a) denominou de "epicentro mundial", restrito a países como a França, a Alemanha, a Inglaterra e os Estados Unidos. As articulações das referências contidas nos manuais pedagógicos portugueses e brasileiros vincularam-se à ideia de "desenvolvimento" das *sociedades de referência* no cenário internacional e evidenciaram os elementos apropriados pelas sociedades tidas como "defasadas" na construção de seus sistemas escolares. A história dos manuais pedagógicos portugueses e brasileiros elaborada neste livro conduziu, portanto, a analisar um problema específico da circulação de saberes educacionais e do processo de *externalização* e *internalização* do modelo da *escola de massas*; qual seja, a questão referente aos modos pelos quais países tidos como "atrasados" e "pouco modernos" construíram sua ideia de escolarização por meio de livros escritos para formarem professores desde finais do século XIX até finais do século XX.

A ênfase no moderno

As coisas. Que tristes são as coisas, consideradas sem ênfase.

(Andrade, 1945)

As palavras de Carlos Drummond de Andrade (1945) sugerirem o quanto a ênfase posta em determinadas questões deu vida a elas. Foi nessa

---

6 A expressão *lugares exemplares* foi uma tradução do termo *flags of convenience* (Steiner-Khamsi, 2002), o qual foi especialmente útil para o presente trabalho porque assinalou a posição de determinados países no âmbito da circulação internacional de modelos e políticas educacionais.

perspectiva que os manuais pedagógicos assumiram como paradigmas de explicação as referências consideradas "mais desenvolvidas". Essas modalidades de experiências e produções foram tomadas como padrões de medida para se avaliar o desempenho dos países tidos como "atrasados", supondo a existência de lições a serem aprendidas do exterior e a possibilidade de assim se poder transformar uma situação de defasagem em uma outra de desenvolvimento. O atraso em termos educacionais foi exposto nos livros dos normalistas como um fator intimamente relacionado com as questões econômicas e políticas. Isso porque se acreditou que essa situação desfavorável decorreu, em boa parte, da necessidade de se estruturar os sistemas de ensino, idealizados como instrumentos úteis ao progresso das nações e boa formação de seus cidadãos[7] (Meyer; Ramirez; Soyal, 1992; Sica; Prechel, 1981).

Pensando nos mecanismos de seleção das fontes nas quais os manuais se pautaram e na maneira como o fizeram, convém retomar palavras exemplares, localizadas na Introdução de um título francês, traduzido por portugueses e que, por muito tempo, foi usado em Portugal e no Brasil, servindo ele mesmo de obra de inspiração para o *corpus* aqui estudado. O texto foi assinado pelo então Inspetor geral honorário do ensino primário da França, apresentando o *Curso teórico e prático de pedagogia*, de Michel Charbonneau (diretor da Escola Normal de Melun), na época em sua 11ª edição francesa, traduzida por José Nicolau Raposo Botelho (capitão da infantaria e professor do Liceu Central do Porto), em 1883.[8] As palavras aí localizadas foram exemplares por-

---

7 Um esforço semelhante de se pensar a realidade dos países chamados de "subdesenvolvidos" a partir de padrões de "desenvolvimento" foi notável em trabalhos de sociólogos europeus, norte-americanos e da América Latina. Nesse sentido, a "explicação do subdesenvolvimento impôs, como intenção ou como resultado, uma primeira revisão. Partiu-se, como não poderia deixar de ser, de uma perspectiva de análise altamente influenciada pela teoria da formação dos países 'de desenvolvimento inicial', quer dizer, Europa Ocidental e Estados Unidos. Os marxistas, por exemplo, buscaram com lentes e com técnica, detectar na América Latina o mesmo jogo de relações entre as classes e o mesmo papel histórico de cada situação histórica 'clássica' na formação do capitalismo em ideologia de outra situação que não se apresentava do mesmo modo. De forma semelhante, embora com outra perspectiva, os que tinham inspiração liberal utilizaram os modelos de explicação, também 'clássicos', do jogo de relações entre interesses particulares e interesse geral – na economia, na política, na concepção dos mecanismos próprios de regulamentação da vida social – para vestir com trajes 'civilizados' um contexto histórico aparentemente caótico. Assim se construíram tão rapidamente quanto se desfizeram várias 'teorias' sobre o desenvolvimento, a divisão social do trabalho, as estruturas de dominação etc." (Cardoso, 1969, p.8).

8 Ver Charbonneau, 1883.

que articularam a utilidade dos manuais pedagógicos à própria circulação de saberes da ciência e dos *grandes pedagogos* realizada nesses livros. Assim:

> De mais, que observações têm tido ocasião de fazer os professores novos, a quem se confia pela primeira vez uma classe ou que entra na direção de uma aula? Que seria deles, se, para os dirigir num trabalho tão delicado, não tivessem a experiência dos homens que consignaram nos seus escritos os resultados da sua experiência? *É para estes professores, ainda moços e noviços, que é sobretudo, não direi só útil, mas ainda indispensável o estudo das obras pedagógicas.* Os outros, porém, não podem dispensar também tais estudos. Quem é que nesta profissão, do mesmo modo que na medicina, nas leis, na engenharia ou noutra qualquer profissão liberal, pode gabar-se de ser omnisciente e de não ter nada a aprender, mesmo pondo de parte a necessidade que tem de se pôr ao par do que a ciência todos os dias descobre? (Rapet, 1883, p.8, grifos do autor)

Embora tenha sido útil ao promover o contato com a bibliografia da área, a elaboração de um manual não foi vista por Rapet como a garantia de acesso ao mesmo capital dos educadores e estudiosos mais reconhecidos do campo. No trecho a seguir, ainda extraído da Introdução do livro de Charbonneau, ficou implícita uma ideia expressa em outro manual brasileiro, este escrito na década de 1950 por Rafael Grisi (*Didática mínima*, 1956) ao falar da *pedagogia dos céus* – elaborada em nível teórico – e da *pedagogia da terra*, relativa às práticas cotidianas do professor em sala de aula. Nos dois manuais aqui mencionados ficou clara a ideia de que esse tipo de produção visou a uma intermediação entre os dois níveis de conhecimento. Para Rapet:

> É certo que qualquer pessoa não pode pela leitura chegar a ser um professor notável, um pedagogo de gênio, um Rollin, um Pestalozzi, um Girard, do mesmo modo que qualquer artista não pode conseguir ser um pintor ou um compositor distinto, um Rafael ou um Mozart. Para chegar a estas sumidades são precisas disposições especiais, que são o dom de bem poucos homens. Mas todos nós podemos, à custa de esforços e de estudos, observando os conselhos dos que nos precederam, e seguindo o caminho que nos traçaram, adquirir conhecimentos e talento que nos permitam distinguir-nos entre os nossos colegas e sermos também professores beneméritos, dignos da afeição dos discípulos, da estima dos pais e dos sufrágios da sociedade. (Rapet, 1883, p.8-9)

E foi justamente para disponibilizar um certo capital de conhecimentos e saberes aos professores que:

> M. Charbonneau inspirou-se muito no pensamento de um dos mais célebres pedagogos modernos, o padre Girard, que a França pode reivindicar como seu filho, não só porque no seu espírito existe a clareza e a previsão francesas, mas ainda porque foi em francês e em França que o ilustre educador publicou as suas principais obras. M. Charbonneau meditou-as muito e apropriou-se tão intimamente da sua doutrina, que muitas vezes reproduz a ideia quase com as mesmas palavras; e de resto teve razão, porque ninguém como o padre Girard mostrou que todo o ensino, e especialmente o da língua, pode ser convertido num excelente meio de cultura. (Rapet, 1883, p.9)

Em geral, quem escreveu manuais pedagógicos seguiu esse movimento descrito por Rapet. Inspirou-se em *auctores* célebres, cuja produção conheceram, admiraram e da qual apropriaram-se. Nessa perspectiva:

> [...] por mais apreciáveis que sejam muitas destas obras, nenhuma delas atinge o fim a que se propõem de um modo tão completo. Além disto são escritas sob pontos de vista particulares e não satisfazem por isso às necessidades atuais da instrução primária. Conquanto a maior parte estejam cheias de judiciosos conselhos e de indicações úteis na época da sua publicação, em geral hoje estão atrasadas no que diz respeito ao ensino e à metodologia. Algumas, que se distinguem pela sua extrema simplicidade, reduzem excessivamente o ensino primário e consideram-o como um simples meio de transmitir alguns conhecimentos muito elementares; preocupam-se com a parte mecânica do ensino e desprezam a parte mais valiosa, o desenvolvimento intelectual. Quase todas tratam muito por alto da cultura moral dos alunos, ou, se têm palavras eloquentes para apontarem a importância dela, omitem elucidar os mestres sobre os meios de se desempenharem da parte mais espinhosa de uma tarefa. Outras há cujos autores falam aos professores como se se tratasse dos subordinados; dão ordens e não conselhos, e com uma afontesa só própria de quem não lutou com as dificuldades. Dir-se-ia, tomando agora a palavra na sua antiga e má acepção, que são pedagogos a tomarem a lição aos seus discípulos. (Rapet, 1883, p.10)

Sendo assim, e enquanto um manual pedagógico:

Não é este o caráter do livro de M. Charbonneau. Se fala com autoridade, é só com a que resulta da experiência e do completo conhecimento do assunto; mas sempre com um tom simples e modesto, próprio de um educador que nos meio dos seus colegas procura com eles os meios de se aperfeiçoarem numa arte, que cultiva, como eles, o amor, prodigalizando a todos os tesouros do seu saber e dos seus estudos. [...] O autor não dá, porém, só conselhos teóricos. O livro é teórico, mas é também prático, como indica o título que ele lhe pôs, e que em verdade é bem cabido. (Rapet, 1883, p.10)

Exemplares dos mecanismos de seleção e uso de fontes nos manuais foram também as palavras de António Leitão, em um dos títulos da parte portuguesa de nosso *corpus* de estudo.[9] No Prefácio, o autor assinalou a necessidade de:

[...] *recorrer ao estrangeiro para me guiar e colher a maior soma de conhecimentos*, perante a pobreza de livros portugueses sobre a especialidade e a transcendência de alguns para o fim de que tinha em vista. Mas, apesar disso, *afastei-me da cópia servil das lições dos mestres, e dei ao meu estudo um cunho puramente pessoal*. Evitei as discussões abstratas por demasiadamente complexas para a inteligência, mal provida de materiais, dos alunos normalistas. E procurei a forma que mais se aproximasse da linguagem vulgar, e mais acessível tornasse esta parte tão escabrosa da psicologia aplicada à educação. (Leitão, 1903, não paginado, grifos nossos)

A busca de referenciais no estrangeiro e a reelaboração dos mesmos em nome de interesses particulares ao público ao qual seu livro se destinou foram dois esforços descritos por Leitão e que acabaram por resumir os modos pelos quais se deu a divulgação de saberes nos textos da Escola Normal, tomados aqui, para usar mais uma vez algumas imagens sugestivas da metáfora da circulação, como veículos de propagação das ideias educacionais.

Nesse caminho feito pelos manuais pedagógicos, quando eles enfatizaram os países "adiantados", as questões políticas e econômicas também apareceram associadas aos "progressos" alcançados em termos educacionais.

---

9 Ver Leitão, 1903.

Na verdade, esses livros assinalaram as nações "desenvolvidas" articulando temas da economia, da política, da vida cultural e da estruturação dos sistemas de ensino, o que tornou pertinente aqui a afirmação segundo a qual "o desenvolvimento [foi] em si mesmo um processo social; mesmo seus aspectos puramente econômicos [deixaram] transparecer a trama de relações sociais subjacentes" (Cardoso, 1970, p.16). Essas intersecções ajudaram a entender as formas pelas quais determinadas visões de escolarização e de organização social foram legitimadas internacionalmente. Os livros dos normalistas classificaram dois tipos de sociedades, aquelas "desenvolvidas" ou "modernas", de um lado, e as "subdesenvolvidas" ou "atrasadas", de outro.[10] Esse tipo de análise induziu os educadores a estabelecerem uma "relação unívoca" entre os diferentes espaços, estabelecendo como uma condição supostamente necessária os vínculos entre desenvolvimento e modernização. Dessa forma, os manuais pedagógicos, ao se dirigirem diretamente aos normalistas, colaboraram, juntamente com outras produções do campo, como as estatísticas internacionais, para se criar uma espécie de "senso comum" acerca da educação como importante elemento de desenvolvimento. Os níveis de desenvolvimento socioeconômico foram pensados entre os educadores como uma das consequências dos níveis de escolarização atingidos, cujo "retardamento" representou a dependência de determinados países com relação a outros (Sica; Prechel, 1981). Essa ênfase no moderno e a omissão de sociedades não incluídas nessa categoria expressou-se nos textos lidos durante as aulas da Escola Normal e em estudos internacionalmente produzidos.

Os primeiros relatórios estatísticos tendiam a ser claros em sua concepção de o que era e o que não era uma escola e incluíam apenas organizações que incorporavam arranjos educacionais que se poderia considerar "modernos". A educação tradicional religiosa ou local, como nos países islâmicos ou em vários

---

10 Numa crítica a essa modalidade de interpretação, Fernando H. Cardoso assinalou: "Ademais, as análises do modernismo e do tradicionalismo parecem excessivamente simplicadas quando se estabelece uma relação unívoca, por um lado entre desenvolvimento e sociedade moderna e por outro entre subdesenvolvimento e sociedade tradicional. Com efeito, [...] a relação entre desenvolvimento e modernização não se verifica necessariamente, se se supõe que a dominação nas sociedades mais desenvolvidas exclui os 'grupos tradicionais'. Por outro lado, também pode dar-se o caso de que a sociedade se modernize em suas pautas de consumo, educação etc., sem que correlativamente haja uma menor dependência e um deslocamento do sistema econômico da periferia em relação ao centro" (1970, p.18).

países asiáticos, como a China, o Japão e a Coreia, não era, em termos práticos, nem contabilizada nem relatada pelos profissionais e burocratas que se preocupavam com a gestão da "educação". Essa omissão é em si mesma uma indicação importante do caráter especial em termos de racionalidade e de projeção da educação moderna em todo o mundo. A instrução era acompanhada e considerada relevante para a nação e para o mundo apenas se ela aspirasse à forma moderna. (Meyer; Ramirez; Soyal, 1992, p.132-3, tradução nossa)

Os manuais pedagógicos participaram assim de debates comparativos maiores, produzidos há mais de um século por intelectuais e políticos (Hüfner; Meyer; Maumann, 1992), por vezes expondo estatísticas educacionais ou retomando experiências realizadas em diversos países do mundo. Das citações feitas nos livros dos normalistas no decorrer dos cem anos nos quais esses textos foram publicados em Portugal e no Brasil, estiveram as menções a faculdades, universidades, associações, institutos de pesquisa, órgãos governamentais, academias, conselhos, comissões, enfim, uma série de organizações apresentadas para situar questões educacionais. O Anexo 2 foi composto por uma tabela que resultou da contagem das citações feitas nas páginas de todos os manuais estudados e permitiu visualizar quais iniciativas foram objetos de atenção e quantas vezes isso ocorreu em cada caso. Na verdade, a recorrência dessas menções não foi uma questão nuclear, importando mais identificar em que países elas se originaram e que tipo de iniciativa foi destacado. Tanto em Portugal como no Brasil houve referências a iniciativas produzidas em âmbito nacional e internacional. Entre os brasileiros, os países "exemplares" quanto à educação, como a Alemanha, os Estados Unidos, a França, a Inglaterra, a Itália e a Suíça, foram enfatizados por meio de suas instituições de ensino, associações de professores e movimentos estudantis. Esses espaços também apareceram nos manuais portugueses, quando em suas páginas foram citados outros países, como a Bélgica e a Suécia. Isso conduziu a pensar no caráter transnacional da difusão do modelo escolar, que funcionou como um mecanismo de modernização, objetivo fundamental e legitimado em nível mundial em praticamente todos os países. As proposições educacionais foram construções científicas, edificadas no interior de projetos racionalizados e voltados para o progresso. Como tecnologia de alcance mundial, a construção da escola baseou-se em estudos, políticas e experiências que circularam rapidamente de um lugar a outro, obrigando a considerar a educação moderna como um fenômeno global e não no contexto de nações consideradas individualmente (Adick, 1989). Por isso, novamente reiterou-se aqui o fato de a *escola de massas* ter se tornado uma instituição mundial, com princípios e práticas organizacionais muito próximas em diversos lugares.

> A aspiração de se atingir a universalização da matrícula educacional é encontrada em praticamente todas as sociedades nacionais e está frequentemente inscrita em suas constituições fundantes e em leis e políticas nacionais. A oposição à educação em massa, uma posição ideológica bem documentada nas histórias educacionais, desapareceu. (Hüfner, Meyer, Naumann, 1992, p.128, tradução nossa)

Os manuais pedagógicos atentaram para um tipo de escola que se desenvolveu onde o modelo de Estado-nação foi construído. Assim, essa instituição não decorreu de características específicas de uma determinada sociedade e de processos internos a ela, como a urbanização, a industrialização, o conflito entre diferentes grupos,[11] mas principalmente de um esforço mobilizado transnacionalmente para integrar os cidadãos ao Estado (Ramirez; Ventresca, 1992). As afirmações acerca do "atraso" ou o "desenvolvimento" educacional de determinados países expressaram-se em função das ligações entre determinados espaços e os modelos mundiais. A escola expandiu-se nos diferentes espaços porque os Estados-nação aderiram a um modelo mundial e soberano de organização – o Estado moderno – e a um tipo de sociedade composta pelos indivíduos – a nação moderna. O poder estatal enraizado nacionalmente como guardião do bem-estar social, a secularização de instituições e ideias religiosas, uma sociedade orientada para o progresso e pela

---

11 Essa foi uma perspectiva de análise importante, que diferiu do tradicional entendimento da modernização e escolarização como decorrentes das qualidades internas do desenvolvimento das nações. Interpretações ditas "funcionalistas" explicam a expansão da *escola de massas* como reflexo das exigências de socialização da sociedade industrializada e há, ainda, estudos indicando a educação como mantenedora da disciplina e ordem no sistema controlado pela economia e política dominante das elites (Meyer; Ramirez; Soyal, 1992). Desde metade dos anos 1950, intelectuais latino-americanos, como Fernando Henrique Cardoso e africanos construíram outra modalidade de explicação, assinalando os fatores "exógenos" do subdesenvolvimento, pois a sobrevivência econômica dos países decorreu, nesse sentido, de relações político-econômicas internacionalmente estabelecidas no sistema mundial moderno (Sica; Prechel, 1981).

ação dos cidadãos, o investimento na socialização das crianças como base para a formação do adulto motivaram a edificação da escola como uma instância de construção da unidade nacional, por meio do ensino de uma língua e cultura comuns, destinado não só às elites, mas a toda população (Meyer; Ramirez; Soyal, 1992; Ramirez; Boli, 1987).

Esse modelo relacionou-se com transformações na estrutura social da Europa, dentre as quais estiveram, além da constituição dos Estados-nação, também a Reforma e Contra-Reforma, durante o século XVI, bem como a organização de uma economia de mercado, articulando o processo de construção nacional à competição configurada internacionalmente (Ramirez; Boli, 1987). Nesse *sistema mundial moderno*, desde o século XVIII a escola por nós hoje conhecida foi ocupando gradualmente o lugar de outras formas "tradicionais" de ensino, como aquele ministrado nos mosteiros medievais, a tutoria ou a monitoria. Ao longo dos séculos XVIII e XIX, a obrigação dos pais em educar as crianças foi transformada no dever de colocar as crianças em escolas organizadas e reguladas por autoridades públicas. Leis de obrigatoriedade escolar foram feitas e ministérios especializados foram criados em diversos países. A escolarização do povo tornou-se uma tarefa do Estado, afirmando simbolicamente sua autoridade sobre seus futuros cidadãos (Ramirez; Ventresca, 1992). A adesão ao programa da *escola de massas* foi um fenômeno mundial, convém repetir, mas assumiu formas distintas ao longo do tempo e de acordo com os espaços nos quais o modelo difundiu-se, ou seja, em cidades, vilas, setores industriais ou subúrbios, bem como de acordo com os princípios religiosos ou condições políticas e sócio-estruturais que condicionaram diferentes qualidades dos serviços prestados pela escola em diferentes partes do mundo. Assim, embora a educação moderna tenha sido originariamente um domínio da Europa ocidental, as diversidades na expansão desse modelo não podem ser explicadas opondo-se aspectos "europeus" a aspectos "não europeus", pois a sua consolidação ocorreu num âmbito global, configurando determinadas especificidades de acordo com as realidades nacionais ou regionais (Adick, 1989).

Os princípios e práticas da *escola de massas* começaram a aparecer em países da Europa ocidental, mas, diferentemente do que se pode acreditar, não tiveram origem nos países mais poderosos econômica e politicamente no cenário europeu do século XIX, como foi o caso da França e da Inglaterra. O caminho de difusão da escola não foi aquele que partiu das referências dos lugares dominantes para os lugares mais pobres: em momentos de crise, os países responderam de forma semelhante, declarando seu interesse na educação do povo para garantir coesão e unidade internas e fortalecendo, desse modo, seu espaço nacional. As primeiras leis a proclamarem a educação universal obrigatória surgiram em Weimar, em 1619, num momento em que a Prússia não se caracterizou como uma área economicamente desenvolvida. Em 1700, esse país foi considerado um "Estado sem nação" e o seu maior problema residiu na criação de uma sociedade ajustada ao poder estatal. Para tanto, iniciativas como as de Frederick William I, em 1716 fazendo da escolaridade algo compulsório a todas as crianças das aldeias sem acesso a outro tipo de instrução; bem como as de Frederico, o Grande, quando, aproximadamente 50 anos depois, reiterou as Leis de Escolaridade Obrigatória nas Regulamentações Gerais para Escolas de Aldeias (1763), foram tentativas de unificar o povo alemão através de uma educação dirigida pelo Estado. Com a vitória da França sobre a Prússia, em 1806, os alemães intensificaram seus esforços em fazer do ensino para todos uma forma de aumentar o patriotismo, formando cidadãos capazes de reafirmarem o poder de seu país (Ramirez; Boli, 1987).

Na França e na Inglaterra, as primeiras tentativas de se organizar um sistema nacional de educação primária foram mais tardias. Apenas em 1833, sob a direção de Guizot, as iniciativas francesas atentaram para a educação do povo, tendo como parâmetros as experiências levadas a efeito na Prússia. A última fase de institucionalização da escola para o povo na França ocorreu depois da derrota frente à Prússia (1870), já durante a III República. Entre os ingleses, o processo também não foi precoce, desmotivado pelo grande sucesso de sua marinha e de seus comerciantes. Sentindo-se ameaçados pela ascensão industrial da Alemanha e dos EUA, os britânicos empreenderam reformas políticas no sentido de constituir um sistema de ensino destinado às classes populares desde 1860, e em 1880 constituiu-se no país a escolaridade obrigatória (Ramirez; Boli, 1987). Por isso, o principal fator concorrente para a origem e difusão da *escola de massas* foi a organização da política orientada para o Estado-nação e para sua inserção no sistema mundial moderno.

Antes da Primeira Guerra Mundial, os políticos norte-americanos se preocuparam com a competência alemã em termos de ensino. Ao mesmo tempo, tanto na Inglaterra como na Alemanha reconheceu-se o crescimento dos Estados Unidos como resultado de seus esforços para formar bons cidadãos. No final da Segunda Grande Guerra, grande parte da atenção internacional centrou-se no sistema educacional do vencedor norte-americano, mas sem deixar de lado os planos educativos de sociedades mais igualitárias, como a União Soviética, a China e Cuba. Assim, as imagens de modernização e os parâmetros com os quais se atribuiu importância à escola se transformaram. Até as décadas iniciais do século XX, o modelo no qual o sistema mundial esteve baseado relacionou-se mais com a liberdade política, econômica e cultural, além de ter estado mais coerente com as intervenções estatais na promoção e controle da vida moderna e do crescimento econômico. O socialismo e suas variantes marxistas também enfatizaram os direitos de todos os membros da sociedade, diferenciando-se pelo intuito de alcançar uma organização coletiva racional e mais igualitária da produção econômica e de sua distribuição. Outra perspectiva de modernização, a "descolonização" – como denominaram Hufner, Meyer e Naumann (1992), caracterizou os anos 1950 e 1960. Quanto aos sistemas mundiais, esse movimento estimulou a afirmação dos princípios de igualdade e o reconhecimento dos direitos humanos (Hufner, Meyer, Naumann, 1992). Assim:

> [...] *escola de massas* é celebrada pelos benefícios que confere aos indivíduos e suas sociedades nacionais e também pelo seu papel na promoção de uma sociedade mundial em que a escolarização para todos resulte num entendimento de bem-estar e paz, desde que os interesses pessoais e os motivos emancipatórios corretos formem a escola. (Ramirez; Ventresca, 1992, p.47-8, tradução nossa)

Os manuais pedagógicos evidenciaram maiores detalhes da história da *escola de massas* quando mobilizaram as referências nacionais e internacionalmente reconhecidas, difundindo-as diretamente aos normalistas. Quando começaram a ser publicados em Portugal e no Brasil, esses livros basearam-se nas produções e experiências que, como se acreditou, indicaram o caminho para construir escolas para o povo capazes de fortalecerem o espaço nacional e criar condições para os países competirem no sistema internacional moderno. Se o ensino foi, portanto, um fenômeno amplo e suas referências constituíram-se a partir das relações estabelecidas entre os países, convém saber como o sistema mundial foi dado a ler nos manuais da Escola Normal. O exame desses livros evidenciou quais modalidades de classificação eles fizeram dos diferentes espaços nacionais: a primeira relativa aos lugares onde se reconheceu o nascimento e desenvolvimento inicial do modelo escolar, a Europa Ocidental; a segunda referente a outro importante espaço de expansão da escolarização, a América do Norte, sobretudo os Estados Unidos; e, por fim, o grupo de nações que, segundo os manuais, não atingiram os benefícios do ensino, estando assim à margem do centro do circuito moderno. Também foi possível notar o uso das referências aos países em quatro períodos, definidos de acordo com as principais temáticas desenvolvidas pelos livros dos normalistas ao longo do tempo, a saber, o *professor* (1870 a 1890), a *escola* (1891 a 1910), os *saberes que se referem ao aluno* (1911 a 1940) e as *metodologias* (1941 a 1970).[12] A contagem dos países[13] mencionados relacionou, no Anexo 3, a posição por eles ocupada no mundo com as diferentes proposições educacionais expressas nos livros e evidenciou, ainda, os pontos de origem dos saberes que fundamentaram o processo de escolarização.

Nessa perspectiva, foi possível notar a recorrência e permanência de nações como a França, citada em todos os períodos, ocupando o lugar dos países europeus mais mencionados, dentre os quais estiveram também a Alemanha, a Áustria, a Bélgica, a Espanha, a Inglaterra, a Itália, a Suíça e a Rússia. Notou-se também a presença de outros países que, mesmo sem terem sido tão mencionados, tiveram suas imagens relacionadas às representações de desenvolvimento: Hungria, Holanda, Dinamarca, Noruega, Polônia, Suécia, Bulgária e Escócia. Comparando-se a quantidade de menções aos europeus com as menções aos americanos, percebeu-se uma transformação importante, pois se num primeiro momento os EUA apareceram com uma recorrência relativamente pequena, depois das décadas iniciais do século XX elas tornaram-se extremamente marcantes, confirmando ideias já discutidas anteriormente acerca das diferentes concepções de modernidade na história da constituição do ensino, que primeiramente aproximaram-se do modelo liberal e, no período em que mais se falou dos americanos, enfatizou-se mais

---

12 Essas questões serão estudadas com detalhes no Capítulo 3.
13 No registro desse tipo de menção, considerou-se, além dos países, as comunidades transnacionais (como a América, América do Norte, América do Sul, Europa, Europa Ocidental), os estados ou cidades que, nesse último caso, tiveram sua contagem incorporada à de suas respectivas nações. Ao se falar de São Paulo, por exemplo, a referência foi agrupada ao Brasil e assim por diante.

a democracia, seus princípios de igualdade e liberdade (Hufner; Meyer; Naumann, 1992). As referências moveram-se e misturaram-se, porque o modelo de modernidade mudou. As origens da *escola de massas* sempre foram lembradas de alguma forma, daí a permanente referência aos países europeus, mas o discurso incorporou ideias desenvolvidas ao longo da constituição desse modelo, daí retomar novamente a imagem da *corda discursiva*: cada referência foi uma espécie de fio que, entrelaçado a outros, mudou seu movimento em diferentes momentos e espaços. Assim, a nossa ideia de escola teve ligações com ideias do passado, sempre articuladas e rearticuladas com referências renovadoras, mas não tão novas como pareceu.

Mas as referências constantes nas páginas dos manuais foram para além dos países e comunidades transnacionais, abrangendo também um conjunto diversificado de obras – trabalhos científicos, literatura, manuais escolares, artigos de periódicos, textos religiosos, relatórios oficiais sobre instrução, legislação – e autores originários de várias outras áreas do conhecimento, além da educação. O Anexo 4 mostra quais obras e autores foram citados e quantas vezes o foram nos títulos brasileiros e portugueses.[14] Essa contagem ofereceu pistas acerca das modalidades de leituras de inúmeras obras no campo educacional, cuja análise levou em consideração a fertilidade dos esforços empreendidos por pesquisadores como D. Catani, A. Catani e G. Pereira (2001) quando procederam ao exame das condições de produção e recepção da obra de Pierre Bourdieu entre os professores, em periódicos publicados no Brasil. Se, por um lado, ao identificar um número tão grande de nomes citados numa categoria específica de impressos – os manuais –, a tese partilhou do intuito de indicar as formas peculiares de invenção nos olhares que se fez de determinada bibliografia, acabou também por assumir contornos específicos. Assim, se da obra do sociólogo francês foi possível

---

14 O Anexo 4 reuniu tabelas organizadas a partir da contagem feita de todas as referências feitas nos manuais a eventos, organizações internacionais, países, áreas de saber, trabalhos e escritores, das quais foi feita a seleção das menções a nomes e obras citadas. Para a parte portuguesa e para a parte brasileira, as tabelas mostraram quais autores apareceram nas páginas dos manuais publicados ao longo de um século. E essa sistematização agrupou as referências em quatro períodos da história desses livros: primeiramente, entre 1870 e 1890, quando eles atentaram mais para o professor; depois, entre 1891 e 1910, quando eles trataram mais das questões relativas à escola; entre 1911 e 1940, quando eles assinalaram de saberes relativos ao aluno; e, finalmente, entre 1941 e 1970, quando a metodologia ensino foi o tema central das edições.

mapear suas ideias e universo intelectual para pensar em que medida elas repercutiram em revistas especializadas ao longo de quatro décadas (de 1971 a 2000), a análise das mais de trinta mil referências[15] constantes nos livros dos normalistas exigiu outros tipos de investimentos para tornar possível o trabalho, mais atento aos mecanismos pelos quais os "grandes" pedagogos e teóricos foram postos como objeto de estudo entre os professores. Para tanto, como no caso das menções aos países, as tabelas organizaram-se separando as produções de acordo com seus lugares de origem (Europa, América e outros países tidos como "atrasados", como o Brasil e Portugal) e com os períodos nos quais os livros desenvolveram temáticas relativas ao professor, à escola, ao aluno e às metodologias. Assim, os alemães foram lembrados quando se citou Wynneken, Otto Willmann ou Wundt; a França quando se falou de Henry Wallon, Binet e Simon; os EUA quando foram assinaladas as contribuições de Woodworth, Dewey ou Thorndike. As produções dos países "atrasados" também foram lembradas, mas isso foi mais notável depois dos anos 1950, momento em que o modelo de escolarização foi muito disseminado entre os países "pobres" (Meyer; Ramirez; Soysal, 1992) e, portanto, os seus postulados já tinham sido incorporados nos discursos. E essas produções tiveram uma natureza própria: compuseram-se mais por traduções do francês, inglês, alemão ou espanhol.

Examinando o que foi citado, quem foi citado, onde foi citado e quantas vezes isso ocorreu ou não, foi possível ir para além de uma espécie de quantificação das menções. A elaboração de uma Base de Dados reunindo esse material evidenciou *práticas de dar a ler* os obras e autores, específicas dos livros das normalistas, os quais, por esse caminho, fizeram circular os saberes entendidos como os "mais úteis" ao magistério, selecionando-os e fortalecendo a crença no seu valor. Títulos incompletos, erros de grafia, lugar e ano de publicação não informados e até mesmo referências vagas aos nomes de alguns autores – sem se informar onde trabalharam, em que área e outras notas biográficas dessa espécie – foram comuns, o que muitas vezes dificultou a identificação precisa da origem da referência contabilizada na pesquisa: não se sabe, por exemplo, detalhes sobre a formação e atuação de pessoas

---

15 Talvez valha a pena repetir que essas referências foram variadas, incluindo eventos, organizações internacionais, países, áreas de saber, organizações nacionais ou internacionais, autores, livros, artigos e periódicos.

como Türk, Harnasch, Antônio Blasques, Braz Lourenço, Carmen Gil, Tobias Moscoso ou Berta Lutz. Eles assim foram citados, mas não enfatizados, como aconteceu com aqueles que hoje podem ser identificados como *auctores*,[16] acerca dos quais, sobretudo no início do século XX, houve um esforço maior de identificar sua atuação: Dewey, Claparède, Binet e Simon, Jean-Jacques Rousseau, Decroly, Piaget, Montessori, dentre outros. Seus nomes continuaram a serem lembrados depois dos anos 1950, através de menções não tão numerosas, mas essas puderam ser "dispensadas" pelo fato de essas pessoas já estarem suficientemente conhecidas entre os educadores.

Os autores foram citados, em geral, assinalando-se seus nomes e seus países de origem, a área na qual inseriram sua produção, destacando-se às vezes as suas qualidades e contribuições para os educadores, como foi a criação dos métodos didáticos. A Alemanha foi assinalada como a "pátria do grande Fröebel, de Tiedmann e Preyer" (Pimentel Filho, 1919, p.160) e a Suíça foi a "pátria [do] ardente e desinteressado apóstolo da instrução popular que foi Pestalozzi" (Pimentel Filho, 1919, p.170). Nessa perspectiva, "devemos [...] fazer menção especial de Alfredo Binet, não só pela importância prática dos seus trabalhos, mas ainda por ser em Portugal o mais vulgarizado dos psicopedologistas franceses", que fundou em Paris, na escola oficial da rua Grange-aux-Belles, um pequeno laboratório de psicologia experimental (Pimentel Filho, 1919, p.155). Binet quase sempre apareceu ao lado de Simon, articulando-se as contribuições desses autores aos testes psicológicos por eles criados e amplamente disseminados entre os educadores. Já o nome do "ilustre pedagogo belga", Ovídio Decroly, associou-se aos jogos e sistema de ensino por ele produzidos. A figura de Claparède foi enfatizada num movimento semelhante: "psicólogo e pedagogista suíço contemporâneo, fundador da escola atraente" (Almeida, 1933, p.14), "o notável professor de Genebra" (Soeiro, 1947, p.183) ou, como foi comum dizer, "o ilustre" e "o eminente professor da universidade genebresa" (Pimentel Filho, 1919, p.146 e 171) foi dos *auctores* mais citados e elogiados nos manuais para professores. Condillac foi visto como um "grande filósofo" (Magalhães, 1907, p.25) e Descartes foi assinalado como o "chefe da escola espiritualista francesa" (Magalhães, 1907,

---

16 As tabelas apresentadas no Anexo 4 evidenciaram tais características. Muitas vezes houve, por exemplo, livros cujas edições, ano de publicação e até mesmo autores não apareceram nos manuais. Como esse tipo de prática foi muito recorrente nos livros dos normalistas, optou-se por fazer a contagem das referências tal como elas apareceram mencionadas.

p.25). Acerca de Fröebel, outro "grande pedagogo", falou-se das "caixas de ensino" criadas pelo autor enquanto o "melhor guia que os professores podem tomar para bem dirigir os jardins d'infância" (*Lições de pedagogia colecionadas por um "amigo da instrução"*, 1907, p.69).

Citar nomes foi uma prática que revelou a ânsia de explicar a origem e a reconhecida magnitude dos saberes. A constituição do campo da Didática foi muitas vezes explicada aos normalistas a partir das notas biográficas de Comenius, identificado como "o maior pedagogista do século XVII" (Almeida, 1933, p.14), atribuindo-se a ele "a paternidade da ideia de concentração do ensino" (Lage, 1945, p.54). Ele foi "considerado o primeiro pedagogista moderno" (Evangelista, 1944, p.15), incluído no grupo dos "grandes didáticos" (Almeida, 1933, p.43). Aguayo foi reconhecido pelas produções relativas ao ensino da história na escola primária (Soeiro, 1947, p.290). O intuito de localizar o surgimento da escola muitas vezes deu lugar às menções à Bíblia, às encíclicas, às figuras de papas e santos, reconhecendo-se neles inspirações para o modelo de ensino formal que foi se configurando desde o século XIX. Talvez um dos argumentos mais ilustrativos da "Evolução histórica do ideal educativo", tal como foi apresentado nos manuais, seja o das palavras de Evangelista:

> Na Antiguidade Oriental predominou o empirismo educativo e a educação tinha por fim servir ideais religiosos ou guerreiros. Na Grécia e em Roma a cultura filosófica estabelece os primeiros princípios pedagógicos. Com o Cristianismo define-se a educação moral; com os Humanistas, a Reforma protestante e os Jesuítas, as técnicas pedagógicas pouco progridem, mas firmam-se os conceitos teóricos da pedagogia. (1944, p.17)

Quando Evangelista explicou a lição intitulada "Da Revolução Francesa até a atualidade", deixou entrever as referências que integraram a "comunidade de sentido" na qual o modelo de *escola de massas* se fundamentou. Na oportunidade, o escritor do manual destacou os "moralistas Bacon e Hobbes" quando eles "escreveram as primeiras linhas da filosofia da Revolução"; assinalou também a figura de "Jean Jacques Rousseau" por ter representado, "pelo vigor a vitalidade da sua obra, a filosofia educativa da Revolução". Sobre a obra desse autor, Evangelista ainda afirmou que:

O *Emílio* é o baluarte de que Rousseau se serviu para a sua luta demolidora. Nele se encontram expostas e desenvolvidas as mais famosas utopias naturalistas da educação. [...] Não esqueçamos, contudo, que foi Rousseau quem chamou a atenção dos pedagogos para a psicologia da criança e, por esse fato, e ainda por outros, merece ser considerado como um dos fundadores da nova pedagogia. (Evangelista, 1944, p.18)

Outros autores foram citados no texto. Basedow, Condillac, Kant e Pestalozzi dialogaram com Rousseau. Já Fröebel, Girard, Herbart e Spencer ilustraram a "pedagogia do século XIX pela renovação dos métodos e pelo estabelecimento de técnicas e filosofias progressivas" (Evangelista, 1944, p.19). Assim:

Fröebel aplica os seus princípios intuitivos às idades infantis. Girard cria o modo misto e serve-se do ensino da língua materna com ponto de partida para o ensino integral, mental e moral. Herbart, discípulo de Fichte e sucessor de Kant na célebre Universidade de Conisberga, foi notabilíssimo teórico da educação e são famosas a sua concepção metodológica dos "passos formais" e a criação do conceito de "apercepção", apesar da sutil tecnologia com que nos livros exprime as suas ideias. Spencer apóia Condillac quando diz que são conformes a evolução educativa do indivíduo e a da coletividade; põe os problemas pedagógicos em forma moderna e alega que na pesquisa do método deve seguir-se mais o instinto da criança do que a razão do adulto. (Evangelista, 1944, p.19-20)

Além desses nomes, "plêiade brilhante de escritores e experimentadores pedagógicos" foi mencionada, entre os quais estiveram Maria Montessori e William James, Decroly e Dewey. As justificativas acerca do valor da obra de pessoas como essas foram exemplares no trecho a seguir:

Vários sistemas educativos no velho e no novo mundo definiram os princípios da pedagogia do século XX; desses sistemas, três merecem especial menção pelo prestígio real que possuíram, o que lhes permitiu influir notavelmente nas técnicas educativas da época. Foram eles: o sistema da italiana Montessori, o do belga Decroly e o do americano Dewey. A escola do século XX é a escola nova de caráter experimental, de organização predominantemente científica, com a sua trilogia pedagógica bem definida (atividade, espontaneidade, interesse);

importa, porém, pô-la sempre ao serviço dos mais nobres fins da alma humana, das melhores e mais puras aspirações morais. Por este rápido esboço histórico, nós vemos como do empirismo pedagógico inicial, servindo conceitos religiosos e guerreiros, se vai subindo para uma gradação de sistematizações filosóficas e científicas sucessivas até a escola de hoje, rica de técnicas, de tendências nacionalistas fortemente acentuadas e de ideologias equilibradas pela colaboração eficaz de outras ciências. (Evangelista, 1944, p.20-4)

Nem sempre uma grande recorrência quantitativa significou que o autor citado tenha se tornado um "grande" pedagogo. Isso porque alguns nomes foram citados quase que *exclusivamente* num único manual, como foi o caso de John Peter Wynne, mencionado oitenta e seis vezes n'*Os fundamentos do método* (Penteado Jr., 1938), e cento e quatorze vezes ao todo no conjunto dos manuais brasileiros, ou de Gustave Le Bon, mencionado quatro vezes por Alberto Pimentel Filho (1919), Alexandre Gali e Teobaldo Miranda Santos: o primeiro mencionado seis vezes, e o segundo, sete vezes, unicamente em Orbelino Ferreira; das doze citações de Bernardino da Fonseca Lage, dez foram feitas por ele mesmo; de A. Schmieder & J. Schmieder sete referências em seis foram feitas na *Didática Geral*, de João Almeida. Este universo próprio de cada autor pode ser analisado no conjunto das diversas edições de cada título da sua autoria como dos diversos trabalhos publicados. Por vezes, ocorreram alterações de edição para edição, especialmente da primeira para a segunda. Não obstante, as ausências ou a pouca relevância quantitativa de determinados nomes ocultaram aspectos importantes da circulação internacional de ideias, conceitos e modelos pedagógicos. Autores e manuais pedagógicos brasileiros, espanhóis ou iberoamericanos não tiveram relevância nos manuais, caso se considere apenas quantas vezes apareceram mencionados nas páginas dos livros. Mesmo assim, foi inegável o papel que nomes latino-americanos como Lourenço Filho,[17] Damasco Pena, entre outros, tiveram na divulgação de autores e experiências internacionais, através de

---

17 Em 1931, por ocasião da publicação, pela Livraria Educação Nacional de António Figueirinhas, da edição portuguesa do livro de Edouard Claparède, *Como diagnosticar as aptidões dos escolares* (traduzido por António Leal Júnior), Áurea Judite do Amaral chamou a atenção, no prefácio respectivo, para o esforço de tradução feito no Brasil dos trabalhos de Claparède, identificando Lourenço Filho com essa iniciativa.

traduções, compêndios e de coleções organizadas para os educadores.[18] Uma razoável aproximação à dimensão dessa atuação foi sugerida pela constatação de que, em muitas circunstâncias, autores como Claparède, Dewey, Binet, Ferrière foram referidos por meio de traduções em castelhano ou língua portuguesa (Correia; Silva, 2002).

De qualquer forma, as numerosas citações a um nome, associadas à permanência dessa prática ao longo do tempo, bem como à sua dispersão nas páginas dos vários manuais publicados foram indícios relevantes. Uma pequena recorrência de citações ou a concentração das mesmas num único manual foram sinais de pouca ênfase dada a determinada referência. Essas foram operações graças às quais os textos dos normalistas sintetizaram a bibliografia utilizada, fazendo circular saberes tidos como "essenciais" para o exercício do magistério. Assim, para além da prática de se assinalar a biografia dos nomes mencionados, houve incursões sobre as ideias de determinados autores. Afirmações exemplares foram as de Djacir Meneses quando da reflexão sobre "o que é a pedagogia?". Para tanto, o escritor recorreu a Thorndike, para quem "a educação é ao mesmo tempo ciência e arte". E, esclarecendo tal observação, o texto assegurou que:

> [...] toda ciência tem sua parte teórica, em que perquire leis coordenadoras de determinado grupo de fenômenos das realidades observadas; e sua parte técnica ou prática, em que investiga os meios mais oportunos e convenientes à aplicação das leis avançadas. (1935, p.12)

Outra prática foi resumir o pensamento dos autores mencionados. Dessa maneira, em *Didática geral*, Penteado Júnior referiu-se a Dewey, sistematizando o que ele postulou acerca das três fases de desenvolvimento da inteligência, a saber, uma ligada à conquista e domínio do meio ambiente, outra relacionada à vida social e uma última modalidade correspondente à reflexão científica. Teobaldo Santos, por sua vez, ilustrou outra espécie de utilização das menções a autores ao tratar da importância de certas "qualidades físicas, intelectuais e morais que o professor deve possuir para exercer, com perfeição e dignidade, sua função educativa". Nessa perspectiva, o autor citou D. Bosco, o qual tratou "do poder sugestivo de um olhar aplicado fixamente

---

18 Sobre esta questão, ver Carvalho (2001) e Correia (2001).

sobre um aluno, depois de ter percorrido, negligentemente, os outros alunos da classe". E mencionou ainda Riboulet para lembrar da "'virtude' que existe no olhar de um bom mestre" (1962, p.20-21), no intuito de justificar um perfil ideal da profissão docente.

Com relação às citações literais, ou seja, aquelas em que não apenas o nome mas trechos de obras do autor foram transcritas, foi possível assinalar a existência de pelo menos três modalidades. Uma primeira caracterizada por se apresentar excertos, sem explicações ou apreciações posteriores. Em contraposição, Fontoura em seu *Metodologia do ensino primário*, utilizou algumas citações, comentando-as e esclarecendo o seu significado. Ao transcrever a seguinte frase escrita por Aguayo a respeito da metodologia educacional, como "a maneira de levar a cabo os fins da educação, com a maior eficiência e economia possíveis" (1955, p.51), o autor explicou que a aplicação dos métodos pedagógicos exigiu o conhecimento sobre a constituição humana em seus aspectos psicológicos e sociais. E, por fim, sobretudo entre os manuais publicados na década de 1960 versando sobre técnicas de ensino, frequentemente as citações foram usadas para justificar a proposição de modos tidos como ideais para se conduzir a aula. Um caso ilustrativo correspondeu às críticas feitas por Rafael Grisi à adoção exclusiva de compêndios nas escolas primárias. Procurando justificar seus argumentos, o autor reproduziu uma expressão publicada em *Democracy and education*, a qual, por sua vez, foi feita por Dewey baseando-se nos comentários de um humorista americano acerca de uma suposta atitude dos escritores de livros didáticos. O trecho afirmou: "pouco importa se eu escreva para o uso das crianças na escola, contanto que elas detestem a leitura" (1956, p.36). Dessa maneira, Grisi ressaltou o que considerou ser o defeito dos textos escolares, contrapondo-os a jornais e revistas infantis, materiais tidos como mais adequados porque mais atrativos para os alunos.

Para além dessas modalidades de citação, por meio de uma menção breve ao nome do autor ou retomando-se excertos de sua obra, as referências diversificaram-se segundo o lugar do texto no qual apareceram: em nota de rodapé, no corpo do texto ou na bibliografia dos manuais. E essa não foi uma questão secundária, posto que os efeitos da impressão exerceram papel fundamental na ênfase que os manuais quiseram dar a determinadas ideias. Walter Ong (1998) fez alusões férteis a esse respeito, ao assinalar uma "sensação de fechamento" do leitor ao se deparar com um texto aparentemente completo. Isso porque, ao:

> [...] isolar o pensamento em uma superfície escrita, separada de qualquer interlocutor, produzindo uma enunciação, nesse sentido, autônoma e indiferente a ataques, a escrita apresenta a enunciação e o pensamento como livres de tudo o mais, de algum modo autoencerrados [...]. A impressão, do mesmo modo, situa a enunciação e o pensamento livres de tudo o mais, porém vai ainda mais longe na sugestão de autoencerramento. A impressão encerra o pensamento em milhares de cópias de uma obra com exatamente o mesmo aspecto visual e a mesma consistência física. (Ong, 1998, p.150-1)

Isso conduziu a pensar que os livros dos normalistas colocaram os estudantes diante de um texto aparentemente completo ou coerente em si mesmo. Nesse sentido, eles apresentaram, tal como entende Ong, "afirmações categóricas, memorizáveis", descritas ao longo de capítulos que ordenaram o tratamento das questões, a fim de torná-las claras e relativamente independentes umas das outras. Essa "sensação de fechamento" foi favorecida, nos manuais pedagógicos, pelo uso menos frequente das notas de rodapé quando da citação da bibliografia utilizada. Como assinalou Bowersock (1989), as notas são capazes de distrair o leitor, interrompendo a unidade dos escritos. Para Waizbort, esse tipo de recurso instaura a descontinuidade, ao romper o fluxo contínuo do texto e inserir um corpo estranho em meio ao pensamento. No seu entender, a nota de rodapé exige:

> [...] um pensamento mais afeito à ginástica mental, que consegue ir e vir, serpentear, estabelecer relações, compreender a descontinuidade. Ela possui, ademais, um parentesco próximo com o fragmentário. A relação entre o todo e o fragmento, com isso, é posta como problema a ser necessariamente enfrentado. Não há uma homogeneidade dada de antemão, senão que o heterogêneo irrompe a cada vez, a cada nota. (1997, p.183)

E, caso se volte o olhar para uso das notas de rodapés nos manuais portugueses e brasileiros, notando-se sua pouca recorrência, ainda vale a pena recorrer a Waizbort, quando ele sugeriu que uma prática dessa natureza pode favorecer a exposição de um discurso isento de interrupções e, por isso, mais próximo da clareza, objetividade e concisão. Nos compêndios aqui analisados, as notas de rodapé mostraram citações denominadas por Anthony Grafton de "marginais". Com esclareceu o autor, esse recurso pareceu banal, mas revelou práticas envolvidas na elaboração dos textos, pois as notas variaram em termos de estilo e condições de produção. Nesse processo, assim como ocorre com os livros em geral, o sentido da literatura referida nos manuais pedagógicos mudou. As notas de rodapé foram mais usadas nas publicações do início do século XX, quando os textos assumiram um caráter mais "acadêmico" e preocupado com questões científicas, e elas foram menos usadas depois dos anos 1940, 1950, quando os escritos versaram mais sobre questões metodológicas do trabalho docente, no intuito de se compor textos mais fáceis de ler. De qualquer modo, os manuais pedagógicos sempre assumiram um tom professoral: quiseram expor um tema de modo claro e acessível. Talvez uma das ilustrações mais evidentes da tendência em se ensinar a ensinar do modo mais rápido e eficiente possível seja o capítulo em que Rafael Grisi, em seu *Didática mínima* (São Paulo, 1956), enumerou recomendações relativas à linguagem do professor. Na ocasião, o autor afirmou que:

> Não é aconselhável [...] 10) ... dar aula em voz demasiadamente alta ou demasiadamente baixa; [...] 11) ... discorrer durante toda a lição com o mesmo ritmo na fala e a mesma altura de voz; [...] 12) ... falar tão rapidamente que os alunos não possam tomar notas ou tão devagar que a aula degenere em ditado [...] 13) ... impacientar-se com a classe, gritar ou proferir palavras de duvidosa nobreza [...] 14) ... servir-se, nas lições, de frases vulgares e termos da gíria; [...] 15) ... discorrer em estilo rebuscado ou empregar vocabulário inacessível aos alunos; [...] 16) ... articular mal as palavras ou falar com negligência e incorreções a língua vernácula; [...] 17) ... deixar passar sem correção o erro gramatical, numérico ou de disposição cometido pelo aluno ao escrever no quadro; [...] 18) ... deixar de tomar conhecimento de defeitos e impropriedades da expressão oral ou escrita dos alunos com o pretexto de não ser professor de Português ou de não desejar invadir a seara deste. (1956, p.15-7)

Os manuais pedagógicos ora tentaram descrever a aprendizagem, o desenvolvimento do aluno, ora dedicaram-se, como o fez Grisi, por exemplo, a falar de determinadas experiências ou das potencialidades de alguns métodos de ensino. Os escritos seguiram em terceira pessoa, buscando o máximo de precisão, visibilidade, objetividade. Foi nessa perspectiva que os livros instauraram a sua *ordem*, para usar a expressão cunhada por Chartier

(1998). Não se tratou de uma leitura atrativa, mas, pela simplicidade das frases facilmente decodificáveis, ela ajudou os normalistas a apreenderem o texto. O *corpus* aqui examinado foi marcado, portanto, por uma *lógica comum* de produção, tanto em Portugal como no Brasil. Esses livros não foram meras "criações" feitas por uma espécie de gênio todo-poderoso. Foi justamente essa crença, chamada por Pierre Bourdieu de *illusio*:

> [...] que dirige o olhar para o produtor aparente – pintor, compositor, escritor – impedindo que se pergunte quem criou esse "criador" e o poder mágico de transubstanciação de que é dotado; e também para o aspecto mais visível do processo de produção, isto é, a *fabricação* material do produto, transfigurado em "criação", com isso desviando a busca, para além do artista e da atividade própria, das condições dessa capacidade demiúrgica. (1996, p.193)

Neste texto, os manuais foram considerados "objetos sagrados e consagrados", resultados do investimento de vários agentes e instituições do campo educacional. Esses livros realizaram diversas práticas de referências, criando o grupo dos "grandes" e o dos "pequenos" autores, das "grandes" e das "pequenas" obras, das "grandes" e das "pequenas" ideias. O lugar dessas referências nas páginas dos manuais ajudou a compreender os caminhos percorridos pelos saberes na difusão mundial da escola. Os conhecimentos originados em países tidos como "modernos" inspiraram outras nações, estabelecendo-se redes comunicacionais, nas quais as ideias foram permanentemente apropriadas, não meramente copiadas pelos países "atrasados", pois os saberes percorreram caminhos complexos, não lineares, mas multidirecionais, tendo aparecido de diversas formas nos manuais pedagógicos, ao longo do corpo do texto, em nota de rodapé, citando-se nomes de autores ou extraindo-se excertos de suas obras.

O grupo dos europeus e dos americanos contabilizados no conjunto das referências feitas nos livros dos normalistas reuniu uma quantidade menor de países, concentrando o maior número de menções. Os que estiveram fora desse circuito nem sequer foram citados num primeiro momento, contando com referências mais dispersas, distribuídas por um número maior de nações: África, Alexandria, América do Sul, Argentina, Ásia, Atenas, Babilônia, Bolívia, Brasil, Budapeste, Chile, China, Colômbia, Egito, Equador, Escandinávia, Esparta, Grécia, Guatemala, Haiti, Índia, Índias Britânicas,

Irã, Israel, Japão, Líbia, México, Nicarágua, Oriente, Panamá, Paraguai, Patagônia, Pérsia, Peru, Portugal, Roma, Turquia e Uruguai. Note-se apenas uma grande recorrência dos países nos quais os manuais aqui estudados foram produzidos, Portugal e Brasil, além do destaque que o Japão começou a ter no final dos anos 1960, aparecendo também como uma nação com "lições a ensinar" acerca do desenvolvimento e da educação. Isso obrigou a definir aqui uma perspectiva de interpretação na qual foi possível apreender as *relações* estabelecidas entre as nações "atrasadas" e as "modernas", baseadas, no campo educacional, nas experiências que os países periféricos aprenderem dos países ricos, sendo, por isso, mais "permeáveis" às lições desenvolvidas pelo "Outro".

Isso explicou porque a Europa e os Estados Unidos foram objetos de muitas viagens "didáticas", marcadas pela idealização de uma sociedade e pelo relato de sua modernidade. Historiadores e sociólogos já assinalaram o fascínio exercido pela cultura, língua e modo de vida europeus e norte-americanos. Certamente, essas influências realizaram-se em diversos níveis – econômicos, sociais, políticos ou educacionais – e circularam de modos específicos em diferentes momentos e espaços. Para países "atrasados", como foi o caso de Portugal e do Brasil, a França foi imaginada como um lugar de passado memorável, digno de constantes comemorações, uma nação civilizada e bem educada. Já no século XIII, a aceitação do pensamento educacional da burguesia francesa foi identificada nas políticas do Marquês de Pombal, reconhecido como "déspota esclarecido" na época responsável pela organização do ensino público (Cunha, 2000, p.153). Assim também a modernização do espaço público brasileiro (em finais do século XIX, após a Abolição e no início da República) esteve baseada no olhar sobre os franceses e na busca de referências para trilhar o caminho da "regeneração" dos hábitos ligados pela memória à sociedade "tradicional" no país. Isso significou negar os elementos da cultura popular – ou rural – que não estivessem de acordo com a imagem civilizada dos centros urbanos e das pessoas mais ricas. A construção do Rio de Janeiro nessa época, por exemplo, foi feita por uma espécie de "aburguesamento" da paisagem, remodelando-se a cidade para torná-la mais bela, contando com jardins de estilo parisiense:

> E os navios europeus, principalmente franceses, não traziam apenas os figurinos, o mobiliário e as roupas, mas também as notícias sobre as peças e

livros mais em voga, as escolas filosóficas predominantes, o comportamento, o lazer, as estéticas e até doenças, tudo enfim que fosse consumível por uma sociedade altamente urbanizada e sedenta de modelos de prestígio. Essa atitude desvairada adentra por quase todo esse período, exercendo placidamente a sua soberania sobre as imaginações. Pelo menos até o fim da Primeira Guerra Mundial, não há quem conteste a lei natural que fez de Paris "o coração do coração do mundo". Nada a estranhar, portanto, se para harmonizar com os pardais – símbolo de Paris – que o prefeito Passos importara para a cidade, se enchessem as novas praças e jardins com estátuas igualmente encomendadas na França ou eventualmente em outras capitais europeias. O auge desse comportamento mental cosmopolita coincidiria com o início da Grande Guerra – quando as pessoas na Avenida, ao se cruzarem, em lugar do convencional "boa-tarde" ou "boa-noite", trocavam um "Viva a França". (Sevcenko, 2003, p.51-2)

Outros inúmeros exemplos poderiam ser lembrados aqui para ilustrar o quanto as referências ao Outro constituíram-se num recurso muito valorizado pelos brasileiros na construção de cidades e de alternativas para a educação. Aliás, a formação das elites brasileiras concentrou-se, durante o período colonial, fora do país. Formar-se em Direito, na Universidade de Coimbra, era a única alternativa para os que se encarregaram da gestão do território brasileiro, um poderoso recurso pensado por Portugal para manter suas formas de domínio. Mesmo após a Independência, até meados do século XIX, praticamente todos os ministros do Brasil obtiveram assim os seus diplomas. Os movimentos separatistas foram alimentados, nessa altura, em seminários locais ou por quem frequentou, após a passagem obrigatória por Coimbra, outras escolas estrangeiras, notadamente as francesas (Brito, 1996). Quando a Corte Portuguesa veio para o Brasil, em 1806, um outro direcionamento foi dado ao ensino brasileiro. Escolas superiores, como a Politécnica (1874) e a de Minas de Ouro Preto (1876) ou os cursos de Direito em Olinda (1827) e em São Paulo (1828) foram criados exercendo um importante papel de formação dos grupos dirigentes (Miceli, 1980). Já a partir de 1853, conforme Brito (1996) identificou, nenhum homem com diploma de Coimbra tornou-se ministro no Brasil, a maioria passou a frequentar escolas nacionais e, no período compreendido entre 1831 e 1889, uma pequena parte dos ministros, 8%, foi estudar em outro país, provavelmente na França.

Esta influência tem sido assim inegável nos investimentos culturais e intelectuais dos brasileiros (Miceli, 1981), sendo muito visível na criação de suas universidades. Tal como os franceses, que atribuíram sua derrota em 1870 frente à Alemanha ao seu sistema educacional, no Brasil, as mazelas da modernização foram atribuídas à falta de instituições capazes de formarem classes dirigentes capazes de se oporem às oligarquias. O ensino superior no país foi pensado pelo Estado, sobretudo nos anos 30 do século XX, através da "importação" de professores, livros e currículos franceses. A Universidade de São Paulo, por exemplo, criada em 1934, buscou na França os docentes responsáveis pelo ensino das ciências humanas: Claude Lévi-Strauss foi um desses professores "importados", ao lado de Fernand Braudel, Roger Bastide, Paul Arbousse-Bastide, Pierre Monbeig e outros, para solidificar uma trajetória acadêmica ainda incipiente (Brito, 1996). O próprio Lévi-Strauss narrou, em seus *Tristes trópicos* (1957), o "apetite" com que os paulistas apropriaram-se da cultura estrangeira e falou de uma

> [...] coisa curiosa: a fundação da Universidade de São Paulo, grande obra na vida de Georges Dumas, devia permitir [aos estudantes] começar a sua ascensão, obtendo diplomas que lhes abriam acesso às posições administrativas, de tal forma que a nossa missão universitária contribuiu para formar uma nova "élite", que se ia afastar de nós na medida em que Dumas, e o Quai d'Orsay atrás dele, se recusavam a compreender que era ela a nossa criação mais preciosa, embora se entregasse à tarefa de solapar uma classe feudal que nos havia, é verdade, introduzido no Brasil, mas para servir-lhe em parte de caução e em parte de passatempo. Porém, na noite do jantar "France-Amérique", não nos preocupávamos ainda, meus colegas e eu – e nossas mulheres, que nos acompanhavam – em medir o papel involuntário que íamos desempenhar na evolução da sociedade brasileira. (Lévi-Strauss, 1957, p.13)

Certamente, essa foi uma via de influência que se refletiu em outros níveis de formação, inclusive nas Escolas Normais e em seus manuais. Ou seja, o predomínio de referências à França nos manuais, já identificado anteriormente, só pode ser entendido se se atentar para uma rede de influências e comunicações que não se restringiram ao domínio da formação de professores, pois fizeram parte da bibliografia lida pelos docentes dos cursos, em sua passagem pela universidade, bem como com a atmosfera social e cultural característica do período. Foi nessa perspectiva que autores como Piva (2000) e Sevcencko (2003) identificaram o processo de modernização brasileira durante as décadas iniciais do século XX. Isso significou, na época, uma ação reformadora capaz de construir a nação e ampliar a ação do Estado para além do servilismo político, tendo como base as produções europeias e americanas caracterizadas pelo cientificismo e liberalismo. Quando examinou a questão dos intelectuais e classe dirigente no Brasil, no período compreendido entre 1920 e 1945, Sérgio Miceli (1979) compreendeu as formas pelas quais outros itinerários de referências constituíram-se e tornaram-se predominantes no país. Assim, os manuais pedagógicos passaram a enfatizar os Estados Unidos, sem se esquecerem dos europeus, mas pensando-os numa outra perspectiva. Os livros da Escola Normal, e também a produção dos intelectuais brasileiros como um todo, evidenciaram outras modalidades de intercâmbio cultural, com os olhares voltados mais para os norte-americanos e o seu lugar no sistema capitalista durante o século XX.

Foi dessa maneira que, nas décadas de 1930 e 1940, instituições dos EUA comumente convidaram pesquisadores do Brasil a participarem de cursos ou eventos, operando um padrão sofisticado de cooptação político-ideológica. Os contatos com o mundo europeu não foram abandonados, mas passaram a se articularem com os esforços de "americanização" do Brasil. A intervenção marcou, portanto, a presença dos norte-americanos nas questões econômicas, políticas, científicas e educacionais nos países tidos como "dependentes". Note-se a história da Fundação Rockefeller na Universidade de São Paulo como um fator estimulante da passagem da ciência "amadora" à ciência "profissional" no Brasil, já estudada por Simon Schartzmann (1979). Caracterizada por alguns como "filantropia científica" e um dos frutos das tentativas de expansão mundial dos interesses americanos, a relação da família Rockefeller com a comunidade universitária paulista não se limitou à Faculdade de Medicina, a partir de 1916, estendendo-se para além dos anos 1910 e 1920. Embora tenha contribuído para implantar linhas, programas e áreas de excelência na USP, a Fundação encontrou também recusas e disputas com uma boa parte dos pesquisadores brasileiros, convivendo com as referências francesas presentes na história dessa universidade[19] (Marinho, 2001).

---

19 Ao tratar da história da Fundação Rockefeller, Marinho afirma que ela "esteve presente em diferentes setores da vida social, não só nos Estados Unidos, mas em diversos países de todos

Se os franceses, em geral, foram convidados a comporem o corpo docente, no caso da presença norte-americana não houve o mesmo tipo de adesão ao modelo acadêmico ou mesmo aos valores civilizacionais. Dante Moreira Leite (1983), em seu trabalho já tão divulgado acerca do caráter nacional brasileiro, mostrou que autores como Cruz Costa, Monteiro Lobato, Osório da Rocha Diniz e Caio Prado Júnior[20] reconheceram a influência dos EUA em termos econômicos ou ideológicos, cujos "reflexos" puderam ser vistos nas características psicológicas dos brasileiros. Outras modalidades de interpretação evidenciaram, por sua vez, que, apesar dos esforços diplomáticos, sendo a Embaixada de Washington a primeira representação brasileira dessa natureza no exterior e a Embaixada norte-americana no Rio de Janeiro, a primeira dos Estados Unidos na América Latina, foi notável nas décadas iniciais do século XX um certo estranhamento entre os dois países, expresso no âmbito das trocas acadêmicas, circunscrevendo as iniciativas dos EUA à área das ciências biomédicas, pelo menos nesse momento inicial. A presença americana na área de humanas foi se consolidando ao longo dos anos, favorecida

---

os continentes que lhe conferiu poder em escala global. Como instituição privada, a Fundação Rockefeller foi organizada em 1913, a partir do reagrupamento das juntas filantrópicas patrocinadas pela família Rockefeller desde o século XIX. Até o início da Primeira Guerra Mundial, teve sua atuação voltada para ações em saúde pública, educação geral, economia e relações industriais. Com o final da guerra, a Fundação Rockefeller concentrou suas atividades em educação médica e saúde pública. [...]. A atuação da Fundação Rockefeller é considerada como decisiva na implantação e institucionalização de algumas áreas contemporâneas de pesquisa, como, por exemplo, na biologia molecular. Juntas, a Fundação Rockefeller e a Carnegie Corporation são apontadas como as principais fontes de recursos que financiaram o deslocamento do centro de produção científica da Europa para os Estados Unidos no período entreguerras" (2001, p.14-5).

20 Sobre a *Formação do Brasil contemporâneo*, de Caio Prado Jr., Leite ressalta, em termos sucintos, o quanto ela "assinala um novo momento na interpretação histórica do Brasil: já não se trata de explicar a situação do país através de um ou outro fator – a raça, o clima, a escravidão, as características psicológicas dos colonizadores – mas de interpretá-la em função do *sentido da colonização*. Essa interpretação é fundamentalmente dinâmica, e a análise das tensões criadas pelo sistema permitirão a Caio Prado Júnior reinterpretar vários episódios de nossa História, não porque esta seja monótona repetição de si mesma, mas porque um momento resulta das condições criadas pelo momento anterior ou por novas condições do mercado externo, para o qual estava voltada a produção brasileira. Por exemplo, o efêmero desenvolvimento da cultura do algodão dependeu de novas condições do mercado internacional dessa fibra; a sua queda teve a mesma origem, e independia dos produtores brasileiros. A mensagem final desse livro de Caio Prado Júnior é, comparada às ideologias, evidentemente otimista: as características da vida brasileira não foram impostas pelo destino, mas por condições concretas que podem ser modificadas." (Leite, 1983, p.350).

em boa parte pelas transformações socioeconômicas do século XX e pelo estabelecimento dos americanos como "potência hegemônica" no sistema de relações internacionais (Marinho, 2001). No Brasil, o Golpe de 1964 também motivou vínculos mais definidos, aceitando dos Estados Unidos investimentos significativos, concessões de bolsas de estudo, organização de cursos e políticas editoriais, como o Acordo MEC-Usaid, firmado na década de 1960. Esta foi uma política de financiamento de livros didáticos, que contou com uma farta disponibilidade de dinheiro, interessante tanto para o Ministério da Educação brasileiro, sempre limitado em recursos, quanto para a política americana, cujo intuito foi fortalecer os laços com o governo militar e impedir que nos chamados países do Terceiro Mundo a doutrina comunista fosse proliferada[21] (Bomény, 1984). As intervenções também voltaram-se sobre uma estruturação para o plano de carreira dos professores (Brito, 1996). No setor das ciências sociais e humanas, a Fundação Ford foi um dos exemplos mais marcantes de atuação até pelo menos meados dos anos 1970 (Miceli, 1989). Tais considerações foram úteis para entender os fatores que possibilitaram a valorização de determinadas referências e do modo pelo qual os educadores – através dos manuais pedagógicos – enfatizaram o moderno. Os portugueses não sentiram exatamente o mesmo pela França e pelos EUA, como se procurará estudar mais cuidadosamente no texto que se segue. De qualquer forma, tal como nos manuais brasileiros, os livros produzidos em Portugal viram e sublinharam no Outro as experiências modernas. As citações funcionaram, portanto, como uma espécie de invenção da modernidade educacional e das referências com as quais a escola foi concebida.

O mesmo não se pode dizer com relação a outros tipos de referência, aquelas classificadas nos grupos dos "atrasados", entre os quais a tendência foi o estabelecimento de vínculos de competitividade, assemelhando-se à imagem de dois trens correndo em linhas paralelas. Entre os manuais portugueses e brasileiros, houve poucas menções à América Latina ou à África e, quando isso aconteceu, esses lugares foram destacados ora como antigas colônias europeias, ora como exemplos de contraste ao progresso, expresso na pobreza e nos baixos índices de escolaridade. Se as proximidades espaciais

---

21 Para tanto, foi criada a Comissão do Livro Técnico e Didático (Colted) – de acordo com as Leis n. 58.653, de 16 de junho de 1966, e n. 59.355, de 4 de outubro de 1966 – para comprar o material diretamente das editoras e distribuí-los aos estados (Bomény, 1984).

ou linguísticas pouco foram capazes de estabelecerem laços de comunicação, dentre os exemplos mais fortes dessa "vizinhança incômoda", estiveram não só Brasil e Portugal, como também Brasil e Argentina. Inclusive, entre esses dois últimos parece que o único aspecto em comum foi pertencerem ao mesmo continente: nunca sequer falaram a mesma língua, suas histórias foram marcadas por disputas e tentativas permanentes para se estabelecerem no cenário internacional como países "modernos" (Fausto, 2000). Quanto aos manuais da Escola Normal, seus textos não informaram praticamente nada do sistema de ensino dos argentinos. Note-se que, depois dos Estados Unidos, a Argentina foi o país que mais atraiu imigrantes para as Américas, ao passo que o Brasil foi, no decorrer do século XIX, um país rural, com população dispersa, constituída por ex-escravos. Nessa época, a Argentina já empreendeu esforços de urbanização e erradicação do analfabetismo. Não obstante essas iniciativas, os argentinos não se aliaram posteriormente ao sistema internacional capitalista nem aos Estados Unidos, restringindo suas relações com a Inglaterra, tampouco foram vistos pelos brasileiros sem o teor da rivalidade, tão comum entre os países "atrasados" (Cardoso, 1969; 1970; 1973; 1983; 1985; Furtado, 1959), o que explicou a sua ausência entre as referências que compuseram as leituras dos professores não só no Brasil como em Portugal.

A hierarquia criada entre os "desenvolvidos" e os "atrasados" decorreu, portanto, de relações estabelecidas em âmbito mundial. Obras como as de Manoel Bonfim, já muito conhecidas no debate sobre a suposta "minoridade" de certas nações, mostraram como políticos e jornalistas europeus sempre estiveram de acordo quando viram a América Latina como "uma região atrasada, povoada por mestiços indolentes e degenerados" (Leite, 1983, p.278). As imagens do escândalo e da desonestidade foram identificadas pelo mesmo autor em sua revisão da literatura, na qual, ainda que tivesse concordado com o "lamentável atraso das populações latino-americanas" decorrente de suas condições de vida, não deixou de sugerir que a imagem de cada país não se constituiu a partir de sua singularidade, mas sim de suas especificidades no sistema internacional de difusão das ideias. Nesse quadro, quando se atentou especificamente para o campo educacional, nações como Brasil e Portugal foram mais permeáveis às lições dos lugares "adiantados" porque acreditaram num modelo econômico e político, bem como no potencial educativo que essas "grandes" nações demonstraram para chegarem a essa condição. Esses vínculos não representaram a mera ressonância de experiências. O fato de Brasil e Portugal terem buscado nas *sociedades de referência* os fundamentos de suas propostas de ensino evidenciou uma apropriação dos padrões dos principais centros educacionais do mundo que, assim, fizeram-se presentes no interior dos países dependentes. Nesse sentido, ocorreu na área educacional um movimento semelhante àquele identificado por Fernando Henrique Cardoso na organização do mercado mundial: "o sistema de dominação externo, de país a país, corta transversalmente a estrutura dependente e a interpenetra. Nesta mesma medida, a estrutura externa passa a ser vivida como interna" (1969, p.17). Dessa forma, a ordenação dos sistemas escolares nos países "atrasados" assumiu uma dinâmica própria nos limites definidos pelas relações internacionalmente estabelecidas na construção do modelo escolar.

Certos países tornaram-se, segundo essa lógica, objetos de fantasia e idealização nos manuais pedagógicos e outros foram objetos de estigmas do atraso e da deficiência. O uso das referências acabou por estruturar a posição dos portugueses e brasileiros no sistema mundial moderno, qual seja, a de países atrasados. E essa diferenciação foi, em suma, uma questão de ênfase. Convém, então, pensar sobre como as referências comuns a Portugal e ao Brasil, "originadas" nos países mais "desenvolvidos", moveram-se para países periféricos, o que obrigou a pensar nas formas pelas quais se estabeleceu o jogo entre a dinâmica interna dos países dependentes e a dinâmica externa das relações com os países mais "modernos". O texto que se segue procurou, nessa perspectiva, localizar as especificidades que, historicamente, Brasil e Portugal constituíram na configuração de sua situação de dependência. Isso implicou, neste livro, a opção por examinar não a "originalidade" dos saberes que fundamentaram a nossa forma de conceber a escolarização, mas, sim, de examinar a duplicidade, o paralelismo, a simetria, a paródia, a repetição na periferia dos circuitos percorridos pelos conhecimentos.

Entre o passado e o futuro: as construções da escola em Portugal e no Brasil

Ao se compreender a *comunidade de sentido* (Nóvoa, 2002) enquanto o conjunto de referências pelas quais tanto os manuais brasileiros quanto os portugueses fizeram suas incursões, pareceu razoável examinar também as diferenças entre as produções que, embora tenham compartilhado posições periféricas no sistema mundial de comunicação e difusão do ensino, assumiram projetos de implantação e expansão da escola destinada a todos de certa forma distantes. Seria inevitável, então, analisar as relações entre esses países, desde o passado colonial, e questionar se seria possível pensar a presença de ume *espaço lusófono* nos manuais pedagógicos. Se pode-se reconhecer uma comunidade linguística que aproximou a nós – portugueses e brasileiros – pelo sentimento a ela inerente, não se pode desconsiderar as imposições e oposições características dos relacionamentos que, no decorrer de nossa história política e social, estabeleceram-se entre os que colonizaram e os que foram colonizados (Margarido, 2000; Abdala Jr., 1989). Relações dessa natureza muitas vezes foram marcadas pelo esforço de antigas metrópoles para transformarem os territórios de suas ex-colônias em lugares de experimentação de tecnologias de governo para, posteriormente, usarem esses mesmos recursos, se considerados bem-sucedidos, em seu próprio espaço, o que favoreceu a consolidação e a expansão de características e estilos de governo do europeu (Nóvoa, 2000). Entretanto, conforme o próprio autor salientou, disso não decorreu necessariamente uma transmissão unívoca de ideias e valores, como se os padrões europeus tivessem sido assimilados sem nenhuma espécie de crítica ou resistência. Não se admitiu, nessa perspectiva, que as antigas metrópoles tenham funcionado como uma espécie de centro do qual irradiaram os saberes que sustentaram a construção da *escola de massas* em outros lugares.

As cópias e ressonâncias (Catani, 2000) de padrões culturais não fizeram parte, portanto, das conexões estabelecidas entre Portugal e Brasil, tanto no tocante ao passado colonial quanto no que se refere à apropriação de referências sobre educação. A esse respeito, Popkewitz (2000) destacou não somente a complexidade, como também a multidirecionalidade das relações entre espaços locais e o global. Quando se considerou a existência de movimentos multidirecionais, o intuito foi ilustrar de maneira mais cuidadosa o que se concebeu como a *circulação de ideias*, uma imagem que, por si só, negou a transmissão de conhecimentos num sentido único. E, nesse ponto, convém retomar mais uma vez o conceito de *apropriação* tal como entendido por autores como Roger Chartier e Pierre Bourdieu, pois remeteu justamente para a multiplicidade de condições e interesses que, em diferentes lugares, motivaram diversas interpretações dos modos de se conceber a escola. Assim, no exame dos circuitos de comunicação de conhecimentos pedagógicos entre Portugal e Brasil, uma das principais questões relacionou-se à existência de um suposto espaço lusófono e dos efeitos de um conceito como esse. Ora, a ideia de lusofonia chegou a ser criticada por estudiosos portugueses como Alfredo Margarido, segundo quem ela não se referiu exatamente a um âmbito de circulação cultural, mas, antes, "a lusofonia [foi] apenas o resultado da expansão portuguesa e da língua que esta operação teria espalhado generosamente pelo mundo fora" (2000, p.11). Nessa perspectiva, o suposto território lusófono correspondeu a um mito criado por Portugal na tentativa de afirmar suas supostas influências sobre suas ex-colônias, como se o uso do português já comprovasse a existência de um certo espaço comum. Entretanto, tal concepção foi questionável, "quando as regras europeias não prevêem que baste falar português para se poder circular livremente" (Margarido, 2000, p.15) entre os países, apenas para se citar um exemplo de fatores que, politicamente, não se articularam à criação de uma comunidade lusófona.

E, ainda, a ideia de lusofonia pouco seria útil para a compreensão da existência de redes comunicacionais, pois sugeriu justamente a transmissão de uma língua e de valores num sentido único. Seria impossível um movimento dessa natureza ao se restringir a análise à circulação de conhecimentos pedagógicos nos manuais escritos em ambos os países. À primeira vista, considerando as referências feitas pelos livros portugueses ao Brasil e pelos livros brasileiros a Portugal, percebeu-se que não foram construídos diálogos intensos: o número de citações foi muito pequeno, comparado com a quantidade de menções a outros países e comunidades transnacionais, conforme já foi exposto anteriormente. O Anexo 5 mostra como os saberes circularam entre Portugal e Brasil na difusão mundial da escola no decorrer de um século de publicação desses livros (1870 a 1970). Nessa parte do trabalho, foram sistematizadas as menções feitas nos manuais portugueses ao Brasil, a autores de obras aí produzidos. O mesmo foi feito pensando nas referências feitas a Portugal, nomes e obras portuguesas nos manuais brasileiros.

Dentre esses dados, foi possível começar a análise pela parte relativa às menções feitas aos países. Neste aspecto, as poucas incursões por Portugal, nos livros brasileiros, articularam-se a esforços de ruptura com o passado colonial e de reinvenção das referências postas pela antiga metrópole.

Quando apareceram, as alusões comumente recuperaram elementos do passado português: a época das navegações, a conquista de novos territórios, inclusive o Brasil, mencionados como conteúdos a serem ensinados pelos normalistas às crianças, para situarem as "origens" do país e os atos "mais gloriosos" dos portugueses, feitos no passado e não necessariamente no território educacional, como aconteceu com as *sociedades de referências* (localizadas em parte da Europa e da América do Norte, conforme já foi mostrado). Foi nessa perspectiva que Everardo Backheuser, no seu *Manual de pedagogia moderna* (1954), referiu-se às influências de determinados países no Brasil, colocando Portugal como um lugar que, no passado, já exerceu esse papel. Ao tratar da questão da cultura, Backheuser recorreu a Hettner quando ele classificou os povos segundo sua capacidade de produzir, assimilar ou não a cultura de outros povos. No entender do autor do manual:

> [...] colocaremos o Brasil, como os países da América, na segunda categoria. Mau grado [sic] sua riqueza e pujança, só agora os Estados Unidos começaram a emergir para o primeiro grupo. Como povo que assimila cultura, aceitamo-la, no Brasil, de vários países europeus, a começar por Portugal e França, e, recentemente, coisa de duas décadas, da União Norte-Americana. (Backheuser, 1954, p.150-1)

Já as menções a autores e produções portuguesas ligadas ao ensino foram relativamente escassas: autores de manuais e seus títulos, obras consideradas "pequenas" do campo educacional, ou seja, manuais usados em cursos de formação de professores ou manuais para a escola primária, cujos títulos e autores foram listados no quadro anteriormente exposto. Livros desse tipo, feitos no Brasil, também foram usados nos manuais portugueses. De fato, textos como a *Introdução ao estudo da Escola Nova* (Lourenço Filho, 1930) ou o *Manual do professor primário* (Santos, 1962) consolidaram-se sobretudo após os anos 1950, com sua proliferação em termos quantitativos e a organização dos livros em coleções pedagógicas. O escritor português Mário Gonçalves Viana, ele mesmo autor de manuais para professores, deu notícias desse tipo de circulação. O seu livro intitulado *A educação integral*, publicado no Porto pela Editora Educação Nacional no ano de 1940, informou que a Coleção Didática, por ele dirigida e elaborada, ao "estudar os problemas mais importantes da vida contemporânea (na ordem profissional, moral e intelectual), para eles procurando soluções justas, criteriosas e científicas, veio preencher uma grave lacuna da bibliografia pedagógica portuguesa, e foi recebida com largo aplauso em Portugal e no Brasil". Isso levou a crer que, embora esse último país não estivesse na lista dos lugares mais citados pelos portugueses, houve ligações específicas, segundo as quais a antiga colônia foi colocada pelo ex-colonizador como uma espécie de irmã, não mais uma filha. Mas caso se volte o olhar para as conexões historicamente constituídas em outros espaços, como o político e o literário, atentar-se-ia facilmente não só para o rompimento das relações entre as duas nações, como ainda uma mudança de posições, aspectos observados pelo reconhecido Eça de Queirós quando se referiu à proclamação da independência brasileira, em 1822, enquanto um dos marcos na transformação das antigas relações coloniais. Portugal foi muitas vezes considerado, em representações até certo ponto exageradas, como uma colônia do Brasil (Miné, 2000), que apareceu mais mencionado do que a França ou a Espanha, se se tomar as páginas dos títulos portugueses publicados entre 1942 e 1952. Na ocasião, os Estados Unidos foram citados sessenta e duas vezes; a Alemanha, trinta e três vezes; a Europa, dezoito vezes; a Bélgica e a Inglaterra, dezessete vezes cada uma; a Suíça, dezesseis vezes; a Itália, quinze vezes; o Brasil, quatorze vezes; a Espanha, treze vezes e, por último, a França, onze vezes (Correia; Silva, 2002).

De qualquer forma, Brasil e Portugal estiveram longe de terem sido considerados como pertencentes ao grupo das *sociedades de referência* e já houve oportunidade no presente livro para situar esse fato. Não só nos manuais, mas ainda em outras produções da área educacional, principalmente estatísticas feitas por órgãos internacionais, como a Unesco e OCDE, como um "país atrasado" em termos de ensino (Nóvoa, 2000; Carvalho; Cordeiro, 2002). Certamente, e por meio do processo intertextual, tal imagem foi apropriada pelos escritores dos manuais brasileiros aqui estudados e traduziu-se na relativa ausência de menções a experiências e textos portugueses. Assim, a ideia de sistema educacional atrasado produziu mecanismos de *distanciamento* entre Brasil e Portugal, pois impediu – ou pelo menos desfavoreceu – que ambos tivessem sido tomados como exemplos de experiências bem-sucedidas no campo dos educadores. Ao mesmo tempo, essa imagem de um suposto "atraso" acabou por se constituir também num elo de *vizinhança*, na medida em que foi uma característica compartilhada por portugueses e brasileiros. Como pudemos constatar, os manuais pedagógicos escritos no

Brasil não evidenciaram a mesma espécie de "culto" a produções educacionais portuguesas, tal como aconteceu com a obra de Eça de Queirós. Conforme assinalaram Antônio Cândido, Carlos Reis, Elza Mine, Isabel Pires de Lima e Benjamin Abdala Jr. acerca da apropriação dos textos de Eça em nosso país (2000), esse autor "era tão lido e querido, que o sociólogo [Gilberto Freire em seu livro *Ordem e progresso*, de 1959] chega a incluí-lo entre os que contribuíram para a unidade intelectual do Brasil" (Cândido, 2000, p.11). Esse tipo de culto não aconteceu entre os professores, pelo menos se levarmos em conta a quantificação das referências nos manuais, já mencionada anteriormente.

A quantidade de vezes nas quais autores e obras portuguesas foram mencionados em livros brasileiros – e vice-versa – representou apenas o indício de questões mais amplas. No exame comparativo dos manuais, destacou-se o uso do *Introdução ao estudo da escola nova* (Lourenço Filho, São Paulo, 1.ed., de 1930, 14.ed., de 2001) por alunos de escolas normais portuguesas enquanto um caso exemplar e muito significativo da circulação de ideias acerca da educação entre Portugal e Brasil. Além disso, em acervos da cidade de São Paulo (a saber, a Biblioteca da Feusp, a Biblioteca da Pontifícia Universidade Católica de São Paulo, a Biblioteca da Faculdade de Educação da Unicamp, a Biblioteca do acervo Sud Mennucci, e a Biblioteca Municipal Mário de Andrade) e do Rio de Janeiro (a Biblioteca Nacional) foram localizados alguns manuais pedagógicos portugueses,[22] fato que pode ser tomado como outro indício do uso de livros brasileiros em Portugal, e vice-versa. Num texto sobre a literatura educacional brasileira, Jorge Nagle (1976) ofereceu importantes informações acerca das redes comunicacionais, afirmando que entre nós, nas décadas finais do século XIX e início do século XX, os livros portugueses e franceses foram mais divulgados. Segundo Hallewell (1985), o desenvolvimento da indústria editorial no país começou a ficar mais acentuado nessa época, além de se tornar mais competitivo nos anos 1930 quando, em estudos já realizados acerca dos manuais pedagógicos brasileiros, observou-se também o aumento significativo do número de títulos aqui publicados (Silva, 2001). Esse conjunto de fatores favoreceu, em

---

22 Alguns dos títulos encontrados são os seguintes: *Lições de pedagogia geral e de história da educação*, de Alberto Pimentel Filho; *Lições de pedologia e pedagogia experimental*, de António de Sena Faria de Vasconcelos; *Teoria da educação (princípios de pedagogia geral)*, de Giovanni Cesca e Arlindo Rodrigues Varela.

diferentes momentos, o consumo de livros brasileiros em Portugal e de livros portugueses no Brasil.

Voltando à questão das especificidades assumidas por cada país quando suas produções fizeram circular as referências da *escola de massas*, foram notáveis algumas especificidades no caso brasileiro. Tal como se entendeu, a nação estava apenas na sua fase inicial de desenvolvimento e, assim, seria preciso voltar os esforços para a construção do futuro. Portugal, por sua vez, foi muito lembrado pelo seu "passado glorioso". Assim, o sentimento nacional foi comum aos brasileiros e portugueses. Entretanto, os últimos, durante os anos 1940 e 1950, não foram mais reconhecidos como uma grande potência internacional, mas falaram de si mesmos num tom de certa maneira nostálgico, num esforço para legitimar a tão valorizada tradição do país. Nesse sentido, as palavras de Domingos Evangelista – um dos escritores portugueses que, no período, mais fizeram alusões ao exterior – foram ilustrativas ao afirmarem que:

> [...] são ricas as fontes que alimentam o nacionalismo educativo português; a sua linfa pura escorre pelas gloriosas páginas da nossa história desde os fundamentos da nacionalidade, e tem criado na subsconsciência étnica do nosso povo verdadeiros 'valores' instintivos que são a melhor salvaguarda das virtudes morais e cívicas da grei portuguesa. (Evangelista, 1944, p.48)

E, mais adiante, Orbelino Ferreira destacou o fato de que:

> Este ideal ético que corresponde sempre às aspirações nacionais dá corpo e existência à atitude moral e social chamada *nacionalismo*. O nacionalismo tem sempre atualidade, pois não é uma força estática feita de tradições contemplativas; é antes uma força sempre renovada pelos valores sociais que, através dos tempos, se vêm demonstrando e realizando. (Evangelista, 1944, p.175)

Nessa mesma época, no Brasil, a grande preocupação foi oferecer subsídios, localizados no exterior, para se criar uma cultura pedagógica pautada na valorização dos métodos de ensino, o que foi comum ao caso português também. Entretanto, os manuais brasileiros traduziram em seus textos uma "nova" mentalidade racionalizadora, articulada a políticas desenvolvidas em nível internacional. A esse respeito, Marcus Cunha (1999) lembra os esforços para se constituir um sistema de ensino cientificamente organizado e racionalizado, mediante a adoção de meios instrucionais tidos como mais modernos. Tratou-se de uma "tradição tecnicista", cujas raízes podem ser identificadas a partir da década de 1920, quando da propaganda do escolanovismo e de iniciativas de aplicação de conhecimentos produzidos pela ciência no meio escolar, com a racionalização das práticas pedagógicas. Sobretudo depois dos anos 1950, o discurso educacional gestado no âmbito da Unesco chamou a atenção para a necessidade de remodelar a escola por meio da utilização de recursos técnicos colocados à disposição pelos cientistas, dentre os quais estiveram os mecanismos da administração empresarial. No Brasil, especificamente, passa a ser enfatizada a necessidade de planejamento de todas as atividades escolares, viabilizada com a obtenção de informações sobre a realidade social, política, cultural e educacional do país. Nesse sentido, os "Centros de Pesquisa do INEP (1955) representa[ram] a melhor tradução do ideário racionalizador, científico e moderno, essência do ideário desenvolvimentista que imperou no governo Kubitschek" e os manuais pedagógicos, por sua vez, também evidenciaram a preocupação em descrever, de forma clara e concisa, um conjunto de sugestões para organizar de modo racional e eficiente as atividades escolares.

A partir de meados da década de 1940, quando foi notável a crescente preocupação com os aspectos práticos e metodológicos na formação de professores, foi comum os manuais assinalarem as funções de "guia". Nesse período, Teobaldo Miranda Santos escreveu uma série de manuais que atentaram principalmente para questões mais "práticas" do magistério. Em 1948, quando publicou o seu *Prática de ensino*, o autor pretendeu – e vale a pena retomar palavras do autor quanto ele apresentou o manual – "iniciar os alunos dos nossos Institutos de Educação e Escolas Normais nos problemas complexos da técnica pedagógica". Em *Noções de prática de ensino* o mesmo autor procurou:

> [...] resumir os *princípios gerais que devem orientar o trabalho docente*. E, no receio de que nossa experiência individual não pudesse fornecer, em quantidade e qualidade, essas normas diretoras da aprendizagem escolar, resolvemos nos valer da contribuição rica e fecunda dos maiores especialistas no assunto. (Santos, 1951, não paginado)

Desenvolvendo o programa da disciplina, foram publicados entre 1947 e 1959 os manuais como *Prática do ensino primário* (Queirós e outras, 1954) e *Práticas escolares* – 2º volume (D'Ávila, 1959). O primeiro livro consistiu num diário de atividades da professoranda para uso nas Escolas Normais e Institutos de Educação, no qual foi desenvolvido um "sistema de questionário" originado no State Teachers College de Genesco (Nova Iorque) e no Michigan State Normal College (Michigan). "Na organização e preparação deste volume [anunciaram as autoras] nosso objetivo único foi o seguinte: elaborar um *trabalho essencialmente prático*, em rigorosa concordância com a cadeira a que se destina" (Queirós e outras, 1954, páginas sem número). No segundo volume de seu *Práticas escolares*, Antônio D'Ávila tratou de "assuntos fundamentais à *prática do ensino primário* e ao desenvolvimento do programa correspondente nas Escolas Normais" (D'Ávila, 1959, páginas sem número). Amaral Fontoura, outro escritor muito conhecido, publicou nessa época a *Pedagogia* – teoria e prática, para que "o livro servisse não a um professorado ideal, mas ao professorado brasileiro, dentro da realidade brasileira e de nosso estado". A maioria dos capítulos do referido manual versou sobre "assuntos sociais nossos, de economia, administração e ensino, *mais de perto ligados à escola*, como um tecido de temas e de questões, a que a escola deve dar abrigo e esclarecimento e, na medida de seus recursos, solução parcial ou total, no *interesse de ação educativa real e prática*".

Além de voltar os seus olhos para o futuro, alguns educadores brasileiros – dentre os quais estiveram autores de manuais pedagógicos – divulgaram entre os portugueses algumas referências internacionalmente valorizadas. Foi assim que nomes, como o de Lorenzo Luzuriaga, foram conhecidos em Portugal por meio de textos feitos por Teobaldo Miranda Santos, Everardo Backheuser e Lourenço Filho. Mas os manuais evidenciaram que a circulação desse autor não foi a mesma em Portugal e no Brasil, embora haja relações entre os dois países nesse processo. No Brasil, Luzuriaga, cuja obra original foi escrita em alemão, foi lido por meio de traduções do castelhano, feitas na Argentina. Por meio de tais versões, ele foi interpretado e dado a ler nos manuais via português do Brasil. Em Portugal, Luzuriaga foi conhecido, muitas vezes, por meio de escritores brasileiros, que organizaram coleções e traduções divulgadas entre os portugueses. E uma comunicação dessa natureza exigiu dos escritores o contato quase que permanente com o exterior, conforme será evidenciado com maiores detalhes no Capítulo 4. Essa atuação extrafronteiras foi muito comum no caso brasileiro, e muito necessária também, comparando-se as distâncias físicas entre o Brasil e a Europa. Tal aspecto foi mencionado por um português, também autor de um manual para professores. Orbelino Ferreira (1953), em sua obra intitulada *Brasil pedagógico*, assinalou que:

> O movimento pedagógico brasileiro revelou-nos alguns nomes que se vêm impondo pela extensão de sua obra publicitária, pelas características dessa obra, suas tendências políticas e seu espírito filosófico. Quase todos sem exceção defendem pelo menos a *neutralidade do ensino*, e alguns o *laicismo pedagógico* gerado pelas teorias de *Dewey, Ferrière, Kerschensteiner, Claparède*, de que têm sido oficiais defensores Fernando de Azevedo, Archero Júnior e seus colaboradores. Alguns menos radicais como *Lourenço Filho* e *Teobaldo de Miranda*, cada qual com dezenas de publicações, defendem um nacionalismo pedagógico muito materialista e incaracterístico, eivado do espírito democrático em que assenta toda a vida brasileira. [...] E nesta ordem de ideias, *Teobaldo de Miranda Santos* expôs com clareza o seu propósito, escrevendo "oficialmente" para todos os professores do Brasil. (p.37-8)

Esse *papel intermediário* foi sem dúvida um aspecto relevante do lugar ocupado pelos brasileiros no circuito internacional de saberes educacionais, sendo ainda mais um indicador de sua distância com relação às *sociedades de referência*, ao mesmo tempo em que ajudaram a enfatizar, dar vida às mesmas. Foi esse o principal papel exercido por manuais brasileiros que circularam em Portugal e vice-versa. Veja o caso de Lourenço Filho e de Alberto Pimentel Filho em suas *Lições de pedagogia geral e de história da educação*, publicadas pela primeira vez em Lisboa pela Editora Guimarães, em 1919. E houve autores brasileiros muito conhecidos em Portugal, não só por escreverem manuais que foram lidos pelos portugueses, mas também porque foram citados em manuais daquele país. Alguns autores portugueses também foram citados em produções brasileiras, a exemplo do Gonçalves Viana. De qualquer forma, tanto no Brasil, como em Portugal, a *escola de massas* foi pensada como algo cujos princípios e ações foram postos pelos "Outros" e não por "Nós" – portugueses e brasileiros. Ao fazerem circular determinadas referências a partir das quais se construiu esse modelo nas mais diversas partes do mundo, intermediando a comunicação dos saberes entre os diversos lugares, os manuais pedagógicos hierarquizaram suas citações: de um lado, agruparam os modelos de experiências e estudos desenvolvidos nas nações com as quais poderiam aprender muito, como foi o caso de alguns países da Europa e da América. De outro lado, olharam para o "resto" dos lugares para visualizarem dificuldades em se oferecer escolarização para todos ou em se constituir uma sociedade moderna e próspera. O "Nós" dos livros portugueses e brasileiros incluíram-se justamente no lugar daqueles que tinham muito a aprender do exterior e isso foi, portanto, uma condição essencial na lógica da produção e circulação de saberes entre os professores, e as configurações desse processo ajudaram a entender como a relação entre o "Eu" e o "Outro" foi construída no processo de expansão mundial do ensino e das referências que sustentaram essa instituição. A escola não foi, portanto, um projeto "Nosso" no sistema mundial, mas um projeto de um "Eu" e de um "Outro", hierarquizados segundo as representações do *desenvolvido* e do *moderno* e de tudo o que ainda esteve, de acordo com os textos dos manuais, *atrasado*.

Tal como se procurou evidenciar, esse foi um dos princípios da difusão do modelo de ensino, e os manuais pedagógicos participaram desse processo quando elaboraram e fizeram circular os saberes com os quais a escola foi concebida.

3
VIAGEM PERMANENTE: OS SABERES CONSTRUÍDOS NOS MANUAIS PEDAGÓGICOS

As construções da escola nos livros dos normalistas

> Na realidade, é matematicamente certo que nem tudo foi dito e, inversamente, um inédito tem sempre uma certa probabilidade de não sê-lo. A literatura não é infinita. Ela é inesgotável. Certamente, a ordem de grandeza do conjunto finito de combinações de linguagem possíveis, sem alterar uma língua, aparece como infinito. [...] a literatura se concentra sobre ela mesma, nenhuma leitura é primeira, nenhuma é última, cada voz só está separada de seu eco por um infinitésimo que, no tempo humano, é contado em decênios ou em séculos.
>
> (Schneider, 1990, p.114)

Os conhecimentos que fundamentaram a construção da *escola de massas* foram dados a ler aos normalistas nos manuais pedagógicos. No capítulo anterior, realizou-se um exame acerca dos modos pelos quais esses livros fizeram circular referências produzidas por muitos autores, em várias obras e países, participando assim da difusão das informações relativas à escola em diversas partes do mundo. Entretanto, os textos não só se referiram a outros argumentos, como também acabaram criando formulações específicas. O intuito nesta parte do livro foi analisar as ideias construídas nos manuais com relação aos elementos da vida escolar, desde o professor, passando pela instituição de ensino, alunos e métodos didáticos. Esses saberes resultaram das múltiplas leituras da bibliografia usada nos textos, o que induziu a pensar aqui o fato de que essas apropriações puderam gerar uma rede inesgotável de outros pensamentos. E, se fosse possível comparar as citações a *viagens* feitas pelas referências em diferentes lugares, poder-se-ia afirmar que os saberes estiveram permanentemente susceptíveis a traçarem novos caminhos. Mas o que foi dito nas fontes mencionadas nos manuais teve seus limites. E sempre se pode lembrar a "lição" mostrada pelo matemático Le Lionnais quando calculou o número de livros contidos na *Biblioteca de Babel* descrita por Borges e chegou ao resultado de 251.312.000 obras. Didier Anzieu também procurou fazer esse tipo de contagem, concluindo que o número de textos já escritos pelos homens esteve na casa dos 10^{17} (Schneider, 1990, p.14). Um cálculo semelhante poderia ser feito para a literatura educacional, a partir dos manuais para professores, lugares que, conforme já foi assinalado, deram a ler formulações "já ditas", criando a partir delas um espaço determinado de discursos úteis à formação do magistério. Centenas de obras e autores foram mencionados nos livros da Escola Normal ao longo de um século, em Portugal e no Brasil, um universo evidentemente finito, mas cujas leituras foram múltiplas, formando um circuito de saberes inesgotáveis porque resultantes de combinações variadas no tempo e no espaço.

Mesmo subordinando-se aos programas da Escola Normal, os manuais não deixaram de produzir conhecimento: partindo do já dito, eles instituíram formulações relativamente inéditas. Ora, os temas para estudo estiveram previstos e, de certo modo, isso não dependeu da vontade dos escritores. Mas eles responsabilizaram-se pelo detalhamento desses temas e esse foi o espaço para a produção de saberes relativamente novos. Então, os manuais e os programas não estiveram relacionados em um movimento de via única, como se os primeiros apenas reproduzissem a vontade dos segundos, mas em uma dinâmica *intertextual*, que permitiu aos livros dos normalistas exercerem papel de suma importância na realização das aulas e no desenvolvimento efetivo dos planos de estudo. Assim, os saberes construídos pelos manuais pedagógicos foram consolidando, ao longo do tempo, o modelo de escola que começou a ser difundido mundialmente desde finais do século XIX e, nos anos 1960 e 1970, já assumiu contornos mundialmente localizados. Isso porque eles estabeleceram alguns paradigmas acerca dos conteúdos tratados ou, como diria Roland Barthes a propósito de textos que produziram um movimento semelhante, os compêndios de história literária:

Se se lessem os manuais [...], não se teria nenhuma dificuldade em estabelecer desses traços a paradigmática, a lista opcional, a estrutura elementar, pois tais traços são pouco numerosos e me parecem obedecer perfeitamente a uma espécie de estrutura por pares oposicionais com, vez por outra, um termo misto; é uma estrutura extremamente simples. (1988, p.54)

A construção de alguns paradigmas também foi visível nos manuais pedagógicos. Entre os anos finais do século XIX e o início do século XX, nas páginas desses livros foram privilegiadas as questões relativas ao papel do professor e à organização da escola (matrícula dos alunos, condições do prédio, modelos de aula etc.), o que pode ser explicado pelo fato de que esse foi um momento inicial de ordenação dos sistemas escolares em cada país. Uma vez estabelecido um "consenso" em torno das questões relativas à escola e ao professor, os manuais dos anos 1910 e 1920 passaram a versar predominantemente sobre os saberes acerca do aluno e da criança, de modo a encontrar caminhos mais favoráveis à aprendizagem. Em um terceiro momento, foi muito evidente a progressiva especialização das metodologias de ensino, quando houve uma espécie de retorno do tom prescritivo assumido pelos manuais de fins do século XIX, mas que se configurou de uma outra forma, pois as questões de organização da escola estiveram, de certa forma, resolvidas, assim como também se percebeu o aluno/criança como um ser cujas potencialidades deveriam ser respeitadas. Agora, o intuito foi garantir a eficácia dos instrumentos utilizados para ensinar.

Os manuais pedagógicos, obras muito conhecidas entre os educadores e, sem dúvida, jamais reconhecidas como legítimas ou importantes, forneceram todos os instrumentos necessários à sua própria análise. Isso porque a estrutura desses livros, a qual uma leitura estritamente interna pode trazer à luz, foi também a estrutura do espaço de circulação de saberes nos quais essas obras estiveram situadas. Em outras palavras, eles mesmos deram a conhecer quais foram os *auctores* de um determinado momento entre os educadores e, ao tomá-los como referência, acabaram por conferir a eles o direito de serem referência. Os manuais não reproduziram ideias, foram produtores das mesmas e a sua estrutura interna foi a própria estrutura de um sistema de circulação de conhecimentos no interior no campo educacional. De uma forma não tão explícita, o conteúdo desses livros construiu a própria história da "grande literatura pedagógica". Por essas razões, o presente capítulo visou a confirmar a tese de que os manuais foram produtos e, ao mesmo tempo, produtores da *escola de massas*, porque eles fizeram circular (ou, como se poderia dizer, deram vida) as referências com as quais esse modelo foi construído no decorrer dos anos. Enquanto produtores de um saber, os manuais foram produções *criativas* – embora eles mesmos tivessem ocultado essa dimensão ao se colocarem como meros compêndios, resumos de outras ideias, essas, sim, tidas como originais.

A história dos discursos construídos nos manuais pedagógicos baseou-se aqui em um modelo explicativo do campo educacional relacionado ao *triângulo saber-professor-aluno* (Houssaye, 1982; 1988). Tal como se entendeu, essa figura foi extremamente útil para o esforço de conhecer os modos pelos quais cada polo do desenho, que também poderia ser chamado de *triângulo pedagógico, didático, pedagógico-didático* ou *didático-pedagógico* (Bertrand; Houssaye, 1995), foi definido nos textos destinados à formação inicial de docentes. O esforço foi, portanto, usar essa imagem como um parâmetro de compreensão da situação educativa e das formas pelas quais ela foi pensada e dada a ler, em diferentes momentos e espaços. Sendo o triângulo composto por três elementos básicos, importou compreender o seu funcionamento e as possíveis combinações em sua composição, segundo diferentes tendências, como o ensino tradicional e a Educação Nova.

Esses três polos (saber-professor-aluno) conduziram a uma imagem simplificada de um processo, um roteiro de observação da realidade pedagógica, tal como ela foi dada a ler nos manuais da Escola Normal. Eles possibilitaram, nessa perspectiva, analisar a configuração de paradigmas que definiram o ofício docente, originando formas específicas de conceber e dar a ler práticas pedagógicas. A imagem do triângulo permitiu investigar o estabelecimento de modelos dessa natureza porque deu visibilidade aos princípios teóricos e práticos da educação e às formas pelas quais diferentes tipos de realidade (pedagogia tradicional, educação nova etc.) foram construídas. De fato, os conteúdos dos manuais articularam aspectos relativos à teoria e à prática educacionais, explicando-os aos professores no início de sua formação e fornecendo, em fases distintas, os elementos que fundamentaram as representações do ensino.

Em cada momento da história dos manuais pedagógicos, a ênfase recaiu sobre diferentes polos do triângulo, ou seja, ora o professor, o aluno ou o saber escolar foi objeto de maiores atenções. Como diriam Bertrand e Houssaye (1995):

É preciso também distinguir três processos relativos aos três eixos: "ensinar" para professor-saber, "formar" para professor-alunos, "aprender" para alunos-saber. Qual diferença pode haver entre um eixo e um processo? Um processo pedagógico designa a articulação de dois elementos do triângulo, à qual se atribui o lugar dos aspectos privilegiados enquanto o terceiro ocupa o lugar do morto (no sentido do jogo de bridge), sempre se passando por louco (desse modo, ele se esforça para impedir que os outros dois aspectos dominem a lógica pedagógica do processo em questão). Assim, o triângulo pedagógico aparece como um modelo educacional que "resume" os modelos pedagógicos da seguinte forma: a situação pedagógica é definida como um triângulo composto de três elementos, o saber, o professor e os alunos, dentre os quais dois se constituem como aspectos predominantes ao passo que o terceiro deve aceitar o lugar do morto ou, em outras palavras, se fazer de louco. Todas as pedagogias podem ser consideradas com base na atribuição do lugar do morto e, por isso, inscrevem-se num dos três eixos evocados pelo modelo educacional. (Bertrand; Houssaye, 1995, p.18)

Nessa perspectiva, os processos de formação, ensino e aprendizagem foram definidos de múltiplas formas, o que permitiu pensar em quatro fases distintas, cada uma enfatizando um paradigma específico, característico dos conteúdos dos títulos então publicados. Em um primeiro momento, compreendido desde a publicação dos livros mais antigos, em 1870, até aproximadamente os vinte anos seguintes, a atenção dirigiu-se à figura do professor. Em seguida e até inícios do século XX, notou-se a mudança para um modelo que subordinou esse profissional às exigências da escola. A consolidação da *gramática escolar* em escala internacional e das "ciências da educação" (Nóvoa, 1995), entre os anos 1910 e 1940, aproximadamente, deu luz aos conhecimentos relativos ao aluno e à criança. E depois, nos anos 1950, o projeto pedagógico foi compreendido em uma dimensão cada vez mais técnica e restrita da profissão docente, estando pautada por uma espécie de consenso em torno do que se considerou ser um bom professor, um bom aluno e um bom ensino a ser ministrado. Assim, os livros da Escola Normal construíram, ao longo de sua história, as formas de pensar e conceber o magistério e a escola.

1870-1890: Os saberes mobilizados para definir o papel do professor

Uma primeira configuração do *triângulo pedagógico* nos livros da Escola Normal compreendeu o período localizado entre os anos de 1870 – data de publicação do manual português mais antigo – até aproximadamente 1890. Em Portugal, foram publicados três manuais pedagógicos, um deles assinado por José Maria da Graça Afreixo, intitulando-se *Elementos de pedagogia* – para servirem de guia aos candidatos ao magistério primário (1870); o outro foi editado na mesma cidade e data do mesmo ano, sendo da autoria de Antônio Francisco Moreira de Sá, com o título *Compêndio de pedagogia* – coordenado conforme os programas de 8 de março de 1870 (1870); as *Noções elementares de pedagogia*, por sua vez, foram escritas por Domingos Rodrigues Anes Baganha e publicadas no Porto em 1878 por Cruz Coutinho Editor; posteriormente, a *Metodologia*, escrita por José Maria da Graça Afreixo e editada em 1887. No Brasil, Antônio Marciano da Silva Pontes redigiu o *Compêndio de pedagogia* (1874), e Camilo Passalaqua foi autor da *Pedagogia e metodologia* (1887). Nem todos esses livros foram feitos para os alunos das Escolas Normais, pois nessa época esses cursos ainda não tinham sido consolidados em Portugal e no Brasil, considerando o número de instituições e a quantidade de pessoas então formadas. De qualquer maneira, esses títulos deram conta da formação inicial de futuros professores, preparando para os concursos públicos de ingresso na carreira.

Antônio Francisco Moreira de Sá e também José Maria da Graça Afreixo e Henrique Freire compuseram seus textos a partir dos programas de 8 de março de 1870 elaborados para as provas realizadas em Portugal. Oito anos depois, Domingos Baganha apresentou um "guia seguro", como ele mesmo afirmou, para servir aos candidatos ao magistério primário. Essas publicações visaram a dar conta de uma exigência até então inédita nos exames feitos pelos futuros docentes da escola primária, relativa à Pedagogia, que se constituiu como o décimo segundo ponto do Programa. Os três manuais portugueses do período tentaram "explicar os pontos exarados no dito programa, pois que são a eles que os candidatos têm de responder, quer oral, quer por escrito" (Sá, 1870, p.3) e elaborar "um auxiliar qualquer na língua portuguesa sobre tal matéria" (Afreixo; Freire, 1870, p.5). Enfim, a "par de muitos candidatos, quase completamente analfabetos", o autor afirmou "que [muitos] *passam* perante os júris, muitos outros poderiam passar com toda a justiça se, guiados por bons compêndios, satisfizessem rigorosamente aos diversos pontos do programa oficial" e, assim, o seu esforço foi "escrever compêndios propriamente ditos, opúsculos contendo, muito resumidas e claras, as respostas a todos os pontos do programa de cada disciplina" (Baganha, 1878, p.7, grifos do autor). Isso porque "a pedagogia é geralmente ignorada pelos candidatos: dos livros portugueses, que sobre pedagogia conhecemos, um é deficientíssimo, incorreto e confuso de linguagem; outro é tão desenvolvido, tão extenso, que mais próprio ficou para um curso de pedagogia, do que para ensinar elementarmente aos que nem a definição de tal arte conhecem" (Baganha, 1878, p.8). Comparando os *Elementos de pedagogia* (Afreixo; Freire, 1870) com o *Compêndio de pedagogia* (Sá, 1870) e com *Noções elementares de pedagogia* (Baganha, 1878), observou-se uma organização quase idêntica dos conteúdos. Nos três casos, os escritos estruturaram-se a partir de extratos do referido programa, tratando da utilidade da escola primária, das condições a que deveria satisfazer o local da escola, da capacidade da escola em relação ao número de alunos, da mobília escolar, da distribuição e classificação dos alunos, da disciplina, da metodologia, dos saberes a serem ensinados na escola primária e de tarefas de ordem burocrática a serem cumpridas pelos professores.

Os dois manuais brasileiros publicados na época também versaram sobre a Pedagogia. Antônio Marciano Pontes da Silva (1881) escreveu o compêndio para ser usado pelos seus alunos da Escola Normal de Niterói, a partir do programa de 1869, marcado pela preocupação em descrever aos normalistas não apenas os conteúdos da escola primária (relativos à leitura, gramática, escrita e doutrina crisã, aritmética, história sagrada, antiga, média e moderna), como também a forma de ensiná-los. Essa ênfase articulou-se ao reconhecimento de que para lecionar é preciso dominar os conteúdos e os modos de transmissão dos mesmos, compondo um modelo profissional diferenciado da imagem do antigo *mestre-artesão*, examinada por Pontes (2000). A metodologia teve um lugar especial nesse currículo e correspondeu a um espaço de afirmação da especificidade do ofício docente. A organização interna do livro[1] deu visibilidade ao esforço de formar as "boas" qualidades

---

1 O *Compêndio de Pedagogia* (Silva, 1881) apresentou a seguinte organização interna: a Primeira Parte tratou das Noções Preliminares e foi dividida em dois capítulos: Capítulo I:

do professor, em suas dimensões intelectuais, físicas e morais. Estas últimas foram as mais destacadas para o exercício do magistério, incluindo doze virtudes: primeiramente, a gravidade; depois a discrição; a prudência; a bondade; a paciência; a firmeza; a modéstia; a polidez; o amor do retiro e do estudo; a exatidão e o zelo; a piedade e bons costumes e, por último, a vigilância (Pontes, 2000).

Quando tratou da Pedagogia, Passalaqua (1887) destacou especialmente o trabalho do professor e a sua capacidade de cooperar para o engrandecimento de um indivíduo, de uma família, de um povo. Para tanto, os normalistas estudaram as "faculdades humanas educáveis, das leis e princípios, capazes de levar o homem à realização de seu destino" e, além disso, conheceram as questões dos métodos, "do modo de educar, dos processos mais rápidos de aplicação" (Passalaqua, 1887, p.6). Assim, de acordo com o manual, o professor teve papel nuclear na dinâmica da escola, pois ele deveria conhecer o aluno, para "modificar os ímpetos maus da criança, assim como dirigir, conservar e firmar sempre mais as boas manifestações" (Passalaqua, 1887, p.99). O docente correspondeu, portanto, à principal personagem da escola e a sua figura assegurou todo o resto: o bom uso das metodologias, a boa manutenção da disciplina, a boa conduta dos alunos. Ora, a análise do conteúdo desses manuais na perspectiva do *triângulo pedagógico* indicou justamente a ênfase nos *Processos de Formação*, notadamente no que se referiu ao papel do *Professor*. Tanto em um como noutro título publicado na época, tanto em Portugal como no Brasil, foi a partir do papel educador que se estudaram os *Métodos de ensino* e as possibilidades de conformar o *Aluno* à dinâmica escolar.

Para ilustrar melhor essa tendência, convém retomar algumas palavras de António Francisco Moreira de Sá na Introdução de seu manual, quando a Pedagogia foi exposta como "o conhecimento de princípios que presidem à educação dos meninos, ou meninas, e os meios de os empregar". Nessa

---

Definição, importância e fim da educação e Capítulo II: Qualidades de um bom professor. A Segunda Parte explicou os seguintes assuntos: Capítulo I: Da Educação, Capítulo II: Da Educação Moral e Capítulo III – Da Educação Intelectual. E a Terceira Parte foi composta por onze capítulos, assim designados: Capítulo I: Instrução, II: Metodologia Geral, III: Metodologia Especial, IV: Ensino da escrita, V: Método de aritmética, VI: Ensino de desenho linear, VII: Método de gramática, VIII: Ensino de Geometria Plana, IX: Da organização geral da escola, X: Da disciplina da escola e XI: Deveres do professor.

perspectiva, o autor vinculou essa área de conhecimento à ação do professor, a quem competiu o domínio de três qualidades essenciais para o bom desempenho do magistério: "Vocação, modéstia, prudência". A vocação correspondeu, nas palavras de Sá, a "uma aptidão natural para exercer as funções de professor"; a modéstia, ao "comedimento nas ações externas, grande moderação em olhar, e recato em todas as ações, palavras etc.", a prudência, por fim, "a uma virtude que governa e regula nossas paixões". Essas três qualidades "o professor deve possuir, são a base para que ele possa obter um bom resultado na sua escola e, ao mesmo tempo, modificar de alguma sorte o enfadonho mister de professor primário" (Sá, 1870, p.6). E, "como não pode haver em cada família um mestre ou mestra para educar e instruir as crianças, torna-se indispensável a escola, *pois aí elas se reúnem e são educadas e instruídas pelo professor*" (Baganha, 1878, p.13, grifos nossos). Nessa perspectiva, a figura do docente possibilitou o projeto da escola para todos, "um centro, onde as crianças, dispersas nas famílias, se reúnem para adquirirem o estado de educação e instrução, isto é, de civilização indispensável aos cidadãos dos países cultos" (Baganha, 1878, p.13). Tal como se pode deduzir da leitura de *Noções elementares de pedagogia* (Baganha, 1878), o professor deu impulso à tarefa da escola, na medida em que ele dirigiu a organização dessa instituição e as atividades dos alunos.

Tanto a escola como os alunos apareceram em função do professor. Para se ter uma ideia dessa concepção, convém retomar as palavras do referido manual quando ele tratou dos exercícios de intuição e previu as atitudes do aluno e suas respostas diante de perguntas postas pelo docente:

> Consistem em fazer com que o aluno *perceba* ou *sinta* um objeto, seguindo-se a essa sensação o conhecimento do seu nome, propriedades e aplicação. Eis um exemplo: *Professor* – O que é isto? *Aluno* – É um mapa. P. – E isto, o que é? A. – É outro mapa. P. – São iguais esses mapas? A. – Não, senhor. P. – Que diferença fazem? A. – Este é de Portugal, este é de Espanha. P. – Qual é o maior? A. – É o de Espanha. P. – Que representa o mapa mais pequeno? A. – Não sei. P. – Representa uma nação, que é a nossa, é Portugal. Diga agora o que representa o mapa maior? A. – Representa uma nação, que é a Espanha. P. – Então qual é a nação mais extensa ou maior? A. – É a Espanha. P. – Há muitas nações? A. – Há, sim, senhor. P. – Então a palavra *nação* serve para todas? A. – Serve, sim, senhor. P. – Como se chama em gramática uma palavra que designa muitas

coisas do mesmo gênero? A. – Substantivo comum. P. – Há muitas nações com o nome de Portugal? A. – Há uma só. P. – Como se chamam em gramática os nomes que servem para mostrar uma coisa só? A. – Substantivos próprios. P. – Então a palavra *Portugal* que espécie de substantivo é? A. – É um substantivo próprio. (Baganha, 1878, p.26-7)

Não convém aqui pensar se foi possível reproduzir ou não esse diálogo. Mas, de qualquer modo, essa previsibilidade sugeriu o quanto o papel do professor foi tido como central na dinâmica escolar, ao ponto de se considerar sua previsibilidade e alta capacidade de controle do corpo discente. Nem sempre essa habilidade foi enfatizada no discurso organizado pelos manuais. No anos 1920, por exemplo, isso não apareceu porque a atenção não se dirigiu ao professor, mas ao aluno, conferindo ao triângulo pedagógico uma dinâmica completamente diferente. Assim, mais adiante, a figura do professor foi sobreposta à do aluno/criança, as atividades escolares organizam-se em função dessas personagens, impossibilitando as referências a um tipo de diálogo como o que acima foi transcrito e caracterizou as produções dos anos 1870 e 1880.

Portanto, os manuais pedagógicos publicados em Portugal e no Brasil sugeriram a importância do trabalho do professor na estruturação do ensino. Em palavras exemplares, Afreixo e Freire (1870) afirmaram que a educação correspondeu ao "esforço [do professor] que se emprega para tornar as crianças capazes de preencherem, com a máxima perfeição possível, o seu destino". A pedagogia forneceu "o conjunto dos princípios que presidem a educação das crianças, e das leis que sobre esses princípios se formam". Ainda nas notas de apresentação dos *Elementos de pedagogia*, os autores deixaram claro as formas pelas quais a área estruturou-se na época, dividindo-se em teórica ou didática e prática ou metodológica. A didática correspondeu "a combinação dos princípios e leis que todo professor deve conhecer para conseguir a instrução dos seus alunos" e a metodologia é "a enumeração dos diversos modos, métodos e processos empregados no vários ramos de ensino" (Afreixo; Freire, 1870, p.7-8). Em perspectiva semelhante, Passalaqua classificou a ciência da educação, que incluiu:

[...] duas grandes divisões: a Parte Teórica e a Parte Prática. Na primeira trata-se evidentemente das faculdades humanas educáveis, das leis e princípio, capazes de levar o homem à realização de seu destino. Na segunda, do modo de educar, dos processos mais rápidos de aplicação. A primeira habilita o homem a educar; a segunda estuda os meios mais prontos e seguros de realizar a educação. Dir-se-ia que uma guarnece o edifício, que outra construiu. A ciência da educação divide-se em suas partes: Pedagogia e Metodologia. (1887, p.6)

Para além da valorização da prática docente, elemento estruturante da escola e da instrução dos alunos, foi notável uma definição clara do professor no âmbito social. As palavras de Afreixo e Freire, quando os autores trataram da "Didática do professor", foram ilustrativas:

> O professor é considerado como funcionário público, visto que a sua nomeação, embora antecedida de concurso, é do rei e seu ministro. Como funcionário público tem pois direito à consideração que é devida a todos os servidores do estado, e a desempenhar uns certos atos oficiais a que a sua posição lhe dá jus. Nos atos públicos da sua vida de professor carece de ser respeitado por todos os que a ele hajam de dirigir-se. O professor é protegido, na sua qualidade oficial, pelas autoridades [...] O professor exerce uma autoridade real e legítima sobre os seus alunos. É o complemento da sublime dignidade confiada pelo Ente Supremo ao pai de família. A influência do professor primário deverá estender-se de uma maneira indireta e digna às famílias de seus próprios discípulos. (Afreixo; Freire, 1870, p.8)

Os escritos acima destacados evidenciaram como o professor assumiu então um lugar central na escola. De fato, foi uma imagem que ainda hoje estruturou nosso modo de ver o corpo docente, o qual viveu aquilo que Antônio Nóvoa (1987), no estudo acerca da constituição da profissão docente, denominou como *posição intermediária*. Os professores, nesse sentido, foram antes de mais nada funcionários do Estado e não ocuparam nem posições de poder, ao qual se subordinaram, nem mesmo a posição do povo, pelo qual se distinguiram por suas qualidades pessoais, pelos seus conhecimentos e por quem deveriam ser respeitados. De fato, o lugar do professor no interior do modelo de escola pública, leiga, gratuita, obrigatória e extensiva a todos foi definido a partir de uma imagem ilustrada da seguinte forma:

> Na escola e fora dela o professor fará com que presida a todos os seus atos. Ser delicado sem afetação, agradável sem baixeza. Nas suas relações com as

autoridades locais, o professor não deverá nunca olvidar a sua posição. Sobre todos os seus atos estão vigilantes os olhares dos próprios que com ele vivem. A decência no trajo, nas palavras e nos gestos nunca lhe deve minguar. À parte as visitas de restrito comprimento, e as exigidas pelo interesse da educação de seus alunos, não convém ao professor frequentar as famílias de seus discípulos, salvo uma ou outra exceção. Não convirá igualmente que o professor exija dos que não a receberam delicadeza igual à sua; mas será complacente para com esses não deixando nunca de lhes dispensar as mesmas atenções para os não ofender. Nas relações com seus superiores a deferência e respeito serão a norma do professor primário. (Afreixo; Freire, 1870, p.9)

Essa representação não foi negada pelos manuais publicados posteriormente, mesmo aqueles cuja data da publicação foi de quase cem anos depois, embora não tenha aparecido depois com o mesmo destaque. Foi como se nesse primeiro momento tivesse sido construído um consenso em torno do trabalho do professor, como um ofício cujas qualidades foram incontestáveis, mas articularam-se, no decorrer dos anos, de modos diferenciados com os outros elementos do *triângulo pedagógico*.

1890-1910: Os saberes mobilizados para organizar a instituição escolar

No segundo marco delimitado no estudo dos manuais pedagógicos, foi marcante o movimento entre a preocupação ontológica com a figura do professor e a ênfase que passou a ser mais dirigida à subordinação da atividade desse profissional ao modelo de escola graduada. Em Portugal, essa ênfase foi notável nos manuais de Adolfo Coelho, Antônio da Fonseca Carvão Paim da Câmara e Antônio Cândido de Almeida Leitão. Os referidos títulos corresponderam aos *Elementos de pedagogia* (Coelho, 1894); às *Noções de pedagogia elementar* (Coelho, 1903); aos dois volumes de *Apontamentos para lições de pedagogia teórica e prática* (Câmara, 1902-1903); ao primeiro volume das *Lições de pedagogia* (Leitão, 1903) e aos *Elementos de pedagogia* (Leitão, 1907). No Brasil, foram editadas a primeira parte das *Lições de pedagogia* (Magalhães, 1900); o *Compêndio de pedagogia* (Velozo, 1907) e as *Lições de pedagogia colecionadas por um "amigo da instrução"* (Amigo da instrução, 1907).

Nesses livros, a figura do professor continuou sendo muito valorizada para definir a organização do ensino. Segundo Leitão, por exemplo, desse profissional "depende tirar-se algum proveito da educação e do ensino primário" (1907, p.28). As mudanças, nessa fase da história dos manuais pedagógicos, operaram no sentido de mesclar à imagem do professor uma ideia mais clara da escola graduada. No capítulo dedicado ao "professor e a organização pedagógica da escola", Leitão teceu considerações a esse respeito ao afirmar que:

> Sem um professor hábil, consciencioso, trabalhador, não há livro, por mais perfeito que seja, capaz de orientar convenientemente uma classe; nem alunos, os mais inteligentes e aplicados, que saiam da escola com uma preparação razoável e o espírito solidamente equilibrado. No exemplo dos seus bons costumes está também uma grande parte da educação moral. (Leitão, 1907, p.28)

Outras palavras ilustrativas do lugar assumido pelo professor na instituição escolar foram as do amigo da instrução, quando ele assinalou que:

> O primeiro cuidado, pois, do pedagogista é formar o organismo escolar. Distribuído o material, recenseados e matriculados os alunos, nomeado o professor, temos, por assim dizer, o protoplasma da instituição e o seu princípio vital; este princípio de vida, assimilando a si o material e os alunos, faz que o organismo se desenvolva complexo e harmônico. (1907, p.62)

Nessa perspectiva, os manuais do período orientaram o professor no sentido de realizar tarefas como as seguintes:

a) *Dedicação pelas crianças*, de maneira que não se faça sentir tão bruscamente a passagem da família para a escola, meio completamente diferente, que o trabalho se apresente com menos caráter de obrigatoriedade e se obtenha a simpatia dos alunos e com esta o desejo de cooperarem com o mestre;

b) *Vocação*, isto é, uma qualidade que, embora possa aperfeiçoar-se, nasce com o próprio indivíduo e o leva a conhecer, quase inconscientemente, as necessidades do ensino, o grau de energia intelectual e moral dos seus alunos e os processos a empregar de harmonia com a organização psíquica especial de cada um;

c) *Ciência*, ou a série de conhecimentos acerca dos diferentes ramos do saber humano, que lhe permite fazer as suas explicações com clareza e segurança, resolver prontamente as pequenas dúvidas que o cérebro infantil tantas vezes suscita, e olhar pelo que falta na sua escola indispensável à higiene, ao ensino e à educação;

d) *Honra e civismo*, para que os alunos tenham na pessoa do professor o exemplo bem frisante de quanto vale ser honesto na prática das suas ações individuais, desinteressado, livre e patriota quando se encontra em relações com o estado. (Leitão, 1907, p.28-9, grifos do autor)

Evidentemente, mais trechos ilustrativos poderiam ser extraídos dos outros cinco títulos contemporâneos ao de Leitão e que também sugerem a subordinação do ofício do magistério às necessidades da escola. Além de exemplar, o excerto acima foi muito sistemático nas suas proposições. Até então, não se explicou tão claramente a questão da *dedicação pelas crianças* como uma forma de se garantir o sucesso da escola, instituição que, como o próprio Leitão alertou, teve suas especificidades. Na continuação de suas explicações, o autor expôs os aspectos constituintes dessas características particulares e que configuraram o modelo de *escola graduada* difundido em diversas partes do mundo. Tratou-se de uma instituição com *horários* próprios, na qual a *matrícula* dos alunos foi indispensável e onde eles deveriam estar devidamente *distribuídos em classe*:

> O horário de uma escola é o quadro onde se contém a distribuição das lições pelos diferentes dias da semana e por cada hora de um dia. É absolutamente indispensável à marcha normal do ensino e da disciplina [...]. A matrícula, ou seja, a inscrição em livro especial dos alunos que hão de frequentar uma certa escola, é o primeiro ato do professor ao começar de cada ano letivo [...] o professor lança no livro-registro geral de matrícula [...] e no momento em que as crianças são apresentadas na escola as seguintes indicações: a) nome e naturalidade do aluno; b) nome e profissão do pai; c) data do nascimento; d) se é ou não vacinado; e) a data da matrícula e classe em que se matriculou. Mas o mesmo livro serve para nele ficar registrada *toda a vida escolar do aluno*, isto é: a) data da matrícula em cada classe; b) nota de frequência (presença e faltas) em cada uma delas; c) data e qualificação dos exames do 1º e do 2º grau; d) data de saída da escola e motivo que lhe deu causa; e) comportamento. [...] o professor distribui (as crianças) em grupos, contendo cada um deles os alunos, que se

aproximam pelo seu desenvolvimento intelectual e grau de conhecimentos. Tem isto a vantagem de economizar muitíssimo tempo, de animar o curso pela intervenção constante de todos os alunos nas lições e de manter mais facilmente a disciplina uma vez que a sua vigilância nunca os abandona. O ensino, entre nós, é dividido em quatro *classes* ascendentes com a denominação de 1ª, 2ª, 3ª e 4ª. (Leitão, 1907, p.29-34)

No Brasil, o "Amigo da instrução" fez explicações semelhantes, assinalando o lugar do ensino formal na sociedade:

> A utilidade da escola primária pode aferir-se pelos interesses que lhe estão confiados, e pela dependência que dela tem todo o saber, todo o bem, todo o progresso. A criança ao deixar o regaço materno, exigem a moral e os interesses sociais, que se eduque e se instrua. E como não é possível, que no seio de cada família haja um preceptor especial para a educação da prole, tornou-se indispensável uma instituição, com que se provesse ao impreterível cumprimento do dever inerente à paternidade: *ensinar os filhos*. A escola primária é, pois, a mais poderosa cooperadora da civilização popular. Confiou-se-lhe a tríplice missão de formar talentos às ciências; engenhos e braços prestantes às indústrias e artes; corações generosos à família e à sociedade; cidadãos prestimosos e sensatos à religião e à política. (1907, p.74)

A importância do papel do professor na escola não se restringiu, nesse momento, às atividades da sala de aula. Ainda nas palavras do "Amigo da instrução": "Ao professor compete a inspeção geral e vigilante da escola" (1907, p.65). Assim, o docente foi definido como um dos profissionais responsáveis pela matrícula dos alunos e, também, de outras atividades burocráticas do tipo *escrituração* e *correspondência escolar* e o *controle das passagens dos alunos entre as classes ascendentes da escola*. Os manuais do período compreendido entre o final do século XIX e o início do século XX fizeram menção a essas tarefas, que posteriormente deixaram de ser enfatizadas. Provavelmente, isso pode ser explicado, em parte, pelo fato de que o desenvolvimento da escola ao longo do século XX contou com a incorporação de outros profissionais responsáveis pelo trabalho administrativo na escola.

Para além das tarefas relativas à organização das atividades escolares, outro elemento destacado pelos livros da Escola Normal relacionou-se à *ciência*. No entender de Leitão, em excerto exemplar de uma tendência notável entre os manuais portugueses e brasileiro dos período, esteve em pauta uma:

> [...] *ciência pedagógica*, que, baseando-se na observação e na psicologia da criança, se pode reduzir a esta terminologia – *modos, métodos, formas e processos de ensino*. São estes elementos destinados a facilitar a missão instrutiva do professor, e sem eles não há quem, por mais erudito que seja, possa estar à frente de uma escola a dirigir o trabalho intelectual dos que a frequentam. (Leitão, 1907, p.36, grifos do autor)

De todos os livros da Escola Normal publicados no período, o que mais evidenciou essa tendência foi o compêndio brasileiro de Valentim Magalhães (1900), no qual as lições de Pedagogia versaram sobre as contribuições da Psicologia e expuseram as questões relativas às noções de "alma" e "espírito" segundo as várias escolas filosóficas; às articulações entre a fisiologia e a psicologia; à divisão e classificação dos fenômenos psicológicos e fenômenos da atividade; ao denominado instinto, de um lado e vontade, de outro; à sensibilidade; à classificação dos sentimentos; à inteligência e às faculdades intelectuais.

Nessa altura, a ciência pedagógica apareceu associada à própria organização da escola, tal como aconteceu com a figura do professor:

> Efetivamente, os *modos de ensino* servem para distribuir a população escolar segundo o maior ou menor número de indivíduos que têm de participar de uma lição; os *métodos* estabelecem a ordem por que devem ser ministrados os conhecimentos objeto do ensino; as *formas* são as diferentes maneiras como se exterioriza o método; e, finalmente, os *processos* são os meios auxiliares da aplicação do método. (Leitão, 1907, p.37)

Em *Noções de pedagogia elementar* (Coelho, 1903); nos dois volumes de *Apontamentos para lições de pedagogia teórica e prática* (Câmara, 1902-1903); nos dois volumes de *Lições de pedagogia* (Leitão, 1903-1905); e nos *Elementos de pedagogia* (Leitão, 1906); ou nas *Lições de pedagogia colecionadas por um amigo da instrução*, publicadas no Rio de Janeiro em 1907, houve referências muito próximas acerca do *modo individual* de ensino, em que o professor deveria se dirigir a cada aluno por sua vez, ao *modo mútuo*, em que o professor contaria com os alunos mais "adiantados" da classe para ensinar aos mais "atrasados"; ao *modo simultâneo*, em que o professor reuniria todos os alunos em um único grupo para eles participarem ao mesmo tempo da mesma lição da classe e, ainda, ao *modo misto*, aplicado no caso de as turmas serem muito numerosas e o professor encarregar alguns alunos "capazes" de ensinarem os outros colegas. Acerca da escolha mais apropriada de um modo ou outro, os livros ensinaram ser preciso atentar para a natureza dos diferentes ramos do ensino primário, das diferentes idades dos alunos e do fim da instrução primária. E esse não foi um detalhe desprezível, pois:

> [...] o que se pretende obter com a instrução primária é, além de uma educação integral, uma instrução que sirva a toda a gente, acessível a todas as inteligências, porque é indispensável a qualquer cidadão. Portanto, *não iremos ensinar na escola de instrução primária a história e a geografia com o desenvolvimento que se lhes dá nos institutos secundários, nem a aritmética ou a moral com a profundeza própria das escolas superiores.* (Leitão, 1907, p.39, grifos nossos)

E, por estarem se referindo justamente ao modelo de *escola de massas* – obrigatória e destinada a todos –, os manuais chamaram a atenção para o fato de que a escolha do modo de ensino a se seguir deveria garantir esse princípio democrático. Esse intuito diferenciou os manuais escritos para formarem professores para o nível primário de outros destinados ao preparo de professores secundários e das escolas superiores que, na altura, ainda estiveram articulados a uma preocupação mais seletiva. Quando explicaram os métodos para o ensino primário, os textos dos normalistas destacaram a multiplicidade dos mesmos – desde o método *educativo, racional, prático, progressivo, sintético, analítico, intensivo, inventivo, experimental, socrático,* passando por outros, notadamente o *indutivo* e o *dedutivo* – há que se assegurar sempre o sucesso de disponibilizar da forma mais acessível e adequada os conhecimentos escolares a todos os alunos. Daí a preocupação com temas como a instalação da escola primária, meios de instrução, agente de ensinos, o edifício, o mobiliário, o museu e as bibliotecas escolares (Coelho, 1903; Leitão, 1903-1905; 1907), com os processos de ensino (Coelho, 1903), com a disciplina escolar (Coelho, 1903), com os diferentes tipos de educação ministrados na escola, a saber, a intelectual e a moral (Leitão, 1907), com as recompensas e punições dos alunos, as comissões de beneficência escolar, como meio de facilitar a obrigatoriedade do ensino e com as caixas econômicas escolares (Câmara, 1902-1903). Os elementos que, segundo os manuais do período, compuseram o modelo de *escola de massas* apareceram claramente nos capítulos que organizaram os textos. Daí podermos chegar a uma figura do *triângulo pedagógico* onde a parte relativa aos *processos de formação* (pensando no trabalho do *professor* no interior da *escola* e na preocupação com os *métodos de ensino* a serem usados junto aos *alunos*) ter sido a mais enfatizada.

A figura dos educandos apareceu de uma forma menos evidente, quando o intuito nuclear dos textos foi traçar o melhor caminho para instruir, examinando temas como a divisão dos alunos em classe e os modos de ensino (Coelho, 1903), matrícula dos alunos (Coelho, 1903), objeto, processos e metodologias de aula (Coelho, 1903; Câmara, 1902-1903; Leitão, 1903; 1905; 1907). Quanto aos saberes a serem transmitidos aos alunos, localizaram-se nos manuais os seguintes tópicos: ensino da leitura e escrita; ensino das lições de coisas; ensino da língua pátria; ensino da ortografia; ensino da história; ensino da geografia; ensino das ciências; ensino da moral; ensino da instrução cívica; ensino do desenho; ensino da música e do canto; exercícios manuais escolares; ensino livre e ensino obrigatório (Câmara, 1902-1903); ensino da língua portuguesa (incluindo-se os métodos português de Castilho e de João de Deus); o ensino da aritmética e da geometria; ensino da agricultura prática e da higiene; a instrução moral; o ensino da corografia e da história portuguesa; a cultura artística (Leitão, 1903; 1905; 1907).

Conforme foi assinalado anteriormente, os saberes pedagógicos corresponderam às informações relacionadas com a organização da escola. As *Noções de pedagogia elementar* (Coelho, 1903) trataram dos conhecimentos dos futuros professores nos capítulos referentes à escola primária, sua instalação, meios de instrução, agentes de ensino e alunos (Agentes de ensino e alunos – o professor e o plano horário, o professor).[2] *Elementos de pedagogia*

---

2 Aqui convém chamar a atenção para algumas especificidades de um dos manuais escritos por José Augusto Coelho, o *Manual prático de pedagogia* (1900). Na verdade, esse título não se destinou explicitamente ao uso dos normalistas, mas, sim, ao dos professores em geral e em especial dos professores do ensino médio e primário. O livro foi aqui mencionado porque tratou de aspectos comuns aos que caracterizaram os manuais pedagógicos portugueses do período: foi escrito por um autor que assina outros manuais, que apresentam conteúdo semelhante ao seu. Mas, ao se destinar a professores em exercício, os saberes pedagógicos tratados nesse texto apresentaram algumas especificidades, englobando o ensino das línguas nos institutos docentes de caráter geral, o ensino das línguas em geral, o ensino das aplicações

(Leitão, 1907) optou por alternativa semelhante ao reservarem páginas relativas a: Organização geral da escola – da educação em geral (noção de educação, espécies de educação, relações entre as três espécies de educação, centros educativos, a família único centro educativo). As *Lições de pedagogia colecionadas por um amigo da instrução* (1907), por sua vez, dedicaram algumas páginas a temas semelhantes, como foi o caso do prédio escolar, de sua exposição, ventilação, iluminação, mobília, organização pedagógica. Além disso, o livro diferenciou os diferentes tipos de ensino ministrados nos jardins e asilo da infância, em asilos e grupos escolares. Tais exemplos foram suficientemente ilustrativos dos modos pelos quais se concebeu a figura e a formação pedagógica do professor na altura, em uma perspectiva prevista já nos programas da Escola Normal. Esse aspecto foi assinalado por Adolfo Lima, ele mesmo autor de outro manual publicado posteriormente em Portugal, durante os anos 1920. Segundo ele, o currículo constituiu-se no início do século para articular a Pedagogia com a legislação relativa às escolas primárias e com a organização da escola:

> *Programas de Pedagogia e Metodologia. Legislação relativa às escolas primárias* (Primeiro ano do curso normal). *Pedagogia – Organização da escola –* Classificação dos alunos. Divisão do trabalho – Divisão do tempo – Disciplina dentro e fora da escola. Prêmios e castigos. Jardins de infância – Asilos – Escolas de 1º e 2º graus. Escolas normais. *Metodologia geral –* Métodos, modos, processos e formas de ensino – Elementos constitutivos do método – Métodos gerais de ensino – Estudos dos diversos métodos conhecidos. *Metodologia especial –* Exame dos métodos especiais empregados no ensino dos diversos ramos de instrução, tomando por base o quadro das disciplinas que constituem os programas das escolas normais. N. B. – Terminada esta parte do curso que deverá concluir-se até ao fim de Março, começam logo os exercícios de prática na escola anexa à normal. (Lima, 1927, p.19)

Se em um primeiro momento da história dos manuais pedagógicos esses livros articularam a profissão docente a uma "vocação", essa ideia apareceu entre os anos finais do século XIX e o início do século seguinte associada à

---

técnicas nos institutos docentes de caráter geral. Nos manuais da Escola Normal não houve tal diferenciação.

Pedagogia, vista como uma espécie de "auxiliar" à inteligência e iniciativa dos mestres ou a "ciência da educação", expressão repetidamente encontrada nos textos do período. A esse respeito, Câmara desenvolveu detalhes acerca dos autores que inspiraram tal concepção: "Adotando a definição de Mr. Compayré, por nos parecer a mais completa de todas as apresentadas" (1902, p.4) e como "todas as ciências práticas, a pedagogia repousa sobre um conjunto de dados teóricos" (1902, p.10). Assim, a Pedagogia exposta nos textos da Escola Normal baseou-se na Psicologia, na Fisiologia, na Moral, na Biologia e na Lógica, compondo "o seu método, que consiste em observar todos os fatos da vida física e da vida moral do homem, e sobretudo, em aproveitar as leis gerais que a reflexão indutiva arquitetou sobre estes fatos" (Câmara, 1902, p.12).

Os manuais, nesse segundo momento de sua história, foram escritos durante um momento crucial de construção do Estado-nação e de estruturação do sistema escolar, quando consolidaram-se, inclusive, os cursos de formação de professores primários em Portugal e no Brasil. Os manuais pedagógicos portugueses e brasileiros, além de outros publicados em países como a França (Roullet, 1998), vincularam a Pedagogia a um campo de prática, central no plano de estudos das Escolas Normais. Mas outra dimensão passou a ser destacada, quando os compêndios integraram aos seus textos, de uma forma muito acentuada, uma reflexão teórica acerca dos fins da educação e das contribuições da Psicologia e da História da Pedagogia. Nesse sentido:

> Tanto em um país como no outro [...] manifesta-se pela primeira vez uma concepção de formação de professores na qual os saberes pedagógicos buscam desvincular-se dos processos metodológicos, e instauram assim novas relações de poder entre os criadores da teoria e os executores da prática. (Nóvoa, 1997/1998, p.263)

Estudos sobre o processo de profissionalização do professorado (Nóvoa, 1987) esclareceram uma distinção notável nos manuais da Escola Normal, referente à pedagogia dita "teórica" e que não se vinculou à ação do professor. As explicações de António Leitão (1907) foram ilustrativas ao exporem a História da Pedagogia desde a antiguidade oriental (a educação dos egípcios, os hebreus, os persas, os indus), a antiguidade greco-latina (características da educação entre os gregos, meios educativos na Grécia, a educação em Atenas, a educação entre os romanos), a Pedagogia na Idade Média, a Pedagogia depois da Reforma. Nesse momento, o autor traçou um histórico do movimento das ideias no século XVI, da influência dos humanistas, da reforma religiosa, das doutrinas pedagógicas de Lutero, da Pedagogia dos jesuítas, da educação no século XVII, de pedagogistas notáveis no século XVII, como Bacon e Comenius, os jansenistas e os oratorianos, La Salle e Francke. Referiu-se, ainda, à Pedagogia no século XVIII, à influência da obra de Jean-Jacques Rousseau, à educação segundo Condillac, à educação no século XIX, à influência de Pestalozzi no ensino popular, a Fröebel; aos jardins de infância e a outros pedagogistas "notáveis", como Bell, Lancaster, padre Girard, Herbart, Carpentier, Spencer e Bain. Foi justamente a partir dessas referências que os manuais passaram a refletir sobre a educação em seu próprio país. Coelho (1903) falou da evolução das ideias educativas em Portugal e Leitão (1907), da história da instrução popular portuguesa, explicando a importância do Marquês de Pombal na estruturação desse sistema, sua situação nos anos 1820, nas reformas de 1835 e 1844, no ministério de instrução pública, na reforma de D. Antônio da Costa e na instrução primária depois de 1870. Até então essas referências a autores, obras e experiências do exterior e do nível nacional não tinham sido tão visíveis nos manuais para professores. Esse foi um esforço para delimitar e legitimar a estrutura então proposta para a escola em Portugal e no Brasil e continuou inspirando a construção dos textos da Escola Normal posteriormente publicados.

1910-1940: Os saberes mobilizados para a compreensão do aluno

Durante as décadas iniciais do século XX, tanto os manuais portugueses quanto os brasileiros mobilizaram saberes no intuito de compreender os alunos. Com esse intuito, foram escritas em Portugal as *Lições de pedologia e pedagogia experimental* (Vasconcelos, 1910), a *Psico-fisiologia* (Pimentel Filho, 1916), as *Lições de pedagogia geral e de história da educação* (Pimentel Filho, 1919), as *Lições de metodologia* (Lage, 1923), os dois volumes de *Metodologia* (Lima, 1921-1932) e os dois da *Pedagogia sociológica*

(Lima, 1929-1936). No Brasil, esforço semelhante foi realizado nas *Lições de pedagogia* (Bonfim, 1920), em *Escola brasileira* (Toledo, 1925), em *Didática nas escolas primárias* (Toledo, 1930); na *Introdução ao estudo da Escola Nova* (Lourenço Filho, 1930), em *A Escola Nova comentada e explicada* (Conte, 1932), no *Tratado de pedagogia* (Anísio, 1933), em *Técnica da pedagogia moderna* (Backheuser, 1934), reeditada posteriormente com o título *Manual de pedagogia moderna* (Backheuser, 1942), em *Pedagogia* (Menezes, 1935), no *Compêndio de pedologia e pedagogia experimental* (Anísio, 1937), nos *Fundamentos do método* (Penteado Jr., 1938) e na *Pedagogia* (Leôncio, 1940).

Tomando como referência os saberes relativos à infância, os manuais do período passaram a enfatizar outro polo do *triângulo didático*, deixando de destacar tanto as questões relativas ao professor e à organização da escola, como ocorreu anteriormente. Os textos da Escola Normal fundamentaram-se, então, em trabalhos de psicólogos,[3] médicos,[4] sociólogos, higienistas, biólogos, filósofos e outros especialistas da sociedade e da infância. A cultura pedagógica foi pensada para valorizar as características do educando, que foram objeto de explicação para os professores porque, na época, as finalidades escolares dirigiram-se à educação integral das crianças, de suas atitudes, disposições e comportamentos. Na verdade, essa tendência não caracterizou apenas o conteúdo dos manuais, incluindo ainda as várias produções da área. Em tese sobre a construção da modernidade pedagógica, segundo a qual a escola formou seus alunos de acordo com os ideais do humanismo, das luzes, do progresso, da autonomia e da responsabilidade, Jorge do Ó (2003) investigou o que denominou como "artefatos discursivos" feitos pelo Estado e a ciência psicopedagógica para transformar a criança em um ser escolarizável.[5] Por isso:

---

3 Sobre os saberes da psicologia e sua presença no campo educacional brasileiro no período compreendido entre 1890 e 1930, ver o trabalho de Fausto (1996).

4 Sobre o lugar da medicina e da higiene na configuração da educação escolar na corte imperial brasileira, ver Gondra (2004).

5 No âmbito do projeto *Estudos comparados sobre a escola – Brasil e Portugal – séculos XIX e XX* (Capes/ICCTI e Capes/Grices – 2000 a 2004) foram desenvolvidas investigações sobre os conhecimentos relativos aos alunos, como foi o caso dos trabalhos de Jorge Ramos do Ó, intitulado *O governo dos escolares* (2001), e os de Cynthia Pereira de Sousa, expostos no caderno intitulado *Infância, pedagogia e escolarização*: a mensuração da criança transformada em aluno em Portugal e no Brasil (1880-1960) (2004).

A tese da criança como um adulto em miniatura – um *homunculus* a quem faltaria o conhecimento e a experiência próprios apenas da idade madura – seria negada por essas descobertas científicas da pedologia que passaram a documentar que o pensamento da primeira é não apenas quantitativa mas qualitativamente diferente do do segundo. Com efeito, cada alma infantil passou a entender-se como uma realidade dinâmica, uma criação contínua e irredutível; e o longo trabalho da socialização escolar, durante os períodos da infância e da adolescência, foi nesses termos descrito como correspondendo a um equilíbrio dos mecanismos de adaptação, de acomodação e de assimilação. (Ó, 2003, p.126)

Ao explicarem os conhecimentos relativos ao aluno, os livros dos normalistas construíram novas formas de conceber o ensino, articulando os seus conteúdos à Escola Nova. Este movimento já foi amplamente estudado por historiadores da educação (Nóvoa, 1995) porque os seus postulados foram apropriados em diversos lugares do mundo durante a estruturação da *escola de massas*. E os manuais deram a conhecer o desenvolvimento e a difusão de estudos sobre educação nesse período em vários países. Em seu *Pedagogia sociológica I-II* (1929-1936), Lima assinalou tal aspecto ao tratar da "educação extranacional" e expôr o seguinte:

É o caráter extranacional, ou melhor, mundial, pacifista que está assumindo cada vez mais conscienciosamente a Educação e os seus respectivos órgãos. O caráter de uma educação nacionalista acanhada tende a ceder conscientemente o lugar a um ensino e a uma educação humana: às preocupações e paixões chauvinistas, ao ensino tendencioso para criar sentimentalidades megalomaníacas e "pátrias maiores", essencialmente plutocráticas, feitas à custa e com sacrifício de outras "pátrias" devem suceder preocupações de criar mentalidades clarividentes que aspirem antes a "pátrias melhores" ou a "povos melhores" fundamentalmente idealistas e cujo conjunto deve formar uma "humanidade melhor e pacífica". [...] Esta tendência formula-se nos seguintes termos: a) A criança, que quer uma vida vigorosa e alegre, precisa ser educada nos princípios da sublimação vital e social, correspondendo à aspiração bio-idealista da perfectibilidade humana; b) A Paz é uma força criadora e positiva; c) A própria criança, individualmente considerada, tem importância para o estabelecimento da Paz no Mundo; d) Os soldados da Paz, lutando pelo ideal da Sociedade das Nações e pela colaboração internacional são heróis da nossa época. (Lima, 1929, p.443-4)

No trecho acima, Lima (1929) deu a conhecer uma tendência mundial da época, resumida na procura pela Paz garantida via educação das crianças. E, retomando debates a esse respeito, transcreveu as palavras de De Greef em discurso proferido pouco antes da Primeira Guerra Mundial na sessão inaugural da Universidade Livre de Bruxelas intitulada "A era da mundialidade", no qual ele afirmou que a:

> [...] *era das nacionalidades está encerrada; a das internacionalidades e, até, da mundalidade está aberta.* Assim a unidade mundial da espécie humana cada vez melhor constituída no espaço, se completa pela consolidação de uma unidade no tempo. (Lima, 1929, p.446, grifos nossos)

Mesmo tendo enfatizado o caráter transnacional da educação e as críticas aos nacionalismos ingênuos e exagerados, o autor do manual não associou as tendências internacionalmente estabelecidas como lições meramente copiadas nos planos locais. No seu entender:

> O erro dos internacionalistas está em querer internacionalizar o que não é internacionalizável e não se contentarem com internacionalizar o que é internacionalizável. E o que é internacionalizável? São todos os fenômenos sociais superiores, aqueles que são essencialmente humanos e não puramente animalescos. São os artísticos, os científicos, os morais, os jurídicos e os políticos. [...] De fato, assim tem sido apesar das aparências. As formas variam de terra para terra, de latitude para latitude, mas a essência do tipo da Escola, a filosofia da Educação é extranacional, mundial através dos tempos. *Dentro das divergências étnicas, econômicas, familiares, dos usos e costumes regionais que determinam educações especiais há e houve sempre a tendência para a unidade.* (Lima, 1929, p.448, grifos nossos)

E, ainda tratando do movimento internacional da educação – incluindo-se aí estudos e experiências levadas a efeito em diversas partes do mundo – Lima não deixou de se referir a iniciativas de seu próprio país ao desenvolver os tópicos "Escolas religiosas em Portugal", "O laicismo em Portugal", "A Liga Internacional Pró-Educação Racional da Infância em Portugal" e "A escola social em Portugal". Além disso, remeteu para a importância no campo educacional de autores portugueses, como José Augusto

Coelho,[6] António Sérgio[7] e José de Magalhães,[8] além de autores do exterior, destacados, inclusive, por meio de fotos distribuídas ao longo das páginas do manual: L. Cellerier, J. F. Herbart, E. Zola, David Emile Durkheim, Condorcet, J. Ferry, H. Pestalozzi, A. Binet, Ellen Key, os pioneiros da pedagogia científica (O. Decroly, P. Bovet, B. Ensor, Claparéde, P. Geheeb e A. Ferriére), Savério de Dominicis, F. Ferrer, C. A. Laisant, Anatole France, Fénelon, J. J. Rousseau, J. F. Elslander, Maria Montessori, G. Kerschensteiner, Costa Sacadura, Sócrates, Fröebel, S. Hall, Pedro J. da Cunha, C. W. Washburne, L. Tolstoi, P. Robin, J. Dewey, P. Geheebe, A. Sá Oliveira, H. G. Wells, Eliseu Reclus. Note-se que, embora tivesse valorizado o nome de pessoas ligadas ao movimento nacional de educação, Lima (1929) acabou por dar maior destaque aos autores estrangeiros, cujas referências foram significativamente mais numerosas em seu livro, deixando entrever o fato de que este foi um momento em que as referências ao estrangeiro funcionaram como um mecanismo de legitimação das ideias e projetos da escola moderna que se quis implantar e foram dadas a ver nos manuais publicados nos anos 1910 e 1930.

O manual português que traçou de forma mais explícita esse movimento de internacionalização da educação foi o de Alberto Pimentel Filho, publicado em 1916, intitulando-se *Lições de pedagogia geral e de história da*

---

6 No *Dicionário de Educadores Portugueses*, uma das informações que constam acerca de Coelho são as referentes a um "autor que melhor representa o esforço de sistematização e racionalização das questões relativas ao território educativo em um momento histórico e social em que é crucial para o Estado fazer vingar os princípios que legitimem a imposição da escolaridade obrigatória como paradigma de socialização, permitindo-lhe ao mesmo tempo exercer controle total dos agentes que a realizam, os professores" (Correia, 2003, p.361).

7 O próprio manual de Lima assinalou António Sérgio como um "conceituado pedagogo", vinculado à Liga Internacional Pró-Educação Racional da Infância em Portugal e um dos responsáveis por um dos órgãos que, em Portugal, divulgou o movimento escolanovista. Tratou-se da Revista *Educação social*. Segundo o *Dicionário de educadores portugueses*, "este é um dos intelectuais de referência do século XX português", "ligado aos círculos pedagógicos da Educação Nova", de tendência progressista e atuação marcada pelos diálogos com autores do exterior (2003, p.1291-300).

8 Segundo o *Dicionário de Educadores Portugueses*, o referido autor ocupou o Ministério da Instrução durante a Ditadura Militar, participando de forma decisiva da reorganização do ensino primário (Decreto n. 13.791/1927), da institucionalização do regime de separação de sexos (Decreto n. 15.032/1928) e do encerramento de alguns cursos de nível superior (Leal, 2003, p.841-3), sendo reconhecido por Lima como um "erudito pedagogo" (Lima, p.431).

educação. Este foi um compêndio da História da Pedagogia e das biografias dos grandes educadores, onde foi possível "encontrar muitas das teorias educativas que hoje são adotadas com fervor, porque estão de acordo com a psicologia infantil. Não podemos, portanto, fazer tábua rasa do passado, mas antes inventariar o que, sobre matéria de educação, os antepassados nos legaram" (Pimentel Filho, 1916, p.108). Ainda de acordo com o autor, isso permitiu aproveitar "o que haja de bom e conforme a ciência moderna", "estudar o que houver de mau e de utópico na obra dos nossos predecessores", enfim, uma *apropriação* de produções da área educacional para a construção de uma teoria útil para a nação. Isso porque, ao dirigir-se aos alunos normalistas, Pimentel Filho afirmou ter sido:

> [...] nas vossas mãos que nós, os portugueses da geração atual, vamos confiadamente depor o encargo de conduzir a novos e mais ilustres destinos a nossa querida Pátria. A vós deixamos a herança das nossas tradições, dos nossos sentimentos, da nossa cultura mental e do nosso caráter, todo este complexo intelectual e moral que define, perante a História, a Nação portuguesa, não para que a malbarateis, mas antes convictos de que saberes sucessivamente aumentá-la e valorizá-la. (Pimentel Filho, 1916, p.109)

Assim, se a "todo crente são precisos um santuário e uma Bíblia: seja a Escola o santuário e a História da Pedagogia a vossa bíblia" (Pimentel Filho, 1916, p.109).

Nessa mesma perspectiva, Lage (1923) traçou em seu manual um "esboço histórico dos métodos de educação", como ele mesmo denominou, referindo-se aos métodos de educação até o século XVI, à influência da Reforma e da Renascença na transformação dos métodos de educação, às figuras de Martinho Lutero, dos jesuítas, jansenistas e àqueles que são tidos como "os principais apóstolos das novas doutrinas metodológicas até ao século XVIII", a saber, Francisco Rabelais, Miguel de Montaigne, Francisco Bacon e Comenius. Reservou uma parte de seu livro, ainda, para assinalar a figura de Jean Jacques Rousseau e seu método "natural", dos filantropos, de Pestalozzi e seu método "intuitivo", do padre Girard, um dos defensores do método pestalozziano, de Herbart, de Fröebel, de Spencer, de Maria Montessori, dos métodos americanos, de Ferrer e seu método "racional", de Tolstoi e seus métodos de educação. Optando por uma alternativa semelhante,

Lima (1921-1932), no manual que também versou sobre a metodologia, situou o leitor quanto às origens dessa disciplina, que, nas suas palavras, "desenvolveu-se e assumiu a sua autonomia na Alemanha, sob o nome de *Methodik*", depois, "passou para a Bélgica e Suíça francesa" (p.15). A metodologia, conforme o autor explicou, foi anteriormente chamada de didática, tendo aparecido pela primeira vez em *Didática Magna*, de Comenius (1630), pedagogo nascido em Nivnitz, Hungria, em 28 de março de 1592 e falecido em 1671. Ele apareceu no manual como o "primeiro evangelista da pedagogia moderna", definição localizada por Lima na obra de Michelet. E, para distinguir a didática da metodologia, o texto fez referências a Daguet, autor suíço, a Rayneri, autor italiano, à organização das escolas normais francesas, italianas e, por fim, das portuguesas.

Outros exemplos da mobilização de experiências do exterior foram notáveis em Pimentel Filho (*Psico-fisiologia*, 1916), quando o autor elogiou o desenvolvimento dos testes psicológicos nos Estados Unidos, e Vasconcelos (*Lições de pedologia e pedagogia experimental*, 1923) em trechos dedicados à definição da Pedologia e do movimento pedológico, quando o escritor tratou da origem desses esforços em outros países, que não Portugal:

> Foi sobretudo nos Estados Unidos que o movimento pedológico se desenvolveu com notável sucesso, que se pode caracterizar pelos seguintes factos: a) fundação de revistas importantes, *Educational Review, Pedagogical Seminary, Journal of Education psychology, The training school*, etc; b) criação de sociedades de estudos, *Associação Nacional de Educação* (1894), *Associação americana para o estudo da criança* (1893) etc.; c) aparição de livros notáveis de Stanley Hall, Worcester, Earl Barnes, J. M. Baldwin, Tracy, Dewey, etc.; d) organização de laboratórios, clínicas psicológicas, clínicas educativas, etc., como o *Instituto Pedagógico de Clark Universality* (S. Hall), o do *Teachers College de Columbia University* (Thorndike), o da *Cornell University* (Wipple), o da *Yale University* (Yudd), o *Paidogical Laboratory de Vineland* (Goddard) etc.; e) inovações científicas: consultórios de orientação profissional, estudo das crianças excepcionais, etc., etc. Na Inglaterra onde Sully publicava o seu livro [...] Na França em que o terreno estava preparado pelos trabalhos de Taine, [...] foi Binet quem deu à pedagogia científica um novo impulso [...] Claparède desempenha na Suíça o papel que Binet teve em França, promovendo a experimentação pedagógica [...] Na Bélgica o movimento pedológico tem sido notável. Em 1899

Schuyten criou um laboratório de Pedologia em Antuérpia [...] Na Itália, além dos trabalhos de Mosso sobre a fadiga e o medo, de Marro sobre a puberdade [...] Na Alemanha o movimento pedológico adquiriu uma importância considerável, podendo citar-se como exemplos ilustrativos [...] Na Áustria, além de revistas importantes de laboratórios e de sociedades pedagógicas, convém citar os trabalhos de Freud... Terminaremos este rápido esboço do movimento pedológico na Europa mencionando na Hungria o laboratório de Ranchburg (Budapest), na Bulgária os trabalhos de..., na Suécia a revista [...] e a série de Congressos de Higiene Escolar, de Educação física, de Educação Familiar, que se realizaram em diferentes países, bem como o primeiro Congresso Internacional de Pedologia que se realizou em Bruxelas em 1911. (Vasconcelos, 1923, p.13-6)

Nos manuais brasileiros foram localizados argumentos semelhantes. Quando definiu a Pedagogia como "ciência e arte", Djacir Menezes articulou-a à Pedologia, entendida como a "história natural da criança". Isso porque o objeto do pedagogo correspondeu ao "estudo das circunstâncias mais favoráveis ao desenvolvimento da criança, dos meios mais eficientes para educá-la" (1935, p.12). Posto isso, o autor do manual apresentou aos normalistas algumas especificidades dos estudos desenvolvidos sobre a infância, situando mais detalhadamente algumas referências para o trabalho docente:

> A investigação das leis reguladoras da evolução dos fenômenos físicos, fisiológicos e psicológicos peculiares à infância, que é o objetivo da pedologia pura, abrange o estudo da anatomia e fisiologia infantil (*pedologia somática*), a transformação dos fenômenos mentais e seus concomitantes fisiológicos (*psicopedagogia*), os meios e condições sociais a que o indivíduo é chamado a organizar sua experiência (*sociologia educacional*). (Menezes, 1935, p.12)

Lourenço Filho (1930), em manual escrito na mesma época, considerou questões semelhantes e iniciou o seu texto situando as bases históricas desse movimento. No seu entender, as tentativas de compreensão do desenvolvimento das crianças foram levadas a efeito em vários países desde os últimos anos do século XIX. Além de se realizar estudos, houve esforços relativos às mudanças de procedimentos de ensino, marcando as diferenças entre uma escola chamada de antiga ou tradicional e outra diferente, nova.

Essa polarização foi sistematicamente exposta nos livros dos normalistas e as palavras de Conte foram exemplares:

> A escola tradicional antiga era: expositiva, dogmática, psitacista, verbalista, abstrata, dedutiva, intelectualista, artificial, anti-higiênica, anti-estética, triste, amedrontadora etc. Em vez de permitir as perguntas, as objeções, a crítica, a discussão, impunha noções e sentenças indiscutíveis. Os alunos tinham que ouvir e aceitar calados. (1932, p.7)

Em uma perspectiva na qual o aluno não se configurou como objeto central das atividades escolares:

> Em vez de um ensino dirigido à inteligência propriamente dita, de um aprendizado consciente, verificadamente compreendido, fazia decorar, embora sem compreender. Em vez das coisas, dos fatos, dos exemplos, vinham palavras, nomes, regras, definições, etc. Em vez de começar pelo concreto, pela coisa, pelo fenômeno, pelo fato, ela [a escola] começava com o abstrato: a lei, a definição, a regra, a classificação, os princípios. Em vez da marcha indutivo-dedutiva, procedia ao inverso: começava pela dedução ou generalidade e daí descia aos exemplos (quando o fazia) e, mesmo assim, os exemplos eram, as mais das vezes, simples nomes das coisas, em vez das próprias coisas. (Conte, 1932, p.7-8)

Na chamada *escola nova*, diferentemente, o trabalho escolar organizou-se em função do aluno e da criança. Se antes ela só teria como dever, "aprender e acabou-se", pouco importando se isso lhe fosse "interessante ou não, agradável ou desagradável o assunto, [este] tinha que *entrar-lhe na cabeça*, nem que fosse a golpes de régua" (Conte, 1932, p.13), com a renovação do ensino, as aulas deveriam ser organizadas de outra forma, atentando para o interesse do aluno, explicando o que teria valor e utilidade para sua vida. Um empreendimento dessa natureza:

> [...] não foi obra nem de uma só pessoa nem de uma só época. [Isso] foi se delineando aos poucos, e resultou de um estudo atento da psiqué infantil, da vida real da criança, das suas tendências naturais, dos seus interesses em diversas idades, do estudo dos processos mentais do aprendizado natural, comparado ao da escola etc. (Conte, 1932, p.15)

As referências usadas pelos manuais que trataram da Escola Nova marcaram as especificidades da infância com relação ao mundo adulto, o que permitiu:

> [...] devolver a criança a si mesma, [...] fazê-la reingressar na vida d'onde a havia violentamente arrancado a escola. E foi o que fez a pedagogia nova. Se a vida infantil é experiência espontânea, curiosidade, observação, invenção, realização e brinquedo, porque não vasar o programa escolar nesses moldes? Por que não adaptar conhecimentos e educação aos gostos da criança? (Conte, 1932, p.15)

Em Portugal, dois títulos foram explicitamente dedicados aos estudos da infância: a *Psico-fisiologia* (Pimentel Filho, 1916) e as *Lições de pedologia e pedagogia experimental* (Vasconcelos, 1923). O primeiro livro quis contribuir para que o professor primário conhecesse "o tipo médio da criança portuguesa", a fim de que pudesse regular melhor a atividade escolar. O manual de Vasconcelos também foi exemplar ao detalhar que:

> Hoje, porém, estamos em presença de uma pedagogia nova, cujas características principais podemos reduzir a estes três fatos fundamentais: a) Estudo científico da criança; b) Associação eficaz do médico e do educador; c) Colaboração sincera da família e da escola na obra educativa. São estes três fatos que dão à pedagogia nova uma base científica, a única sobre que deve assentar o desenvolvimento regular da criança sob os diferentes aspectos por que tenhamos de encará-lo. (Vasconcelos, 1923, p.9-10)

Organizando-se a partir dos interesses dos alunos, a Escola Nova cuidou da *educação integral* do aluno, organizando espaços para a iniciativa, a cooperação e o preparo para a vida pela vida (Backheuser, 1934, p.39). A partir dessas três dimensões:

> Em vez de receber preguiçosamente e sem esforço ensinamentos preparados pelo mestre, cabe à criança como que procurá-los por si mesma. [...] Por isto que a iniciativa se traduz em *trabalho* espontâneo, intenso, forte, multiplicado [...]. Cumpre que o aluno trabalhe, tenha iniciativas, mas as tenha na base do mútuo auxílio. (Backheuser, 1934, p.40-1, grifos do autor)

Para expôr esse tipo de atividade, os livros da Escola Normal apoiaram-se na "leitura dos mais autorizados autores versando a nova pedagogia" (Backheuser, 1934, p.39). Acerca da dinamicidade dessa circulação de saberes cada vez mais intensa e característica dos manuais pedagógicos e do campo educacional da época, Nóvoa afirmou que:

> Simultaneamente, deve-se compreender como o desenvolvimento da escola de massas envolveu, nos diferentes contextos nacionais, racionalidades e tecnologias de progresso difundidas em nível mundial, impondo novas exigências, particularmente no que se refere à preparação e ao controle dos professores. A imposição da educação obrigatória constitui um dos principais fatores que busca fortalecer as relações simbólicas entre os indivíduos (os cidadãos) e o Estado. Vários autores afirmam que a expansão da escola de massas "depende da criação de projetos soberanos unificados, que estão ligados e são reconhecidos pela sociedade mundial de Estados-Nação". A ontologia da modernidade constrói uma escola artífice de um trabalho laborioso de unificação cultural. Baseada em uma ideologia de progresso e em uma racionalidade científica, este labor viabiliza o projeto de integração das populações no Estado. (1997/1998, p.271)

Essa intensidade da circulação de saberes foi a característica mais marcante na terceira fase da história dos manuais pedagógicos. Esses livros deram a conhecer a "grande geração pedagógica", suas proposições e contribuições para o campo educacional e para a constituição de uma Pedagogia renovada. A racionalização das instituições escolares então proposta baseou-se em um programa mais amplo de consolidação das ciências humanas e sociais ou, como explicou Pimentel Filho:

> Só nos resta agora explicar a razão por que a Pedagogia Geral levou tanto tempo a desenvolver-se, a ponto de que podemos considerá-la uma ciência relativamente moderna. Para uma dada época, a Pedagogia Geral exprime a concepção da organização social e da vida humana relativamente a essa época. A educação, tendendo ao desenvolvimento integral do homem, pressupõe portanto o conhecimento exato da fisiologia e da psicologia; e, procurando adaptar os indivíduos ao meio social, implica noções positivas de sociologia. Ora estas três ciências, a fisiologia, a psicologia e a sociologia, em que a ciência da educação se alicerça, são relativamente modernas. (Pimentel Filho, 1916, p.28)

Analisando os modos pelos quais a ideia de *Pedagogia*, ou de *Ciência da Educação* configurou-se nos manuais do período, foram notáveis algumas distinções entre os níveis teórico e pragmático. Nesse sentido, Lourenço Filho organizou seu manual em duas partes: uma primeira descrevendo as contribuições da Biologia, da Psicologia e dos Estudos Sociais para a escola. Além dessas páginas mais "teóricas", o autor dedicou alguns capítulos a questões didáticas, o que, em suas palavras, "concorre para mais perfeita compreensão das relações entre modelos conceituais e modelos práticos" (Lourenço Filho, 2002, p.219). Assim, o trabalho do professor não envolveu apenas a escolha de determinadas técnicas de ensino, mas exigiu, primeiramente, a "compreensão dos verdadeiros princípios da escola nova" (Lourenço Filho, 2002, p.221).

Em Portugal, Lage remeteu para questões semelhantes ao afirmar que:

> Por mais belas que sejam as teorias pedagógicas, por melhor que seja a vontade do professor em tirar delas o maior proveito para os seus alunos, nenhum valor elas têm e nenhuns resultados produzirão se o professor não souber adaptar-lhes o método que mais lhe convém. E é por isso que se diz que o valor do professor depende, sobretudo, do método que puser nos seus atos. (1923, p.200-1)

Assim, não obstante as diferenças entre esses dois níveis, o teórico e o prático, as palavras do autor do manual não deixaram dúvidas quanto às relações entre os mesmos:

> A Pedagogia sem método nada mais seria que um conjunto de princípios unânimes, de fórmulas idealistas e, por consequência, sem nenhuma utilização prática. Só com o auxílio do método a Pedagogia pode dar vida e atividade aos seus princípios, só convenientemente orientada poderá converter-se em uma prática realidade. (Lage, 1923, p.200)

E a Metodologia, por sua vez:

> [...] em muitos cursos normalistas, não figura como disciplina independente. Não é uma ciência autônoma. A sua bibliografia é já vasta; mas está longe de corresponder à sua importância e ao que há de escrito acerca dos outros ramos e especialidades das ciências da Educação. (Lima, 1927, p.15)

Ao tratar das origens desse ramo em um manual dedicado a ele, Adolfo Lima explicou que a:

[...] *Metodologia*, disciplina que estuda os métodos da Educação e que constitui uma das importantes ciências da *Educação*, desenvolveu-se e assumiu a sua autonomia na Alemanha, sob o nome de *Methodik*. Existe no quadro das disciplinas das escolas normais prussianas; é considerada como uma ciência especial da Educação. Desta nação passou para a Bélgica e Suíça francesa, onde tomou o nome de *Metodologia* e teve as devidas honras, sendo-lhe consagrados estudos especiais e de sistematização. À matéria de que trata esta disciplina foi anteriormente dado o nome de *Didática* – palavra vinda também da Alemanha e que apareceu em 1613 em um livro: *Kurzer Bericht von der Didaktik oder Lehrkunst, Wolfgangi Ratichi Giessen*. Foi depois empregada pelo pedagogo Comenio na sua obra *Didática Magna*, cuja primeira edição, em tcheco, data de 1630. Como havemos de ver, [...] a palavra *Didática* não pode considerar-se hoje como sinônimo de *Metodologia*. O progresso das ciências educadoras imprimiu a esta um caráter filosófico que àquela falta, e um tal desenvolvimento que lhe deu o direito de se emancipar e de tornar-se independente. (Lima, 1927, p.15-6)

No entender de Lage, "a Pedagogia do nosso tempo não admite teoria que não provenha da prática, nem prática que não seja convenientemente explicada" (1923, p.148). E Lima (1927-1932), por sua vez, reivindicou a autonomia e independência da Metodologia enquanto disciplina do currículo das Escolas Normais e como uma das Ciências da Educação. Sendo assim, a tendência dos dois autores foi legitimar essa área, que, nas suas visões, não se distanciou do plano das teorias. Curiosamente, as afirmações não foram notáveis em manuais relacionados a outros temas, que não os da metodologia, como foi o caso da psico-fisiologia (Pimentel Filho, 1916), da pedagogia (Anísio, 1933; Backheuser, 1934; Menezes, 1935; Leôncio, 1940) e da história da educação (Pimentel Filho, 1919), da pedologia (Anísio, 1937) e a sociologia (Lima, 1929-1936), mais próximos, por sua vez, do plano das teorias científicas (ou pelo menos esse é o estatuto a elas delegado).

Uma ideia mais clara do aperfeiçoamento da noção de *ciências da educação* foi visível no primeiro volume de *Pedagogia sociológica* (Lima, 1929). Neste livro, o autor questionou a concepção de Compayré (tão destacada pelos manuais do período anterior) acerca da pedagogia, reconhecendo suas limitações:

> Compayré apenas nos diz que a Pedagogia tem um aspecto teórico ou científico, quando trata dos seus princípios e das suas leis, e tem um aspecto prático, quando aplica essas leis e princípios. O passo para a frente que este conceito nos pode dar, é apenas, de um modo vago e impreciso, que a Educação é *uma parte* da Pedagogia e não o todo. (Lima, 1929, p.14, grifos do autor)

E, então, passando por autores como Rayot, João Cesca, Dugas, Cellerier, Carré, Liquier, Herbart e Claparède, o escritor situou os avanços na compreensão da Pedagogia, vinculando-a à Psicologia.

> É, por conseguinte, à Psicologia que a Pedagogia vai buscar os fundamentos do seu sistema de princípios. É a Psicologia que fornece os elementos indispensáveis para ela organizar o seu sistema de princípios e de leis da Educação. (Lima, 1929, p.18)

No segundo volume desse mesmo manual constou a seguinte explicação:

> A Pedagogia, como todas as ciências, foi na sua infância simples e rudimentar. Poucos eram os seus capítulos. O conteúdo ou matéria de cada um deles tomou, porém, uma tão grande importância, e um tal volume que, ou se diferenciaram e se subdividiram em outros capítulos correspondentes a outros tantos estudos especializados ou, então, se emanciparam da Pedagogia e colocaram-se a seu lado, formando um conjunto de ciências a que se deu o nome de *Ciências da Educação*. É assim que nos países em que os progressos da Pedagogia atingiram grande incremento e feição científica, se criaram ou se estão criando instituições destinadas a estudos e investigações científicas de caráter pedagógico sob o nome de "Institutos de Ciências da Educação", em vez da velha denominação de "Faculdades de Pedagogia" ou de "Escolas do Magistério" ou do ainda mais velho e mais impróprio título de "Escolas Normais". (Lima, 1936, p.8)

Lima narrou a "evolução histórica da Pedagogia" como uma:

[...] "bola de neve", que, começando por um pequeno pedaço, vai, sucessivamente, engrossando, à medida que rola pelo campo de gelo, até que, atingindo uma certa grandeza, se fragmenta em dois ou três pedaços, que, por sua vez, vão aumentando de volume até chegarem a um tamanho igual ou superior ao daquele donde derivaram, e, assim, sucessiva e progressivamente. (Lima, 1936, p.8)

A partir dessa "bola de neve", segundo Lima, desdobram-se a parte teórica e a parte prática da Pedagogia. Tal distinção, no entender de Lima:

[...] peca pela sua falta de base: é artificial, porquanto as matérias, objeto da Pedagogia, tanto podem ser encaradas sob um como sob outro aspecto. Alguns tratadistas, por exemplo, incluem na parte teórica os "processos de educar", que também podem muito bem ser incluídos na parte prática. Não é raro, todavia, encontrar-se na parte prática o estudo desenvolvido de princípios e teorias. (1936, p.9)

Não obstante as críticas a esse tipo de divisão entre o plano prático e o teórico, foi nessa perspectiva que se ordenam os planos de estudos das Escolas Normais em Portugal e no Brasil (como também em outras partes do mundo) e o conteúdo dos manuais pedagógicos. Isso porque a própria concepção de formação docente, tanto em Portugal como no Brasil, reconfigurou-se durante esse período no sentido de imprimir aos cursos um caráter menos propedêutico e mais profissionalizante (Nóvoa, 1987; Tanuri, 1967). Daí a ênfase em várias disciplinas como: Didática, Metodologia e Pedagogia, além de Psicologia Educacional, História da Educação e Sociologia Educacional. Até então, os manuais pedagógicos tinham se referido a temas restritos à Pedagogia e à Didática. Nas décadas iniciais do século XX, os manuais pedagógicos começaram a se dedicar a outras temáticas, como a Psico-fisiologia, um dos tópicos então tratados na cadeira de Pedagogia[9] e que inti-

---

9 Na apresentação do referido manual apareceu a seguinte explicação acerca da escrita do mesmo: "No presente ano letivo (1915-1916) o acaso levou-me à regência da cadeira de pedagogia da 2ª classe da Escola Normal de Lisboa, onde há 14 anos venho professando quase exclusivamente as ciências físico-químicas e naturais" (Pimentel Filho, 1916, p.5). Foi justamente a partir desse trabalho que o manual foi feito: "Ora eis em face de que o programa tive eu de encontrar-me. Comecei, é claro, por inverter da ordem das matérias e fiz anteceder ao estudo da metodologia o estudo da psico-fisiologia. Das lições feitas sobre esta matéria se publica agora o resumo, ficando para mais tarde a sua publicação integral, se acaso

tularam o texto de Pimentel Filho (1916); a Pedagogia Geral e História da Educação, outro item do currículo também desenvolvido pelo mesmo autor (1919); Sociologia, tratada por Adolfo Lima nos dois volumes de *Pedagogia sociológica* (1929-1936); Metodologia, desenvolvida por dois manuais, um de Bernardino Lage, *Lições de metodologia* (1923) e outro de Adolfo Lima, composto por dois volumes (*Metodologia I-II*, 1921-1932) e a Pedologia, tratada no *Compêndio de pedologia e pedagogia experimental* (Anísio, 1937).

As disciplinas que na época constituíram o Curso Normal podem ser agrupadas, no entender de Lima (1927), em duas categorias, uma das disciplinas ditas "normativas", mais próximas do plano teórico, e outra "de aplicação" dos saberes desenvolvidos pelo primeiro grupo:

> a) Disciplinas "normativas" ou cujo objetivo é criar e orientar uma capacidade ensinante em cada aluno; é fazer a sua "educação profissional" no que respeita ao próprio indivíduo, à sua mentalidade, ao seu espírito profissional. b) Disciplinas de "aplicação" ou cujo objetivo é aplicar as aptidões ensinantes e profissionais, criadas e desenvolvidas pelas "disciplinas normativas". À primeira categoria pertencem a *Higiene e Higiene escolar*, a *Psicologia geral e experimental*, a *Pedologia*, a *Pedagogia e a Metodologia geral*. À segunda categoria ou grupo, todas as demais disciplinas, e como que sendo uma aplicação ou experimentação prática da *Metodologia geral*. (Lima, 1927, p.22)

Para o estudo das disciplinas de "aplicação", os alunos das Escolas Normais Primárias portuguesas contaram, na época, com os já mencionados títulos de Lima (1927-1932) e de Lage (1923) e também com a *Didática geral*, escrita por João Almeida (1933). O primeiro texto correspondeu às lições de didática inicialmente ministradas no Instituto do Ensino Normal de Braga e depois reunidas em compêndio. Nesses escritos, a didática

---

o público acolher benevolamente este modesto ensaio. E cumpre dizer que a publicação do presente trabalho derivou do interesse que o assunto despertou nos alunos. Entenderam eles dever coligir os apontamentos das lições e pediram-me que os revisse. Inqueri a que aluno pertenceriam os apontamentos que julgavam mais completos e indicaram-me os da aluna da 1ª turma, Alice de Jesus Paiva. São, pois, as lições coligidas por esta senhora, que, revistas por mim, o leitor vai apreciar. Mas, repito, trata-se apenas de um resumo, visto que a maior parte dos assuntos foram muito mais amplamente analisados. E a prova disto está em que as lições de psicologia, iniciadas em novembro de 1915, só terminaram em abril do corrente ano, sendo 3 o número das lições semanais" (Pimentel Filho, 1916, p.19).

esteve vinculada à metodologia, apresentando conclusões muito próximas dos outros manuais que trataram do mesmo tema, ou seja, definiu a "Metodologia como a ciência que estuda e se ocupa dos métodos" (Almeida, 1933, p.10) e a didática como a ciência que "estuda os métodos de instrução" (Almeida, 1933, p.12).

> Com efeito, não é raro [...] que os métodos usados na Metodologia científica (categoria comumente estudada nos outros manuais) sejam aproveitados também pela Metodologia da educação ou Didática e vice-versa. (Almeida, 1933, p.12)

O autor, nesse sentido, assinalou a Metodologia como uma ciência autônoma, que não deve mais ser um capítulo à parte da Pedagogia – tendência que, conforme temos procurado mostrar até aqui, foi marcante entre os manuais pedagógicos do período.

A leitura de Lima (1927-1932) evidenciou que esse processo ocorreu de forma semelhante em diversas partes do mundo. Mas algumas especificidades foram notáveis em cada caso e apareceram descritas nas páginas de alguns compêndios que, assim, deixaram entrever o quanto a organização curricular das Escolas Normais em Portugal não correspondeu a cópias do que aconteceu em outros países, notavelmente os tidos como mais "avançados" na área educacional, como foi o caso francês:

> Em França, (a metodologia) ainda não alcançou a importância a que tem direito. Provém este fato da organização e natureza das escolas normais deste país que, longe de serem institutos profissionais, criadores exclusivos de professores, têm sido antes escolas de cultura geral, visando mais a quantidade do saber do que a sua qualidade. As escolas normais francesas tiveram até 1921, como principal objetivo: "preparar, não mestres exercitados somente no que respeita à técnica da profissão, mas homens com cultura intelectual mais vasta". Pondo de parte a lei de 1880, diremos que sob o regime que vigorou de 1887 a 1905, as Escolas Normais Francesas apenas forneciam uma "instrução enciclopédica" de caráter abstrato e verbalista. [...] Em 1905 aparecia uma reforma "que alterava profundamente a organização" das escolas normais, e começava a dar ao *aprendizado profissional* a larga e efetiva consideração a que tem direito. Os dois primeiros anos eram de preparação. Depois, "os normalistas tornavam-se bruscamente, no 3º ano, verdadeiros alunos mestres, que, continuando a

completar a sua cultura geral, aprendiam o ofício de professor por meio de uma série de estudos teóricos e exercícios práticos". A psicologia da criança e a pedagogia do ensino primário começavam a interessar as Escolas Normais. Esta organização tinha ainda muitos outros vícios, incoerências e estava muito aquém das necessidades da civilização. Em 1919, porém, o parlamento francês votava ao fim, após 15 anos e com algumas modificações, o projeto apresentado em 1904 por Chaumié, e estabelecia que desde 1º de Outubro de 1922, ninguém poderia exercer o ensino público sem ter o "Diploma superior" e *fazer o estágio* de um ano, pelo menos, em uma Escola Normal. Desta resolução nasceu a nova organização das Escolas Normais Primárias Francesas. [...] A antiga divisão do curso em duas partes desapareceu. Está substituída por um curso contínuo de 3 anos, logicamente encadeado. São 3 anos de trabalho seguido, apenas interrompido pelos estágios nas escolas de aplicação. Deixa de imitar o ensino secundário. (Lima, 1927-1932, p.16-7)

Quanto ao caso italiano, as explicações foram as seguintes:

Em 1918 foi apresentado no parlamento italiano por Berenini um projeto de lei de reforma da Escola normal. A duração do curso era de sete anos. Neste projeto, que não alterava a orientação pedagógica da organização vigente, predominava o critério da cultura geral sobre o da aplicação técnica profissional. Apenas consagrava o último ano à preparação profissional, incluindo na *Pedagogia*, como um simples capítulo, a *Metodologia*, o que fez exclamar ao professor Giovanni Caló: "Abrangendo a cultura profissional o estudo de todos os problemas pedagógicos e de todos os aspectos da vida escolar, não se compreende como a *Metodologia* e a *História da Pedagogia* possam desenvolver-se suficientemente e transformar-se em uma sã e viva consciência educadora, quando apenas se dispõe de um ano. (Lima, 1927, p.17-8)

Por fim, o autor criticou o fato de as Escolas Normais Primárias francesas e italianas ainda não terem destacado em seus currículos a Metodologia como ciência independente da Pedagogia, lacuna que ele pretendeu preencher em seu manual, "avanço" que muito recentemente os cursos em seu país alcançaram:

Nas escolas normais portuguesas só agora [a Metodologia] constitui disciplina especial. [Elas] eram, pois, meros estabelecimentos de instrução de ensino geral, com o intuito de dar conhecimentos e não métodos acerca das diversas disciplinas de educação primária. Os métodos e os processos de ensino e de educação eram apenas indicados ou esboçados na disciplina de *Pedagogia*. Foi a *Escola Normal Superior*, criada pelo decreto com força de lei, de 24 de Maio de 1911, que pela primeira vez em Portugal incluiu em um quadro de estudos normalistas a *Metodologia geral* como disciplina independente. Depois a lei n. 233, de 7 de Julho de 1914, regulamentada pelo decreto n.2213, de 10 de Fevereiro de 1916, que criou as novas e atuais *Escolas Normais Primárias*, veio igualmente consagrar-lhe lugar à parte no quadro das suas disciplinas. O decreto com força de lei n. 5787-A, de 10 de Maio de 1919 e o respectivo regulamento de 29 de Setembro do mesmo ano, em nada alteraram a lei n. 233 e o decreto n. 2213, quanto à sua filosofia pedagógica; e quanto à disciplina *Metodologia*, deram-lhe ainda maior importância, passando a ser ensinada em um ano letivo em vez de em um semestre. (Lima, 1927, p.18-20)

Assim, a multiplicidade de temas ligados aos princípios que fundamentaram a prática docente na época articulou-se à história das Escolas Normais. Articulando-se a esse processo, convém lembrar mais uma vez, a Pedagogia passou por um esforço crescente de cientificação (Nóvoa, 1987), com o uso de saberes provindos de outras áreas. Conforme Djacir Menezes (1935) explicou na época, os avanços da Biologia colaboraram para explicar o desenvolvimento da infância e construir alternativas para o trabalho escolar.

Daí a estreita correlação e dependência da pedagogia contemporânea com a fisiologia, com a anatomia, e, sobretudo, com a psico-pedagogia, alargando extraordinariamente seus horizontes. Depois que se introduziu na educação a observação e a experimentação sistemáticas, o método das ciências naturais chegou a ser o principal método da pedagogia. (Menezes, 1935, p.15)

O termo *ciências da educação* no plural foi recorrente também em manuais como os de Lage (1923) e Lima (1927), nos quais a metodologia apareceu como uma dessas ciências. A Metodologia revestiu-se, então, de um caráter mais científico, porque articulou-se ao movimento da Escola Nova e aos esforços de cientificizar a Pedagogia. Nesse sentido:

> [...] a Metodologia dá-nos o conhecimento de todas as regras, meios e instrumentos de que nos podemos servir para facilitar as nossas ações, e ensina-nos como essas regras, meios e instrumentos devem ser utilizados. É isto bem importante, sem dúvida, mas não basta. É também necessário que a razão intervenha, isto é, necessitamos também conhecer a razão de ser dessas regras e desses meios e instrumentos, bem como a oportunidade e as probabilidades de êxito da sua aplicação, segundo os diferentes casos que se nos apresentam. E isto já não é das atribuições da Metodologia, antes pertence às de uma outra ciência chamada *lógica*. [...] À Lógica aplicada dá-se também o nome de *Metodologia*. (Lage, 1923, p.28, grifos do autor)

A Metodologia desse período também diferenciou-se dos métodos de ensino tal como foram propostos no período anterior, quando submeteram-se claramente à estrutura de um modelo de escola. Em inúmeros trechos de manuais publicados nas primeiras décadas do século XX, foram definidos critérios para adequar os métodos "conforme a mentalidade da criança" (Lima, 1923, p. 268, 283, 302, 379). Para Almeida, ao professor coube "facilitar a compreensão das coisas e tornar a aprendizagem dos alunos mais simples, mais clara, agradável e atraente" (1933, p.12). Foi nessa perspectiva que Lima dedicou todo o segundo volume do seu manual à Processologia, definindo-a como "uma adaptação do método aos casos especiais do Ensino de uma ciência ou arte, e da educação de uma criança" (1932, p.8).

Por outro lado, houve uma certa permanência nos modos pelos quais os métodos de ensino foram propostos. Com relação a manuais da segunda fase (Coelho, 1903; Leitão, 1903-1905, 1907 e Câmara, 1902-1903), foram notáveis as explicações acerca de tipos variados, dentre os quais estiveram o método *educativo, racional, prático, progressivo, sintético, analítico, intensivo, inventivo, experimental, socrático*, passando por outros, notadamente o *indutivo* e o *dedutivo*. Essas foram estratégias de ensino construídas e propostas para assegurar o sucesso da atividade, atingindo todos os alunos e, em última análise, do modelo de *escola de massas*. Não obstante as diferenças que marcaram um período e outro da história dos manuais pedagógicos, a explicação dos métodos de ensino continuou sendo realizada e, entre os anos 1920 e 1930, assumiu uma perspectiva mais detalhada e "cientificizada".

Mas a figura do professor, enfatizada nos manuais de finais do século XIX e nos anos iniciais do século seguinte, foi praticamente apagada nessa terceira fase. Isso porque foi a representação de criança e de aluno que regulou os modos pelos quais o funcionamento da escola foi dado a ler nos manuais pedagógicos. A própria vinculação da Pedagogia com outras áreas do saber, notadamente a Psicologia, foi justificada pela necessidade de se valorizar o educando. Nesse sentido, Lima retomou as palavras de Claparéde ao afirmar que: "A Pedagogia deve basear-se no conhecimento da criança, como a horticultura se baseia no conhecimento da planta". No seu entender:

> [...] tal doutrina vem esclarecer-nos e marcar nitidamente qual é a intervenção da Psicologia na Pedagogia, qual a parte da Psicologia que está ligada à Pedagogia: é a parte da Psicologia que se refere à criança, que respeita ao conhecimento da criança, nas suas diversas manifestações da vida. (Lima, 1929, p.19)

E ainda, de forma mais explícita e exemplar:

> Hoje é tido como um erro considerar o Mestre como o centro, em torno do qual deve girar e subordinar-se toda a vida escolar: esse novo centro, esse centro novo à roda do qual gravita toda a atividade da Escola, todo o sistema educativo, deve ser a Criança. (Lima, 1929, p.299)

Isso permitiu afirmar que os saberes construídos nos manuais portugueses e brasileiros tiveram como objetivo esclarecer as questões relativas ao aluno porque essa figura assumiu uma posição nuclear na estruturação das atividades de ensino. A Pedagogia científica, aplicada ou educativa, para retomar termos usados na altura, foi estudada nas Escolas Normais como "o conhecimento ou a investigação das circunstâncias favoráveis ao desenvolvimento da criança e dos meios de a educar e instruir em vista dum fim dado" (Pimentel Filho, 1916, p.67). De fato, diferentemente do que aconteceu até então, o aluno e a criança foram mencionados como se fossem uma única figura.

Entretanto, conforme autores como A. Nóvoa (1995) já assinalaram a respeito das produções educacionais do período, embora tivessem ocorrido mudanças nos modos de conceber a escola, a sua *gramática* não foi questionada, pelo contrário, confirmou-se a partir de argumentos mais detalhados, revestindo-se de um caráter científico. Nessa perspectiva, as palavras de Adolfo Lima lembraram muito aquelas proferidas por Coelho (1894) em finais do século XIX:

As instituições educativas podem ser encaradas sob quatro aspectos fundamentais:

A) – Quanto aos agentes. Consideramos *agentes* da Educação ou da "operação pedagógica" os indivíduos, órgãos e institutos que visam administrar um aperfeiçoamento às gerações novas. Dependem das condições sociais em que vivem e das atribuições amplas ou restritas, que a sociedade lhes confere. Variam, pois, com o tempo e o lugar. Se nós atentarmos na sua marcha através os tempos, verificaremos que têm caminhado conforme a lei do progresso, em uma cada vez maior e mais aperfeiçoada especialização e diferenciação de funções. Estes *agentes* são atualmente os *educadores* e as *escolas*.

B) – Quanto ao número de indivíduos sobre que estes agentes atuam. Trata-se, neste aspecto, de verificar quais os indivíduos ou classes sociais que receberam ou recebem a sua ação aperfeiçoadora. [...] se até, na educação elementar *humana* há as distinções de classe e de sexo – a tendência, porém, das aspirações contemporâneas é para a *socialização da Educação*, para que a massa total do povo, para que toda a população seja lícito ter educação: uma educação geral *humana* e uma geral, conforme as aptidões e necessidades individuais. E isto por meio da *Escola Única*: a mesma e única educação geral e humana para a totalidade dos seres humanos.

C) – Quanto ao objetivo que visa a ação pedagógica; o que se pretende alcançar por meio dela. Este aspecto é o mais importante de um sistema pedagógico, em qualquer fase da civilização. Esta aspiração reflete as tendências culminantes do ideal de cada povo. [...]

D) – Quanto à organização. Com o fim de realizar este ideal, os agentes tratam de organizar a operação ou operações pedagógicas atinentes a este objetivo. É o aspecto denominado: organização da Educação. (Lima, 1929, p.57-8)

Na apresentação de seu *Psico-fisiologia*, Pimentel Filho fez referências à organização dos estudos de Pedagogia em Portugal em inícios do século XX, lembrando que as lições:

[...] eram apenas consagradas ao estudo teórico, o aluno ficava de posse de toda a organização material da escola, das *qualidades do educador*, da *organização dos horários*, dos *modos, processos e métodos de ensino*, estudando os elementos constitutivos de cada um, as condições de preferência, vantagens, inconvenientes, etc., *disciplina, punições e recompensas, meios de exaltar a energia mental dos alunos e de lhes formar o caráter*, etc., afora o conhecimento que já devia ficar tendo, em parte, da lei e regulamentos da instrução primária. (Pimentel Filho, 1916, p.7)

Pimentel Filho, assim como os outros escritores de manuais pedagógicos do período, não questionou o valor de elementos da vida escolar já expostos em títulos publicados anteriormente. Ou seja, as qualidades do educador, a organização dos horários, os métodos de ensino, a disciplina, as punições e os castigos foram temáticas sempre tratadas, mas durante o movimento da Escola Nova esses aspectos permaneceram de uma certa forma esquecidos, pois foi assinalada a necessidade de se estudar "o desenvolvimento da *energia mental* do aluno e a formação do seu caráter" (Pimentel Filho, 1916, p.7). Assim, os manuais pedagógicos deixaram entrever, por um lado, a permanência dos elementos que compuseram a escola e, por outro lado, eles deram diferentes tipos de ênfase aos mesmos, o que correspondeu a mudanças nas configurações do *triângulo pedagógico* no decorrer dos anos.

1940-1970: Os saberes mobilizados para prescrever métodos de ensino

Tal como se procurou mostrar até aqui, os manuais publicados entre 1870 e os anos 1930 enfatizaram diferentes aspectos do *triângulo pedagógico*. Inicialmente, atentaram para as atribuições do professor, em seguida trataram das questões organizacionais da escola e, durante a difusão mundial da Escola Nova, eles desenvolveram os saberes relacionados à infância e ao aluno. Em uma fase seguinte de sua história, compreendida entre os anos 1940 e 1970, os manuais enfatizaram outro elemento, relativo aos métodos didáticos. Nessa perspectiva, os textos privilegiaram a explicação de como planejar as aulas, ordenar os conteúdos, usar técnicas de ensino ou avaliar o rendimento dos alunos. Essa foi uma tendência da literatura educacional como um todo, em nível mundial (Nóvoa, 1987) e, no Brasil, foi reconhecida como o movimento de "tecnicização do ensino" (Machado, 1980; Nagle, 1976). Depois dos anos 1940 e 1950, aproximadamente, o escolanovismo deixou de ser um tema privilegiado nos manuais brasileiros e portugueses, e os escritos caracterizaram-se por argumentos mais sintéticos, prescritivos, desenvolvidos em parágrafos mais curtos e usando frases de fácil entendimento. Um caso exemplar desse esforço foram os *Elementos de pedagogia* (Evangelista, 1943), nos quais todos os capítulos foram finalizados com um resumo do que foi explicado.

Essa mudança de ênfase relacionou-se com as modificações dos sistemas de ensino concretizadas depois da Segunda Guerra Mundial em várias partes do mundo (Nóvoa, 1987). No Brasil, por exemplo, o Estado criou condições para estender as oportunidades escolares a camadas cada vez mais amplas da população, que também reivindicaram possibilidades de acesso à educação formal (Beisiegel, 1984). Evidentemente, não só o número de escolas primárias como também a quantidade de cursos de formação de professores primários tenderam a crescer significativamente (Tanuri, 2000), impondo a reformulação nas maneiras de conceber, organizar e praticar o ensino. Nessa perspectiva, os manuais dirigiram-se a um público maior e construíram um conteúdo mais acessível, por meio de *protocolos de leitura* dirigidos a leitores supostamente menos hábeis, iniciantes na área pedagógica. Os textos reduziram o trabalho dos docentes à aplicação de regras formuladas por teóricos e não pelos professores primários (Nóvoa, 1987). Assim, essa espécie de "tecnicização do ensino" só pode ser compreendida à luz das realidades sociais experimentadas no mundo e, mais especificamente, no Brasil – com a política desenvolvimentista do governo de Juscelino Kubitschek (Cunha, 1994) e a experiência ditatorial (Cunha, 1985), também vivida pelos portugueses (Nóvoa, 1987; Baptista, 2004).

Entretanto, a situação das Escolas Normais e a concepção de Pedagogia não foi idêntica nos dois países. No caso brasileiro, foi notável o movimento de expansão dos cursos nos mais diversos estados do país, acompanhada, consequentemente, pelo progressivo aumento de títulos destinados aos normalistas. Houve, ainda, uma boa parte dos manuais destinados simultaneamente aos mais diversos níveis de formação para o magistério, desde as Escolas Normais e Institutos de Educação, que prepararam docentes do ensino primário, até as Faculdades de Filosofia, que abrigaram os futuros professores do nível secundário.[10] Em Portugal as Escolas Normais permaneceram encerradas em um longo período de tempo (1936-1942) e nesse país

---

10 Exemplo disso foi série de manuais escritos por Teobaldo Miranda Santos (1948; 1951; 1955; 1955; 1958; 1962; 1963; 1964) e publicados pela Companhia Editora Nacional junto à coleção intitulada Curso de Psicologia e Pedagogia, destinados, simultaneamente, a Escolas Normais, Institutos de Educação e Faculdades de Filosofia.

não foram publicados tantos títulos. Por outro lado, entre os manuais portugueses a distinção entre os diversos níveis de formação dos professores foi mais evidente. Assim, existiram livros escritos apenas para as Escolas Normais e outros apenas para os estudantes do ensino superior.

No Brasil, houve títulos que, originariamente, foram publicados em períodos anteriores, como os de Lourenço Filho, que, ao longo do século XX, continuaram a ser editados. O longo ciclo de vida de alguns títulos foi uma característica mais peculiar ao caso brasileiro, sugerindo que, nesse país, os manuais pedagógicos tenderam a ter um espaço de produção e circulação mais consolidado do que em Portugal, onde foram encontrados os manuais de Orbelino Geraldes Ferreira, um intitulado *Didática prática* (1953) e outro assinado em conjunto com José Maria Gaspar, *Notas de didática especial* (1944). Localizaram-se ainda os textos de Francisco de Sousa Loureiro, *Lições de pedagogia e didática geral* (1950); de Domingos Evangelista, *Elementos de pedagogia* (1944); de Rafael de Barros Soeiro, *Da capacidade pedagógica para o magistério primário elementar* (1947); e de Bernardino da Fonseca Lage, *Didática geral da escola moderna* (1945). Esses livros relacionaram-se às disciplinas Pedagogia e Didática Geral. No Brasil, as matérias tratadas nos manuais incluíram, além da Pedagogia e da Didática, as Metodologias e as Práticas de Ensino (Almeida, 1993). As publicações brasileiras do período foram as seguintes: os três volumes de *Práticas escolares* (D'Ávila, 1940-1962); a *Metodologia do ensino primário* (Santos, 1948); a *Prática de ensino* (Santos, 1948); as *Noções de prática de ensino* (Santos, 1951); os *Fundamentos de educação* (Fontoura, 1952); o primeiro volume da *Pedagogia* (D'Ávila, 1954); a *Prática do ensino primário* (Queirós e outras, 1954); as *Lições de pedagogia moderna* (Arquêro Jr., 1955); a *Introdução à pedagogia moderna* (Santos, 1955); a *Metodologia do ensino primário* (Fontoura, 1955); as *Noções de didática geral* (Santos, 1955); a *Didática mínima* (Grisi, 1956); a *Pedagogia* (Andrade Filho, 1957); o *Sumário de didática geral* (Matos, 1957); as *Noções de prática do ensino* (Santos, 1958); a *Introdução à didática geral* – dinâmica da escola (Nérici, 1960); *O planejamento no ensino primário* (Fontoura, 1960); o *Manual do professor primário* (Santos, 1962); as *Noções de pedagogia científica* (Santos, 1963); a *Introdução à prática de ensino* – 1ª série normal (Fagundes e outras, 1964); os dois tomos da *Metodologia e prática moderna de ensino* (Lima, 1964); a *Didática geral* (Pentagna, 1964); as *Noções de metodologia do ensino primário* (Santos, 1964); a *Didática geral* (Fontoura, 1965); a *Didática geral* (Penteado Jr., 1965); o *Estudo dirigido* (Pentagna, 1967); as *Diretrizes de didática e educação* (Campos, 1967); a *Prática de ensino* (Fontoura, 1967); o *Compêndio de pedagogia moderna* (Pentagna e outras, 1968); o *Ensinando à criança* – guia para o professor primário (Marcozi e outras, 1969); a *Pedagogia e didática modernas* (Andrade Filho, 1969); o *Ensinar não é transmitir* (Marques, 1969); a *Antologia do bom professor* (Tahan, 1969); a *Nova dimensão no ensino* (Cersósimo, 1970); *Introdução à educação e didática teórica e prática* (Oliveira e Lamas, 1970); e o *Ensino renovado e fundamental* (Nérici, 1972).

As configurações assumidas pela Pedagogia e pela Didática em Portugal foram expressas por Evangelista (1944), Gaspar e Ferreira (1944), quando eles transcreveram os tópicos dos programas em seus manuais, destacando a ênfase dada aos fins educativos e aos meios (práticos) de os alcançar.

> Programa de Pedagogia: A educação considerada como processo integral de desenvolvimento orientado por valores e destinado ao seu reconhecimento e produção. Possibilidades e limites da educação. Condições individuais da educação. Determinação das aptidões. Conhecimento prático dos processos do seu apuramento. Condições naturais da educação: conhecimento do ambiente e sua influência. Condições sociais da educação: os valores da cultura nacional, sua discriminação e conteúdo. Meios de educação: disciplina e instrução. Os fatores da disciplina: a imitação, a sugestão, o mandato, a vigilância, prêmios e castigos. Condições e meios de aquisição de bons hábitos. (Evangelista, 1944)

> Programa de Didática das Escolas do Magistério Primário Didática geral 1 – A didática considerada como teoria e prática da aprendizagem. Noção de aprendizagem. Leis da aprendizagem. Motivação da aprendizagem. Curvas de aprendizagem, sua organização. 2 – Métodos de aprendizagem. Métodos gerais de investigação e demonstração da verdade. A análise e a síntese. Métodos especiais: exemplificação prática dos seguintes: a) O método dos passos formais de Herbart; b) O método de Martig; c) Método de projetos; d) Métodos de complexos ou centros de interesse; e) Método do jogo; f) Método de problemas; g) Método acroamático. 3 – Processologia didática: a) Distribuição dos alunos na classe. Critérios; b) Horário escolar. Condições a que deve satisfazer; c) O livro escolar. Condições materiais a que deve obedecer nas diferentes classes. Utilização do livro considerado como instrumento escolar. Critérios objetivos

para apreciação do valor didático dos livros escolares; d) Preparação das lições. Tipos de lições. Condições a que deve obedecer a organização e plano das lições. Auto-crítica da lição; e) Material escolar e didático. Sua função, uso e disposição na sala da classe; f) A atitude professoral. Condições a que deve satisfazer. Linguagem do professor. A arte de expor e de interrogar. Regras da interrogação; g) Passeios escolares, excursões e recreações. Regras para a sua direção; h) Disciplina escolar. Fontes, meios e fins; i) Exames. Exames do tipo subjetivo e objetivo. Discussão do problema. Provas objetivas de diagnóstico e de prognóstico. Regras a que deve obedecer a organização, execução e julgamento das provas dos exames objetivos. Exercícios de aplicação, sua discussão e crítica. Didática especial. Didática da aritmética [...]. Didática da escrita [...]. Didática da ortografia [...]. Didática da geografia [...]. Didática da história pátria [...]. Didática do desenho e trabalhos manuais. (Gaspar; Ferreira, 1944, p.7-8)

Em todos os manuais publicados durante meados do século XX foi notável a divisão entre a parte teórica e a parte prática da Pedagogia. Nas palavras de Domingos Evangelista (1944) e Francisco de Sousa Loureiro (1950), essa polaridade foi expressa definindo-se essa área de saber como "ciência e arte". Em textos praticamente idênticos, eles afirmaram que:

A Pedagogia é a *ciência e a arte da Educação*. Etimologicamente, significa *conduzir crianças*. Como esclarecimento da definição, inicialmente dada, diremos. a) É *ciência*, porque possui *um conjunto sistemático de conhecimentos relativos a um objeto*, ou porque é *um complexo de conhecimentos logicamente concatenados, objetivos e sistematizados*. b) É *arte*, na medida em que se *aplicam* os princípios estabelecidos pela ciência, sem portanto a arte, em Pedagogia, a aplicação das qualidades pessoais na educação de crianças, a prática da teoria formulada pela ciência ou ainda a formular. De modo que todo aquele que possuir o dom de conduzir crianças é, no ponto de vista pedagógico, um artista. c) A *Educação* é o objeto da pedagogia, podendo definir-se etimologicamente *levar dum estado para outro*; em um sentido mais amplo, como sendo a *formação integral*, ou seja, a formação *física, intelectual, moral e religiosa*. (Loureiro, 1950, p.11-2, grifos do autor)

Notemos [...] que a Pedagogia não se contenta só em ser ciência, não se limita a estabelecer princípios e normas, a pesquisar causas e a induzir leis. Ela é também "arte", isto é, aplica os seus princípios, cuida da técnica educativa, realiza experiências, organiza a escola e ocupa-se da verificação prática do rendimento escolar. O professor dentro da sua escola faz arte educativa; mas pode fazer ciência se, cotejando as suas observações e experiências diárias estabelecer novas leis, organizar novas técnicas e teorizar as modalidades dos métodos e dos processos empregados. A arte precede, em geral, a ciência, porque não pode bem constituir-se qualquer sistematização conveniente de fatos sem os ter previamente observado, estudado e exercido sobre eles a experimentação científica. (Evangelista, 1944, p.4)

No Brasil, a Didática foi mais enfatizada do que a Pedagogia e apareceu definida em termos semelhantes, "como *arte, ciência* e *direção da aprendizagem* e mais a *consciência do sentido das mesmas,* que é a obtenção de um tipo desejável de comportamento do educando" (Nérici, 1972, p.41, grifos do autor). Nessa perspectiva, a didática aproximou-se da educação, pois:

[...] a educação seria a postulação de objetivos desejáveis, e a didática, a maneira eficiente de encaminhar o educando para os mesmos. A didática, pois, não pode ficar reduzida ao seu aspecto puramente técnico, uma vez que é, também, a parte final do funil pedagógico, conducente à ação educativa. (Nérici, 1972, p.41)

Acerca da Metodologia, Afro do Amaral Fontoura (1963) assinalou as proximidades entre essa disciplina e a Didática e a Pedagogia. Em suas palavras:

Até a 5ª edição deste livro, dividíamos sua matéria em duas partes: Metodologia Geral e Metodologia Especial. Na primeira parte estudávamos o método em geral, seu conceito e divisão. Dedicávamos ainda capítulos ao estudo dos "modos de ensino", "formas de ensino" e "processos de ensino". Falávamos sobre as Escolas Normais e, enfim, sobre a personalidade do mestre. Na segunda parte abordávamos a metodologia especial de cada matéria em particular: Linguagem, Matemática, etc. Salientávamos que umas autoridades chamavam esta cadeira de "Metodologia", tal como sucedia nos currículos das Escolas Normais, enquanto outros pedagogos preferiam a expressão "Didática Geral", usada no currículo das Faculdades de Filosofia. Com o nome de "Metodologia" ou de "Didática", o que se estudava em ambos os casos era a mesma coisa: a arte de ensinar, a direção da aprendizagem. (Fontoura, 1963, p.XV)

Ao afirmarem a Pedagogia, a Didática e a Metodologia como uma arte, os textos acima transcritos retomaram, em certa medida, as inspirações dos primeiros manuais quando esses vincularam o trabalho docente a uma espécie de vocação, agora pensada em termos de "arte educativa" (Evangelista, 1944). Ao mesmo tempo, as produções do período remeteram para uma ideia consolidada no movimento da Escola Nova, que vinculou a Pedagogia à ciência e a Didática aos fins da educação. Nenhuma das dimensões foi negada de todo, nem a de arte nem a de ciência; contudo, elas articularam-se em nome de uma redefinição da profissão docente. Os próprios manuais explicaram este movimento:

> Antes de o homem poder ascender às leis e causas científicas dos fatos, a Pedagogia era pura arte. As normas práticas do ensino obedeceram primitivamente a um sumário empirismo. Na Índia e na Judeia, na nobre Grécia e na velha China as técnicas pedagógicas existiam alheias a quaisquer preceitos científicos; a desconexão e a prática rotineira do esforço educativo só lentamente foi cedendo lugar a normas lógicas, coordenadas e científicas. Assim a Pedagogia foi primeiro arte e depois ciência; agora, porém, estas duas modalidades do problema pedagógico equilibram-se e auxiliam-se. (Evangelista, 1944, p.4-5)

No entender do autor, ainda que estudiosos como Durkheim tivessem negado o estatuto de ciência da Pedagogia, tais "objeções são fáceis de rebater" (Evangelista, 1944, p.6) porque, embora não se trate de uma ciência exata como a matemática e não opere por dedução, como as ciências físico-naturais, as suas leis são estabelecidas por uma indução normativa, característica das ciências morais. Assim, "partindo da norma (fim ideal) e dos meios para a realizar *concluem a regra prática a seguir*" (Evangelista, 1944, p.8, grifos nossos). Foi justamente em nome de suas finalidades e maneiras de alcançá-las que os manuais, seguindo os planos de estudos, passaram a assinalar a *processologia*, da qual falaram os manuais de Lage (1945), Ferreira (1953) e Loureiro (1950). Este tema foi um dos tópicos do Programa de estudos da cadeira de Didática em Portugal – já transcrita aqui anteriormente.

Na verdade, o termo processologia[11] apareceu anteriormente, em títulos como os de Coelho (1894), mas foi durante meados do século XX que esse tema tornou-se mais recorrente e marcante, porque:

> Para bem conduzir a aprendizagem em uma escola é necessário conceber e realizar uma processologia didática, um conjunto de normas, instrumentos, atitudes e até habilidades relacionados cientificamente e verificados na prática [...]. Da processologia didática que mais interessa conhecer, tentaremos evidenciar e selecionar os seguintes elementos: A – Princípios gerais do ensino; B – Estrutura da Escola Integral; C – Modos de ensino; D – Formas didáticas; E – Processos docentes; F – Métodos. (Ferreira, 1953, p.59-60)

Lage (1945) organizou um capítulo de seu manual, intitulando-o de processologia e tratando dos seguintes tópicos, claramente vinculados aos planos de estudos das Escolas Normais portuguesas: distribuição dos alunos na classe, horário escolar, o livro escolar, preparação das lições, material escolar e didático, a atitude professoral, condições a que deve satisfazer, passeios escolares, excursões e recreações, regras para a sua direção, a disciplina escolar, exames, exercícios de aplicação, sua discussão e crítica. Loureiro (1950) optou por alternativa semelhante, reservando uma parte de seu manual para o tema em questão, explicando: a distribuição dos alunos em classe, critérios de distribuição, o horário escolar, o livro escolar, preparação das lições, material escolar e didático, a atitude professoral, passeios escolares, excursões e recreações, regras para a direção dos passeios escolares e das excursões, os recreios e as festas escolares, disciplina escolar, exercícios de aplicação, exames. Foi possível depreender, assim, o quanto as temáticas consagradas na época pelos manuais privilegiaram – de uma maneira praticamente idêntica – a dimensão prática do ofício docente, à luz de preceitos científicos (ou pelo menos foi esse o estatuto a eles delegado). Essa tendência foi exemplar

---

11 A esse respeito, o autor afirma que: "Pois que o conjunto geral das condições exteriores que constituem o meio físico, é, afinal, o instrumento destinado a ser manejado pelo educador para levar o educando a atingir o fim da educação física, claro que é a energia modificadora de tais condições exteriores há de ser aproveitada por uma certa *maneira* e em uma certa *ordem*, isto é, haverá um certo *processo* por via do qual se aplique sobre o educando a sua ação, e as diversas maneiras por que tal ação pode ser aplicada, seriar-lhe-ão conforme as regras de um certo *método*" (Coelho, 1894, p.127).

na passagem em que Loureiro (1950) assinalou os critérios para se distribuir os alunos em sala de aula:

A) Critério *psico-fisiológico*; B) Critério de *antecedente de escolaridade*, se o houver, ou de *aproveitamento* escolar, quando decorrer tempo de aprendizagem que nos habilite a selecionar os alunos. A) No critério *psico-fisiológico*, deve o educador, depois de, em princípio, ter colocado os seus alunos por ordem alfabética, verificar sobretudo os defeitos de *visão* ou de *audição*, diferenças de *estatura*, correspondentes ou não à idade da criança, *insuficiências de interesse, de atenção,* ou qualquer outra anomalia que ao educador mereça ser considerada para efeitos de distribuição, para colocar nas carteiras da frente, por exemplo, os que ouçam mal, os que vejam mal, ou os desatentos e, nas do fundo, os de maior estatura, de forma que não tirem a visibilidade aos restantes, etc. [...] Os alunos agrupar-se-ão, com menor possibilidade de cometermos erro, depois de decorrido o tempo suficiente para se revelarem em *aproveitamento*. B) Poderá suceder que estejamos habilitados a agrupá-los pelo conhecimento que temos dos seus *antecedentes de escolaridade*, sobretudo quando no ano anterior foram já *nossos* alunos. A constituição de grupos de alunos é vantajosa no ponto de vista didático, porque facilita a aprendizagem e faz que exista um estímulo constante por parte do aluno em pertencer ao grupo mais adiantado e ocupar neste os primeiros lugares. (Loureiro, 1950, p.130-1, grifos do autor)

O trecho foi ilustrativo das inspirações científicas dos manuais, presentes nos esforços em aplicar critérios de previsibilidade e objetividade, que resultaram em argumentos prescritivos, cuja finalidade foi fazer com que os alunos aprendessem da maneira mais eficiente possível. De maneira sucinta e direta, Ferreira afirmou a esse respeito:

É variadamente complexa a tarefa de ensinar, *sinônimo de "fazer aprender"*. Por isso a lição escolar pressupõe um conhecimento seguro das necessidades e possibilidades do aluno, *uma espécie de intuição ou sexto sentido do professor*, o seu gosto pessoal, as necessidades locais da escola e do grau de cultura do meio etc. (Ferreira, 1953, p.103, grifos nossos)

No seu *Sumário de didática geral*, Luís Alves de Matos (1957) assinalou essa espécie de "intuição" do professor. Para ele:

No ensino, a determinação de qual seja essa "melhor maneira" dependerá em cada caso, do discernimento e da capacidade imaginativa e crítica do professor, sobrepondo-se à rotina e abrindo novos caminhos, mais consentâneos e racionais, para atingir os objetivos visados; dependerá, sobretudo, da sua capacidade para conceber nitidamente esses objetivos e firmar o equacionamento entre estes e os recursos e procedimentos adotados em aula. (Matos, 1957, p.14)

Nesse sentido, o trabalho do professor definiu-se como o de "um *auxiliar-orientador* da criança na aquisição do saber que a esta contém" (Lage, 1945, p.5-6, grifos do autor). Os manuais pedagógicos permitiram conhecer alguns dos modos pelos quais a Didática configurou-se ao longo do tempo. Como o trecho transcrito abaixo deixou entrever por meio de uma explicação sumária, houve heranças deixadas pelo movimento da Escola Nova, relativas à importância que se deve dar ao aluno e ao papel do professor como um "auxiliador" do processo de aprendizagem:

A palavra "Didática" não tem hoje o mesmo significado que teve primitivamente. Derivada de uma palavra grega, *didaoxew*, que significa ensinar, foi, nos seus princípios empregada para exprimir *ciência do ensino*, considerada esta, tanto na sua parte *teórica* como na sua parte *prática*, sem distinção. E assim, todo o trabalho teórico ou prático que se referisse ao ensino, dizia-se um trabalho *didático*. E para bem compreendermos a razão de tal conceito, basta atendermos a que para a maior parte dos pedagogos da época as palavras *ensinar, instruir e educar* significavam todas a mesma coisa. Empregavam indistintamente qualquer delas para exprimir *transmissão de conhecimentos*. E tinham como acertado que o papel do professor consistia em fazer decorar pelos seus alunos fórmulas de saber previamente organizadas. O aluno tinha de aceitar, sem voz ativa para o discutir, tudo quanto o professor quisesse transmitir-lhe. O seu interesse no esforço a que o obrigavam não era levado em conta, como necessário, pela Escola antiga. Tendo, porém, como errado esse conceito pedagógico, desde logo outros pensadores contra ele levantaram o seu protesto e procuraram definir diferentemente a função da Escola. Na opinião destes pensadores a *Escola tem de ser educativa*, isto é, a par da instrução deve dar ao homem a educação adequada à sua formação. E, para isso, o ensino não poderá ser ministrado em fórmulas a cuja elaboração a criança tenha sido estranha, como pretendiam os defensores da Escola tradicional; deve, sim, por meio de uma sábia e apropriada direção por parte do professor, ser *adquirido* pelo próprio aluno. (Lage, 1945, p.5-6, grifos do autor)

Foi nessa mesma perspectiva que Soeiro apresentou a didática como "todo o trabalho metódico com fins de melhor aprendizagem" (Soeiro, 1953, p.13). Curiosamente, não houve uma distinção muito clara entre o ensino e a aprendizagem, como se ambos os processos inevitavelmente dependentes, o que pode ter induzido os professores a uma confusão entre a natureza de cada um deles (Scheffler, 1979). Foi Soeiro (1953) quem procurou desfazer possíveis mal-entendidos a esse respeito:

> E será *ensinar* o mesmo que *aprendizagem*? [...] *Ensino* é um fenômeno passivo, inconsciente em que o mestre que age na escola, atua em uma indiferença gélida pelos sagrados direitos da criança, fazendo dela *vaso a encher* e não *fornalha a arder* [...]. Ainda bem que o termo *ensinar* vai cedendo lugar ao de *aprender* que já há muito tempo, ganhou foros de cidadania. (Soeiro, 1953, p.14-5)

Enfim, de acordo com os manuais, durante os anos 1940, 1950 e 1960 a Didática passou a ser considerada ciência – "enquanto concebe e fecunda teoria da aprendizagem, congregando à sua volta, a processologia" (Soeiro, 1953, p.14) – e como arte – "quando, recaindo sobre as técnicas, em que a *ciência una* se dispersou, nos traços a melhor maneira de conduzir a aprendizagem para mais rápida e eficientemente realizarmos a obra educativa" (Soeiro, 1953, p.14, grifos do autor). Essa foi a temática central de muitos dos livros publicados no período, aparecendo já nos seus títulos (Gaspar e Ferreira, 1944; Lage, 1945; Ferreira, 1953; Loureiro, 1950), desdobrando-se em "didática geral", ou seja, a "teoria da aprendizagem", e "didática especial", referente "à arte de aprendizagem das técnicas" para melhor conduzir a aprendizagem (Soeiro, 1953, p.14). A definição não foi a mesma quando comparada com a de outros manuais. Veja-se, por exemplo, Loureiro (1950), ao afirmar que:

> Na teoria estudam-se os *métodos gerais e os fundamentos dos métodos especiais*; na prática, estudam-se a *exemplificação dos métodos especiais* e a *processologia didática*, que não são senão os problemas concretos da Pedagogia. (Loureiro, 1950, p.82, grifos do autor)

Se para Loureiro a processologia incluiu-se na parte "prática" da didática, para Soeiro ela relacionou-se mais à "teoria da aprendizagem". Por sua vez, Gaspar e Ferreira (1944), quando trataram da "didática especial", referiram-se a didáticas plurais, dos diversos tópicos de estudo da escola primária, no caso, a aritmética, a leitura, a escrita, a ortografia, a geografia, da história pátria, do desenho e trabalhos manuais.

O professor, o aluno e os saberes estiveram, nessa perspectiva, subordinados à *prática* do ensino e da aprendizagem. Em *Prática de ensino*, Teobaldo Miranda Santos fez declarações exemplares ao declarar que o seu livro:

> Visa iniciar os alunos dos nossos Institutos de Educação e Escolas Normais nos problemas complexos da técnica pedagógica. [...] Na serena convicção de que a prática de ensino é fruto, não de fórmulas pedagógicas ou de receitas didáticas, mas da atividade criadora do professor, nos limitamos, neste compêndio, a resumir os princípios gerais que devem orientar o trabalho docente. E, no receio de que nossa experiência individual não pudesse fornecer, em quantidade e qualidade, essas normas diretoras da aprendizagem escolar, resolvemos nos valer da contribuição rica e fecunda dos maiores especialistas no assunto. (1948, p.7)

Evangelista (1944), por sua vez, propôs em seu manual que:

> Procuraremos estabelecer os dados da educação, os elementos que entram em jogo na função educativa. Esses elementos são, necessariamente: a) um *sujeito* (o educando) que sofre a ação docente e cuja capacidade física e psíquica se quer desenvolver; b) um *agente* (o educador) que realiza a ação educativa sobre o educando; c) um *fim* a atingir pelo esforço educativo; d) um *método* que determina a ordem a dar às várias atividades educativas; e) um *meio* que exerce, natural ou artificialmente, influência preponderante na formação mental, física e moral dos educandos. (Evangelista, 1944, p.74-5, grifos do autor)

Sendo assim, convém saber que lugares o professor, o aluno e os métodos de ensino ocuparam no *triângulo pedagógico*. Com relação ao educador, as posições destacadas foram as seguintes:

A atividade do mestre deve ser fonte de aperfeiçoamento da atividade do aluno (estímulo físico ou de atividade mental mais ou menos complicada) ou suscitar por meio dela a atividade do aluno para que este, dia a dia, se aperfeiçoe, em ordem a agir *habitualmente*. (Loureiro, 1950, p.82)

Conforme Ferreira explicou, o:

[...] conceito do professor variou muito através dos tempos, podendo dizer-se que a sua importância se foi valorizando ou desvalorizando conforme as várias épocas históricas. (Ferreira, 1953, p.9)

Assim, o autor tratou das formas pelas quais o professor foi visto no Antigo Oriente, na Grécia e em Roma, no Cristianismo, no Renascimento, na Reforma e segundo Rousseau, Comenius, Pestalozzi, Herbart, Fröebel, Goethe, Spalding, o brasileiro Teobaldo Miranda, Kerscheinstiner. E, dentre as qualidades que o professor deveria possuir então, estiveram: o amor à profissão, às crianças, a firmeza de caráter, a bondade, a vigilância (no sentido de transformar a atividade lúdica da criança em atividade criadora), o cumprimento fiel do dever, a sociabilidade (Ferreira, 1953).

Nesse sentido, a epígrafe usada em *Didática geral da escola moderna* foi sugestiva: "O melhor professor não é o que mais ensina, é o que mais faz aprender" (Lage, 1945). Ao tratar de uma "capacidade pedagógica para o magistério primário elementar", Soeiro (1953) reconheceu que:

Cada professor, conforme o meio em que se encontra, a época em que dá a aula, as qualidades específicas dos alunos, tem uma maneira de ser, particular, que naturalmente influirá na urdidura do esquema, sem sacrificar os passos lógicos da lição. [...] Tudo depende do tato pedagógico do professor e das qualidades receptivas dos alunos. (Soeiro, 1953, p.301)

Tal concepção revelou uma ruptura com outras ideias expressas em manuais anteriormente publicados. Se a ênfase na dimensão empírica foi a grande característica da quarta fase da história dos livros dos normalistas, convém lembrar que essa tendência foi objeto de crítica por Pimentel Filho, em suas *Lições de pedologia e pedagogia experimental* (1919). Segundo o autor, pensar em aptidão ou vocação, termos usados principalmente pelos manuais publicados em finais do século XIX, foi um equívoco porque "esta aptidão educativa inata é extremamente rara":

> Não aparecem todos os dias aptidões como as de Fröebel e de Pestalozzi e será interessante frisar que um professor da Escola Normal de Bruxelas, procedendo a um inquérito sobre a vocação dos alunos mestres, averiguou que em trinta e cinco alunos nenhum havia abraçado a carreira do magistério em nome da vocação. (Pimentel Filho, 1919, p.29)

E, posta a raridade da vocação, prosseguiu o autor, "ninguém vê inconvenientes em que ela seja secundada e esclarecida pela ciência". Sem esta dimensão científica, o trabalho do professor ficou restrito à prática:

> [...] e que, afinal de contas, tem os seguintes inconvenientes: 1º – Levar o professor a encarar as questões pedagógicas apenas sob um ponto de vista exclusivo e pessoal; 2º – *Reduzir o ensino a um mecanismo, fazendo do professor um autômato que passa a ver as coisas, não como estas são, mas como ele se habituou a considerá-las, isto é, levando-o à rotina, o mais desesperante e pernicioso de todos os defeitos pedagógicos*; 3º – *Tirar ao professor a possibilidade de se adaptar a circunstâncias diversas daquela a que está habituado*; 4º – Produzir resultados incertos e, em todo o caso, insusceptíveis de prova. *A prática pode levar à descoberta de novos processos de ensino; mas, ou essas descobertas são obra do acaso, ou só se consumam ao cabo de muito tempo.* Em qualquer das hipóteses, os resultados são puramente individuais, visto que os autores dessas inovações se vêm na impossibilidade de as provar, a não ser que se sirvam de experiências sistemáticas. Mas então, a inovação deixará de ser mero produto da prática, para revestir o caráter científico de uma experiência; 5º – A prática, só por si, é incapaz de resolver um grande número de problemas, como sejam: – O caráter de um indivíduo é principalmente determinado pela hereditariedade ou pela educação? – O ambidextrismo será vantajoso? – Deve ensinar-se primeiro a ler ou a escrever, ou esse ensino deve ser simultâneo? 6º – Os resultados obtidos pela prática pura são excessivamente demorados e só se chega à convicção da sua nulidade à custa dos prejuízos sofridos por sucessivas gerações de alunos, que melhor poderiam ter aproveitado o tempo, se é que não ficaram para sempre prejudicados no seu desenvolvimento intelectual. *Tais as consequências da prática pura, da prática completamente empírica, tais os desagradáveis inconvenientes que só*

podem evitar-se quando a prática seja regulada por leis científicas, rigorosamente induzidas. (Pimentel Filho, 1916, p.36, grifos nossos)

Conforme já foi assinalado anteriormente, a concepção de Pedagogia, Didática e Metodologia de Ensino presentes na quarta fase de produção dos manuais, conduziu a pensar o professor como "um colaborador dos alunos" (Evangelista, 1944, p.151).

> A colaboração entre professores e alunos é hoje mais intensa e profunda do que outrora. A revolução causada nos métodos e processos de ensino e o sentido social a dar à educação escolar exige que o professor abandone o seu papel de magíster rigoroso, [...] para ser o chefe reconhecido e mais sabedor e, por isso, mais digno de amor e respeito e que propicia aos seus pequenos companheiros de trabalho as tarefas a realizar e as dificuldades a vencer nos momentos próprios. (Evangelista, 1944, p.151)

Ou, como diria Ferreira (1953):

> No caso escolar há o binômio – aluno e mestre. É complexa, mas indiscutível, a influência do professor na aptidão do aluno. É, todavia, este que nela tem o papel principal mas atua como despertador da vontade de saber e desbravador das dificuldades do aluno. (Ferreira, 1953, p.49)

Mas, ponderou Loureiro (1950):

> O trabalho do educador, de orientação ou de direção, entende-se dentro do limite que estabelece a própria natureza da alma. Se o educando não for naturalmente dotado, a educação será impossível. (Loureiro, 1950, p.23)

Nas palavras de Nérici, as boas relações entre o professor e o educando foi condição básica para toda e qualquer ação educativa. Assim, a:

> [...] condição básica do processo educativo é o respeito à personalidade do educando, que deve ser tratado como pessoa e não como número. Os trabalhos escolares devem transcorrer em harmonia entre professor e educando, em sentido de trabalho em comum, de compreensão, simpatia e entusiasmo. [...] a

ação do professor é insubstituível na ação educativa e [...] os bons resultados de um método dependem mais da atitude didática dele do que do próprio método. (1972, p.42)

Esses trechos deixaram entrever uma certa valorização do aluno e da criança, tão defendida pelos manuais inspirados na Escola Nova, e que, evidentemente, foi reformulada no sentido de se ter o conhecimento do educando como uma forma de garantir a eficácia da aprendizagem.

O que se exige dum teste, quando se observa uma criança, não é só um diagnóstico, mas também um prognóstico. [...] Por outro lado, um teste deve servir precisamente para nos esclarecer em um espaço de tempo relativamente curto, evitando uma aprendizagem inútil e, por conseguinte, dizer-nos se uma criança é apta para um trabalho que ainda não executou. Somos pois arrastados a determinar certas faculdades gerais de que dependem as aptidões para as diversas profissões. Esta criança pertence ao tipo prático, ao abstrato ou ao literário? Tem memória? Destreza manual? Perseverança? Imaginação criadora etc? (Loureiro, 1950, p.29)

Os testes configuraram-se, em última instância, como formas de controle dos alunos, mas não resta dúvidas de que os professores também foram controlados em suas atividades diárias, sendo as suas competências definidas em âmbito cada vez mais restrito ao espaço das salas de aula. Assim, se no período de apogeu da Escola Nova os manuais privilegiaram os fins sociais e morais da educação, essa dimensão transformou-se no sentido de enfatizar os meios e métodos para se alcançar a aprendizagem dos alunos. Foi quando se prescreveu, por exemplo, os planos de uma lição de leitura inicial, de lições de língua materna, de uma lição de ditado, de lições de redação, de uma lição de desenho ou modelação (Gaspar; Ferreira, 1944; Fagundes et al., 1964) a serem reproduzidas pelos professores em sala de aula ou, na medida do possível, para servirem de base para a organização das tarefas docentes em um dia letivo. Nessa mesma perspectiva, Soeiro (1953) descreveu em seu manual planos de lições de aritmética, geometria, língua materna, geografia, história, ciências naturais, educação moral e cívica, trabalhos manuais, canto coral, educação física. As próprias Didáticas Especiais (da língua materna, da arimética etc.) foram tratadas em tom prescritivo, de modo a atender as necessidades mais imediatas dos professores no preparo de suas atividades. Exemplos abundantes foram encontrados tanto nos manuais portugueses quanto nos brasileiros. Neste último caso, a tendência foi mais acentuada, destinando-se alguns dos títulos ao planejamento e à prática de ensino.

Desse modo, os manuais acabaram construindo um modelo de professor-funcionário do Estado, a quem coube seguir planos de lição preconcebidos e limitados ao espaço interior das salas de aula. Em Portugal, durante o regime salazarista, o que se afirmou a esse respeito foi o seguinte:

> É preciso que, como em tudo, se aceite a justa medida das coisas, se adote uma atitude de equilíbrio entre o que deve ser, entre o ideal e o real. Doutra sorte, inverter-se-iam os termos do problema, sujeitando a criança ao plano em vez de sacrificar este àquela. Tal conduta ressuscitaria a orientação da escola antiga que, em vez de se adaptar à criança, obrigava esta a escravizar-se àquela. Ora o que se propõe e em que estão de acordo todos os pioneiros da escola renovada, é que, em tudo e por tudo, seja a criança o fulcro de toda a educação e seja sempre em função dela que a processologia se renove. [...] Então como há de organizar-se um plano que possa ser considerado dum tempo letivo? Ou melhor, como se delineará um plano que possa ser considerado educativo? Há que respeitar, a nosso ver, certas *condições didáticas, pedagógicas, psicológicas, higiênicas, morais e estéticas. Só assim, ele poderá ser completo, satisfazendo a todas as exigências da escola nova. Por isso, nos planos de lição por nós discriminados procuramos atender a todas essas condições.* (Soeiro, 1947, p.159, grifos nossos)

As articulações entre a Escola Nova e os planos de ensino legitimaram o planejamento prescrito aos professores. Isso porque a inspiração no escolanovismo funcionou como uma forma de justificar os elementos didáticos de um plano de ensino e ocultar o caráter técnico dos textos de formação dos professores. Isso significou que as concepções de escolarização foram permanentemente traduzidas. Os próprios manuais assinalaram um processo dessa natureza, referindo-se a um "empirismo pedagógico inicial", característico, aliás, dos conteúdos das primeira e segunda fases de produções dos textos, que "se vai subindo por uma gradação de sistematizações filosóficas e científicas sucessivas", próprios do momento de apogeu do escolanovismo, "até à escola de hoje, rica de técnicas". Segundo Evangelista (1944), a "escola do século XX [...] a escola nova de caráter experimental, de organização predominantemente científica, com a sua trilogia pedagógica bem definida (atividade, espontaneidade, interesse)" foi assim construída (Evangelista, 1944, p.24).

Enfim, a análise do conteúdo e dos argumentos veiculados nos manuais pedagógicos no decorrer de um século evidenciou as combinações entre os elementos da relação pedagógica estabelecidas de formas múltiplas e dinâmicas, variando ao longo do tempo. Em alguns momentos, os alunos foram ocultados; em outros, os processos de ensino foram privilegiados; em outros, a ênfase recaiu sobre as figuras dos professores e dos saberes. Sem esse esforço, não teria sido impossível criar um certo "consenso" em torno da imagem de escola, *"the one best system"* (Tyack, 1974), muito visível depois da metade do século XX, quando os manuais já trataram do professor, do modelo escolar graduado, do aluno e dos meios tidos como mais eficazes para se alcançar o ensino e a aprendizagem. Ao estruturarem o espaço de atuação docente, os manuais pedagógicos não afirmaram necessariamente o caráter profissional desse ofício. De toda a análise feita aqui, foi possível depreender que os saberes pedagógicos não foram construídos pelos professores, mas, sim, por especialistas, o que induz a reiterar aqui, a partir da análise dos livros da Escola Normal, conclusões já tecidas por outros autores acerca dos discursos sobre a profissionalização dos professores (Nóvoa, 1987) no que tange à constituição de uma retórica cada mais restrita ao espaço das salas de aula e à negação da autonomia do grupo. Nesse sentido, os manuais abrigaram em sua história um paradoxo pois, como instrumentos de preparação para o magistério, acabaram por favorecer a redução das competências de quem exerceu esse ofício e sempre legitimou saberes produzidos no exterior de seu campo, notadamente, da Psicologia, da Sociologia e outras áreas mobilizadas no decorrer do tempo para conferirem ao trabalho docente uma legitimidade que a Pedagogia por si só não foi capaz de oferecer. Assim, os fios da *corda discursiva* entrelaçaram-se graças à circulação de ideias produzidas e apropriadas em diferentes momentos e espaços, dando vida ao modelo de *escola de massas* que, embora tivesse assumido a aparência de algo natural, só foi possível mediante as traduções das ideias de diversos autores, em diversos momentos e espaços, em um processo comparado ao de uma *viagem* permanente dos saberes.

4
DE *LECTORES* A *AUCTORES*: OS MANUAIS PEDAGÓGICOS NO CIRCUITO DOS SABERES EDUCACIONAIS

> A relação (ou a não relação) com um autor e as diferentes formas dessa relação constituem – e de maneira assaz visível – uma [das] propriedades discursivas. Creio [...] que se poderia encontrar aí uma introdução à análise histórica dos discursos. Talvez seja tempo de estudar os discursos não somente pelo seu valor expressivo ou pelas suas transformações formais, mas nas modalidades da sua existência: os modos de circulação, de apropriação dos discursos variam com cada cultura e modificam-se...
>
> (Foucault, 1992, p.70)

Entre obras escritas e apagadas

Na construção de uma história dos manuais pedagógicos, este texto analisou os modos pelos quais esses livros fizeram circular determinadas referências entre os professores e elaboraram saberes acerca do trabalho docente, da organização da escola, dos alunos e dos métodos de ensino. Os livros dos normalistas foram entendidos como textos que divulgaram e, ao mesmo tempo, produziram conhecimentos educacionais e isso conduziu a pensar sobre como eles tornaram-se *objetos de leitura* e inspiraram a elaboração de outros trabalhos. Se os títulos aqui examinados apresentaram-se originalmente como escritos "modestos", que apenas resumiram ideias de outros autores, alguns manuais passaram também a ser referidos em outros compêndios. Para marcar essa transformação, convém retomar mais uma vez as observações de Bourdieu (1990) ao distinguir os *lectores*, ou seja, aqueles que fizeram uso de ideias dos *auctores*, a partir das quais fizeram as suas formulações. Assim, do lugar de compêndios que estiveram apagados na bibliografia educacional porque não foram citados até uma determinada época, posteriormente os manuais foram, eles próprios, dados a ler por outras produções da área. Quando os livros dos normalistas tornaram-se "obras de referência", assumiram posições diferenciadas, tornando-se objetos mais legítimos de leitura e participando, assim, de inesgotáveis redes de apropriação de saberes. Em outras palavras, ao serem mencionados em outros livros, os manuais pedagógicos deixaram de ser textos de *lectores* e passaram a ser textos de *auctores*. Nessa perspectiva, foi possível elaborar a história dos manuais pedagógicos distinguindo duas fases: uma inicial, na qual predominou o desenvolvimento dos programas das Escolas Normais e um caráter mais "simples" de compêndios que se restringiram a uma espécie de síntese de discursos feitos por *auctores*, dentre os quais nenhum – ou apenas um ou outro nome – assinou manuais para professores. Isso localizou-se principalmente entre a década de 1870 – quando esse tipo de publicação começou a ser editada – e os meados do século XX – quando esses livros já tinham sido amplamente difundidos entre os normalistas. Em uma segunda fase, graças à expansão do uso dos livros nos cursos, alguns títulos, escritos originalmente para desenvolverem programas da Escola Normal e resumirem ideias educacionais, passaram a ser usados nas bibliografias de outros manuais, configurando-se, portanto, como obras de *auctores*.

O exame assim proposto correspondeu a uma análise histórico-sociológica da personagem dos *autores de manuais pedagógicos*,[1] um esforço de

---

1 Esse tipo de exame assume um lugar particular nos estudos sobre leitura, diferenciando-se de opções assim sublinhadas por Roger Chartier: "Para o *new criticism*, bem como para a *analitycal bibliography*, a produção de sentido é atribuída a um funcionamento automático e impessoal de um sistema de signos – aquele que constitui a linguagem do texto ou aquele que organiza a forma do objeto impresso. Daí uma dupla consequência partilhada pelas duas abordagens: por um lado, elas se recusam a considerar que a maneira como uma obra é lida, recebida, interpretada, tenha qualquer importância para o estabelecimento de seu significado; por outro, elas proclamam 'a morte do autor' (para retomar o título de um célebre artigo de Barthes), cuja intenção não se investe de qualquer pertinência particular. Nessa primeira forma, dominante no mundo da língua inglesa (Inglaterra, Estados Unidos, Austrália, Nova Zelândia), a história do livro é, portanto, uma história sem leitor, e sem autor. Para ela, o essencial reside no processo da fabricação do livro, tomado a partir das marcas que ele deixou nos próprios objetos, explicado pelas decisões editoriais, as práticas das oficinas, os hábitos da profissão" (1998, p.33). No que tange à desvalorização do autor como objeto de investigação, a "história francesa do livro, mais caracteristicamente cultural e social [...] se

articular os sentidos desses livros às vontades de quem os escreveu e isso não significou imaginar uma "figura romântica, magnífica e solitária do autor soberano" (Chartier, 1998, p.35), como se suas intenções delimitassem um único significado dos livros dos normalistas. De um lado, os escritores dos manuais expuseram seus textos a múltiplas apropriações. Por outro lado, essas pessoas estiveram submetidas aos programas da Escola Normal e a determinações de natureza editorial. Quando se estudou a figura do escritor, evidenciou-se aqui uma perspectiva na qual interessa saber como quem escreveu esses livros pôde vir – ou não – a se tornar um *Autor*, ou seja, ter seu nome e sua obra reconhecidos – e não apagados – no campo educacional como elementos imprescindíveis à cultura profissional dos educadores. Isso porque alguns estatutos foram atribuídos aos signatários, a partir do momento em que os seus nomes e seus escritos passaram a serem notados na bibliografia educacional, evidenciando um sistema de valorização a partir do qual foram julgados e consagrados no campo. Tratou-se do que Bourdieu, n'*As regras da arte* (1996), reconhece como sendo as *condições sociais de produção da crença* no valor de determinados textos e de seus respectivos escritores.

O significado de autoria, característico da modernidade (Foucault, 1992; Barthes, 1988; Chartier, 1998), apareceu em dicionários da língua francesa, já em finais do século XVII, confirmando as articulações entre uma pessoa e suas publicações impressas.[2] Esses vínculos foram entrevistos nos

---

dedicou a reconstituir as fortunas, as alianças, as hierarquias do meio que fabricava e vendia livros: negociantes-livreiros, tipógrafos, operários, compositores, impressores, fundidores de letras, gravadores, encadernadores etc.; de outro, ela resolveu reconstruir a circulação do livro, sua posse irregular por grupos sociais diferentes, seu impacto sobre as mentalidades [...]; ela focalizou a atenção, senão sobre as práticas de leitura, ao menos sobre a sociologia dos leitores. Aí, também, um pouco paradoxalmente em relação ao programa fundador traçado por Lucien Febvre e Henri-Jean Martin ('estudar a ação cultural e a influência do livro durante os trezentos anos de sua existência'), o autor foi esquecido" (Chartier, 1998, p.34). "Nestes últimos anos, contudo, assistimos à volta do autor" (Chartier, 1998, p.34): e é justamente nessa perspectiva historiográfica que este livro se insere.

2 "Em 1690, o *Dictionnaire universel*, de Furetière, enuncia sete sentidos da palavra *autor*. Aquele que concerne à *literatura* só aparece colocado em sexto lugar. Ele vem depois das definições da palavra nos domínios filosófico e religioso ('Quem criou ou produziu alguma coisa' / 'Diz-se por excelência da primeira causa, que é Deus'), técnico ('Diz-se em particular daqueles que são os primeiros inventores de alguma coisa'), prático ('Diz-se também dos chefes de um partido, de uma opinião, de uma conspiração, de um murmúrio que corre') e genealógico ('O autor da estirpe de uma casa, de uma família'). E tal sentido precede a

manuais pedagógicos, quando citaram determinados nomes como criadores de obras, postulados e experiências educacionais, os quais foram anteriormente impressos, editados e publicados em livros, artigos de periódicos, encíclicas, estatísticas, produções de congressos e outras reuniões da área. Essas referências foram dadas a ler por meio dos e nos manuais, os quais assim ajudaram a constituir as obras tomadas como "indispensáveis" para a formação de professores, divulgando-as e classificando-as como úteis ou não para o ofício de ensinar, o que correspondeu à *tradução* desses textos segundo propósitos delimitados.

As classificações notáveis nos manuais acerca de pensadores como Rousseau, Claparède ou Dewey foram ilustrativas para se perceber os modos pelos quais houve o reconhecimento de determinadas pessoas no campo educacional. Não se poderia afirmar que as citações ocorreram da mesma forma em todos os títulos, independentemente de suas condições e momento de produção. Embora essas referências tenham sido comuns tanto nos manuais portugueses como nos brasileiros, convém assinalar, ainda que brevemente, diferentes modalidades de apropriação que induziram ao predomínio de alguns adjetivos e articularam-se com o tipo de saberes formulados nos livros das normalistas. Assim, "o" John Dewey dado a ver nos manuais brasileiros dos anos 1930 não foi o mesmo mostrado nos anos 1950, 1960.

---

definição jurídica: 'Em termos palacianos, chamamos *autores* aqueles que adquiriram o direito de possuir alguma herança por venda, troca, doação ou outro contrato'. A palavra, portanto, não é imediatamente investida de um significado literário; seu primeiro uso a situava no registro da criação natural, da invenção material, do encadeamento das ações. Ao chegar no sentido literário, o *Dictionnaire universel* precisa: '*Autor*, em matéria de literatura, diz-se de todos aqueles que o fizeram editar', e acrescenta, como exemplo de emprego do termo: 'Esse homem, finalmente, fez-se erigir em *autor*, fez-se editar'. A existência do autor pressupõe a circulação impressa das obras, e, em retorno, a imprensa distingue o 'autor' do 'escritor', definido por Furetière sem qualquer relação com a tipografia: '*Escritor* se diz, também, daqueles que compuseram livros, obras'. Dez anos antes de Furetière, o *Dictionnaire Français*, de Richelet, havia estabelecido a necessária ligação existente entre autor e impressão, propondo como segunda definição da palavra (a partir do sentido original de 'O primeiro que inventou alguma coisa, que disse alguma coisa, que é causa de alguma coisa que realizou') o seguinte: 'Aquele que compôs algum livro editado', assim exemplificando: 'Ablancourt, Pascal, Voiture e Vaugelas são excelentes autores franceses. A rainha Margarida, filha de Henrique III, era autora'. [...] Para esses dois dicionários, no fim do século XVII, o termo autor não pode ser aplicado a qualquer um que escreveu uma obra: ele distingue entre todos os 'escritores' apenas aqueles que quiseram ter publicadas as suas obras. Para 'erigir-se como autor', escrever não é suficiente; é preciso mais, fazer circular as suas obras entre o público, por meio da impressão" (Chartier, 1998, p.44-5).

Isso porque, antes de meados do século XX, houve uma atenção mais concentrada nos princípios e fins da educação, os quais, com base no referido filósofo americano, definiram-se em termos democráticos. Posteriormente, um interesse mais voltado ao planejamento e racionalização das atividades de ensino configurou o uso da obra deweyana ressaltando os seus postulados pragmáticos (Silva, 2001). O exame das formulações realizadas nos manuais no decorrer de um século de sua publicação – feito no terceiro capítulo deste livro – levou a crer em uma variação semelhante de usos de outros autores, além de John Dewey.

Esses educadores (Dewey, Claparède, Rousseau, Pestalozzi, Fröebel...), ao serem citadas, foram *consagrados* nos manuais pedagógicos. Eles foram apresentados aos normalistas como nomes importantes no desenvolvimento de projetos de ensino tidos como renovadores. Foi como se essas citações tivessem composto um circuito de ideias em torno de um objeto nuclear – a possibilidade de se estruturar o modelo de escola – com o qual as produções dos educadores e estudiosos referidos contribuíram de uma forma ou de outra. Assim, os livros da Escola Normal classificaram as diversas modalidades de colaborações, criando os lugares dos "grandes" autores da cultura profissional docente. Mais do que indicar indivíduos, os manuais agruparam em torno deles um determinado número de textos, selecionando-os, falando de sua importância, opondo-os ou filiando-os a outras obras. Foi assim que se falou da escola democrática e pragmatista (John Dewey), da educação moral (Émile Durkheim), da escola ativa (Adolphe Ferrière), da educação funcional (Édouard Claparède), enfim, dos elementos que compuseram a *modernidade pedagógica*. Uma definição mais acurada do que significou essa pedagogia moderna está nas palavras de Jorge do Ó:

> O leitor por certo aceitará a bondade desta afirmação, que pode ser de hoje, de ontem, de há 100 ou 150 anos: o poder político liberal transferiu para os espaços em que decorria a socialização escolar o essencial das tarefas destinadas à efetivação das categorias modernas de pessoa e de cidadão: logo desde os bancos da escola o *homem novo* seria formatado nos ideais do *humanismo*, das *luzes*, do *progresso*, da *autonomia* e da *responsabilidade pessoal*. (2003, p.13)

Nesse sentido, os *auctores* usados nos manuais fundamentaram, por meio de suas obras, um modelo de escola distante do cultivo da repressão dos alunos. Diversamente, a disciplina escolar incorporou uma *política da consciência*, promovendo a autoinspeção dos estudantes. Foram justamente os pedagogos da Educação Nova os que ofereceram os pilares de uma proposta dessa natureza, inspirando práticas eficazes de socialização. Esse projeto, no qual esteve implícita a ruptura com práticas repressivas de educação, lançou "como que uma cortina de fundo reformadora e regeneradora para, exatamente, anunciarem aos seus concidadãos, com a força mobilizadora que tem a novidade, hipóteses e soluções que, afinal, já estavam disponíveis no plano das ideias e até das realizações" (Ó, 2003, p.15). Isso conduziu a pensar que o humanismo, as luzes, o progresso, a autonomia e a responsabilidade integraram o desenvolvimento dos Estados-nação e deram continuidade às tecnologias de governo da alma mobilizadas pela Igreja (Ó, 2003). A consolidação da escola moderna assim constituída em diversas partes do mundo só foi possível graças à divulgação e tradução das obras dos "grandes" *auctores*, realizada em publicações como os manuais pedagógicos, afirmação que mereceu aqui uma análise mais cuidadosa.

Isso porque, conforme explicou Barthes (1988), a figura do autor não correspondeu a um dado natural do livro, nem sempre o nome de uma pessoa remeteu para o conjunto de suas produções. Nas sociedades etnográficas, por exemplo, a narrativa foi assumida por uma pessoa que não apareceu como signatária, mas como mediadora. A modernidade abriu possibilidades para a descoberta do indivíduo signatário dos textos e a modernidade educacional, por conseguinte, mobilizou a valorização de quem falou do projeto de escolarização, de modo a vincular o discurso a um nome, impreterivelmente, ao ponto de um livro estar tiranicamente centralizado no nome de quem o assinou. Em outras palavras, "a *explicação* da obra é sempre buscada do lado de quem a produziu, como se, por meio da alegoria mais ou menos transparente da ficção, fosse sempre afinal a voz de uma só e mesma pessoa, o *autor*, a entregar a sua 'confidência'" (Barthes, 1988, p.66). Se o "*autor* reina nos manuais" (Barthes, 1988, p.66) – como aconteceu com Dewey, Claparède, Fröebel e outros "grandes" *auctores* da Escola Nova nos livros dos normalistas, por meio dos quais foram traduzidos e tiveram suas biografias divulgadas – foi possível afirmar também que alguns escritores de manuais para professores puderam reinar como autores. Foi esse esforço de consagrar nomes que motivou os escritores dos textos a referirem as obras e, simultaneamente, os seus signatários, recorrendo muitas vezes a fatos da vida desses pensadores – como sua formação, inspirações teóricas e experiências – para oferecerem um melhor entendimento de sua bibliografia. Isso decorreu da necessidade de narrar o indivíduo, sua história, seus gostos, suas paixões para apreender seus escritos.

Os *Fundamentos do método*, manual assinado por Onofre de Arruda Penteado Júnior e publicado nos anos 1930, em São Paulo, organizaram-se basicamente a partir das ideias de um autor, John Peter Wynne, ele mesmo inspirado no pensamento de John Dewey, um pensador contemporâneo de "primeira plana":

> [...] pois que os seus pontos de vista orientaram e orientam os sistemas educacionais, que apareceram na Alemanha, na Inglaterra, na Rússia, na Turquia, na Índia, no Japão e na China, onde esteve, em pessoa, durante quatro anos. A obra do grande pedagogo não só se completa com as ideias de Kilpatrick e de seus continuadores e discípulos, como pelo esforço de notáveis pedagogos americanos, entre eles John Peter Wynne. (Penteado Júnior, 1938, p.15)

Embora posteriormente pouco conhecido entre os educadores brasileiros, o que não foi comum entre os nomes citados em manuais pedagógicos, Wynne teve já no prefácio do livro de Penteado Júnior a sua biografia detalhadamente descrita:

> Ao discutir-se, em 1918, e em anos seguintes, nos Estados Unidos, qual a concepção do método de ensino, para a educação moderna, travaram-se contendas entre os mais notáveis educadores, resultando, entre outras concepções, a do Método de Problemas, de Dewey, e a do Método de Projetos, de Kilpatrick, sem que essas concepções traduzissem o conceito moderno de educação em toda a sua integridade ou totalidade. Nessa mesma época John Peter Wynne ensaiou uma nova concepção muito mais ampla e prática, de método geral de ensino, tendo publicado notável trabalho, "General Method: foundation and application", em 1929, depois de outros estudos feitos e relatados em obras anteriores. No dizer do próprio Prof. Wynne, o ponto de vista, que desenvolve, está de acordo com os mais recentes princípios assentados pelo dr. Dewey. Discípulo de Dewey, na Universidade de Columbia, viu, com satisfação, seu modo de encarar o problema do método, apreciado pelo mestre. A concepção de Wynne ganhou terreno, e tem exercido, recentemente, grande influência,

nesse país, na prática educacional. [...] John Peter Wynne nasceu em Enfield, na Carolina do Norte, a 1º de Novembro de 1888; graduou-se pela escola secundária de Enfield, tendo pronunciado, em nome de seus colegas, o discurso de despedida em 1909; fez o curso do "Trinity College" (hoje Duke University, Durham, North Carolina) em 1913, tendo recebido novo título de estudos, pela mesma escola, em 1916; e recebeu o título de Doutor em Filosofia, pela Universidade de Columbia, em New York, em 1928. (Penteado Jr., 1938, p.15-6)

O prefácio do livro de Penteado Júnior detalhou outros fatos da vida de Wynne: as associações às quais ele se filiou; seus estudos; suas experiências como professor e suas publicações. O texto encerrou-se de modo a reiterar o valor das notas biográficas do autor.

Agradecemos ao dr. John Peter Wynne a gentileza de ter-nos oferecido os dados com que pudemos traçar as presentes notas biográficas, a seu respeito, e que com prazer desejamos inserir no prefácio de nosso trabalho, como justa homenagem a um dos mais competentes mestres em assuntos educacionais, dos tempos modernos. (Penteado Jr., 1938, p.18)

Ao assinalar a trajetória profissional de Wynne, enfatizou-se a sua obra, e esse esforço, nas palavras de Penteado Jr.:

[...] nos pareceu de utilidade a divulgação fundamentada da concepção de método geral de ensino, apresentada por Wynne, a respeito da qual pouco se tem escrito, no Brasil, a não ser simples referências, em obras de outros autores, vertidas para o vernáculo. Estribando-se, o ponto de vista de Wynne, na doutrina de Dewey, que os esforços de educadores patrícios têm procurado tornar conhecida no país, quer nos parecer que, com a publicação do presente trabalho, oferecemos aos leitores, embora modestamente, alguma contribuição útil ao ensino, com a divulgação da mais moderna tentativa de integração dos princípios do método, em um conjunto capaz de guiar com firmeza os professores, em suas práticas diárias, em qualquer grau de ensino, desde os jardins de infância até a universidade. (Penteado Jr., 1938, p.18)

Quando analisou a lógica de vinculação entre o texto e a pessoa que o assinou, Foucault (1992) explicou que a *figura de autor* foi um dos recortes mais poderosos na história das ideias. Tratou-se de uma categoria "sólida e fundamental" na construção dos conhecimentos, das literaturas e da ciência, tornando impossível pensar um determinado discurso sem ter a noção de quem o assinou: "De tal forma que não basta afirmar: deixemos o escritor, e estudemos a obra em si mesma. A palavra 'obra' e a unidade que ela designa são provavelmente tão problemáticas como a individualidade do autor" (Foucault, 1992, p.39). Por isso, o nome de autor não foi pessoal, não esteve no registro civil de um indivíduo, mas localizou-se no espaço dos discursos que essa pessoa instaurou e fez circular, sempre em relação com outros livros, teorias, tradições, disciplinas e autores. Mas nesse campo discursivo houve autores que assumiram um lugar particular, foram para além da escrita de seus textos, produzindo ainda a possibilidade e a lógica de formação de outros discursos. Entre os professores, entre esses *fundadores de discursividade*, como denominou Foucault (1992), estiveram os pedagogos da Escola Nova, como evidenciou a tradução que deles foi feita nos manuais. Eles assumiram, assim, uma perspectiva fundamental na *corda discursiva* construída nos livros dos normalistas, porque houve pontos nessa continuidade que fundaram entrelaçamentos de ideias, de modo que uma boa parte das proposições sobre o modelo de escola por nós hoje conhecido não poderiam ser entendidas sem uma referência à obra de Dewey, Claparède, Rousseau etc. Isso porque as ideias desses fundadores introduziram transformações no campo educacional, na construção da *escola de massas*, viajaram ao longo de fios pelos quais teceram-se relações com outros discursos.

 Pestalozzi, por exemplo, ofereceu bases para a concepção dos jardins de infância e inspirou afirmações muito diferentes das que ele mesmo produziu. Por isso, os livros da Escola Normal fizeram mais do que retomar a metáfora da criança como planta e, nesse sentido, Pestalozzi tornou possível teorias educacionais diversas. O ato que as fundou esteve no mesmo plano de suas modificações futuras, fez parte dessas transformações, o que significou, de acordo com Foucault (1992), que as obras dos instauradores de ideias no campo educacional não se situaram em relação à Pedagogia, mas foi a Pedagogia que se estruturou a partir delas, tomando-as como um ponto de partida. Os manuais pedagógicos participaram da fundação de determinados discursos, traduzindo-os e dando-os a ler. Essa foi uma das instâncias de produção dos autores da área educacional: a articulação de suas ideias foi a articulação das ideias que sustentaram as proposições para as atividades de alunos e professores na escola e essas leituras foram sendo construídas desde finais do século XIX.

A apropriação dos "grandes" pedagogos quando da instauração de uma discursividade fez com que, ao serem lidas, as vozes perdessem a sua origem, adquirissem outros sentidos além daqueles propostos em sua autoria. Porque se um texto ficasse restrito unicamente a quem o escreveu, a ele teria sido imposta uma única forma de entendimento, fechando outras escrituras ou, como se poderia dizer aqui, a própria circulação de ideias. Essa dimensão também esteve presente nos manuais, pois, ao divulgarem as ideias dos "grandes" pedagogos, dando-lhes visibilidade, esses livros acabaram por reelaborar o sentido que os escritores citados tentaram impor às suas obras. Em outras palavras, não se pode pensar em uma espécie de única e verdadeira leitura das ideias e a construção da escola representou, ao mesmo tempo, a permanente articulação de discursos. A esse respeito, Barthes afirmou que:

> Sabemos agora que um texto não é feito de uma linha de palavras a produzir um sentido único, de certa maneira teológico (que seria a "mensagem" do Autor-Deus), mas um espaço de dimensões múltiplas, onde se casam e se contestam escrituras variadas, das quais nenhuma é original: o texto é um tecido de citações, saídas dos mil focos da cultura. (1988, p.68)

Foi justamente essa a lógica da *corda discursiva* com a qual tem se fundamentado a nossa forma de entender a escolarização: a imagem da corda representou o cruzamento de textos, não um movimento linear de palavras que, isoladamente, conduziriam a uma forma de explicação universal. Nessa *intertextualidade* – ou *transdiscursividade*, como se poderia dizer também – quem escreveu pensou a partir de escrituras anteriores, das quais selecionou trechos, mesclou-os, criando um tipo de dicionário, cujas palavras só puderam ser explicadas recorrendo-se a outras palavras, em um processo cujas origens e fins foram indefinidos: nunca se sabe exatamente onde começaram nem onde poderão parar (Barthes, 1988). Ou seja, os autores da Escola Nova fundaram uma discursividade, mas o fizeram sucedendo outras ideias e não constituíram, então, o único ponto a partir do qual se falou de Pedagogia. Igualmente, os manuais não foram pontos de chegada das ideias dos "grandes" intelectuais da educação: sucederam-nos, recorrendo a fontes de onde retiraram discursos que ainda circulam, de alguma forma. Por isso, os livros dos normalistas foram, como objetos de leitura, um tecido de ideias infinitamente recuáveis e cujas traduções deixaram sempre em aberto novas formas de ler.

Estando assim constituído o núcleo a partir do qual os pensamentos de alguns autores foram mobilizados e apropriados, convém pensar em que medida escritores de manuais pedagógicos puderam integrar o grupo dessas pessoas. Primeiro, foi notável o fato de que nem todos os manuais pedagógicos foram assinados por um autor. Nem sempre um manual pedagógico remeteu imediatamente para a pessoa que o assinou, para uma figura que lhe foi, portanto, exterior e anterior, o que induziu a pensar sobre a constituição da autoria desse tipo de publicação. Na qualidade de textos escolares, os manuais tiveram sua origem em práticas de professores e alunos, quando eles anotaram tópicos de lições e fizeram circular tais manuscritos. Foi assim que se produziram as famosas *sebentas* – expressão pitoresca da linguagem corrente entre os estudantes da Universidade de Coimbra. O termo remeteu para a ideia de sebo, aparência com a qual ficaram as anotações feitas por alunos durante as aulas e posteriormente mimeo ou datilografadas e que, passando de mão em mão, adquiriram um aspecto surrado, daí o nome pejorativo com o qual foram conhecidas. Fernando de Azevedo narrou esses usos, situando-os em finais do século XIX e reconhecendo-os como "perfeitamente racionais e naturais em civilizações adstritas ainda a técnicas elementares da indústria de livros" (1945, p.330). A expansão da escolarização e o desenvolvimento da imprensa foram fatores essenciais para a transformação dessas apostilas em livros escolares, produzidos, impressos e distribuídos por profissionais especializados. Foi sobretudo durante os séculos XIX e XX que o livro escolar passou a figurar entre as leituras dos estudantes como algo obrigatório, em várias partes do mundo (Azevedo, 1945).

No caso dos manuais para professores – cujo aparecimento datou de meados do século XIX, em países como a França, e das décadas seguintes, em países como Brasil e Portugal –, houve um movimento semelhante e os livros resultaram em boa parte das vezes de anotações feitas para as aulas. Nessa perspectiva, a função Autor não se fez visível: houve um caso no qual nem foi possível identificar ao certo o nome de quem escreveu o texto, mas apenas um pseudônimo. Isso aconteceu com as *Lições de pedagogia colecionadas por um amigo da instrução*, publicadas no Rio de Janeiro, pela Livraria Francisco Alves, em 1907, quando esse tipo de iniciativa ainda não tinha se desenvolvido muito no país. Pelo que tudo indicou, o "Amigo da instrução" abriu mão de sua autoria, sem revelar seu nome na capa do livro, porque incorporou certa "modéstia" característica dos professores como categoria profissional e examinada em trabalhos relativos às imagens da profissão docente (Vicentini, 2002).

Figura 1 – Página de rosto das *Lições de pedagogia colecionadas pelo "amigo da instrução"*, Rio de Janeiro, Livraria Francisco Alves, 1907.
A figura do autor foi praticamente apagada com o uso do pseudônimo.

Figura 2 – Páginas de rosto dos manuais pedagógicos escritos por João Toledo, *Escola brasileira* e *Didática*.

Na apresentação dos manuais, o nome de seu escritor foi o primeiro a aparecer, seguindo-se de sua biografia. Esse procedimento foi notável na maior parte dos manuais pedagógicos estudados.

Mas a prática de ocultar o signatário foi muito rara nos livros dos normalistas que, no decorrer dos anos, foram consolidando as figuras de seus autores, expondo nas capas dos livros os nomes de quem os escreveu, dando informações biográficas dos mesmos. Esse processo envolveu a valorização dos escritores nas capas dos livros que eles assinaram e, também, quando foram citados em outros manuais. Importa pensar, então, sobre os fatores que motivaram a passagem de textos originalmente escritos como sendo de *lectores* para textos de *auctores*. De modo geral, os escritores de manuais mais reconhecidos no campo educacional estabeleceram, ao longo de sua ascensão na vida profissional,[3] uma série de comunicações com diferentes áreas

---

3 Questões relacionadas à carreira acadêmica de autores como Rafael Grisi foram examinadas por Bontempi Jr. em sua tese acerca d' *A cadeira de História e Filosofia da Educação da USP entre os anos 40 e 60* (2001).

do conhecimento e com instituições nacionais e internacionais. Ao participarem desse circuito, eles conheceram os "grandes" autores da área e conseguiram, por esse caminho, tornarem-se também autores. Outro fator foi o *trânsito* desses escritores em outras áreas de saber, notadamente o Direito, a Medicina, a Teologia, a Psicologia, a Sociologia, bem como em outros espaços por meio de idas ao exterior para realização de cursos, participação em congressos, conhecimento de trabalhos e experiências e o estabelecimento de intercâmbios com estudiosos. Esse processo esteve relacionado com a difusão da *escola de massas*, pois a mobilidade das ideias, das pessoas e de suas obras impulsionou a apropriação do modelo de ensino nas mais diversas partes do mundo. Foi nessa *viagem* que alguns signatários tornaram-se autores, de acordo com a constituição do campo educacional e dos posicionamentos tomados pelas pessoas nesse espaço no decorrer dos anos.

Quadro 2 – Trajetórias de escritores de manuais pedagógicos no campo educacional

De professores	A profissionais da administração do ensino
De uma formação em Escola Normal	A uma formação em nível acadêmico
De textos com circulação limitada	A uma produção mais vasta e reconhecida
De áreas específicas do saber	A outras áreas
De seu país	A outros países

Ao deixar o lugar de professores para assumirem postos mais elevados da administração do ensino, aqueles que assinaram manuais pedagógicos, muitas vezes, passaram de uma formação restrita ao ensino normal para outra mais elevada, de nível acadêmico. Uma peculiaridade é o fato de alguns manuais pedagógicos só se consagrarem quando seu escritor produziu uma vasta e reconhecida obra, composta também por livros de natureza científica e acadêmica. Sem contar as viagens realizadas para o exterior, ocasiões nas quais esses signatários puderam ampliar seus contatos com outros pensadores, em diferentes lugares do mundo. Essa *viagem permanente* de pessoas e saberes pedagógicos estruturou a *gramática escolar* mundialmente estabelecida, em um *sistema de comunicações* complexo e extenso, do qual participaram os manuais não só como obras de *lectores*, mas também como textos de *auctores*. Na verdade, esses livros puderam ser citados por outros e, então, os seus lugares no circuito discursivo mudaram e adquiriram outros significados. E essa transformação só foi possível quando a produção de livros para os normalistas consolidou-se, mediante a difusão massiva nos cursos de formação de professores, podendo ter sido lidos por outros signatários de outros manuais. Foi em meados do século XX, conforme já se assinalou, que tanto em Portugal como no Brasil houve condições favoráveis a esse processo. A presença do *Autor de manuais pedagógicos* foi, portanto, característica das sociedades modernas com projetos de escolarização e formação do magistério bem definidos.

As *viagens* de quem escreveu manuais

> O autor reina nos manuais [...], nas biografias de escritores, nas entrevistas dos periódicos, e na própria consciência dos literatos, ciosos por juntar, graças ao seu diário íntimo, a pessoa e a obra; a imagem da literatura que se pode encontrar na cultura corrente está tiranicamente centralizada no autor, sua pessoa, sua história, seus gostos, suas paixões; [...] a explicação da obra é sempre buscada do lado de quem a produziu, como se, através da alegoria mais ou menos transparente da ficção, fosse sempre afinal a voz de uma só e mesma pessoa, o autor, a entregar a sua "confidência".
>
> (Barthes, 1988, p.66)

Conforme assinalou-se anteriormente, os *autores de manuais* vivenciaram um tipo de formação longa e ligada a várias áreas de saber, tendo ainda ocupado postos na administração pública do ensino e estabelecido diversos contatos com outros profissionais no exterior. Assim, as trajetórias desses educadores foram aspectos cruciais na valorização de seus livros no campo e, portanto, elas também puderam ser comparadas a *viagens* feitas por eles de um país a outro, participando de congressos, conhecendo outras experiências ou estabelecendo intercâmbios; de uma área de saber a outra, ampliando o seu capital cultural; de uma função a outra, o que permitiu ocupar postos mais privilegiados no sistema de ensino. Essas situações, a partir das quais aqueles que escreveram os livros dos normalistas construíram sua carreira, articularam-se às *condições sociais de produção* (Bourdieu, 1996) de seus textos.

No intuito de compreender as oportunidades abertas na área educacional e no mercado editorial aos autores de manuais, utilizou-se como fontes privilegiadas as notas biográficas constantes nos livros e em dicionários de intelectuais e educadores[4]. Essas biografias foram materiais encontrados às vezes de forma dispersa, mas mesmo assim deixaram entrever o que, no entender dos biógrafos, correspondeu às qualidades mais louváveis dos escritores de manuais. Assim, pode-se dizer que certas experiências de vida e profissão justificaram, nos textos biográficos, o reconhecimento de determinados nomes no campo educacional. De fato, foi notável a insistência em se descrever as circunstâncias em meio às quais os autores se sentiram atraídos pela "missão educativa", quase sempre evocando-se as experiências como professor e dedicando-se linhas ao relato das experiências de aperfeiçoamento na carreira (cursos, viagens, palestras ministradas etc.), como se tais esforços atestassem a qualidade da pessoa e de seus escritos. Seja como for, mediante a prática de biografar foram construídos os retratos "oficiais" feitos por e sobre determinados escritores.

Mas nem todos os signatários dos manuais da Escola Normal foram objeto de biografias, muitas vezes foi possível encontrar apenas breves notas constantes nos próprios livros e nada mais. Alguns deles não foram lembrados em dicionários especializados ou em resenhas publicadas em revistas educacionais. Exemplo disso foi o ensaísta Manuel Bonfim (1868-1932), autor de livros como um dos manuais pedagógicos publicados no início do século XX e que, conforme Moreira Leite já assinalou, "passou mais ou menos despercebido" na história da literatura brasileira (1983, p.275). Além disso, "ao contrário do que aconteceu com a obra de outros ensaístas, suas obras não foram reeditadas" (Leite, 1983, p.275). Embora tenha sido reconhecido por Antônio Cândido como pensador importante da Sociologia contemporânea, Bonfim e suas produções foram pouco lembradas não só pelos educadores como também pelos intelectuais do país porque, fundamentalmente, ele não foi compreendido e não examinou os temas e formas de análise mais enfatizados na época. Assim, ele foi:

---

4 Em Portugal, foi consultado o *Dicionário de Educadores Portugueses* (Nóvoa, 2003) e, no Brasil, foram consultados o *Dicionário de autores paulistas* (Melo, 1954); o *Dicionário de educadores no Brasil – da Colônia aos dias atuais* (organizado por Fávero e Brito, 1999); o *Dicionário histórico-biográfico brasileiro: 1930-1983* (organizado pela FGV, CPDOC e Finep, 1984); e o *Dicionário biobibliográfico de escritores cariocas* (1565-1965) (Ribeiro Filho, 1965).

Nacionalista em um período de pessimismo, em que os intelectuais só discordavam quanto às razões de nossa inferioridade como povo, mas não dessa inferioridade; socialista, em um período em que os nossos intelectuais, direta ou indiretamente, estavam seduzidos pelas realizações de Mussolini na Itália. (Leite, 1983, p.276)

Esse tipo de ausência foi um exemplo que sugeriu o fato de não se ter acreditado que alguns escritores de manuais pedagógicos tenham sido dignos de uma atenção mais demorada e "comemorativa" de sua trajetória profissional, tendo sido, por isso, relegados à *penumbra* – metáfora com a qual Denice Catani (2002) analisou um dos movimentos do campo educacional brasileiro a partir dos quais se condenou ao esquecimento determinados professores e suas iniciativas. Isso significou que, no processo de circulação de saberes, alguns livros do curso normal não foram dados a ver e não foram, portanto, "iluminados" por meio de resenhas ou citações em outros manuais. A dificuldade em se localizar resenhas sobre escritores de manuais foi comum, sobretudo no caso das mulheres, o que pode ser explicado pelo fato de que a ascensão na carreira docente, pelo menos até os anos 1950, foi mais facilitada entre os homens (Pereira, 1969; Demartini, 1993).

A Escola Normal representou para as moças uma das poucas alternativas de continuidade dos estudos para além do primário, e dar aulas permitiu conciliar atividades domésticas e obter um salário complementar para a renda da família. Segundo Luiz Pereira (1969), no Brasil a participação feminina na carreira docente e em outras categorias só começou a ser ampliada em meados do século XX, principalmente graças à expansão da rede escolar pública paulista. Embora elas tenham composto a maioria do corpo docente, continuaram sendo minoria em cargos de direção e controle do sistema. O exercício da diretoria de grupos escolares limitou-se porque muitas vezes isso poderia acarretar residência afastada da família ou o trabalho fora de casa durante o dia todo, dificultando conciliar as atividades profissionais com as domésticas. Além disso, o salário da mulher foi tido apenas como um suplemento à renda da casa, ideia que não estimulou a concorrência das mulheres a postos mais elevados no sistema de ensino. Os docentes do sexo masculino, em geral, ascenderam rapidamente para postos mais diversificados e elevados, tais como diretores de escolas e técnicos de ensino. Demartini (1993) observou que, no caso paulista, já no início do século XX, o tipo de relacionamento político de alguns homens possibilitou-lhes a promoção no magistério, muitas vezes sem a especialização profissional oficialmente exigida.

A feminização do magistério assumiu contornos semelhantes em várias partes do mundo e a sua configuração ajudou a entender porque, em Portugal, nenhuma mulher chegou a assinar um manual pedagógico e, no Brasil, só depois da década de 1950 iniciativas desse tipo aconteceram. Quando escreveram textos para a Escola Normal, as escritoras brasileiras tiveram um intuito "essencialmente prático": foi assim que Irene de Albuquerque, Circe de Carvalho Borges, Haidé Coelho, Josefina de Castro e Silva Gaudenzi e Brisolva de Brito Queirós, por exemplo, apresentaram a sua *Prática do ensino primário* (1954), o primeiro manual escrito por mulheres, uma espécie de diário de atividades com questionários e orientações para a observação, a participação e a direção do ensino, etapas previstas nos programas de Prática de Ensino estudados pelos normalistas. Essas escritoras, tal como informou o manual, assinaram outras publicações para o magistério, atuaram como professoras em Institutos de Educação, cursos de aperfeiçoamento, nos níveis primário e secundário e apenas uma delas foi Diretora de escola. Geralmente, as mulheres que publicaram textos de cursos para o magistério optaram pelo regime de coautoria e trataram de questões ligadas ao trabalho em sala de aula, sugerindo procedimentos, regras e atividades a serem reproduzidas nessa situação. Questões de gênero articularam, portanto, as trajetórias dos escritores em sua carreira profissional e favoreceram – ou não – o reconhecimento de suas produções no campo da educação.

Em uma outra categoria, a dos autores de manuais mais famosos, estiveram educadores que ascenderam na carreira docente. Nesse grupo, poucos atuaram como professores primários, ou melhor, foram poucas as vezes em que esse tipo de informação apareceu em notas biográficas, deixando entrever o pouco prestígio dessa atividade no campo educacional. No Brasil, pelo que se sabe, apenas uma professora atuante nesse nível, com exercício em zona rural, Josefina de Castro e Silva Gaudenzi. Os portugueses Antônio Sá, José Maria da Graça Afreixo e Henrique Freire lecionaram nas primeiras séries durante a mesma época, sendo que os dois últimos assinaram um manual juntos, em 1870. Eles representaram a primeira geração de docentes com formação profissional para o magistério, fundamentando as bases da rede pública da instrução primária e do Ensino Normal em seu país nas décadas finais do século XIX. A atuação em Escolas Normais só foi possível graças ao desenvolvimento desses cursos, a partir das primeiras décadas do século XX. Pelo que se sabe a partir das biografias consultadas, foi bem maior o número de escritores de manuais que lecionaram em cursos de formação docente. No Brasil, tivemos: Afro do Amaral Fontoura, Alaíde Madeira Marcozi, Alberto Conte, Amadice Amaral dos Reis, Ana Maria Diniz Porto Passos, Angelina de Lima, Antônio D'Ávila, Benedito de Andrade, Brisolva de Brito Queirós, Circe de Carvalho Pio Borges, Dario Veloso, Djacir Menezes, Eunice Mendes Fagundes, Everardo Backheuser, Haidé Galo Coelho, Imídeo Giusepe Nérici, Irene de Albuquerque, Josefina de Castro e Silva Gaudenzi, Leni Werneck Dorneles, Luís Alves de Matos, Manuel Bergström Lourenço Filho, Manuel Bonfim, Maria Lúcia de Freitas Köhn, Maria de Nazaré Moura, Marion Vilas Boas Sá Rego, Moisés Xavier de Araújo, Nora de Castro Jataí, Onofre de Arruda Penteado Júnior, Pedro Anísio, Rafael Grisi, Romanda Pentagna, Teobaldo Miranda Santos e Wanda Rolin Pinheiro Lopes. José Afreixo, Henrique Freire, António Paim da Câmara, José Augusto Coelho, Orbelino Ferreira, José Maria Gaspar, Bernardino Lage, António Leitão, Pimentel Filho e Rafael Soeiro foram alguns dos escritores portugueses que também ministraram aulas para futuros professores.

Além da docência, as notas biográficas enfatizaram os postos ocupados pelos escritores no sistema de ensino. Entre as informações mais destacadas estiveram aquelas relativas às atividades de inspeção (Henrique Freire em Portugal, e João Toledo no Brasil), ou de direção de Escola Normal (José Augusto Coelho, Orbelino Ferreira, António Leitão, Adolfo Lima, Francisco Loureiro e Faria de Vasconcelos, em Portugal; e Josefina de Castro e Silva Gaudenzi e Teobaldo Miranda Santos, no Brasil), de cursos superiores (Faria de Vasconcelos, além do brasileiro Luís Alves de Matos). Amaral Fontoura foi Delegado do Governo junto a várias Escolas Normais; Angelina de Lima foi Diretora de Curso de Orientação Educacional; Antônio D'Ávila foi Diretor do Serviço de Orientação Pedagógica do Departamento de Educação de São Paulo; Luís Alves de Matos foi Diretor do Colégio de Aplicação da Faculdade de Educação da Universidade Federal do Rio de Janeiro; Manuel Bonfim foi Diretor do Pedagogium e do Laboratório de Psicologia Experimental; Maria Lúcia Guida Costa Pontes foi Diretora-secretária do Curso de Orientação Educacional de São Paulo; Romanda Pentagna foi Diretora do Instituto de Educação de Niterói. As tarefas cumpridas nas instituições escolares e os encargos assumidos no serviço público de ensino corresponderam a outros fatores cruciais na configuração dos autores de manuais. Nessa perspectiva, escritores como Afro do Amaral Fontoura e Moisés Xavier de Araújo, como técnicos em educação que atuaram nos Centros Regionais de Pesquisas Educacionais e em órgãos estatais de fomento e controle dos sistemas de ensino, constituíram e legitimaram uma forma especializada de tratar os temas educacionais com base na Psicologia Científica e na Sociologia. Conforme assinalou Lugli (2002) quando estudou os CRPEs, esses conhecimentos especializados "desautorizaram" e colocaram em segundo plano os conhecimentos dos professores primários construídos a partir de suas experiências.

A articulação entre várias funções no decorrer de uma trajetória *consagrou* o nome de Lourenço Filho no campo educacional brasileiro e conferiu ao seu *Introdução ao estudo da Escola Nova* um reconhecimento jamais atingido por outro manual pedagógico. Considerações semelhantes foram feitas por Miceli no livro *Intelectuais e classe dirigente no Brasil*:

> A trajetória profissional de Lourenço Filho é o exemplo cabal de um agente especializado que deve quase tudo à escola e que por isso mesmo tende a concentrar seus investimentos na aquisição de títulos escolares. O trabalho que desenvolve e a carreira a qual se devota resultam da coincidência entre a boa vontade cultural que permeia suas disposições e os interesses do poder público em contar com um corpo de especialistas voltado para a gestão do sistema de ensino. (1979, p.171)

A atuação de Lourenço Filho,[5] desde sua formatura no curso normal até quando ele realizou trabalhos no Ministério da Educação e Cultura, na década de 1930, foi assim resumida:

---

5 Acerca da trajetória profissional de Lourenço Filho, Sérgio Miceli afirmou que "As biografias de Anísio Spínola Teixeira [...] e de Manuel Bergström Lourenço Filho, filho de um comerciante português instalado numa cidade do interior paulista, revelam as duas principais vias de acesso à carreira de educador profissional. Enquanto Lourenço Filho auxiliava o pai em suas atividades como pequeno comerciante de bens culturais – '(seu pai) inaugurou, ali, o comércio de livros e a arte fotográfica, instalou uma tipografia, fundou e manteve durante trinta anos um semanário, montou um cinema' – que tentava compensar o acanhamento dos gastos com bens culturais de uma clientela interiorana pela diversificação de suas

De posse do diploma de normalista, inicia-se no magistério primário em Porto Ferreira, conseguindo sua nomeação como substituto efetivo em abril de 1915; [...] matricula-se no primeiro ano da Faculdade de Medicina na esperança de galgar os postos reservados em princípio aos portadores de diplomas mais legítimos e mais rentáveis que o seu de normalista, mas acaba desistindo no segundo ano; em 1919, ingressa na Faculdade de Direito, outra tentativa de escapar ao trabalho de mercado especializado do qual se sentia cativo; no final do mesmo ano, Sampaio Dória, recém-nomeado diretor-geral da Instrução pelo governador Washington Luís, convida-o para substituir Roldão de Barros na cadeira de Pedagogia, anexa à Escola Normal da capital; [...] a partir de 1922, por escolha da administração paulista em atendimento à solicitação do governo cearense, é designado para dirigir a reforma do ensino público naquele Estado; de volta a São Paulo em 1925, assume o cargo de professor de psicologia e pedagogia na Escola Normal de São Paulo; em 1926, publica seu primeiro livro, *Juazeiro do Padre Cícero*, [...] organiza a Biblioteca de Educação, primeira do gênero no país, onde publica traduções de obras de Claparède, Pièron, Durkheim, Binet-Simon e Leon Walther; no ano seguinte, com um grupo de educadores desejosos de se tornarem empresários no setor – Sampaio Dória, Almeida Júnior, etc. – funda o Liceu Nacional Rio Branco, onde passa a dirigir a Escola Primária Experimental; em 1929, é eleito membro da Academia Paulista de Letras, gradua-se bacharel em direito e, no ano seguinte, publica o livro

---

atividades, Anísio era entregue aos cuidados dos jesuítas, primeiro no interior e depois no Colégio Antônio Vieira em Salvador onde realizou o secundário. A chance de escrever os resumos dos filmes a serem editados nos programas distribuídos no cinema local, e de colaborar no jornal da cidade, ambos de propriedade do pai, a leitura das obras que estavam à venda na loja, e outras experiências similares, decerto contribuíram para o entusiasmo com que Lourenço Filho se aferrou aos estudos a partir do momento em que se torna aluno de um jovem professor normalista, recém-formado em São Paulo. Da primeira à última série, conservou o lugar de primeiro aluno da turma; após um breve estágio no Ginásio de Campinas, inscreve-se para os exames de admissão à série inicial da Escola Normal Primária de Pirassununga, onde também manteve seu posto de melhor aluno até o último ano. Enquanto Lourenço Filho cumpria os passos de uma habilitação profissional para tornar-se professor primário, a família de Anísio, pressentindo a 'vocação' que os jesuítas estavam prestes a aliciar, se dispõe a financiar seus estudos jurídicos no Rio de Janeiro, onde conclui o curso em 1922. Dois de seus irmãos haviam realizado o curso de engenharia e um terceiro faria carreira política como deputado estadual. Ao mesmo tempo que Lourenço Filho tira partido dos estímulos e facilidades com que são brindadas os integrantes da primeira leva de postulantes a uma carreira docente profissionalizada, Anísio Teixeira se beneficia das dívidas políticas que seu pai estava em condições de exigir o resgate" (Miceli, 1979, p.167-8).

Introdução ao Estudo da Escola Nova; [...] em 1932, é convocado para integrar os quadros de especialistas do recém-criado Ministério da Educação e Saúde Pública, prosseguindo sua carreira no âmbito federal. (Miceli, 1979, p.171-2)

Lourenço Filho não foi considerado apenas um "grande educador", mas também um "grande intelectual brasileiro", dentre aqueles convocados pelo Estado para o serviço público. Na época foi criado no país um "mercado central de postos públicos", composto pelos ministérios da Educação e Saúde Pública (1930), do Trabalho, da Indústria e Comércio (1930), da Aeronáutica (1941), bem como de uma série de organismos ligados à Presidência da República. Esse foi o espaço de atuação mais característico dos intelectuais e educadores de destaque da época e seguiu uma lógica de burocratização e racionalização muito diferente das concessões de postos oferecidas pelos chefes políticos oligárquicos (Miceli, 1979). Assim, a carreira de Lourenço Filho configurou-se a partir das relações mantidas com o Estado, quando, durante o regime Vargas, a cultura foi tomada como um domínio "oficial". Quando foi contratado para efetivar a Reforma da Instrução no Ceará, nos anos 1920, Lourenço Filho foi um dentre outros jovens egressos dos bancos acadêmicos, escolhidos por alguns governos estaduais e dirigentes oligárquicos para "modernizar" as atividades públicas. Como ele, Francisco Campos, Mário Casassanta, Anísio Teixeira, Fernando de Azevedo e Carneiro Leão responsabilizaram-se pelas reformas da instrução, respectivamente, em Minas Gerais, Bahia, Distrito Federal e Pernambuco. Assim, a especialização de algumas pessoas na área educacional passou a ser motivada antes mesmo da instauração da República brasileira, quando a extensão das oportunidades de escolarização começou a ser vista como uma importante estratégia política (Miceli, 1979, p.167-8).

Os signatários de manuais pedagógicos mais conhecidos dedicaram-se não só à educação, mas tiveram origens diversas (sobretudo da área de Direito) e passaram a se dedicar ao magistério, construindo trajetórias de sucesso e progressão na carreira. A exceção mais evidente dessa regra foi a de Augusto Coelho, que desenvolveu relações conturbadas com seus colegas e acabou sendo, de certa forma, pouco lembrado, não obstante ter lecionado em Escola Normal e ter escrito textos de Pedagogia. Pimentel Filho pareceu ser outra exceção porque, embora tenha tido uma formação privilegiada, em Medicina, não teve produção bibliográfica significativa em sua área de origem nem ascendeu na carreira de professor. Pelo que se sabe, ele só exerceu a função de professor de Escola Normal. Nas décadas finais do século XIX, a produção de manuais para professores realizou-se de modo ainda incipiente, em função do início da estruturação do campo educacional, no qual se definiram os projetos para o sistema escolar público e preparo e atuação de seus profissionais. Nesse momento, aqueles que escreveram esses livros não foram educadores "puros", no sentido de terem tido formação específica na área. Um caso exemplar foi o de Domingos Baganha: filho de professores primários, optou pela Engenharia e Agricultura e escreveu seu compêndio para auxiliar suas irmãs no concurso que prestaram para ingresso na carreira docente em Portugal. Em geral, a formação em outros campos do conhecimento, que não a educação, conferiu mais legitimidade ao conteúdo dos manuais, colaborando para que seus escritores se transformassem em autores.

Além disso, as biografias examinadas assinalaram o fato de apenas alguns dos escritores terem cursado a Escola Normal ou a Escola do Magistério, como foi chamada em Portugal (José Maria da Graça Afreixo, Orbelino Ferreira, Henrique Freire, José Maria Gaspar e Bernardino Lage). Graça Afreixo, conforme se já assinalou há pouco, frequentou Escola Normal, mas dedicou-se também aos estudos em Seminário e em Faculdade de Direito, curso que, aliás, foi uma das grandes preferências dos autores em pauta, António Paim da Câmara, António Leitão, Adolfo Lima e António Faria de Vasconcelos. No Brasil, Djacir Menezes formou-se advogado e escreveu, nos idos de 1930, um manual para professores. Além do brasileiro e monsenhor Pedro Anísio e do português Graça Afreixo, frequentaram o Seminário José Augusto Coelho (que chegou a ingressar em um curso de Teologia, mas não o concluiu), José Maria Gaspar e Faria de Vasconcelos, que não foi propriamente aluno de Seminário, mas de um colégio de padres. Provavelmente, essa tendência relacionou-se a tradições familiares – com as quais o último autor citado rompeu – bem como com as relações historicamente estabelecidas entre a religião católica e o magistério. Em nível superior, os outros cursos realizados pelo grupo foram Filologia Românica (Francisco Loureiro), Escola Politécnica (Alberto Pimentel Filho), Escola Médico-Cirúrgica (Alberto Pimentel Filho), Medicina (Lourenço Filho) e Ciências Sociais (Faria de Vasconcelos). Rafael de Barros Soeiro formou-se em Ciências Pedagógicas. Na verdade, esse foi um dos nomes mais jovens do grupo português e, sendo assim, pôde optar por um curso então recém-criado.

Institucionalmente, esses nomes vincularam-se, em nível superior, às duas principais universidades do país, a de Coimbra (António Paim da Câmara, José Augusto Coelho, José Maria Gaspar, António Leitão, Adolfo Lima e Rafael de Barros Soeiro) e a de Lisboa (Domingos Baganha, Alberto Pimentel Filho e Faria de Vasconcelos). As Escolas Normais situaram-se em polos mais dispersos: além das de Lisboa (Bernardino Lage) e Coimbra (Orbelino Ferreira, José Maria Gaspar), nas biografias dos escritores de manuais foram citados os cursos de São Vicente de Lisboa (José Afreixo) e Marvilha (Henrique Freire).

A carreira dessas pessoas articulou, dessa maneira, vários lugares de formação. E isso aconteceu na literatura pedagógica como um todo, de modo a garantir um caráter científico e mais legitimado no tratamento dado às questões educacionais (Nóvoa, 1995, p.29), ajudando a entender o fascínio que alguns signatários de manuais para professores exerceram na literatura educacional, quando puderam pontuar as contribuições da Psicologia, Biologia e Medicina (Pimentel Filho e Lourenço Filho, médicos que desenvolveram muito as questões do desenvolvimento infantil), bem como da Sociologia (Lourenço Filho, com sua formação em Direito, pôde assinalar os efeitos do espaço social sobre a escolarização dos jovens). Assim, o reconhecimento de determinados autores de manuais definiu-se de acordo com o capital cultural dessas pessoas, o qual foi tanto mais reconhecido quanto mais se identificaram seus vínculos com outras áreas, que não a Pedagogia, notadamente a Sociologia e a Psicologia. Além disso, o fato de estar, em algum momento da vida profissional, "fora" do campo pedagógico permitiu a alguns escritores, como Pimentel Filho, um olhar exterior e um tipo de crítica que não foi comum entre os "pedagogos puros". Convém retomar, por exemplo, as longas explicações dadas pelo autor quando apresentou o seu *Psico-fisiologia* (1916). Ele falou de sua nomeação como professor da cadeira de Pedagogia, condição que, inclusive, levou-o a escrever seu manual:

> No presente ano letivo (1915-1916) o acaso levou-me à regência da cadeira de pedagogia da 2ª classe da Escola Normal de Lisboa, onde há 14 anos venho professando quase exclusivamente as ciências físico-químicas e naturais. Mas não se pense que eu aceitasse de ânimo leve essa imposição do acaso. Embora só efemeramente já tivesse regido, em um ano letivo transato, esta disciplina,

tomei o encargo com o maior aprazimento. É que todos os assuntos que se relacionam com a pedagogia constituem o melhor alimento para o meu espírito. *Sempre defendi, e hoje mais do que nunca estou convencido da necessidade dessa defesa, que aos professores das Escolas Normais não é lícito desinteressarem-se das questões pedagógicas. Não se compreende que o ensino da pedagogia, mormente o da metodologia, seja endossado sistematicamente a um só professor, por mais distinto e sabedor que este seja.* Centros educativos de aplicação, as Escolas Normais deveriam manter, em todas as suas operações docentes, esse caráter. E a única maneira eficaz de conseguir tal resultado seria desmembrar a metodologia, especializando-a e anexando-a às diferentes disciplinas professadas na Escola Normal. (Pimentel Filho, 1916, p.5-6)

Suas acusações ao programa foram explícitas, assinalando o lugar "irrisório" da Pedagogia no curso:

Durante os três períodos letivos do curso, sem entrar em linha de conta com as férias e o regafobe dos feriados avulsos, e supondo que as Escolas Normais abrissem sempre no começo da segunda quinzena de outubro, os futuros professores primários habilitavam-se à sua *profícua* carreira de educadores com uma bagagem pedagógica adquirida durante 238 horas, ou seja em dez dias incompletos! E como eram aproveitadas essas 238 horas de aprendizagem pedagógica? Di-lo o programa, onde avultavam contra-sensos e omissões graves. Como exemplo bastará citar os seguintes fatos: A noção de educação era a última a ser ministrada. [...] Durante o primeiro ano letivo, em que as 68 horas de pedagogia, calculadas *grosso modo*, eram apenas consagradas ao estudo teórico, o aluno ficava de posse de toda a organização material da escola, das *qualidades do educador*, da *organização dos horários*, dos *modos, processos e métodos de ensino*, estudando os elementos constitutivos de cada um, as condições de preferência, vantagens, inconvenientes, etc., *disciplina, punições e recompensas, meios de exaltar a energia mental dos alunos e de lhes formar o caráter*, etc., afora o conhecimento que já devia ficar tendo, em parte, da lei e regulamentos da instrução primária. [...] Quem foi o sábio pedagogista que produziu semelhante monstruosidade, semelhante atentado contra todos os princípios e regras da ciência pedagógica moderna, que já em 1901 florescia frondente e fecunda? (Pimentel Filho, 1916, p.6-8, grifos do autor)

Alberto Pimentel Filho tratou da formação profissional do professor, comparando-a àquelas promovidas em outras áreas, como a Medicina e a Agronomia. Além disso, deixou entrever um conhecimento aprofundado dos debates e estudos desenvolvidos internacionalmente e sua obra "se situa em um momento crucial de afirmação das perspectivas científicas em educação e de consolidação institucional da formação de professores" (Nóvoa, 2004, p.1090-1). Assim, sem examinar os campos de origem e atuação, poder-se-ia acreditar que os escritores de manuais formariam um grupo relativamente homogêneo de pessoas. E ainda, o olhar exclusivo para uma única modalidade de produção feita por eles – os manuais pedagógicos – ocultaria a multiplicidade de formação, trabalho, relações e bibliografia dessas pessoas. Houve escritores que se tornaram *autores*, sendo Lourenço Filho e Everardo Backheuser casos exemplares desse processo no Brasil. As formações de origem ocorreram em áreas legitimadas pelos educadores, ambos tiveram uma carreira notável junto à formação docente e uma produção bibliográfica variada e extensa. Quanto aos escritos publicados por esses nomes, convém assinalar que eles não escreveram apenas manuais para professores, mas tiveram textos mais diversificados, dentre os quais estiveram livros para alunos da escola primária (Henrique Freire, Bernardino Lage, Francisco Loureiro, António de Sá, em Portugal, e Antônio D'Ávila, Brisolva de Brito Queirós e Irene de Albuquerque, no Brasil), artigos feitos para a imprensa pedagógica (José Maria Afreixo, Domingos Baganha, Augusto Coelho, Antonio Leitão, Adolfo Lima, Pimentel Filho, Antonio Moreira de Sá e Faria de Vasconcelos, em Portugal, e Lourenço Filho e Antônio D'Ávila, no Brasil) ou mesmo livros traduzidos (Domingos Evangelista, Orbelino Ferreira, em Portugal, Lourenço Filho, Antônio D'Ávila, Everardo Backheuser, no Brasil), trabalhos de curso e relatórios (Romanda Pentagna, Luís Alves de Matos e Brisolva de Brito Queirós, no Brasil). Os escritores de manuais pedagógicos mais famosos participaram ativamente dos diversos empreendimentos editoriais suscitados pelo projeto de modernização educacional, como aconteceu com a Biblioteca de Educação, organizada por Lourenço Filho junto à Companhia Melhoramentos de São Paulo, a Biblioteca Didática Brasileira, da Editora Aurora (Rio de Janeiro), toda assinada por Afro do Amaral Fontoura, e a Coleção de Psicologia e Pedagogia, da Companhia Editora Nacional (São Paulo) e escrita por Teobaldo Miranda Santos. A "época das coleções pedagógicas" (Monarcha, 1997) e os efeitos dessas iniciativas na história dos manuais para professores serão tratados mais demoradamente neste livro.

Convém examinar os contatos desses nomes com o exterior. As viagens à Europa e aos Estados Unidos, consideradas na época uma espécie de "sociedades de referência" na construção dos modelos escolares e da teoria educacional, o aprendizado dos modelos de explicação dos fenômenos educacionais, o contato com os "grandes" autores do campo e experiências pioneiras em escolas: tudo isso impregnou as obras dos escritores de manuais mais reconhecidos, conferindo-lhes maior legitimidade. Pelo que se sabe, alguns nomes estabeleceram intercâmbios diretos com outros países, como a Espanha (José Maria Gaspar e Everardo Backheuser), a França (José Maria Gaspar, Faria de Vasconcelos), a Bélgica (Faria de Vasconcelos), Bruxelas (Faria de Vasconcelos), Suíça (Faria de Vasconcelos) e o Brasil (Henrique Freire e Orbelino Ferreira), Portugal (Lourenço Filho) e Estados Unidos (Lourenço Filho), o que não significou necessariamente que os nomes não relacionados aqui não tenham estabelecido nenhum tipo de comunicação com outros países, que, no caso, pode ter se limitado à leitura de bibliografia estrangeira e/ou traduções.

Esses contatos foram um dos aspectos fundamentais da carreira e produção dos autores dos manuais pedagógicos, pois sem essa iniciativa teria sido impossível a circulação de saberes em nível intra e internacional. Em outras palavras, foi justamente esse um dos processos que permitiram a difusão mundial da escola.[6] A mobilização espacial dos autores foi, então, imprescindível e ocorreu mais com os nomes ligados à Escola Nova (em Portugal, Faria de Vasconcelos, Adolfo Lima e Pimentel Filho, e, no Brasil, Lourenço Filho e Everardo Backheuser), quando houve a necessidade de se recorrer às experiências do exterior para encontrar inspirações e justificativas para as

---

6 Essa mobilidade tem ganhado uma força cada vez maior no processo de formação pessoal e acadêmica. Como ressalta Nogueira, "as experiências de estudos em países estrangeiros (invariavelmente em países desenvolvidos ditos 'do Primeiro Mundo') exercem um papel nada negligenciável nos itinerários desenvolvidos pelos jovens no interior do sistema escolar, tanto no sentido instrumental de uma melhor preparação para o enfrentamento da competição escolar como no sentido mais subjetivo de um enriquecimento e realização pessoais [...] enquanto os pais dos meios intelectualizados veem na viagem de estudos uma possibilidade de aquisição de conhecimentos, de abertura do espírito (o 'abrir a cabeça'), de horizontes e de oportunidades de vida, os pais empresários, sem poder escapar da lógica da distinção pela experiência internacional, operam – como veremos – no sentido de controlar fortemente as condições e as consequências da passagem dos filhos pelo exterior" (2004, p.48).

propostas de renovação educacional defendidas na época. Orbelino Ferreira e José Maria Gaspar, por sua vez, estabeleceram em meados do século XX um tipo diferenciado de comunicações com outros países, mais propícias à legitimação de um projeto nacional de ensino. Isso esteve relacionado à política de Salazar e às opções dos escritores. Orbelino Ferreira, nas notas de uma viagem de estudo feita ao Brasil e publicada nos anos 1950, fez crítica aos programas de Ensino Primário com os quais entrou em contato. Em suas palavras:

> Fui ao Brasil para ver e julgar imparcialmente a sua Pedagogia, como antes fora a Espanha. Aprendi muito nesta viagem feita exclusivamente à minha custa, e aprendi sobretudo a valorizar o que é nosso. Nós somos, realmente, melhores, no campo pedagógico e literário. Nada do que vi me assombrou, a não ser o conhecimento que tomei dos exagerados vencimentos que os seus professores auferem e do pouco rendimento que dão. [...] E já agora, seja-me lícito lembrar as vantagens que poderão advir para a cultura pedagógica nacional se aquele Instituto vier a conceder bolsas de estudo autênticas, a professores de ensino primário, para irem lá fora ouvir os "mestres", ver praticar os métodos alheios, admirar as várias técnicas novas que lá se ensaiam, estabelecendo a comparação dos métodos deles com os nossos métodos tradicionais, contribuindo assim para melhorar estes com os ensinamentos aproveitáveis daqueles. (Ferreira, 1953, não paginado)

De fato, a circulação internacional de intelectuais não foi um traço exclusivo dos educadores e dos "grandes" nomes da educação. Esse "cosmopolitismo" não foi, portanto, uma invenção moderna, e tem evidenciado, na experiência de determinados povos desde a Antiguidade, oportunidades de estímulo ao comércio, às artes e diversificação dos hábitos e crenças,[7]

---

7 Embora não seja central na discussão aqui realizada, convém assinalar outras modalidades de efeitos das trocas entre povos diferentes. Segundo Moreira Leite, houve casos em que os contatos não resultaram em enriquecimento cultural e econômico para ambos os grupos, como ocorreu em países americanos, onde os índios tiveram sua população praticamente destruída com a colonização europeia. Como exemplo desse processo, o autor assinalou que a "civilização branca introduziu, na vida indígena, alguns instrumentos que seriam fatais para seu sistema de crenças e valores; por exemplo, a arma de fogo tende a destruir a significação da educação e da hierarquia indígena. Apesar disso, mesmo nesse caso extremo o grupo vencedor aceitou, em seus costumes, alguns dos padrões criados pelo grupo vencido, utilizando-os em sua adaptação ao novo ambiente geográfico" (1983, p.5-6).

tal como os gregos e romanos ricos, quando realizaram suas viagens como forma de ilustração.

> Não deve ser apenas coincidência o fato de a ciência grega ter iniciado o seu período áureo de desenvolvimento nas ilhas jônicas, centro de comércio e navegação no século VI a.C., nem o fato de o grande desenvolvimento do período do Renascimento europeu acompanhar o maior conhecimento da Antiguidade clássica e de povos não-europeus. No extremo oposto, parece verdade que os povos isolados – dos quais a China constituiu até o século XIX um exemplo bem nítido – tendem a estabilizar seus conhecimentos e seus costumes. (Leite, 1983, p.5)

As interações entre pessoas e padrões de diferentes lugares foram contínuas, ainda de acordo com Moreira Leite (1983). Durante a Idade Média, houve um fluxo das elites intelectuais em cidades como Paris, Oxford, Bolonha e Coimbra, processo fundamental na criação das primeiras universidades europeias. No Brasil, já durante o período colonial, foi notável entre as elites a prática de enviarem seus filhos à Europa, pois o governo português tinha interditado a criação de ensino superior no país e, estando no exterior, seria possível prosseguir os estudos em instituições mais conhecidas, onde os intercâmbios seriam inevitáveis (Nogueira, 2004). Já naquela época ir para o exterior estudar foi uma prática que contou com forte valor simbólico e, quando os educadores optaram por viajar, continuaram se valendo desse tipo de benefício, somado às possibilidades de contato com outros grupos em encontros, visitas, cursos superiores de graduação ou pós-graduação etc. Isso tem sido favorecido pelos avanços técnicos das redes de comunicação mundiais, mas, no caso dos contatos entre educadores de diferentes países, é preciso levar em conta, principalmente, a difusão mundial do modelo escolar desde o século XIX, processo que motivou a divulgação dos trabalhos de determinadas pessoas em diversas partes do mundo (entre elas, alguns escritores de manuais pedagógicos), que assim consolidaram suas carreiras e estabeleceram uma sólida publicidade de suas produções, condição essencial para o seu reconhecimento no campo. Assim, livros dos normalistas puderam ser considerados no presente estudo como um dos produtos da expansão da escola em escalas internacionais.

O exame das iniciativas dos escritores no que se referiu às suas viagens, formação e atuação no campo educacional deixou entrever que o simples fato de ser citado por outros manuais não significou que um título e seu signatário tenham sido reconhecidos entre os educadores. José Augusto Coelho, "figura paradoxal" (Correia, 2004), foi um caso exemplar. As relações conturbadas com seus colegas explicaram, em parte, porque Coelho morreu quase no esquecimento. As referências aos seus livros foram feitas, na maior parte das vezes, por ele mesmo, nos manuais escritos para os professores. Na verdade, os *Elementos de pedagogia* (1894) e as *Noções de pedagogia elementar* (1903) foram textos escritos a partir de um tratado feito pelo autor em quatro extensos volumes, intitulado *Princípios de pedagogia* (1894-1896).

> A discrição que se verifica por ocasião do falecimento de José Augusto Coelho contrasta, de modo singular, com o lugar que, não raro, lhe é atribuído de iniciador, em Portugal, da Pedagogia com caráter científico. Há razões que podem estar na origem deste aparente paradoxo. José Augusto Coelho não tem formação acadêmica universitária, não surgindo como frequentador de nenhuma das inúmeras tertúlias que reúnem as principais figuras intelectuais e políticas da época. Por isso, pode ser considerado, de algum modo, marginal relativamente aos jogos de poder, construídos nas malhas das redes de sociabilidade informal e institucional, que marcam as carreiras e o protagonismo dos indivíduos que influenciam o funcionamento das instituições. Talvez por entender que não lhe fora reconhecido o mérito, deixando-o de parte na definição política educativa do governo de João Franco e, sobretudo, por não ter sido chamado a participar da reforma do ensino secundário de 1894, José Augusto Coelho desenvolve uma crítica impiedosa da política seguida por João Franco e da reforma concebida por Jaime Moniz. Saliente-se que, à data da sua morte, as teorias e as práticas educacionais, os modelos pedagógicos e as problemáticas renovadas fazem com que a sua obra se encontre remetida para uma relativa obscuridade, desatualizada que está perante as novas tendências experimentais e circunscrita historicamente nos modelos teóricos que utiliza como referência. (Correia, 2004, p.360-1)

Esta foi uma marginalidade peculiar, pois:

> [...] José Augusto Coelho socorre-se do modelo positivista de ciência para a formulação de leis que determinam a evolução e regem, no presente, o desenvolvimento da Pedagogia. [...] José Augusto Coelho é, em Portugal, o iniciador,

de fato, do discurso pedagógico que supera o mero empirismo e se inspira em um modelo teórico que enquadra, orienta e legitima as práticas educativas escolares. Introduz, igualmente, uma preocupação nova quanto à necessidade de um maior rigor terminológico e conceptual no ensino e discussão das práticas educativas e de ensino. Ele é o autor que melhor representa o esforço de sistematização e racionalização das questões relativas ao território educativo em um momento histórico e social em que é crucial para o Estado fazer vingar os princípios que legitimem a imposição da escolaridade obrigatória como paradigma de socialização, permitindo-lhe ao mesmo tempo exercer o controle total dos agentes que a realizam, os professores. Alguns dos livros de José Augusto Coelho conheceram inúmeras edições, sendo o mais lido e divulgado no ensino normal, no campo da pedagogia e das metodologias. O seu trabalho contribuiu para a formação de várias gerações de professores primários e para a consolidação de uma determinada concepção de "pedagogia". A sua obra situa-se na ligação entre o "pensamento pedagógico" e a "formação de professores". Não espanta, por isso, que várias vezes tenha declarado que há um princípio inegável: "a pedagogia é de direito a primeira disciplina em uma escola de ensino normal". (Correia, 2004, p.360-1)

Além das modalidades de atuação no campo educacional e dos diálogos com diferentes áreas de conhecimento e com outros países, outro aspecto determinante referiu-se às iniciativas ligadas à produção dos manuais, ou seja, se os mesmos resultaram de anotações para aulas ou do cumprimento de exigências legais para o ingresso e permanência na carreira docente em Escolas Normais, por exemplo. Articulada aos capitais culturais e de relações dos escritores, essa característica colaborou para a configuração de um livro mais "pragmático" ou mais "teórico". Os livros de caráter pragmático (porque se reportaram mais à prática de ensino) tenderam a serem escritos por pessoas ligadas quase que exclusivamente à Escola Normal, as quais muitas vezes acabaram por serem esquecidas no campo. Exemplos disso foram os manuais assinados por mulheres. Os livros de caráter mais "teórico" (porque mobilizaram saberes de outras áreas e usaram uma linguagem mais acadêmica) foram escritos por pessoas formadas em outras áreas de conhecimento que não a Pedagogia, notadamente o Direito e a Medicina, que atuaram em Escolas Normais, mas também no ensino superior e possuíram uma produção bibliográfica mais vasta em termos de variedade de assuntos e número de títulos publicados. Assim, a constituição dos manuais pedagógicos como objeto de leitura dependeu das trajetórias percorridas por seus escritores no campo educacional. Essas *viagens* dos autores, tal como se procurou mostrar até aqui, foram heterogêneas e determinaram diferentes tipos de reconhecimento desses livros entre os educadores.

Mais copistas do que autores?

> O paradoxo do inédito e do já dito pode ser formulado de duas maneiras. Por um lado, por maior que seja seu desejo do novo e seu gênio inventivo, seu apetite pelo inédito encontra sempre a saciedade do já dito. Sua crença em escrever o que jamais foi escrito nada mais é do que a sombra escavada em seu saber pelos livros que você não leu. Mas, por outro lado, por mais tentado que fique a redizer, a chegar a uma semelhança em que o tempo é abolido na repetição de um dizer eterno e único, você não escapa ao intervalo, à ausência, à dessemelhança. Nos escritores em que você pretendia se encontrar autor, a leitura interminável faria de você copista; você sonha ser copista, a escritura já fez de você um autor. Era um escritor de verdade: tudo o que escrevia lhe parecia variante de um livro futuro, escrito por um outro. Era um plagiário: tudo o que lia parecia saído de um livro anterior escrito por ele mesmo.
>
> (Schneider, 1990, p.113)

Entre um lado e outro, do inédito ao já-dito, os manuais sempre tenderam ao segundo polo, como se tivessem aderido ao sonho de serem copistas e, por esse caminho, terem se tornado autores. Isso porque, em seus livros, eles revelaram uma certa "angústia de plagiar", e, na verdade, formularam saberes específicos, situados na fronteira entre a repetição e a novidade (Schneider, 1990; Larrosa, 2004). Em seus prefácios, os manuais não apareceram como obras de "grandes" autores, mas mais como textos de copistas. Funcionando como procedimentos internos de controle do discurso, esses comentários de apresentação foram feitos como se dissessem aos leitores: leiam as páginas a seguir dessa ou daquela maneira (Chartier, 1998;

James, 2003). Isso funcionou como uma espécie de *tradução* que antecedeu e orientou a leitura dos capítulos (Larrosa, 2004), chamando a atenção para certos atributos dos livros dos normalistas. Assim, os prefácios sempre destacaram a função de resumo assumida pelos manuais, contudo, tal tarefa foi cumprida de diferentes formas, ora apoiada em uma espécie de modéstia com a qual se assinalou os limites impostos à originalidade dos compêndios, ora nas qualidades de seus escritores ao ensinarem os normalistas a ensinar. Em outras palavras, os comentários revelaram o paradoxo entre a repetição e a novidade.

Os prefácios não foram apenas descrições dos conteúdos dos manuais, mas também estratégias para se legitimar esses livros e seus autores. Nas suas apresentações, os manuais procuraram a precisão, a objetividade, a simplicidade dos enunciados, usando termos usuais, de modo a tornar mais direta e fluente a ordem das frases e das ideias. Essas foram estratégias que regularam o conteúdo dos livros e tentaram garantir o seu entendimento. Muitas vezes, expuseram as condições de produção dos textos: porque foram escritos, a partir de quais necessidades e, no caso de reedições, quais foram as apropriações e os segredos de seu sucesso editorial. Desde os idos de 1870, quando se começou a publicar impressos para formar professores, a prática de apresentá-los disseminou-se, fazendo crescer o interesse não só pelos conteúdos como também pelos seus escritores. Foi nesse sentido que se falou das qualidades de quem escreveu os manuais e dos processos de consagração das obras, vinculadas às pessoas que as escreveu. Houve muitos casos nos quais isso foi feito por educadores suficientemente legitimados no campo educacional, ao ponto de terem autoridade para afirmar porque os manuais e seus escritores foram dignos de serem lidos pelos professores. Quando os comentários desse tipo não apareceram – o que foi se tornando cada vez mais raro no decorrer dos anos –, ficou um espaço aberto para essas questões e a própria constituição da autoria parece não ter ficado tão presente.

Camilo Passalaqua (1887), em um dos manuais brasileiros mais antigos de Pedagogia e Metodologia, logo se deu conta das potencialidades desse tipo de observação. Ele mesmo se propôs a apresentar um "livro de ciência", capaz de oferecer aos leitores os "elementos inolvidáveis na obra da educação", fruto do domínio de "*teorias* de gabinete" e "anos da prática, passados quase que exclusivamente na formação física, intelectual e moral da nossa mocidade", permitindo, ainda em suas palavras, "não ter sido temerário o empreendimento de publicar o nosso modesto livro, ao qual demos toda a atualidade possível". Essa apresentação seguiu-se de resenhas colhidas na grande imprensa e em cartas dirigidas ao autor, as quais ressaltaram os aspectos já anunciados no prefácio de Passalaqua, como foi o caso da que foi feita pelo padre Sena Freitas e do então Inspetor Geral da Instrução Pública da Província de São Paulo, o dr. Arthur César Guimarães, que, como uma autoridade oficial do ensino, destacou as qualidades do "distinto professor de Pedagogia da Escola Normal", "digno de louvor" pela iniciativa de escrever o manual e realizar, assim, mais um esforço em "tão nobre carreira" de formar professores. Na voz de periódicos como a *Gazeta de Campinas*, o compêndio foi dado a ler como "um trabalho de grande mérito, denotando profundo estudo que o sr. Padre Passalaqua fez dos especialistas da matéria". A *Gazeta de Aracaju* ressaltou a boa concepção e elegância na escrita do referido "livro de ciência educativa", no qual o padre Camilo ensinou com muita "profundeza", apoiado em um "vasto cabedal de conhecimentos hauridos dos mais proveitosos e autorizados mestres antigos e modernos, assim como muito preciosas experiências feitas com muita racionalidade pelo seu ilustrado autor, pregoeiro e apóstolo da educação dentro do ciclo religioso". O *Correio Paulistano* intitulou a sua nota como "Um bom livro", de um "ilustrado professor de Pedagogia e Metodologia da Escola Normal". O *Diário Mercantil* agradeceu, com o mesmo tom elogioso, o "distinto" professor, destacando o seu empreendimento em uma "obra que veio preencher cabalmente uma lacuna muito sensível" na literatura educacional. Ele, "nas páginas de tão conscioncioso quão esmerado trabalho deixou bem patentes a sua inteligência brilhante e profundo conhecimento que possui da importante matéria de que trata" (1887).

Foi notável o esforço de tornar os escritores mais conhecidos, de fazê-los mais apreciados nos diferentes momentos e espaços da história dos manuais. Foi com esse intuito que P. J. da Cunha[8] apresentou as *Lições de pedagogia geral e de história da educação*, publicadas ano de 1919, destacando que quem as assinou foi "o distinto professor da Escola Normal Primária de Lisboa", o sr. dr. Alberto Pimentel. Ainda em Portugal, a sétima edição dos

---

8 Professor universitário e matemático, que ocupou postos como diretor da Faculdade de Ciências de Lisboa (1913-1916) e reitor da Universidade de Lisboa (1916-1928), Pedro José da Cunha participou, durante as primeiras décadas do século XX, dos debates acerca da organização das chamadas "escolas normais republicanas" (Leal, 2003, p.455-7).

Elementos de pedagogia (1886), acomodados ao Programa das Escolas Normais de 1881 foi prefaciada contando-se primeiramente como os autores, Freire e Afreixo, conheceram-se:

> [...] nas primeiras conferências pedagógicas de Lisboa, camaradearam na primeira escola central do país, e, após a luta em que Mariano Ghira adquiriu a sua doença de morte, foram exercer o magistério, um no Alentejo, outro nas ilhas adjacentes. Dez anos decorridos, ambos sub-inspetores de ensino primário, ambos colocados no quarto círculo, vieram dar o abraço de bem-vindo na clássica rainha do Mondego, entre os cordiais emboras da amizade e os sorrisos fátuos da intriga. São decorridos mais três anos, ei-los novamente separados. Um, velho invejoso da mocidade alegre e inteligente, que passa, ao som da *Cabra*, a ruidosa vida acadêmica, aqui se deixou ficar, usando a capa e batina. Escreve estas linhas, dedicando as lembranças deste momento às primeiras conferências pedagógicas do Porto e à inquebrantada e prestadia amizade do cavalheiro, que tão honrada e honrosamente presidiu àquele congresso. O outro, recolhido à secretaria da Escola Normal de Évora, parece descansar das tempestades, que lhe têm cortado a trabalhadora vida, despedaçando-lhe o coração. Dedica sua colaboração ao único Ministro da Instrução Pública que Portugal teve. Ambos crentes, em que todas as generosidades criam ingratos, todas as aspirações têm invejosos, dão por terminado o prólogo, e começam o trabalho – *amigo entre os raríssimos*, que não falham, quando a fortuna periclita. (1886, não paginado)

Domingos Rodrigues Anes Baganha (1878) nem se formou nem atuou como professor. Entretanto, escreveu suas *Noções elementares de pedagogia* para servirem de guia seguro aos candidatos ao magistério primário, pensando em auxiliar pessoas como suas irmãs, elas mesmas prestes a enfrentarem os exames de admissão na carreira. Assinalando suas supostas capacidades para um empreendimento como esse, no prefácio do manual publicado no Porto Baganha fez questão de dizer que foi filho de "pai e mãe professores de ensino primário neste país, *nasceram-me os dentes* no seio deste caos que se chama *instrução pública*". Com base nessas experiências, ele afirmou conhecer "portanto hoje um pouquinho deste assunto". O que os prefácios deixam assim entrever foi o fato de que uma das qualidades mais reconhecidas entre os escritores de manuais foi a sua proximidade com o público-leitor, de quem muitas vezes foram "Colegas do Magistério", para retomar uma expressão de Francisco Loureiro quando ele prefaciou as suas *Lições de pedagogia e didática geral* (Coimbra, sem data). Foi com esse intuito que Baganha, formado em pecuária, recorreu ao exercício do magistério feito por seus pais e familiares na busca de legitimidade para seus escritos. E nesse sentido também se destacou Pimentel Filho, Afreixo, Freire, Passalaqua e outras pessoas as suas experiências docentes. Os exemplos foram inúmeros, como os de Everardo Backheuser (1934), tornado conhecido porque foi "um mestre autêntico que consagrou o melhor de suas energias à nobre missão de instruir e educar". Angelina Lima, por sua vez, assinou títulos brasileiros durante a década de 1960, destacando-se a "sua carreira brilhante no magistério, a sua consagração como conferencista e escritora" e as suas produções, das quais "'Metodologia e Prática Moderna de Ensino' [1964], já a colocaria em um lugar de destaque entre os maiores pedagogistas brasileiros". Uma escrita mais pontual e objetiva também chegou a ressaltar os atributos dos escritores, como em *Pedagogia e didática modernas* (1969), editado durante o regime ditatorial no Brasil (1964-1985), quando militares como Benedito de Andrade fizeram "roteiros para os mestres de hoje responsáveis pelos homens de amanhã", sendo dignas de nota atividades como "as funções de professor catedrático de 'Contabilidade' na Academia Militar das Agulhas Negras", onde Andrade "foi um dos pioneiros na adaptação e aplicação do 'Sistema Morrison', com excelentes resultados". Dele se falou ainda que foi "professor de 'História da Educação' no Ginásio e Escola Normal 'Santa Ângela', em Resende, e professor de 'Organização e Técnica Comercial' na Escola Técnica de Comércio 'Dom Bosco', na mesma cidade".

O *Introdução ao estudo da Escola Nova* reuniu o maior número de comentaristas brasileiros e estrangeiros, os quais se destacaram, eles mesmos, como *auctores* dos mais reconhecidos no campo educacional:[9] Paul Fauconnet, professor de Pedagogia na Sorbonne; Edouard Claparède, professor

---

9 Outro manual que trouxe em suas páginas um número significativo de comentários feitos por outras pessoas foi o 1º volume das *Práticas escolares* (D'Ávila, 1949), sobre o qual o jornal *O Estado de S.Paulo*, Romão de Campos (professor de Educação da Escola Normal Livre de Franca), o Cônego Dr. Assis Barros (Secretário do Bispado de Ribeirão Preto e professor de Educação da Escola Normal do Colégio Santa Úrsula), Renato Sêneca Fleury (professor de Educação da Escola Normal Livre de Sorocaba) e Venâncio Gomes Filho (professor de Educação da Escola Normal de Casa Branca).

na Universidade de Genebra; Léon Walther, professor da Universidade de Genebra e do Instituto de Educação, anexo à mesma; Henri Piéron, professor da Universidade de Paris; F. Galach Palés, professor do Instituto Nacional de Valência; Fernando de Azevedo, diretor Geral da Instrução, no Distrito Federal; Venâncio Filho, presidente da Associação Brasileira de Educação; Jonatas Serrano, sub-diretor Técnico da Instrução, no Distrito Federal; Frota Pessoa, sub-diretor Administrativo da Instrução Pública no Distrito Federal; Anísio Teixeira, diretor da Instrução na Bahia; J. Escobar, diretor da Instrução em Pernambuco; Moreira de Sousa, diretor da Instrução no Ceará; Hèlène Antipoff, do Instituto J. J. Rousseau, de Genebra, na época em comissão da Escola de Aperfeiçoamento Pedagógico, de Belo Horizonte; Firmino Costa, diretor da Escola Normal da mesma cidade. Além desses "grandes" educadores, também apareceram em edições do manual as observações de Plínio Barreto, do jornal *O Estado de S.Paulo*, e Vitor Viana, do periódico carioca *Jornal do Comércio*. E o que essas pessoas atestaram foi o valor do texto, ao esclarecer o histórico e as propostas da Escola Nova. *Introdução* não foi o único manual pedagógico acerca do tema. Como ele, também *A Escola Nova* comentada e explicada, de Alberto Conte (1932), tentou:

> [...] tornar mais clara a estrutura e a finalidade dessa corrente nova da educação. O que há sobre o assunto ainda se ressente de um tecnicismo que resulta geralmente obscuro, não só para os profanos em psicologia e pedagogia, como mesmo para os professores primários e, *a fortiori*, para os alunos das escolas normais. (1932, p.5)

Embora esse título comungue de um mesmo interesse do texto de Lourenço Filho, não encontrou as mesmas ressonâncias no campo educacional. Mas as apropriações de manuais acerca da Escola Nova estiveram ligadas também a um embate visível no caso brasileiro e que, em Portugal, não teve a mesma configuração. Além do *Introdução ao estudo da Escola Nova*, outros dois títulos foram publicados no Brasil versando sobre a mesma temática para dar "uma palavra de ordem e bom senso" (*Tratado de pedagogia*, Pedro Anísio, 1955) ou para esclarecer o que "é, afinal, a Escola Nova" (*Técnica da pedagogia moderna*, Everardo Backheuser, 1934), e ambos os textos foram assinados por padres, ou seja, membros de um dos grupos formados no campo educacional na luta pela primazia das ideias e da organização formal do ensino, os chamados "católicos" (Carvalho, 1998). Nessa luta, essas pessoas afirmaram acusações do tipo:

> Tem sucedido [...] o que se dá, em certas portas de igreja ou esquinas concorridas, com esses mendigos profissionais, que se julgam donos do seu posto e não admitem que outros esmolem no canto que reservaram para si. É o que fazem, entre nós, alguns pedagogos profissionais, propugnadores da "escola nova". Informados, de ciência própria alguns e muitos por ouvir dizer, de que há um movimento de renovação dos métodos ou da filosofia pedagógica, um pouco por toda a parte, assenhorearam-se do terreno e não admitem que ali nenhum profano ponha os pés. A "escola ativa" é deles. E só eles têm o direito de falar em "escola nova". Tendo-se apoderado, cuidadosamente, dos grandes postos da administração do ensino federal, municipal ou estadual, pontificam do alto de suas posições estratégicas e mantêm à distância os não iniciados nos mistérios do novo credo, punindo severamente os que ousam transpor os limites do recinto sagrado. (Pedro Anísio, 1955, não paginado)

Anísio referiu-se ao outro grupo, oposto ao dos "católicos", o dos "pioneiros", e isso obriga a retomar, ainda que brevemente, as formas pelas quais eles se colocaram no campo educacional brasileiro. Sobre esse aspecto, Marta Carvalho (1998) esclareceu que, devido à criação do Ministério da Educação e Saúde pelo governo Vargas, em 1930, ampliaram-se as possibilidades de estruturação do sistema de ensino, estimulando a disputa pelo controle ideológico e técnico da escola. Dois grupos organizaram-se com o intuito de regular o cotidiano das salas de aula e consolidar, dessa forma, uma hegemonia cultural. Um deles reuniu os chamados "católicos", ou seja, os membros do laicato intelectual e integrantes da Associação Brasileira de Educação (a A.B.E.) desde os anos 1920 até 1932, quando passaram a se articular a agremiações religiosas. De outro lado estiveram os "pioneiros", como foram designados; trata-se de membros ativos da A.B.E. que também atuaram junto ao governo, promovendo reformas educacionais a partir de princípios liberais e democráticos. Deste último grupo fez parte Lourenço Filho e, entre os "católicos", esteve Everardo Backheuser, cujo livro foi, inclusive, prefaciado por um padre. Convém assinalar aqui tais diferenças, porque elas inspiraram proposições em torno da apropriação dos postulados da Escola

Nova. Nesse sentido, tanto os "católicos" como os "pioneiros" atuaram junto ao mercado editorial para difundir a sua compreensão acerca das teorias e preceitos tidos como "ideais" para a cultura pedagógica do professorado. No entender de autores da época, como Fernando de Azevedo (1958), a instalação do Estado Novo teria interrompido esse debate, ao promover a centralização das decisões sobre a organização escolar. Entretanto, convém ponderar esse tipo de visão, que reforçou uma suposta antagonia entre "católicos" e "pioneiros", desconsiderando o fato de que, como mostra Cunha (1999), a propaganda do escolanovismo empreendida nas décadas iniciais do século XX estimulou, entre os educadores em geral, a adequação de informações produzidas pela Psicologia, Sociologia, entre outras áreas, para explicar questões de aprendizagem e propor a racionalização das práticas pedagógicas. Daí ter se afirmado em manuais brasileiros publicados na época:

> Vivemos um momento de tanta instabilidade, de tanta confusão de ideias, de tanto paradoxo social e cultural, que raros se aventuram a tentar um empreendimento sistemático como este. Limitamo-nos em geral às opiniões pessoais, às vulgarizações apressadas, ao estudo dos aspectos mais salientes dos problemas. (Pedro Anísio, 1955, não paginado)

Por isso os prefácios brasileiros do período anunciaram, portanto, o "verdadeiro" escolanovismo e, nesse sentido, tentaram imprimir aos autores dos manuais a autoridade para se falar da questão. Tanto Lourenço Filho, representante dos mais conhecidos entre os "pioneiros" quanto Backheuser e Anísio, do lado dos "católicos", disseram ter tido razão no debate. Vale notar que os manuais dos "católicos" não encontraram apropriações tão marcantes quanto a de *Introdução ao estudo da Escola Nova*, denotadas pelas edições mais numerosas, pelo grande espaço de tempo no qual elas têm sido publicadas e pela divulgação de comentários do tipo, expostos na 3ª edição do livro (sem data): "Não há obra que o substitua, na literatura pedagógica. Lede-o, se quiserdes ter uma visão de conjunto, larga e profunda, da escola nova" (Palés). Para Antipoff, "o autor põe em evidência a história da escola nova, colocando-a diante de nossa vista como um *film* artisticamente desenvolvido com toda a naturalidade e nitidez". Nele, o leitor "colherá larga dose de informações bibliográficas, que permitirão ampliar as noções ali contidas...", ao ponto de Fernando de Azevedo o nomear como um "marco" na história da educação: "Quando se fizer, no Brasil, o inventário das contribuições para este movimento renovador, à *Introdução ao estudo da Escola Nova*, do prof. Lourenço Filho, caberá lugar no plano mais alto".

Tanto o escritor como os comentaristas dessa *Introdução* foram nomes ligados ao escolanovismo, no Brasil e no mundo, motivando a tradução desse manual brasileiro em várias línguas. Fundado em 1912 em Genebra para ser um espaço de pesquisa psicológica e educativa, o Instituto J. J. Rousseau (Cambi, 1999) foi uma das instituições internacionais que possuiu, em seu acervo bibliográfico, o famoso livro de Lourenço Filho. Segundo palavras de Claparède, esta foi "uma obra admiravelmente bem feita", "motivo por que vamos publicar nos 'Archives de Psychologie' um resumo. Nem em francês, nem em alemão possuímos livro semelhante sobre a educação renovada. Seu livro deve ser traduzido em francês". E, de fato, o título foi traduzido para o francês, o espanhol, atendendo sugestões de pessoas como Henri Piéron. A importância desses comentários foi reconhecida pelo próprio Lourenço Filho, ao "manifestar o seu reconhecimento a todos quantos, partidários ou não de suas ideias de renovação escolar, se tenham pronunciado". "À falta de outros méritos, cabe a este livro o de ter concorrido para estimular o gosto pelos estudos pedagógicos, no país e, fora dele" (Prefácio da edição de 1942). O prefácio da 5ª edição – revista e aumentada (1942) – ofereceu uma ideia desse processo de consagração, ou seja, dos modos pelos quais o livro foi apropriado por meio dessas traduções e também pelo fato de ter inspirado a escrita de outras obras pedagógicas, o que conduz a afirmar que, além de Autor, Lourenço Filho acabou exercendo a função de um *fundador de discursividade* (Foucault, 1992):

> Deste livro foram tiradas, em curto prazo, quatro impressões dos originais em língua nacional. Imprimiram-se, também, seguidamente, a partir de 1933, três edições em língua castelhana. A soma de comentários e debates, e o elevado número de citações e transcrições, já no país, já no estrangeiro, excederam, por outro lado, tudo a quanto pudesse aspirar o Autor. Dos trabalhos brasileiros, com referências expressas à influência deste livro sobre o pensamento pedagógico nacional, devem ser destacados *Debates pedagógicos*, de Tristão de Ataíde; *A Escola Nova*, de Jonatas Serrano; *A Escola como Ajustamento Social*, de Delgado de Carvalho; *Notas de educação*, de Venâncio Filho; *Novos rumos educacionais*, de Paula Aquiles; *Filosofia. Pedagogia. Religião*, de Lúcio José

dos Santos; *Escola Nova, Coletivismo e Individualismo*, de Renato Jardim. Dos trabalhos estrangeiros, merece referência toda especial a extensa obra *Filosofia y nuevas orientaciones de la Educación*, em que o professor A. M. Aguayo, da Universidade de Havana, concede ao Autor a honra de transcrições muito seguidas, e comentários sobre quase todos os pontos que aborda, para abundar em idênticas conclusões; mas ainda devem ser notadas, pela gentileza das citações, as obras *Sintésis Pedagógica*, de C. L. Molina; *Didáctica general y especial*, da Dra. Clotilde Rezzano; *Metodologia de la Lengua*, de E. Carrasco; *Ciência Histórica y Filosofia de la História*, de Ângelo Bassi; *La Pedagogia contemporânea*, de Lorenzo Luzuriaga; *El tesoro del maestro*, de Adolf Rude e outros; *La ciencia de la educación*, de Hernández Ruiz e D. Tirado Benedi. Das apreciações críticas de educadores estrangeiros, é grato ao Autor lembrar as de Ed. Claparède, Ad. Ferrière, Paul Fauconnet, Henri Piéron, Léon Walther, Pe. Chatelain, Antônio Sérgio, Fidelino de Figueiredo, B. Evangelista, J. G. Beebe Center, Júlio Larrea, Ernesto Nelson, A. Figueirinhas, R. Carrington, Robert King Hall, e Belisário Fernández. Este último, em artigo publicado no "Monitor de la Educación Commún", órgão do Conselho Nacional de Educação da República Argentina, indica o livro como uma das doze obras necessárias à cultura fundamental dos professores primários da grande Nação irmã. (Lourenço Filho, 1942)

Quase vinte anos depois, quando da 7ª edição (1961), o prefácio reiterou essas qualidades do autor e de seu texto, assinalando o fato de o "livro do Professor Lourenço Filho" ter sido "a primeira obra pedagógica a despertar em nosso país a atenção do grande público, bem como a primeira no gênero, de autor brasileiro, a ser divulgada no estrangeiro, em diferentes traduções".

Entre nós suscitou debates e estudos críticos, alguns dos quais em tom veemente, quer favoráveis, quer em oposição a algumas das ideias que expunha. Deu ensejo à publicação de nada menos que quase outros livros, firmados por grandes figuras do nosso mundo intelectual. [...] Por outro lado, muitas das ideias que divulgou, ou a que imprimiu interpretação própria, naquela época, tornaram-se clássicas nos estudos da pedagogia. Trechos do livro passaram a ser transcritos em compêndios nacionais e estrangeiros, ou mesmo em tratados da especialidade, como na obra do educador alemão Adolf Rude e colaboradores, incorporada à coleção "El Tesoro del Maestro", em cinco volumes, (Editorial Labor, Barcelona, 1937) ou na enciclopédia "Ciencia de la Educación", organizada para a Editorial Atlante, do México, pelos educadores Hernandes Ruiz e Tirado Benedi, e pela primeira vez impressa e, 1940, em dois volumes. Ao mesmo tempo, em publicação do Conselho Nacional de Educação da República Argentina, *Introdução ao Estudo da Escola Nova* era mencionada como "uma das doze obras fundamentais da pedagogia latino-americana", e, em uma bibliografia preparada pelo Conselho de Ensino Primário e Normal do Uruguai, destacada como obra indispensável à formação do magistério. Em institutos nacionais e várias universidades latino-americanas veio a figurar também como tema de programas de didática, história da educação e educação comparada. Que poderia explicar tão significativa repercussão?... Na opinião de Ed. Claparède, "a capacidade de síntese" revelada pelo autor, a que Paul Fauconnet, da Universidade de Paris, ajuntaria "a sua competência em filosofia, psicologia e pedagogia". Essa competência, de modo particular sobre os assuntos de psicologia, destacou-a também o Professor Beebe-Center, da Universidade de Harvard. Críticos autorizados, em nosso país, como em outros, igualmente apontaram o senso de objetividade, a clareza do estilo e o poder de penetração no estudo das relações entre a educação e os problemas sociais. (Prefácio à 7ª edição do *Introdução ao estudo da Escola Nova*, 1961)

Os prefácios da *Introdução ao estudo da Escola Nova* foram testemunhas de suas múltiplas constituições no decorrer dos anos. Se em 1930, data de sua primeira edição, "este modesto livrinho, simples introdução ao assunto", foi composto de lições compendiadas e desenvolvidas pelo autor, "em um modesto curso, que realizou, no Instituto de Educação", reproduzindo "muitos trechos, pelas notas taquigráficas, sem grandes alterações", em sua última edição, de 2002, ele foi apresentado como a "Bíblia" dos educadores. E também se tornou obra de referência para os psicólogos, pois incorporou a coleção Clássicos da Psicologia Brasileira, editada pelo Conselho Federal de Psicologia com diferentes editoras.

A iniciativa tem um caráter estratégico e é, ao mesmo tempo, um convite: para que todos colaboremos com a construção de uma psicologia que, como ciência e profissão, tenha solidez constante e preste crescentes serviços ao povo brasileiro, condição para a qual a recuperação de sua história é indispensável. (Prefácio à edição de 2002 do *Introdução ao estudo da Escola Nova*)

Essa última versão do manual teve um caráter de homenagem, considerando o centenário do transcurso do "insigne educador". Nesses comentários, as figuras da obra e de seu Autor estiveram intimamente ligadas. Daí encontrar numerosas observações acerca dos atributos dos escritores e de notas biográficas de Lourenço Filho, assinalando-se a sua atuação em cursos de formação docente, na administração pública do ensino e em iniciativas editoriais. A 11ª edição, de 1974, destacou o permanente aperfeiçoamento do conteúdo do manual, "que, a cada nova edição, o Prof. Lourenço Filho havia juntado a seu trabalho inicial informações abundantes na forma de notas de pé de página", graças à sua atuação, marcada por "viagens de estudo a países da Europa, aos Estados Unidos e quase todas as repúblicas da América Latina, viagens, em que pudera entrar em direto contato com renovadores e instituições por eles criadas, dirigidas ou inspiradas". Somando-se a isso, o capital cultural e de relações de Lourenço Filho foi enriquecido também pela "sua participação em conferências internacionais de educação e colaboração em trabalhos da Unesco, como a maior experiência obtida no mesmo e em postos de administração escolar". Esse conjunto de iniciativas fez do escritor de manuais para professores um "grande" Autor e educador, premiado "de valiosas láureas outorgadas por grandes entidades culturais: o 'Prêmio Ciência da Educação', que lhe atribuiu, em 1965, a Fundação Visconde de Porto Seguro".

As repercussões dos manuais para professores originaram-se de uma utilidade comum a todos: servir aos alunos da Escola Normal ou, como se poderia dizer também, ensiná-los a ensinar. Esse intuito esteve implícito nas palavras do português João de Almeida (1933), do Instituto de Ensino Normal de Braga, quando ele narrou que:

> Quando começamos a fazer estas lições de didática, destinávamo-las exclusivamente à primeira classe do Instituto de Ensino Normal de Braga, de que somos professores. O tempo, porém, que os alunos eram obrigados a dispender para as copiar, sugeriu-nos a ideia de as reunir em compêndio [...] e, assim, as lições são publicadas conforme a disposição e forma do primeiro momento. (Almeida, no prefácio a *Didática Geral*, 1933)

Ser instrumento de apoio para os estudos dos futuros professores foi um propósito comum aos títulos aqui examinados. Já em 1870, quando os cursos de formação docente ainda não haviam se estruturado em Portugal e o ingresso no magistério se deu via concursos, os *Elementos de pedagogia*, de José Maria da Graça Afreixo e Henrique Freire, tiveram sua publicação justificada pelo fato de que o "novo programa dos concursos, exigindo o conhecimento da Pedagogia, e a falta de um auxiliar qualquer na língua portuguesa sobre tal matéria" exigiam um livro que reunisse, de forma simples e acessível, todos os saberes úteis aos futuros professores. Em perspectiva semelhante, embora tenha sido editada quase cem anos depois e em território brasileiro, a *Metodologia e prática moderna de ensino* (Lima, 1964) teve, de acordo com seu prefácio, uma "entusiástica receptividade [...] em todo Brasil, por parte de professores e normalistas, educadores e assistentes sociais, recreacionistas e orientadores pedagógicos". Isso porque tratou-se de um "trabalho prático, agradável de se ler e estudar, de fácil assimilação, com exemplos ao vivo, em que se vêm retratadas as situações mais diversificadas porque passa o professor de grau elementar".

Em 1902, foram editados, de Antônio da Fonseca Câmara, os *Apontamentos para lições de pedagogia teórica e prática*. No prefácio do livro, narrou-se sua origem, que foi justamente ligada às exigências de se ensinar questões didáticas. Segundo o autor:

> [...] quando em 14 de dezembro de 1901 tomei posse do cargo de professor de pedagogia e diretor da Escola de Habilitação para o Magistério Primário neste distrito de Angra do Heroísmo, perguntei ao inteligente e ilustrado diretor interino da mesma escola, e seu digno professor efetivo, o meu prezado colega e amigo sr. José Vieira de Areia, qual o compêndio adotado para uso dos alunos do 1º e 2º anos do curso do magistério nas respectivas cadeiras de pedagogia, obtendo como resposta que era o *Curso Teórico e prático de pedagogia* de mr. Michel Charbonneau, traduzido pelo sr. Raposo Botelho, e que fornecia aos alunos apontamentos todas as vezes que se tornava necessário suprir as deficiências do compêndio. Li com extraordinária avidez o livro indicado, e, no fim de alguns dias de estudo, cheguei à desanimadora conclusão de que aquela obra, excelente para a época em que foi produzida, deixava muito a desejar com relação ao estado atual da ciência e que, pela sua difusão e prolixidade em alguns assuntos, e deficiência em outros, era guia pouco seguro para a orientação dos alunos. Convencido disso e tendo urgência de substituir o compêndio adotado por preleções escritas, vi-me na dura necessidade de respigar, extratar

e compilar, das melhores obras portuguesas e francesas que pude obter, o que de mais completo encontrei sobre a matéria. Ligando e concatenando estes elementos dispersos, consegui formar um corpo de doutrina, que me pareceu satisfazer ao atual estado de adiantamento da pedagogia teórica e prática pedida nos programas oficiais. (Câmara, 1902, não paginado)

Ainda de acordo com as palavras de Câmara, não foi "a vaidade de querer fazer um livro" que o animou a publicar seus *Apontamentos*, mas ele o fez em prol da formação dos professores portugueses, em colaboração com o sistema de ensino como um todo. Por isso, pareceu mais conveniente compilar ideias já consagradas do que apresentar algo totalmente original.

> É um trabalho de compilação, como já disse, extraído das melhores obras portuguesas e francesas que conheço sobre esta matéria [...]. Nele encontrarão os professores, os alunos do curso do magistério, os pais e mães que se dedicam à educação direta de seus filhos, não um trabalho completo no seu gênero, mas ao menos uns tópicos do que, em meu entendimento existe de mais completo sobre a matéria que me propus tratar, e do qual uns e outros se poderão vantajosamente aproveitar para suas lições e aplicação prática, completando-o com os preciosos ensinamentos que encontrarão em especial no *Tratado de pedagogia teórica e prática* de Mr. Gabriel Compayré, no de Mr. Paulo Rousselot, no *Manual de pedagogia* de Mr. A. Daguet, nas *Lições de psicologia aplicada à educação* de Mr. H. Marion, nas de pedagogia de Mr. L. Chasteau, traduzidas e adaptadas pelo sr. Antônio Figueirinhas, no *Curso de pedagogia* de Mr. Charbonneau, no de Mr. Th. Braun, nos *Exercícios e trabalhos para as crianças* por Mr. e Mmo. Delon, na *Higiene escolar* de Mr. A. Riant, nos *Elementos de pedagogia* do sr. J. Augusto Coelho e nos *Elementos de pedagogia* dos srs. Dr. Graça Afreixo e Henrique Freire, os primeiros dos quais são a cada passo citado no decurso deste meu trabalho de compilação, e em geral nas obras de Herbert Spencer, Stuart Mill, Bagehot, Gustavo Le Bon, Laveley, Donnat, Guiod, e outros autores indispensáveis na bagagem literário-científica de toda a gente que vive no presente século. (Câmara, 1902, não paginado)

No Brasil, iniciativa semelhante foi a de Valentim Magalhães (1900), expressando o mesmo intuito de compilação e a mesma modéstia na classificação dos escritos prefaciados. As suas *Lições de pedagogia* veio a lume com "o fim de remediar à falta de compêndio, – visto que nenhum foi adotado, por nenhum preencher todas as condições exigidas". O autor, então, resolveu "fazer imprimir as lições ditadas às alunas, no decurso do ano de 1899, seguindo, mais ou menos, o programa impresso quanto à disposição e sequência das matérias parciais", valendo-se, para tanto, "das obras de Compayré, A. Rayot, Laloi e Picavet etc." e usando "linguagem correntia, simples e facilmente compreensível". Nesse sentido, Magalhães conclui que:

> O *Compêndio* facilitará a tarefa ao aluno, tornar-lhe-há mais assimilável o assunto. Adaptei-o ao ensino da *Escola Normal do Paraná*, às necessidades dos professores primários; fiz por preencher lacunas existentes. (Magalhães, 1900, não paginado)

Ao se constituírem como guias de estudo, os manuais realizaram uma espécie de reunião de saberes dispersos em diferentes publicações. Foi assim que Antônio Francisco Moreira de Sá, em 1870, publicou seu *Compêndio de pedagogia*, tendo em vista os já referidos programas para os exames dos professores e candidatos ao magistério português. Se, por um lado, era preciso dar a ver ideias de diferentes autores, Sá reconheceu ser impossível reproduzi-las sem atentar para as especificidades das provas:

> [...] por isso não seguimos aqui os excelentes sistemas adotados pelos grandes pedagogistas Charbonneau, Ambroise Rendu, Fils, Eugéne Rendu, e outros, e só, por assim dizer, tratamos de explicar os pontos exarados no dito programa, pois que são a eles, que os candidatos têm de responder, quer oral, quer por escrito. (1870, p.3)

No mesmo ano, Afreixo e Freire tiveram iniciativa semelhante, afirmando que, ao compilarem diversas obras em um único texto, eles reconheceram os méritos dos "eminentes pedagogistas estrangeiros". No seu dizer, "não seríamos nós que o desprezássemos para lhe substituir doutrinas nossas, que não poderiam ser nem tão eloquentes, nem tão filhas de experiência e estudos aturados". Então, o "que vai ler-se é, pois, na maioria extratado das obras desses pedagogistas". Ao tratar dos *Fundamentos de educação*, o brasileiro Afro do Amaral Fontoura (1952) afirmou que, por ser didático, o seu livro não pode ser um "tratado". "Existem em umerosas obras, magníficas e admiráveis, sobre a Educação Renovada, como as de Claparède, Dewey, Decroly, Lourenço Filho, Anísio Teixeira, Backheuser, etc.", mas os alunos das Escolas Normais ainda não puderam ler esses autores e, por isso, sua "intenção foi condensar, em poucas páginas, e o mais metodicamente possível, os belos ensinamentos dos grandes mestres, espalhados em meia centena de livros".

Também o *Compêndio de pedologia e pedagogia experimental* (1937) foi apresentado de forma humilde, anunciando-se um texto "sem prurido de erudição". De acordo com Pedro Anísio, seu autor, o que valeu de seu esforço foi "levar aos educadores e mestres da juventude luz e estímulo para cumprirem os árduos deveres de sua missão, dar-nos-emos por bem pagos das vigílias e trabalhos que nos impusemos". Apenas apontamentos: assim Domingos Evangelista definiu seus *Elementos de pedagogia* (1944), dando-se por satisfeito se seu livro "for um pequenino grão de argamassa ou, sequer, uma humilde molécula de cimento a concorrer para a solidez de edifício tão maravilhoso, é que Deus fadou em bem o nosso bem intencionado esforço". Da natureza de compêndio derivaram alguns limites impostos aos manuais. Segundo José Maria Gaspar e Orbelino Ferreira, todos os supostos "defeitos" de seu manual deveram-se às condições "apressadas" de sua produção. O intuito foi fazer das *Notas* um "auxiliar diretriz", embora "superficial", nas quais os autores expuseram aquilo que ensinaram em aula e tentaram encontrar um caminho intermédio entre as exigências para uma formação docente de qualidade e as dificuldades então presentes na área:

> Os cuidados oficiais na formação do professor primário e as legítimas esperanças da Nação [portuguesa] nos resultados da recente abertura das Escolas do Magistério Primário [em 1942] requeriam o aparecimento dum livro muito mais ordenado, perfeito e completo do que este. Mas, por outro lado, os cursos em trânsito e os professores sem preparação profissional reclamavam, em um compreensível anseio de informação e aperfeiçoamento, quaisquer normas, mesmo gerais, que os habilitassem à interpretação eficiente dos programas e à remoção das iniciais dificuldades da vida escolar. (Gaspar; Ferreira, 1944, não paginado)

"Que mais poderia dizer?!", perguntou-se Adolfo Lima no prefácio a *Metodologia* (1927), livro no qual reuniu as lições professadas na Escola

Normal de Lisboa e que, por ter seguido as orientações do programa na época em vigor, acabou por apresentar alguns problemas no desenvolvimento do conteúdo, referentes a uma possível confusão entre métodos científicos e métodos de ensino. Lima tentou evitar isso, acentuando as distinções em diferentes momentos e assinalando-a, dentro dos limites impostos a um texto feito para se conformar aos programas. Não só os limites dos manuais foram reconhecidos como também se deu a conhecer o anseio por "melhorar" seu conteúdo, mediante revisões cuidadosas. Ainda em sua *Metodologia*, Lima disse ter se sentido "perplexo ante as emendas e correções, ou reduções e desenvolvimentos que lhe devo fazer". O autor destacou, inclusive, a ausência de leituras atenciosas de colegas seus, que pudessem salientar os "defeitos" dos escritos, apontando "necessárias correções", correspondendo a "um norte, que [lhe] marcaria a estrada a seguir". No seu dizer, "infelizmente, porém, faltam-me esses dados. À parte uma carta do meu velho amigo César Porto, nada possuo de base de emendas à 1ª edição". Assim Lima deixou entrever o "habitual silêncio" com relação ao seu manual: "Mesmo aqueles amigos a quem ofereci o livro e solicitei o favor da sua opinião, salvo a exceção adotada, não se dignaram dizer-me da sua justiça, porque, talvez, nem sequer o abrissem... e lessem a dedicatória". Uma das poucas possibilidades de se fazer uma "boa" obra ficou, então, mais restrita.

Mas o que seria um manual digno de louvor? A resposta a essa pergunta oscilou entre a possibilidade de se apresentar conteúdos inéditos ou o que já foi dito e apareceu novamente nos manuais. De todas essas considerações acerca dos prefácios, fica entrevisto o paradoxo entre a modéstia de um livro que nada traria de original e a utilidade de um texto que daria a conhecer o que de "melhor" já se falou na literatura educacional. Esses comentários, coletados aqui da forma mais exaustiva possível, permitiu conhecer observações muito ilustrativas e recorrentes, tendo sido uma das instâncias mais evidentes a chamarem a atenção para as ideias dos manuais, um modo produtivo de instaurar o valor dos livros e, consequentemente, de seus escritores, pois a figura dessas pessoas atestou a qualidade de seus escritos. Poder-se-ia concluir apressadamente que a leitura dos comentários de apresentação deu garantias para o entendimento "verdadeiro" dos manuais, como se eles tivessem um sentido inerente. Nada mais falso porque o que se fez por meio dos prefácios foi criar uma visão do conteúdo e também do valor de quem os escreveu, o que significa dizer que os prefácios foram um dos instrumentos de criação dos autores dos manuais, figuras oscilantes entre copistas e criadoras.

Uma Biblioteca de Babel dos professores

Na qualidade compêndios, os manuais pedagógicos tiveram como objetivo principal colecionar todas as referências úteis para o ofício de ensinar e, assim, reunir aquilo que poderia compor uma espécie de Biblioteca dos Professores. Com esse intuito, os manuais buscaram caminhar por outras obras, escolhendo-as, citando-as, explicando-as. Isso quer dizer, em uma linguagem metafórica, que eles andaram em busca do "catálogo dos catálogos", reunindo, listando e organizando o que se teve como o "melhor" da produção sobre Pedagogia e temas a ela correlacionados. Esse desejo não motivou apenas a edição dos livros da Escola Normal. Luis Borges, por exemplo, imaginou uma Biblioteca que guardaria todos os livros do mundo e poderia dar origem a várias leituras. Em suas palavras: "Como todos os homens da Biblioteca, viajei na juventude; peregrinei em busca de um livro, talvez do catálogo dos catálogos" (2001, p.92). E a própria descrição física da Biblioteca foi útil para entender o que significou esse esforço, pois tratou-se de um espaço no qual haveria um número indefinido e talvez infinito de galerias nas quais os livros ficariam guardados. Essas prateleiras partiriam de um centro e indicariam uma multiplicidade de produções possíveis a partir dele. Mas a Biblioteca permitiria não apenas a organização espacial das obras, como também o olhar para elas a partir de diferentes pontos de vista, os denominados vestíbulos, onde o leitor poderia enxergar as obras em uma perspectiva particular, duplicando o número, outrora já infinito, de galerias e textos nelas dispostos. O autor sugeriu assim combinações inerentes aos processos de leituras, suas apropriações, traduções. Essa Biblioteca imaginada por Borges foi chamada de Babel, mesmo nome dado a uma Torre descrita na Bíblia. Segundo o Livro do Gênese, esse lugar teria sido criado inicialmente para abrigar o uso de uma só língua, mas Deus teria modificado esses planos humanos, instaurando ali a pluralidade de idiomas – ou de ideias, como se poderia interpretar. Isso induziu a pensar, neste livro, que os saberes foram construídos de múltiplas formas, em vários tempos e lugares.

Os manuais pedagógicos procuraram montar essa espécie de Biblioteca de Babel dos professores: primeiramente reportaram-se a outras obras no interior de seus textos. Entretanto, o desejo de organizar um "catálogo" motivou um esforço de sistematização mais específico e consubstanciado nas coleções de manuais para professores. Adolfo Packer, ao apresentar as *Práticas escolares* (D'Ávila, 1940), afirmou que com esse volume iniciou "uma série de livros de texto destinados ao ensino normal". E, ao justificar tal esforço, deixou entrever aspectos da organização dos educadores e de sua mobilização na escrita de obras especializadas. Assim, ele fez votos de que a coleção pudesse contribuir "para a obra de reconstrução e renovação que se está estruturando no campo educacional contemporâneo". A Biblioteca Didática Brasileira, série Escola Viva, foi outra notável iniciativa na área, tendo sido todos os títulos assinados por Afro do Amaral Fontoura. Nos prefácios dos títulos reunidos, foram expostas as razões de se criar tal coleção:

> De longa data todos os mestres interessados na Renovação Educacional brasileira sentiam a falta de uma coleção de livros seriados, com articulação entre si, destinada especialmente aos professores novos e às alunas das Escolas Normais, futuras professoras. O que existia em nosso país, para indicar aos estudantes de Curso Normal e das Faculdades de Filosofia, eram as obras clássicas da Escola Nova, de Dewey, Claparède, Thorndike, Lourenço Filho, Backheuser, Fernando de Azevedo, Anísio Teixeira, etc., nem sempre de fácil compreensão para os futuros educadores e quase sempre de difícil aquisição. Fora isso, o que havia eram obras didáticas já superadas, com 20 ou 30 anos de atraso (salvo as honrosas exceções), ensinando ainda tudo aquilo que a Educação Renovada já deixou para trás. Surgiu, então, o problema: – como ensinar à nossa juventude os princípios da *Escola Nova* se lhe entregamos para ler os livros da *Escola Velha*? – Ou como indicar livros dos grandes educadores modernos, se tais obras não foram feitas por iniciantes, e, de regra geral, supõem por parte do leitor uma sólida formação anterior em Psicologia, Sociologia e Filosofia? Foi com o objetivo de sair desse dilema que nos abalançamos a publicar uma coleção de livros didáticos, especialmente destinados aos novos professores e aos estudantes das Escolas Normais, Institutos de Educação e Faculdades de Filosofia de todo Brasil, coleção que apresenta os mais modernos e seguros princípios da Educação Renovada, dentro de uma linguagem absolutamente compreensível a todo jovem de mediana cultura. (Fontoura, 1968)

E:

> Para ter a certeza de atingir tais objetivos, a Editora Aurora entregou a direção da "Biblioteca Didática Brasileira" a um dos educadores mais categorizados no assunto: o *professor Amaral Fontoura*, reputado Técnico de Educação, que há muitos anos se vem batendo por essa renovação no Ensino Normal. Professor de várias Faculdades – bem como da notável Universidade Católica do Rio de Janeiro – delegado do governo junto a várias Escolas Normais, professor de inúmeros cursos de aperfeiçoamento para professores, Amaral Fontoura consegue reunir duas qualidades que raramente se encontram juntas: profundo conhecimento teórico da Pedagogia, ao lado de um admirável espírito prático, objetivo. (Fontoura, 1963)

Outra coleção toda assinada por um único nome, Teobaldo Miranda Santos, foi o *Curso de Psicologia e Pedagogia*, da Companhia Editora Nacional (São Paulo), ao qual podemos acrescentar: a *Biblioteca de Educação*, editada pela Companhia Editora Nacional (São Paulo); a *Biblioteca Vida e Educação*, da Editora Globo (Porto Alegre); a *Biblioteca Pedagógica Freitas Bastos*, editada pela Livraria Freitas Bastos (Rio de Janeiro, São Paulo); a *Biblioteca Fundo Universal de Cultura* – Estante de Pedagogia, da Editora Fundo de Cultura (Rio de Janeiro); a *Biblioteca do Estudante Brasileiro* – Cultura Pedagógica, editada pela A Noite (Rio de Janeiro); a *Biblioteca Brasileira de Cultura*, editada pela Civilização Brasileira e pela Editora Nacional (Rio de Janeiro / São Paulo); a *Atualidades Pedagógicas* – Biblioteca Pedagógica Brasileira, da Companhia Editora Nacional (São Paulo); os *Manuais Globo* – Biblioteca de Iniciação Cultural e Profissional, editado pela Livraria do Globo (Porto Alegre); a *Pedagogia* – Série ABC, da Empresa Editora ABC Limitada (Rio de Janeiro); a *Educação Primária* – Fundamentos, de Ao Livro Técnico (Rio de Janeiro); o *Curso de orientação educacional*, da Editora Formar (São Paulo); a *Coleção pedagógica*, editada pela Secretaria da Educação do Estado de Minas Gerais; a *Coleção FTD*, editada pela própria FTD (São Paulo); a *Coleção Didática Nacional* – Série Brasil, feita pelas Edições e Publicações Brasil Editora (São Paulo); a *Coleção Didática do Brasil* – Série Biblioteca Pedagógica, da Editora do Brasil (São Paulo); a *Coleção de Ensino Normal*, organizada pela Saraiva (São Paulo) e a *Coleção Cultura para todos* (Letras, Artes, Ciências e Técnicas), da Editora

Aurora (Rio de Janeiro). Os nomes das coleções aqui descritas chamaram a atenção para dois aspectos diretamente vinculados à consolidação dos manuais pedagógicos como objetos de leitura: a expansão editorial brasileira (Hallewell, 1985), articulada com as preocupações com a literatura educacional (Nagle, 1976). Ao traçar um histórico de coleções pedagógicas no Brasil, Maria Rita Toledo (2001) lembrou Isabelle Olivero (1999) e seu estudo sobre o caso francês, quando esta assinalou esse tipo de iniciativa como uma estratégia de ampliação do público-leitor e diminuição dos gastos com a produção dos textos. Os supostos interesses e habilidades desse grupo motivaram uma determinada padronização da materialidade, dos conteúdos e dos capitais dos autores na produção dos livros incluídos na coleção, de modo que, ao ser incluído nesse *corpus*, cada título passou a ser avaliado de acordo com as suas contribuições no interior da coleção e do ciclo de vida da mesma (Toledo, 2001). Foi possível facilmente observar tais condições como elementos significativos na constituição dos manuais pedagógicos brasileiros.

No Brasil, até os anos 1920, os manuais pedagógicos foram, em sua maioria, assinados por autores estrangeiros, notadamente os portugueses e franceses. Foi por volta da década de 1930 que as produções nacionais tornaram-se, progressivamente, mais presentes, tal como descreveu Romão de Campos, em um artigo inicialmente publicado no jornal *Correio de São Carlos* (SP) e, em junho de 1930, transcrito na seção de resenhas bibliográficas da Revista *Educação*:

> Ultimamente têm aparecido, nos mercados livreiros, obras meditadas sintetizando o que vai de interessante nos meios pedagógicos sobre as diversas disciplinas do currículo escolar. (Revista *Educação*, v.XI, jun./1930, p.381)

O autor citou como exemplos os manuais *Como se ensina geografia* (Proença, 1928), *A escola ativa e os trabalhos manuais* (Corinto da Fonseca, 1929), *Educação moral e educação econômica* (Sampaio Doria, 1928), *Cálculo dos principiantes* (José Ferraz de Campos, s.d.) e concentrou os seus elogios em *Didática* (João Toledo, 1930), um "verdadeiro presente régio" que respondeu à "ânsia de modificar profundamente a organização do aparelhamento em bloco, ânsia de aumentar o alcance e a extensão da escola, ânsia de melhorar e aperfeiçoar os métodos em vigor" (Campos, jun./1930, p.381). Nesse mesmo ano e ainda na Revista *Educação*, Firmino Costa (diretor técnico do Curso de Aplicação da Escola Normal Modelo) ressaltou a necessidade da produção de manuais pedagógicos para os normalistas:

> Se já possuímos livros escolares de leitura, alguns deles apreciáveis, em relação a compêndios para o curso normal de quase nada dispomos. Torna-se difícil aos alunos recorrer a obras escritas em línguas estrangeiras, que não compreendem bem, atrasando-se ao mesmo tempo no vernáculo com as más traduções que fazem. Por esse motivo, *deve-se considerar trabalho de benemerência todo aquele que vier enriquecer a literatura didática com publicações de valor sobre as disciplinas do curso normal.* (Revista *Educação*, v.XI, n.1, abr./1930, p.94, grifos nossos)

Segundo Hallewell (1985), o livro escolar representou a principal possibilidade de lucro para boa parte das editoras brasileiras desde o início do século XX. Esse tipo de texto foi impresso pela primeira vez no país durante as Guerras Napoleônicas (início do século XIX), quando foram interrompidos os suprimentos vindos da Europa. Uma vez restabelecidas as importações, essas iniciativas cessaram, pois não se tinha um público-leitor razoavelmente amplo para chamar a atenção de qualquer firma: além do pequeno número de alunos, as escolas dispensaram o uso de livros durante as aulas. No final dos anos 1880, o acesso ao ensino começou a se ampliar pelo menos nas províncias mais ricas, criando um comércio mais significativo para os textos destinados ao nível elementar. Baptiste Garnier, editor francês estabelecido no Brasil, foi o primeiro a fazer um esforço sistemático de publicar material didático. A maioria das iniciativas nesse sentido foi local e resultou de encomendas feitas pelos próprios escritores junto a uma tipografia, com o intuito de enviar os impressos a colégios da região.

A casa brasileira pioneira na edição de obras didáticas foi a Livraria Francisco Alves, que cresceu rapidamente desde meados de 1890. Trinta anos depois, essa companhia tornou-se a principal concorrente de Garnier no ramo, que começou a se expandir naquele momento em decorrência da denominada "democratização do ensino" (Beisiegel, 1984). Este processo correspondeu à progressiva extensão das oportunidades de acesso à escola, desde o nível primário até o superior, para camadas mais amplas da coletividade. Após 1930, a educação formal criada e organizada para atender minorias privilegiadas foi sendo substituída por um novo sistema, formalmente acessível à maioria da população. Houve o aumento da matrícula nos vários níveis de ensino, sobretudo aqueles destinados à formação comum dos cidadãos. Além disso, algumas iniciativas foram adotadas para estender esse direito aos adultos analfabetos, tais como a Campanha de Educação de Adultos promovida em 1947 pelo Ministério da Educação e Saúde. Para as editoras, tais mudanças representaram a possibilidade de vendas seguras e permanentes de livros escolares. Nesse setor, as empresas nacionais tiveram vantagens sobre os competidores estrangeiros, cujos produtos não poderiam ajustar-se tão bem aos currículos elaborados para cada região do país (Hallewell, 1985).

As unidades da federação tinham na época certa liberdade para organizarem os seus sistemas. São Paulo e Rio de Janeiro, além de elaborarem programas adotados em outros lugares, detiveram praticamente sozinhos o monopólio da publicação de impressos, especialmente aqueles destinados aos alunos. Em 1957, essas duas cidades responderam por mais da metade dos títulos produzidos e, além disso, abrigaram parte significativa dos leitores. No início dos anos 1930, um novo centro editorial começou a surgir em Porto Alegre, quando a Livraria Globo tornou-se uma editora nacionalmente conhecida. Somente na década de 1980, em Belo Horizonte, então a terceira maior cidade do país, começaram a se desenvolver iniciativas editoriais mais sistemáticas (Hallewell, 1985). Os manuais pedagógicos – editados até os anos 1970 – foram produzidos por companhias concentradas nas cidades paulista e carioca. Apenas a Livraria e Editora Globo localizou-se em Porto Alegre; já a Nacional, a Melhoramentos, a Atlas, a Editora do Brasil, a José Olímpio, a Saraiva, a Liberdade, a Obelisco e a Formar, ou seja, dez editoras ao todo, situaram-se em São Paulo. E A Noite, a Agir, Ao Livro Técnico, a Civilização Brasileira, a Conquista, a Fundo de Cultura, a Francisco Alves, a Freitas Bastos, a Editec, a Aurora e a Lidador corresponderam às onze companhias do Rio de Janeiro responsáveis por compêndios para a Escola Normal.

No início do século XX, entre as publicações para o magistério estiveram obras brasileiras e traduções do francês, alemão e inglês. O título de maior sucesso destinado ao corpo docente foi a versão em português de *Lições de coisas*, escrito pelo norte-americano Norman Allison Calkins e traduzido por Rui Barbosa (Cartolano, 1997). A influência dessa obra foi comumente reconhecida entre pesquisadores (Hallewell, 1985). Jorge Nagle (1976) informou que nesse período a literatura pedagógica desenvolveu-se progressivamente. Esses impressos até então integraram basicamente a documentação do Congresso

Nacional, mas começaram a se multiplicar, incluindo revistas, boletins, tratados, entre outros, e visando a um público-leitor mais amplo. Esse aumento foi motivado não só pela expansão da rede de ensino como também por incentivos ao desenvolvimento da indústria editorial. Nesse sentido, um importante acontecimento foi a crise econômica mundial de 1929, que provocou a elevação do custo da importação de obras estrangeiras e, consequentemente, a ampliação das nossas publicações. Nesse momento o livro brasileiro tornou-se competitivo em seu próprio mercado nacional (Hallewell, 1985).

Por sua vez, a Revolução de 1930 foi um marco fundamental na história do comércio livreiro. Entre as mudanças políticas, econômicas e sociais, houve o fim da tradicional valorização da cultura europeia e a configuração de uma nova consciência nacional, preocupada com as questões brasileiras. Tal ênfase, acompanhada da insuficiência do mercado externo, resultou na significativa ampliação de impressos produzidos no país, sobretudo aqueles destinados ao uso escolar (Hallewell, 1985). Dentre essa literatura, houve textos sobre Didática, Pedagogia e Metodologia de Ensino, escrita para cursos de formação de professores. Nos anos 1920, os títulos dessa espécie de que se tem notícia foram *Lições de pedagogia*, de Manuel Bonfim (1926) e *Escola brasileira*, escrito por João Toledo e editado pela primeira vez em 1925 e em 1932. Posteriormente, além deste último compêndio, foram publicados *Didática* (1930) e *Planos de lição* (1934), do mesmo autor, *Introdução ao estudo da Escola Nova* (Lourenço Filho, 1930), *Técnica da pedagogia moderna* (Backheuser, 1934), *Pedagogia* (Meneses, 1935) e os *Fundamentos do método* (Penteado Jr., 1938).

Até os anos 1970, mais títulos foram produzidos, obtendo geralmente um número significativo de edições. Decerto, as editoras não se esqueceram das possibilidades de se atingir um número crescente de leitores quando publicaram textos para a Escola Normal. Isso porque, na década de 1930, os currículos desse curso foram reestruturados em vários estados brasileiros, ampliando-se a presença de disciplinas tratadas pelos manuais aqui estudados. Segundo Romanelli, essas escolas "experimentaram um desenvolvimento mais acelerado durante o período republicano. Em 1949, eram elas, ao todo, 540 espalhadas por todo território nacional" (1986, p.163). Entre 1930 e 1970, vinte e duas editoras ao todo publicaram manuais para futuros professores, a saber: A Noite, Agir, Ao Livro Técnico, Civilização Brasileira, Companhia Editora Nacional, Companhia Melhoramentos de São Paulo,

Conquista, Edições e Publicações Brasil Editora, Editec (Edições Técnicas e Científicas), Editora Atlas, Editora Aurora, Editora do Brasil, Editora Formar, Editora Fundo de Cultura, Editora Lidador, Editora Obelisco, Livraria Francisco Alves, Livraria Freitas Bastos, Livraria do Globo, Livraria José Olímpio, Livraria Liberdade e Livraria e Editora Saraiva. Treze dessas companhias mantiveram coleções pedagógicas: A Noite, Ao Livro Técnico, Civilização Brasileira, Companhia Editora Nacional, Companhia Melhoramentos de São Paulo, Edições e Publicações Brasil Editora, Editora Aurora, Editora do Brasil, Editora Formar, Editora Fundo de Cultura, Livraria Freitas Bastos, Livraria do Globo e a Livraria e Editora Saraiva.

Segundo Monarcha (1997), essas iniciativas surgiram no final dos anos 1920 – a chamada "época das coleções pedagógicas", em seu entender. Elas foram motivadas por interesses de ordem cultural, fazendo circular ideias do movimento escolanovista, e de ordem econômica, pois o mercado de livros, principalmente os escolares e literários, expandiu-se no país. Nesse período, houve várias traduções de obras especializadas estrangeiras e a publicação de originais escritos, tais como a *Coleção Pedagógica*, criada em 1929 por Paulo Maranhão editada pela Editora F. Briguiet, do Rio de Janeiro; *Documentos Brasileiros* (Rio de Janeiro, 1936), da Livraria José Olímpio Editora, a *Biblioteca Histórica Brasileira* (Rio de Janeiro, 1940), da Livraria Martins, e a *Biblioteca Pedagógica Brasileira*. Esta foi lançada pela Companhia Editora Nacional – toda organizada em torno de coleções – e subdividida em cinco séries: *Iniciação Científica* – composta por textos de vulgarização de conhecimentos produzidos em diversas áreas –, *Brasiliana* – reunindo trabalhos a respeito da formação história e social do país –, *Literatura Infantil* – com títulos para crianças –, *Livros Didáticos* – abrangendo materiais escritos por pedagogos brasileiros reconhecidos – e *Atualidades Pedagógicas*. Maria Rita Toledo (2001), já citada anteriormente, fez um estudo sobre essa última iniciativa citada, que existiu entre 1931 e 1981. Nessa série, foi publicado um dos manuais pedagógicos examinados neste trabalho, cujo título foi o já mencionado *Fundamentos do método* (1938), escrito por Onofre de Arruda Penteado Júnior. A Coleção objetivou colaborar para a reorganização da cultura nacional, atendendo a um amplo público-leitor, das mais diversas idades. Ela foi fundada em 1931 por Fernando de Azevedo e entre 1946 e 1950 contou com a colaboração de João Baptista Damasco Penna, que assumiu a direção entre 1951 e 1981. Até 1963, Penna deslocou para a Revista

Atualidades Pedagógicas o espaço para as discussões e disputas entre os educadores, que tinham então um lugar para publicarem artigos expressando suas ideias e posicionamentos acerca de temas e experiências educacionais. Isso permitiu que a coleção se concentrasse mais nos compêndios para professores que, diferentemente, foram lugares de consenso e não de disputa, pois construíram textos acerca do "essencial" para se conhecer a literatura pedagógica, referindo-se à Psicologia Experimental, Filosofia e História da Educação, Sociologia e Educação, procurando tratar das "bases científicas" e dos "problemas gerais e particulares" do ensino, tal como os próprios editores anunciaram. Isso permitiu que se mapeasse ou, como diria Bourdieu (1996), se criasse a crença no valor dos "grandes" autores do território, pois a coleção abrigou títulos que comungaram determinadas referências.

Outro esforço sistemático de edição de livros para professores já destacado em estudos anteriores (Monarcha, 1997) foi a *Biblioteca de Educação* (Companhia Melhoramentos de São Paulo), tida como a primeira sistematização de textos especializados do Brasil. Nesta Biblioteca, foi editado o famoso *Introdução ao estudo da Escola Nova* (1930), de Lourenço Filho. Ela foi organizada a partir de 1927 pelo então professor normalista Manoel Bergström Lourenço Filho e teve duas fases distintas. Primeiramente, uma fase "áurea" (1927 a 1930) correspondente a um momento de consolidação do projeto como experiência regional paulista. Em seguida, houve um período de "rotinização e ampliação" de sua representatividade (1930 a 1941), com a incorporação de escritos assinados por autores de Minas Gerais, Pernambuco, Distrito Federal, além de São Paulo. A Coleção existiu até 1979, divulgando trinta e seis títulos.

De modo geral, as coleções que reuniram manuais de Pedagogia, Didática, Metodologia e Prática de Ensino apresentaram apenas os nomes das séries, explicitando raras vezes os seus propósitos ou simplesmente uma relação dos títulos publicados. A Editora Conquista informou, no volume de *Prática do ensino primário* (Queirós e outras, 1954), uma lista de livros para o curso normal e primário.[10] A *Biblioteca Didática Brasileira* (Editora Aurora, Rio de Janeiro), por exemplo, foi composta por escritos de Amaral Fontoura

---

10 Na parte dos textos para professores, foram apresentados os títulos: *Testes para o curso primário*, *Metodologia da matemática*, *Jogos e recreações matemáticas* e *Noções de educação doméstica*, todos de Irene de Albuquerque; *Metodologia da geografia e da história* (Dinara Leite), *Metodologia das ciências físicas e naturais* (Geraldo Sampaio de Souza), *Prática do*

e, tal como anunciou, ela pretendeu "ser uma coleção de livros escritos especialmente para o Ensino Normal e dentro desse espírito renovador, objetivo, prático", correspondendo a "uma coleção de livros que não apenas ensinaram o que se deve fazer, mas ao mesmo tempo mostraram como se deve fazer" (*Didática geral*, 1965, p.XXVII-I).[11] Nessa perspectiva, foram publicados *Fundamentos de Educação* (1954), *Metodologia do ensino primário* (1955), *Didática geral* (1965) e *Prática de ensino* (1967), dentre os textos aqui estudados. O *Curso de Psicologia e Pedagogia* (Companhia Editora Nacional, São Paulo), por sua vez, integrou compêndios para a Escola Normal, Institutos de Educação e Faculdades de Filosofia assinados por Teobaldo Miranda Santos, dos quais *Metodologia do ensino primário* (1955), *Noções de prática de ensino* (1958), *Manual do professor primário* (1962), *Noções de pedagogia científica* (1963), *Noções de metodologia do ensino primário* (1964) e *Noções de didática geral* (1967) foram objeto de exame no neste livro.[12]

Embora empreendimentos como os acima citados tenham sido notáveis a partir dos anos 1930, firmas como a Civilização Brasileira e a Livraria José

---

ensino primário (diversas autoras), *Primeiros passos na matemática* e *Primeiros passos na linguagem*, de Célia Abdon.

11 Em todos os manuais publicados por Fontoura foram apresentados os objetivos da Coleção e uma listagem dos títulos já publicados. *Prática de ensino* (1967), por ser o título mais recente dentre os estudados, trouxe a relação mais completa. Segundo ele, a série *Escola Viva* da *Biblioteca Didática Brasileira* reuniu os compêndios: *Fundamentos de educação* (1ª ed. em 1949 e 8ª ed. em 1965); *Sociologia educacional* (1ª ed. em 1951 e 17ª em 1967); *Metodologia do ensino primário* (1ª ed. em 1955 e 16ª ed. em 1966); *Psicologia geral* (1ª ed. em 1957 e 15ª ed. em 1967). A Série II, intitulada *Legislação Brasileira de Educação*, publicou *Diretrizes e Bases da Educação Nacional* (em 2ª ed., segundo dados encontrados). A Série III, *Livros-texto para as crianças*, editou a cartilha *Aventuras de Lalá e Loló* (em 6ª ed.). A Série IV, *Como aprender brincando...*, divulgou material de ensino referente ao "método de educação integral para a 1ª série". E *Legislação do Ensino e textos auxiliares* reuniu o *Programa regular para o curso primário do estado da Guanabara* (em 7ª ed.); *Programas do ensino primário do estado do Rio de Janeiro*; *Programa básico para o curso primário do estado da Guanabara* (em 6ª ed.) e *Aplicação do programa básico para os alunos do grupo A do curso primário do estado da Guanabara*.

12 Além destes títulos, foram publicados na Coleção: *Noções de filosofia da educação*, *Noções de história da educação*, *Noções de psicologia educacional*, *Noções de sociologia educacional*, *Noções de didática especial*, *Noções de administração escolar*, *Manual do professor secundário*, *Orientação psicológica da criança*, *Noções de psicologia experimental*, *Noções de psicologia da criança*, *Noções de psicologia do adolescente*, *Noções de psicologia da aprendizagem*, *Noções de psicologia aplicada*, *Grandes mestres da pedagogia moderna*, *Grandes mestres da psicologia moderna*, *Dicionário de pedagogia moderna* (informações constantes em *Manual do professor primário* (6ª ed.), 1962).

Olímpio, apresentadas por Hallewell (1985) como uma das mais importantes do país, publicaram poucos materiais para a formação do magistério. A primeira editora, por exemplo, editou apenas *Técnica da pedagogia moderna* (Backheuser, 1934), junto à Biblioteca Brasileira de Cultura. A Nacional responsabilizou-se pelos *Fundamentos do método* (Penteado Jr., 1938), integrantes da Biblioteca Pedagógica Brasileira. A Melhoramentos, por sua vez, publicou apenas o famoso *Introdução ao estudo da Escola Nova* (Lourenço Filho, 1930) na Biblioteca de Educação. O número de compêndios de Didática lançados não foi muito grande, considerando-se o total da produção de cada companhia. Para fins de ilustração, os dados expostos por Hallewell (1985) sobre o período compreendido entre janeiro e junho de 1940, mostraram que, dentre os 622 novos títulos então publicados em todo país, 79 foram da Editora Nacional, seguida da Melhoramentos com 36, da José Olímpio, com 32 e da Globo, com 31. A Livraria Francisco Alves, a Saraiva e a Civilização Brasileira editaram, respectivamente, 14, 13 e 9 livros inéditos.

A Saraiva e a Globo também publicaram apenas alguns títulos. Somente os três volumes de *Práticas escolares* (D'Ávila) ocuparam a primeira editora em finais da década de 1950 e anos 1960. No conjunto do acervo da Globo, há notícias de apenas dois compêndios: *Manual de pedagogia moderna* (Backheuser, 1954) e *Pedagogia* (Meneses, 1935). As produções das editoras nessa área poucas vezes excederam três títulos, que, por outro lado, atingiam um grande número de edições. Somente a Editora Aurora, em sua Biblioteca Didática Brasileira, empenhou-se de forma mais sistemática na variedade de títulos publicados, editando a mesma quantidade registrada junto à Editora Nacional, ou seja, nove manuais ao todo. Infelizmente, não foi possível obter informações mais detalhadas sobre a história dessa empresa. Segundo Hallewell (1985), muitas casas brasileiras tiveram o material escolar como a sua principal fonte de lucros, como foi o caso da Agir, Ao Livro Técnico, Conquista, Atlas, Editora do Brasil, Fundo de Cultura, Francisco Alves, Freitas Bastos, Globo, Nacional e Melhoramentos. Contudo, o nível mais visado foi o elementar e secundário que, evidentemente, possibilitava um público-leitor mais amplo.[13] O ensino universitário, por sua vez, chamou a atenção da Editora Nacional sobretudo a partir dos anos 1960, quando a Casa passou

---

13 De acordo com Sposito (1992), a ampliação dos estabelecimentos ginasiais começou em 1945 e intensificou-se em meados da década de 1950.

a obter crescente êxito também com produções para o nível universitário, contando com aproximadamente duzentos títulos sobre sociologia, comunicação, linguística, genética, zoologia, geologia, economia, psicologia e pedagogia (Hallewell, 1985).

As editoras brasileiras, incluindo-se as responsáveis pela publicação de manuais pedagógicos, foram atingidas durante a Segunda Guerra Mundial pela escassez de matérias-primas. Além disso, houve a Reforma Capanema (1942 a 1961), que reorganizou de forma drástica o ensino secundário. As medidas tornaram obsoletas todos as obras destinadas a esse nível e produzidas até então. A Editora Globo, por exemplo, havia elaborado inúmeros títulos para cada tema do currículo de acordo com a Lei Francisco Campos (1931) e sofreu um grande prejuízo na época. Não obstante a necessidade de revisões dos escritos para estudantes, os textos didáticos continuaram a oferecer uma renda razoável para autores e companhias. No caso dos manuais pedagógicos, foi comum o número elevado de edições para um mesmo título e as mudanças entre uma versão e outra foram pequenas, em geral. Mesmo no caso de séries como a *Coleção de Psicologia e Pedagogia* (Companhia Editora Nacional), notou-se uma certa permanência dos conteúdos não só entre uma edição e outra, como também entre os vários títulos escritos por Teobaldo Miranda Santos acerca dos temas estudados na Escola Normal.

Durante o governo de Juscelino Kubitschek, o processo de impressão começou a ser renovado e modernizado, promovendo importantes mudanças nos aspectos gráficos dos livros. Isso porque a indústria cresceu quase 150% nesse período, graças ao incentivo do Estado junto ao setor. Uma das medidas tomadas foi o Decreto de 9 de junho de 1959, que constituiu um órgão do Ministério da Educação para estudar questões da indústria editorial, o denominado Grupo Executivo da Indústria do Livro (Geil), formado por editores, livreiros e impressores, membros da União Brasileira de Escritores, do Instituto Nacional do Livro e dos Ministérios da Educação, Fazenda e Transportes. Essa associação foi extinta em 1971, no governo Médici. A transformação dos aspectos materiais das edições entre 1950 e 1960 contou ainda com a colaboração dos investimentos realizados pela Civilização Brasileira junto a renovações gráficas, que se estenderam como padrão para outras firmas do país. O novo tipo de trabalho foi inaugurado pelo produtor Eugênio Hirsch (da Civilização Brasileira) e envolveu a incorporação de desenhos nas capas das obras ocupando toda a altura e largura do volume, em quatro cores. Geralmente, o nome do ilustrador foi indicado no verso da página de rosto. Passaram a ser utilizados de forma mais generosa e atraente os espaços em branco nas folhas e o *layout* começou a receber atenção mais sistemática. Segundo Hallewell (1985), isso representou um rompimento com práticas originárias da França e a opção por métodos de criação norte-americana. Dentre esses padrões, o autor citou a transferência do índice ou sumário, do fim para o começo do texto, a inclusão de páginas refiladas, melhorando o aspecto do impresso e estimulando o hábito de folheá-lo na livraria. Contudo, algumas mudanças foram comprometidas por questões econômicas durante a crise do petróleo na década de 1970, o que obrigou o uso de margens menores, eliminação das orelhas, dentre outros. No caso dos manuais pedagógicos dos anos 1960, houve a utilização de capas coloridas, ilustrações e ocupação menos massiva da folha.

Mesmo com os aperfeiçoamentos obtidos no setor gráfico durante os anos 1950, ainda não se dispunha de equipamentos suficientes e de um apoio financeiro direto do governo. A inflação ascendente também dificultou o ingresso de novas empresas na indústria. Outros impasses foram colocados ao setor de livros didáticos por Jânio Quadros, preocupado em abaixar o preço do material ao consumidor e estabelecer uma padronização. Visando a proporcionar o máximo de economia para os alunos e suas famílias, o presidente propôs a criação de um órgão do Ministério da Educação atuante junto à edição e distribuição do material, denominado Campanha de Assistência ao Estudante. Durante o governo militar, a indústria enfrentou outras dificuldades, embora as editoras Agir, Paulo de Azevedo, Globo, Kosmos, LTB, Monterrey, Nacional, Vecchi e Saraiva tenham apoiado o Golpe de 1964. As rigorosas medidas deflacionárias tomadas pelo governo objetivaram solucionar problemas de ordem econômica no país, mas resultaram em uma longa recessão que, evidentemente, atingiu diversas áreas, dentre as quais estavam as editoras e livrarias. Houve, por exemplo, um grande aumento nos custos gráficos. Apenas em 1973, os efeitos do regime instaurado começaram a ser sentidos, com a redução da inflação no país, o fim da cobrança de todos os impostos, exceto o de renda, para todas as fases de produção e venda do livro.

Na década de 1960, a indústria gráfica recebeu alguns incentivos. O Decreto-Lei nº 46, de 18 de novembro de 1966, isentou de taxas alfandegárias a maquinaria para a produção, estimulando o aumento de sua capacidade e sua modernização. Nesse mesmo ano, foi criado o Grupo Executivo da Indústria do Papel e das Artes Gráficas (Geipag) um órgão para a indústria gráfica semelhante ao Grupo Executivo da Indústria do Livro (Geil) do setor editorial, que se esforçou em negociar com as autoridades a extensão dos equipamentos disponíveis. Além disso, o Estado passou a financiar diretamente as firmas, por meio do subsídio a textos impressos. E, no que se refere à literatura didática, especificamente, foi beneficiada pela Colted, criada em 1966 pelo Decreto e extinta em 1971. Este programa foi financiado pelo Ministério da Educação e pela Usaid (United States Agency for International Development), com a colaboração do sindicato dos editores de livros (SNEL), promovendo o fim da ameaça de o governo assumir a produção de livros escolares, que ainda respondia pela maior parte do mercado no país. Ele investiu, apenas no primeiro semestre de suas atividades, nove milhões de dólares destinados ao lançamento de traduções e obras nacionais, distribuídas gratuitamente para as escolas. Assim, as editoras tinham vendas garantidas. A Colted abrangeu os níveis primário, secundário e superior e ofereceu, em 1968, cursos intensivos de treinamento de professores para utilização do material. Se, por um lado, isso motivou o aumento do número de publicações, foi também alvo de críticas pelo o que se denominava "imperialismo cultural" dos Estados Unidos. Nesse período, muitos dos textos dos normalistas aqui publicados corresponderam a versões de originais norte-americanos. No entender de Cunha e Góes (1991), essa acentuada interferência nas questões educacionais não foi um fenômeno exclusivamente brasileiro, manifestando interesses motivados pela Guerra Fria.

Dessa forma, entre os resultados da política dos militares no campo educacional esteve uma notável expansão da indústria e comércio do livro, especialmente aquele destinado aos alunos e professores. Segundo Hallewell (1985), a SNEL calculou uma taxa anual de crescimento de aproximadamente 12% para 1968 e 1969, caracterizando aquilo que foi conhecido como "extraordinário *boom* editorial brasileiro", acompanhado da inauguração de novas livrarias. Por outro lado, o governo assumiu uma política de repressão que tornou arriscado publicar ideias que pudessem transgredir os limites da tolerância oficial.

> Milhares de livros foram confiscados de livrarias e de editoras pelas mais diversas razões: por falarem do comunismo (mesmo que fosse contra), porque

o autor era *persona non grata* do regime, por serem traduções do russo, ou simplesmente porque tinham capas vermelhas. (Hallewell, 1985, p.483)

Finalmente, o Ato Institucional n. 5, de 13 de dezembro de 1968, prescindiu do Congresso como um órgão efetivo e, dentre outras medidas, impôs rígida censura à imprensa. Não há notícias de manuais pedagógicos que tenham sido impedidos de serem publicados nesse período, mas, evidentemente, as diretrizes do governo influenciaram ou pelo menos limitaram o conteúdo dessa literatura, que passou a divulgar muitas técnicas de inspiração norte-americana, tais como o Sistema Morrison, exposto pelo general Benedito de Andrade em *Pedagogia e didática modernas* (1969).

Além de mudanças no conteúdo, foi possível verificar transformações significativas no aspecto físico da obras. Os títulos publicados em finais dos anos 1960 até 1971, quando a Escola Normal foi extinta e substituída pela Habilitação Específica para o Magistério, marcaram uma ruptura no modo de apresentar os escritos, com a utilização de ilustrações, maior espaçamento entre as linhas, margens mais largas, ocupação menos massiva da folha, enfim, uma série de dispositivos que visaram a promover uma leitura mais atraente e facilitada do que os textos dos anos 1930 e 1940. Essa afirmação é corroborada pelo trabalho de Décio Gatti Júnior (1998), que assinalou a passagem – situada entre finais da década de 1960 e anos 1970 – de processos praticamente artesanais à configuração de uma indústria editorial. Isso favoreceu a modernização da fabricação e distribuição dos volumes e, segundo o autor, colaborou para diferenciar os "modernos livros didáticos" dos "antigos manuais escolares" – categoria na qual os livros aqui estudados incluíram-se. Isso decorreu de questões políticas e econômicas, pois as diferentes configurações dos textos dependeram da situação do mercado editorial e da possibilidade de atingir um número satisfatório de leitores. Como se pode depreender das informações até aqui realizadas, no Brasil o desenvolvimento do mercado livreiro foi um aspecto importante na configuração dos manuais pedagógicos como objetos de leitura.

Em Portugal, diferentemente, não só a edição de manuais pedagógicos foi mais limitada em termos quantitativos, como não houve casos de títulos que integraram coleções nem séries feitas para reunir apenas livros dos normalistas. Na verdade, além do fechamento das Escolas Normais no país entre 1936 e 1942, é necessário atentar para o fato de que, mesmo reabertos, os cursos foram controlados de perto pelo Estado, preocupado com questões como a organização dos planos de ensino e também do conteúdo dos manuais usados pelos estudantes. Na 2ª edição das *Notas de didática especial*, José Maria Gaspar e Orbelino Geraldes Ferreira deixaram entrever a preocupação com as orientações do Estado ao afirmarem que:

> [...] os professores sem *pedagogia ou didática oficial* e até os agentes de escolas a que nunca foram postos os problemas metodológicos apreciarão, certamente, um livro que, sem ser compêndio e muito menos compêndio definitivo, lhes trará porventura indicações profissionais de alguma valia. (1946, p.9, grifos nossos)

Também a partir de diretrizes oficiais, Rafael de Barros Soeiro escreveu *Da capacidade pedagógica para o magistério primário elementar* (1947), visando a uma "maior facilidade dos candidatos a professores do ensino primário, sem qualquer cultura pedagógica, organizar um conjunto de planos de matéria a ensinar" e assim estarem aptos ao Exame de Estado que, na época, foi uma das exigências para o ingresso na carreira docente em Portugal. Enquanto no caso brasileiro, já nos anos 1930 e sobretudo depois dos anos 1950, verificou-se o esforço em organizar coleções para a Escola Normal, entre os portugueses houve um interesse diferente, concentrado na elaboração de volumes que dessem conta dos tópicos exigidos nessa prova, acerca da qual Soeiro esclarece que "o júri de Exame de Estado não poderia exigir dos examinandos as razões científicas colhidas nas ciências de educação, mas tão somente aperceber-se de certa capacidade para o exercício do magistério" (1947, páginas sem número). Sendo assim:

> Dado a variedade de temas que podem sair, em Exame de Estado e a extensão do programa de Didática Especial que com aulas experimentais faz absorver o tempo ao professor da cadeira, abalançamo-nos, mais para facilitar o esforço dos novos professores do que levados por qualquer pragmática preocupação, à fatura em um feixe de esquemas de tempos letivos para lições direta e indireta conforme a orientação seguida nos Exames de Estado transatos. Muitos deles foram realizados em aulas experimentais, na sala de Didática Especial, outros resultaram da nossa prática pessoal e do que desejaríamos que fosse. [...] Além dos esquemas para lições direta e indireta, este livro apresenta qualquer coisa de novo: a sua justificação à luz das novas doutrinas psico-Didáticas. [...] Para

já, o desejamos é que o livro concorra dalgum modo para auxiliar o candidato a professor primário, procurando, por síntese, congregar a cultura Didática que o contato com variados tratados da especialidade dispersa e amedronta. (Soeiro, 1947, não paginado)

A própria organização das Escolas Normais e os processos de admissão na carreira docente motivaram, em Portugal, modos específicos de desenvolvimento dos manuais para professores, vinculando-os mais à figura do Estado do que à figura de seus escritores. Já no Brasil, as atividades desenvolvidas no mercado editorial corresponderam, ao lado dos programas dos cursos de formação, a um dos principais fatores de consolidação dos manuais pedagógicos e de seus *autores*. Foi a conjugação desses elementos que consagrou o nome de Lourenço Filho no campo educacional brasileiro e conferiu ao seu *Introdução ao estudo da Escola Nova* um reconhecimento jamais atingido por outro título nem entre os portugueses, nem entre os brasileiros. Importante notar que as iniciativas editoriais desse e de outros autores – como Afro do Amaral Fontoura e Teobaldo Miranda Santos – constituíram a sua autoria, de modo que a *Biblioteca da Educação*, a *Biblioteca Didática Brasileira* e o *Curso de Psicologia e Pedagogia*, por exemplo, remeteram inevitavelmente aos nomes das pessoas que as organizaram e escreveram todos os títulos. As coleções foram, tal como se entende aqui, alguns "catálogos" do "catálogo" feito para os professores, como se elas pudessem condensar todos os temas e explicações necessários para magistério, desejo semelhante àquele que motivou, segundo Borges, a organização da Biblioteca de Babel, já que "Quando se proclamou que [ela] abarcava todos os livros, a primeira impressão foi de extravagante felicidade. Todos os homens sentiram-se senhores de um tesouro intacto a secreto" (2001, p.96).

Além de conter essa espécie de "tesouro" dos educadores, os manuais pedagógicos consolidaram no decorrer do tempo um determinado modo de tratar as questões educacionais e de organizar os escritos, fundando uma determinada *discursividade* entre as produções da literatura educacional. Note-se que, já em meados do século XX, apareceram na literatura educacional títulos muito parecidos, em suas formas de apresentação e desenvolvimento da escrita, com os livros das normalistas, como aconteceu com *O quadro-negro e sua utilização no ensino* (escrito por Luis Alves de Matos e publicado pela editora carioca Aurora, em 1954). Este não foi um manual, como outros títulos escritos pelo mesmo autor e que foram aqui estudados, mas um guia para o exercício no magistério, como se pode depreender da leitura do prefácio de sua primeira edição, quando Matos expôs como seu público-leitor:

> [...] aquele abnegado e heroico professor brasileiro que, em suas horas de devaneio, sonha com modelares escolas progressistas, ricamente aparelhadas e providas dos mais modernos recursos didáticos, entrevistas através de filmes e relatos que lhe chegam dos Estados Unidos. Este professor, ao voltar à realidade da escola onde trabalha, sente o desconforto da mais completa falta de recursos: carece de quadros murais, mapas, gráficos, modelos, coleções e álbuns ilustrativos, aparelhos de projeção, coleções de lâminas e diapositivos, filmoteca, discoteca, rádio-vitrola e aparelho de televisão... falta-lhe até mesmo a mais rudimentar biblioteca escolar. Ao seu alcance, entre as quatro paredes nuas da sala de aula, apenas o quadro-negro emerge modestamente como sua única tábua de salvação. [...] Os professores, dotados de autêntica vocação para o magistério, saberão colher do modesto quadro-negro, habilmente trabalhado, resultados educativos que supram a carência de outros recursos mais dispendiosos. Neste sentido, uma sistematização da técnica de sua utilização em aula muito poderá contribuir para aumentar-lhes a eficiência didática. É com este intuito que oferecemos ao professorado brasileiro o presente trabalho. (Matos, 1954, p.7-9)

Em Portugal também foram encontrados títulos que, em termos de conteúdo, estiveram muito próximos dos manuais pedagógicos, mas, na verdade, visaram aos professores já atuantes: *A minha escola: breve guia do professor* (Manuel Fernandes, 1938) e *Manual prático de pedagogia* (Coelho, 1900). Manuel Fernandes, nome que, na verdade, foi o pseudônimo de Fernando Alfredo Palyart Pinto Ferreira, publicou além de *A minha escola* vários manuais escolares, relativos a disciplinas como História, Gramática, Geografia, Moral e Civismo, Ciências Naturais, Aritmética etc., sobretudo na década de 1930. *A minha escola* foi um trabalho no qual o autor deu conselhos aos seus leitores acerca da melhor maneira de agir no exercício do magistério. As temáticas tratadas referiram-se a questões relativas ao papel do professor, ao seu trabalho em sala de aula, às disciplinas a serem ensinadas aos alunos da escola primária e também ao civismo, às relações escola-família. "O livro é, de fato, um excelente documento de vulgarização que nos permite compreender o pensamento corrente, entre os professores, sobre os assuntos educativos e escolares" (Fróis, 2003, p.548).

O *Manual prático de pedagogia* (Coelho, 1900), por sua vez, integrou uma série de títulos, muitos deles aqui considerados manuais pedagógicos, que Augusto Coelho escreveu a partir de uma obra editada entre 1891 e 1893 em quatro volumes, intitulando-se *Princípios de pedagogia*. Evidentemente, esses livros não foram propriamente manuais, porque não se destinaram ao uso dos alunos da Escola Normal. Entretanto, foi um título importante a se considerar, pois serviu de inspiração a outros livros, estes, sim, manuais que o escritor escreveu posteriormente. Em seu subtítulo, o *Manual* já indicou ter sido feito para uso dos professores em geral e em especial dos professores de ensino médio e primário e em sua apresentação deixou entrever a preocupação com a prática pedagógica. Entretanto, o conteúdo deste título pouco se diferiu de outros destinados aos professores em sua formação inicial, que foram os *Elementos de pedagogia* (1894) e as *Noções de pedagogia elementar* (1903).

O intuito de resumir o "melhor" da bibliografia sobre educação e ensino não se restringiu apenas aos livros usados na Escola Normal, como também em outros níveis de formação de professores. No caso português, houve títulos como os *Problemas escolares I-II* (Vasconcelos, 1921-1929), uma coletânea de textos que "constituem o curso do professorado na Escola Normal Superior de Lisboa"; a *Introdução à pedagogia* (Planchard, 1962); *Súmula didática* (Pimentel Filho, 1934); *Pedagogia geral* (Viana, 1946); *Pedagogia e didática* (Planchard, 1965); *Problemas atuais de pedagogia* (Planchard, 1942) e *A pedagogia escolar contemporânea* (Planchard, 1942). Assim, a produção de textos capazes de resumirem e explicarem, em palavras compreensíveis e por meio de uma linguagem acessível ou "didática", como se poderia dizer também, inspirou entre os educadores uma forma de representar as questões de ensino. Mesmo depois dos anos 1970, quando os textos dos normalistas transformaram-se, sobretudo no caso brasileiro, nos "modernos livros didáticos" (Gatti Jr., 1999), eles continuaram evidenciando, ao lado do uso de instrumentos mais sofisticados de edição, a opção por modelos de explicação bem sistemáticos e de fácil acesso.

Ao fundarem essa espécie de *discursividade* – notável no uso de uma determinada linguagem e esquemas de interpretação, os manuais pedagógicos seguiram um movimento semelhante ao de Borges (2001) após ter peregrinado durante a juventude em busca de livros na Biblioteca de Babel.

Sendo obras de *lectores*, os compêndios iniciaram uma viagem no circuito dos saberes educacionais, selecionando obras e compondo, a partir delas, múltiplas leituras, as quais permitiram entender a lei fundamental de toda e qualquer biblioteca, inclusive a dos educadores: "todos os livros, por diversos que sejam, constam de elementos iguais: o espaço, o ponto, a vírgula, as vinte e duas letras do alfabeto". Além disso, como viajantes, os manuais confirmaram: "Não há, na vasta Biblioteca, dois livros idênticos" (Borges, 2001, p.95). Sendo obras de *auctores*, tal como uma pessoa que produziu seus textos a partir das leituras feitas em suas trajetórias anteriores, os manuais foram dados a ler, perdendo seus sentidos originais nas traduções que deles foram feitas. Isso não significou o seu fim, mas, antes, que alguns manuais, por diversas razões, consolidaram-se como objeto de leitura e disseminaram um tipo de discurso comum entre os educadores. Porque, como lembrou Borges em uma passagem muito sugestiva acerca dos destinos de um texto e de um Autor, "Morto, não faltarão mãos piedosas que me joguem pela balaustrada; minha sepultura será o ar insondável; meu corpo cairá demoradamente e se corromperá e dissolverá no vento gerado pela queda, que é infinita" (2001, p.92), assim como inumeráveis puderam ser os usos dos compêndios para professores. Esses foram aspectos da história dos livros da Escola Normal e o seu exame foi especialmente importante no presente estudo porque permitiu compreender uma questão nuclear, relativa aos modos pelos quais esses textos colaboraram com a difusão mundial das ideias acerca da escola, do professor, do aluno e do ensino. Esses foram os *saberes em viagem nos manuais pedagógicos* que, assim, foram expostos a leituras em diferentes tempos e espaços.

Considerações finais

> Eis uma nova metáfora: "Na frigideira, o óleo está espalhado, plano, liso, insonoro (apenas alguns vapores): espécie de *matéria-prima*. Joguem nela um pedacinho de batata: é como uma isca lançada a bichos que dormiam com um olho só, espreitavam. Todos se precipitam, cercam, atacam barulhentamente; é um banquete voraz. A parcela de batata é cercada – não destruída, mas endurecida, tostada, caramelizada; torna-se um objeto: uma frita". Assim, sobre um objeto, o bom sistema de linguagem *funciona*, afaina-se, cerca, barulha, endurece e doura. Todas as linguagens são microssistemas de ebulição, frituras. Aí está o desafio da *Maché* [combate, batalha] linguageira. A linguagem (dos outros) me transforma em imagem, como a batata bruta é transformada em frita.
>
> (Barthes, 1988, p.355)

Ao longo de todo este trabalho, a ideia da *viagem* foi fértil para estudar os modos pelos quais os saberes que sustentaram o desenvolvimento da *escola de massas* foram postos a circular. Ou, para retomar expressões recorrentes nas páginas até aqui apresentadas, os pensamentos de certos autores *viajaram* ao serem lidos em diferentes tempos e lugares, tendo sido mencionados em textos como os que tentaram explicar as proposições de modalidades específicas de ensino. Essa produção e circulação de conhecimentos educacionais foi nuclear na análise dos manuais pedagógicos, impressos e criados durante a consolidação de sistemas escolares destinados ao povo. Esses livros contribuíram para a difusão de orientações relativas à escolarização, organizando os conteúdos ensinados aos professores, quando eles frequentaram a Escola Normal. Com esse intuito, nos manuais foram sintetizadas palavras encontradas originalmente em várias obras e, por isso, eles foram pensados como instâncias nas quais os saberes pedagógicos *viajaram*, e esse processo foi fundamental para consolidar representações de ensino conhecidas de forma relativamente homogênea em diversos países, mesmo em nações geográfica ou culturalmente distantes. A metáfora dos *saberes viajantes* contrasta com a da *batata cercada pelo óleo quente*, transcrita na epígrafe acima, pois ambas referiram-se às apropriações de conhecimentos, partindo de perspectivas diferentes. De fato, a imagem da *fritura* chamou a atenção pela originalidade com a qual Roland Barthes refletiu sobre as leituras feitas de suas ideias, que assim se transformaram, como a batata ao ser frita foi transformada pelo óleo. *Saberes em viagem nos manuais pedagógicos* tomou como objeto livros que citaram outros conhecimentos, e a metáfora construída por Barthes, por sua vez, marcou as especificidades da imagem que um autor considerou ter ao ser citado por outros. De qualquer maneira, tanto a ideia da fritura quanto a dos caminhos percorridos podem ser associadas aos modos de elaboração e difusão de textos.

Os manuais pedagógicos, tal como se procurou mostrar, foram produzidos no âmbito da construção da *escola de massas*. Eles começaram a ser editados quando estruturaram-se os projetos de formação dos professores que deveriam atuar nas instituições de ensino destinadas ao povo. Num primeiro momento, esse esforço configurou-se nos concursos públicos de ingresso na carreira e depois se consolidou em cursos especializados, as chamadas Escolas Normais. Tanto em Portugal como no Brasil isso ocorreu nas décadas finais do século XIX, por volta dos anos 1870, e as publicações seguiram a mesma lógica de escrita nos dois países, no decorrer de cem anos: os manuais foram feitos para desenvolver os tópicos dos programas das disciplinas ditas pedagógicas do curso. No caso das sucessivas reedições dos títulos, elas apresentaram poucas mudanças no conteúdo, o que se articulou a transformações também verificadas nos planos curriculares. Mas outro aspecto foi decisivo na configuração dos manuais ao longo de sua história, pois, para além de seguirem os programas, eles explicaram mais detalhadamente questões do ofício docente, desde as tarefas ligadas ao preenchimento de documentação, chegando às atividades das aulas e das relações com os alunos. Esses temas compuseram os elementos da escola concebida pelo Estado para ser oferecida a todas as camadas da população. As formulações sobre o ensino foram muito próximas nos manuais portugueses e brasileiros, que explicaram em suas páginas temas como as qualidades do docente, a organização intitucional da escola, o desenvolvimento do aluno, a aplicação de métodos didáticos. Esses tópicos foram enfatizados em diferentes momentos da história dos manuais, constituindo as ideias acerca dos elementos sem os quais seria impossível pensar a vida escolar.

Nesse sentido, os livros da Escola Normal produziram os conhecimentos nos quais o modelo escolar se baseou. E esse aspecto mobilizou a maior parte deste estudo porque conduziu a investigar de que maneira esses conhecimentos foram elaborados. Apresentando-se como compêndios, essas edições explicaram, de forma sintética e numa linguagem acessível, as ideias contidas em outras obras sobre educação, selecionadas como o que se teve "de melhor" na bibliografia útil aos educadores. Identificar e contar que obras foram essas correspondeu a um primeiro passo para entender os modos pelos quais os conhecimentos pedagógicos foram dados a ler. Nesses textos, as citações mais recorrentes e louvadas corresponderam àquelas produzidas em espaços determinados: a França, a Alemanha, a Inglaterra, a Suíça e os Estados Unidos foram exemplos notáveis dentre os países mais citados nos manuais portugueses e brasileiros. As menções a esses espaços foram feitas para mostrar "lições" sobre a organização da escola. Se isso criou o grupo das referências enfatizadas, por outro lado também implicou considerar outro tipo de produções, essas mais ligadas aos países chamados de "atrasados", aqueles economicamente desfavorecidos e cujos sistemas educacionais não foram objeto de elogio. Portugal e Brasil foram postos nessa segunda modalidade e assim os manuais confirmaram a posição de "atraso" desses países no sistema mundial, posição evidenciada também em estatísticas internacionais e outras produções da área. Em nenhum momento as citações encontradas nos livros portugueses referiram-se a algum nome brasileiro por ele ter mostrado alguma "lição". O mesmo ocorreu com os livros brasileiros e suas menções às referências portuguesas.

Os manuais pedagógicos, como compêndios que reuniram a bibliografia tida em determinadas épocas como "essencial" no conjunto das produções educacionais, realizaram um trabalho comparado àquele feito na Biblioteca de Babel, imaginada pelo escritor argentino Jorge Luis Borges (2001) como um edifício que guardaria todos os livros do mundo. Nesse sentido, a tese mostrou mecanismos de produção de conhecimentos notáveis não só nos manuais da Escola Normal, mas que puderam estar presentes também em livros didáticos de outras disciplinas e níveis escolares, em textos produzidos em outras áreas de saber etc. O exame dos manuais possibilitou, portanto, um entendimento das formas pelas quais algumas realidades foram construídas e dadas a ler. Provavelmente, os processos aqui investigados podem motivar o desenvolvimento de outras pesquisas, atentas, por exemplo, aos modos como os normalistas usaram seus compêndios. Se este livro analisou a *viagem* dos saberes nos manuais pedagógicos, a metáfora de Barthes sugeriu uma imagem fértil para pensar como esses textos também se tornaram objeto de leitura. Enfim, essas metáforas conduziram à questão nuclear do trabalho aqui desenvolvido, que mostrou as articulações entre a construção da *escola de massas* e determinadas modalidades de leitura realizadas nos manuais da Escola Normal. Essa foi uma história de práticas de leitura feitas entre os educadores, por meio das quais foram elaboradas as representações do professor e de seu lugar nas instituições de ensino conhecidas nas mais diversas partes do mundo.

REFERÊNCIAS BIBLIOGRÁFICAS

ABDALA JR., B. *Ecos do Brasil*: Eça de Queiroz: leituras brasileiras e portuguesas. São Paulo: Senac, 2000.

_____. *Literatura, história e política*: literaturas de língua portuguesa no século XX. São Paulo: Editora Ática, 1989.

ADICK, C. Education in the modern world system: an attempt to end the mythology of the concept of education as a colonial heritage. *Education*, v.40, 1989, p.30-48.

ALMEIDA, A. M. F.; CANÊDO, L. B.; GARCIA, A.; BITTENCOURT, A. B. (Orgs.). *Circulação internacional e formação intelectual das elites brasileiras*. Campinas, São Paulo: Editora da Unicamp, 2004.

ALMEIDA, J. S. de. A escola normal paulista: estudo dos currículos (1846 a 1990) – destaque para a Prática de Ensino. *Boletim do Departamento de Didática*, Unesp, Araraquara, ano XI, n.9, 1993.

AMBLARD, H.; BERNOUX, P.; HERREROS, G.; LIVIAN, Y.-F. Une sociologie de la traduction. In: *Les nouvelles approches sociologiques des organisations*. Paris: Éditions du Seuil, 1996, p.127-85.

AMORIM, S. M. de; TREMEL, V. H. *J. Guinsburg*. São Paulo: Com-Arte, 1989 (Editando o editor, v.1).

ANDERSON, B. *Nação e consciência nacional*. São Paulo: Editora Ática, 1989.

_____. *Imagined communities*. London/New York: Verso, 1991.

ANDRADE, C. D. de. A flor e a náusea. In: *Rosa do povo*. Rio de Janeiro: José Olympio, 1945.

ANDRADE, O. de S. *O livro brasileiro*: progressos e problemas (1920-1971). Rio de Janeiro/Brasília: Paralelo/INL, 1974.

ANDRADE, O. de S.; COUTINHO, E. *Editoração no Brasil*. São Paulo: ECA/USP, 1971.

ANDRÉS, M. Introduction. *Paedagogica Historica* – International Journal of the History of Education. Bélgica: Universitaire Stichting van België, XXXVII, 1, p.9-17, fev. 2002.

APPLE, M. *Trabalho docente e textos*: economia política das relações de classe e de gênero em educação. Porto Alegre: Artes Médicas, 1995.

AZANHA, J. M. P. Cultura escolar brasileira: um programa de pesquisa. In: *Educação*: temas polêmicos. São Paulo: Martins Fontes, 1995, p.67-78.
AZEVEDO, F. de. A renovação e unificação do sistema educativo. In: *A cultura brasileira*: introdução ao estudo da cultura no Brasil. 3.ed. São Paulo: Melhoramentos, 1958, p.163-217. Tomo terceiro: "A transmissão da cultura".
_____. As técnicas de produção do livro e as relações entre mestres e discípulos. *Revista Brasileira de Estudos Pedagógicos*, v.IV, n.12, jun. 1945, p.329-45.
BANDEIRA, Filomena; VASCONCELOS, Cabral Azevedo; FARIA, António Sena. In: NÓVOA, António (dir.). *Dicionário de educadores portugueses*. Lisboa: ASA Editores, 2003, p.1397-1404.
BAPTISTA, M. I. *O ensino normal primário*: currículo, práticas e políticas de formação. Lisboa: Educa, 2004.
BARTHES, R. *O rumor da língua*. São Paulo: Editora Brasiliense, 1988.
BASTOS, M. H. C. Leituras da ilustração brasileira: Célestin Hippeau (1803-1883). *Revista Brasileira de História da Educação*. São Paulo, SBHE, jan.-jun. 2002, n.3, p.67-114.
BATISTA, A. A. G. Um objeto variável e instável: textos, impressos e livros didáticos. In: ABREU, M. (Org.). *Leitura, história e história da leitura*. Campinas/São Paulo: Mercado de Letras; Associação de Leitura do Brasil; São Paulo: Fapesp, 1999, p.529-75.
BAUDRILLARD, J. *À sombra das maiorias silenciosas*: o fim do social e o surgimento das massas. 4.ed. São Paulo: Brasiliense, 1994.
BECK, I. (Coord.). *Caderno técnico*: armazenagem e manuseio. Projeto Conservação preventiva em bibliotecas e arquivos. Rio de Janeiro: Arquivo Nacional, 1997.
BEDA, E. de F. *Octalles Marcondes Ferreira*: formação e atuação do editor. São Paulo: ECA/USP, 1987, dissertação de mestrado.
BEISIEGEL, C. de R. Educação e Sociedade no Brasil após 1930. In: FAUSTO, B. (Org.). *História geral da civilização brasileira*: o Brasil Republicano – economia e cultura (1930-1964). São Paulo: Difel, 1984. t.3, v.4, p.381-416.
BENDIX, R. *Construção nacional e cidadania*. São Paulo: Edusp, 1996.
_____. *Kings or people*: power and the mandate to rule. Berkeley: University of California Press, 1980.
BENÍTEZ, M. de P. Los manuales escolares: un nuevo campo de conocimiento. *Historia de la educación* – Revista Interuniversitaria. Universidad de Salamanca, n.19, 2000, p.5-11.
BENITO, A. E. (Dir.). *Historia ilustrada del libro escolar em España de la posguerra a la reforma educative*. Madrid: Fundación Germán Sáchez Ruipérez, 1998, p.439-68.
_____. Las culturas escolares del siglo XX. Encuentros y desencuentros. *Revista de Educación*, nº extraordinário, 2000, p.201-18.
_____. Memoria de la formación de maestros. *Revista de enseñanza e investigación educativa*, v.8, 1996, p.311-327.
_____. The historical codification of the manualistics in Spain. *Paedagogica historica* – International Journal of the History of Education. Bélgica: Universitaire Stichting van België, XXXVIII, 1, 2002, p.51-72.

BENJAMIN, W. The task of the translator. In: SHULTE, R.; BRIGUENET, J. (Ed.). *Theories of translation*: an anthology of essays from Dryden to Derrida. Chicago: University of Chicago Press, 1992, p.71-82.

BERNSTEIN, B. On pedagogic discourse. In: RICHARDSON, J. (Ed.). *Handbook of theory and research for the sociology of education*. New York/Westport Conn./London: Greenwood Press, 1986, p.205-40.

BITTENCOURT, C. *Livro didático e conhecimento histórico*: uma história do saber escolar. São Paulo, Feusp, 1993, tese de doutorado.

BOHOSLAVSKY, R. A psicopatologia do vínculo professor-aluno: o professor como agente socializante. In: PATTO, M. H. *Introdução à psicologia escolar*. São Paulo: T. A. Queiroz Editora, 1985, p.320-41.

BOLI, J.; RAMIREZ, F.; MEYER, J. Explaining the origins and expansion of mass education. *Comparative Education Review*, 1985, v.29, n.2, p.145-70.

BOMÉNY, H. M. B. O livro didático no contexto da política educacional. In: OLIVEIRA, J. B. A.; GUIMARÃES, S. D. P.; BOMÉNY, H. M. B. *A política do livro didático*. São Paulo; Campinas: Summus; Editora da Unicamp, 1984, p.31-68.

BOOM, M. Del plan de escuela al manual de enseñanza: saber pedagógico en Colombia en el siglo XVIII. In: OSSENBACH, G.; SOMOZA, M. (Eds.). *Los manuales escolares como fuente para la historia de la educación en América Latina*. Madrid: Universidad Nacional de Educación a Distancia, 2001, p.67-82 (Serie "Proyecto Manes").

BONTEMPI JR., B. *A cadeira de História e Filosofia da Educação da USP entre os anos 40 e 60:* um estudo das relações entre a vida acadêmica e a grande imprensa. São Paulo, PUC-SP, 2001, tese de doutorado.

BORGES, J. L. A biblioteca de Babel. In: *Ficções*. São Paulo: Globo, 2001, p.91-100.

BOTO, C. J. M. C. dos R. *Ler, escrever, contar e se comportar*: a escola primária como rito do século XIX português (1820-1910). São Paulo, FFLCH-USP, 1997, tese de doutorado.

BOURDIEU, P. Algumas propriedades dos campos. In: *Questões de sociologia*. Rio de Janeiro: Editora Marco Zero, 1983.

_____. A força da representação. In: *A economia das trocas linguísticas*: o que falar quer dizer. São Paulo: Edusp, 1996a, p.107-16.

_____. Leitura, leitores, letrados, literatura. In: *Coisas ditas*. São Paulo: Brasiliense, 1990.

_____. *La métier de sociologue*. Lahagu: EHESS, 1980.

_____. *As regras da arte*. São Paulo: Cia. das Letras, 1996b.

_____.; CHARTIER, R. A leitura: uma prática cultural. In: CHARTIER, R. (Org.). *Práticas da leitura*. São Paulo: Estação Liberdade, 1996, p.231-53.

_____.; PASSERON, J. C. *Reprodução*: elementos para uma teoria do sistema de ensino. Rio de Janeiro: Francisco Alves, 1975.

BOWERSOCK, G. W. El arte de las notas al pie. *Historias 22* – Revista de la dirección de estudios historicos del Instituto Nacional de Antropología e Historia, México, abr.-set. 1989.

BRITO, A. X. Estudos no exterior e construção do espaço de formação no Brasil. In: NÓVOA, A.; DEPAEPE, M.; JOHANNINGMEIER, E. V.; ARANGO, D. S. (Orgs.). *Para uma história da educação colonial*. Lisboa: Educa, 1996, p.167-81.

BUENO, F. da S. (Org.). *Dicionário escolar da língua portuguesa*. 4.ed. Rio de Janeiro: MEC – Departamento Nacional de Educação/Campanha Nacional de Material de Ensino, 1963.

BURKE, P. *Hibridismo cultural*. São Leopoldo: Editora Unisinos, 2003.

_____. *História e teoria social*. São Paulo: Editora Unesp, 2002.

_____; PORTER, R. (Orgs.). *Línguas e jargões*: contribuições para uma história social da linguagem. São Paulo: Editora Unesp, 1997.

BUSCH, R. K. *O ensino normal em São Paulo*. São Paulo: Livraria Record-Editora, 1935.

CABRINI, C. A.; GUEDES, M. do C. *Flávio Aderaldo*. São Paulo: Com-Arte/Edusp, 1992 (Editando o editor, v.2).

CAMBI, F. *História da pedagogia*. São Paulo: Editora Unesp, 1999.

CANDEIAS, A.; NÓVOA, A.; FIGUEIRA, M. H. *Sobre a Educação Nova*: cartas de Adolfo Lima a Álvaro Viana de Lemos (1923-1941). Lisboa: Educa, 1995.

_____. Lima, Adolfo Ernesto Goldfroy de Abreu e. In: NÓVOA, A. (Dir.). *Dicionário de educadores portugueses*. Lisboa: ASA Editores, 2003, p.736-46.

CANETTI, E. *Massa e poder*. São Paulo: Companhia das Letras, 1995.

CARDOSO, F. H.; FALETTO, E. *Dependência e desenvolvimento na América Latina*: ensaio de interpretação sociológica. Rio de Janeiro: Zahar, 1970.

_____; MARTINS, C. E. *Política & Sociedade*. v.1. São Paulo: Companhia Editora Nacional, 1983.

_____; _____. *Política & Sociedade*. v.2. São Paulo: Companhia Editora Nacional, 1985.

_____. *Mudanças sociais na América Latina*. São Paulo: Difusão Européia do Livro, 1969.

_____. *O modelo político brasileiro e outros ensaios*. 2.ed. São Paulo: Difusão Européia do Livro, 1973.

CARTOLANO, M. T. P. As "Lições de coisas" na Reforma Benjamin Constant da instrução primária (1890). In: *Atas do I Congresso Luso-Brasileiro de História da Educação: Leitura e escrita em Portugal e no Brasil* – v.2. Lisboa: Sociedade Portuguesa de Ciências da Educação, 1997, p.193-99.

CARVALHO, A. M. M. de. *Pregadores de idéias, animadores de vontades:* livros didáticos nos anos 1930-1940. São Paulo, PUC-SP, 1992, dissertação de mestrado.

CARVALHO, L. M. *A presença espanhola na imprensa pedagógica portuguesa: o caso da Revista Escolar, 1921-1935*. Comunicação ao Encontro Ibérico de História da Educação. Allariz-Orense, set. 2001.

_____; CORDEIRO, J. *Brasil-Portugal nos circuitos do discurso pedagógico especializado (1920-1935)*. Lisboa: Educa, 2002 (Série Cadernos Prestige).

CARVALHO, M. M. C. de. A Escola Nova e o impresso: um estudo sobre estratégias editoriais de difusão do escolanovismo no Brasil. In: FARIA FILHO, L. (Ed.).

Modos de ler, formas de escrever: estudos de história da leitura e da escrita no Brasil. Belo Horizonte: Autêntica, 1998.

_____. Nacionalismo e educação no Brasil das décadas de 1920 e 1930. In: NÓVOA, A.; DEPAEPE, M.; JOHANNINGMEIER, E. V.; ARANGO, D. S. (Orgs.). *Para uma história da educação colonial*. Lisboa: Educa, 1996, p.267-74.

CASTELO, C. Freire, Francisco de Castro. In: NÓVOA, A. (Dir.). *Dicionário de educadores portugueses*. Lisboa: ASA Editores, 2003, p.601-2.

_____. Gaspar, José Maria. In: NÓVOA, A. (Dir.). *Dicionário de educadores portugueses*. Lisboa: ASA Editores, 2003, p.623-5.

_____. Leitão, António Cândido de Almeida. In: NÓVOA, A. (Dir.). *Dicionário de educadores portugueses*. Lisboa: ASA Editores, 2003, p.706-7.

_____. Loureiro, Francisco de Sousa. In: NÓVOA, A. (Dir.). *Dicionário de educadores portugueses*. Lisboa: ASA Editores, 2003, p.790-1.

_____. Sá, António Francisco Moreira de. In: NÓVOA, A. (Dir.). *Dicionário de educadores portugueses*. Lisboa: ASA Editores, 2003, p.1223.

CATANI, A. M.; CATANI, D. B.; PEREIRA, G. R. de M. As apropriações da obra de Pierre Bourdieu no campo educacional brasileiro, através de periódicos da área. *Revista Brasileira de Educação*. n.17, maio-ago. 2001, p.63-84.

CATANI, D. B. A didática como iniciação: uma alternativa no processo de formação de professores. In: CASTRO, A. D.; CARVALHO, A. M. P. (Orgs.). *Ensinar a ensinar*: didática para a escola fundamental e média. São Paulo: Pioneira, 2001, p.53-72.

_____. Distâncias, vizinhanças, relações – comentários sobre os estudos sócio-histórico-comparados em educação. In: NÓVOA, A.; SCHRIEWER, J. (Eds.). *A difusão mundial da escola*: alunos – professores – currículo – pedagogia. Lisboa: Educa, 2000, p.143-50.

_____. *Educadores à meia-luz*: um estudo sobre a Revista de Ensino da Associação Beneficente do Professorado Público de São Paulo (1902-1918). Bragança Paulista: Editora da Universidade São Francisco, 2002.

_____. *Ensaios sobre a produção e circulação dos saberes pedagógicos*. São Paulo, Feusp, 1994, tese de livre-docência.

_____; BASTOS, M. H. C. In: *Educação em revista*: a imprensa periódica e a história da educação. São Paulo: Escrituras, 1997.

CERTEAU, M. de. *A cultura no plural*. 2.ed. Campinas: Papirus, 1995.

CHARBONNEAU, M. *Curso teórico e prático de pedagogia*. Trad. J. N. Botelho. Porto: Ernesto Chardron, 1883.

CHARTIER, A.-M.; HÉBRARD, J. (Orgs.). *Discursos sobre a leitura*: 1880-1990. São Paulo: Editora Ática, 1995.

CHARTIER, R. *Cultura escrita, literatura e história*: conversas de Roger Chartier com Carlos Aguirre Anaya, Jesús Anaya Rosique, Daniel Goldin e Antônio Saborit. Porto Alegre: Artmed, 2001.

_____. *A história cultural*: entre práticas e representações. Lisboa; Rio de Janeiro: Difel; Bertrand Brasil, 1990.

_____. O mundo como representação. *Estudos avançados*, n.11, v.5, 1991, p.173-91.

_____. *A ordem dos livros*: leitores, autores e bibliotecas na Europa entre os séculos XIV e XVIII. 2.ed. Brasília: Editora UnB, 1998.

_____. (Org.). *Práticas da leitura*. São Paulo: Estação Liberdade, 1996, p.231-53.

CHERVEL, A. História das disciplinas escolares: reflexões sobre um campo de pesquisa. *Teoria e Educação*, Porto Alegre, n.6, 1990, p.117-229.

CHOPIN, A. L'histoire du livre et de l'édition scolaires: vers un état des lieux. *Paedagogica Historica* – International Journal of the History of Education, Bélgica, Universitaire Stichting van België, XXXVII, 1, p.21-50, fev. 2002.

_____. Le livre scolaire. In: MARTIN, H.-J.; CHARTIER, R.; VIVET, J.-P. (Dirs.). *Histoire de l'édition française*. Paris: Promodis, 1986, tome IV, p.281-305.

_____. Los manuales escolares de ayer a hoy: el ejemplo de Francia. *Historia de la educación* – Revista Interuniversitaria, Universidade de Salamanca, n.19, 2000, p.13-36.

COLAZINGARI, M. *Conhecimento Pedagógico e escola*: um exame a partir da Revista Brasileira de Estudos Pedagógicos (1950-1971). São Paulo, Feusp, 2005, dissertação de mestrado.

CORREIA, A. C. Afreixo, José Maria da Graça. In: NÓVOA, A. (Dir.). *Dicionário de educadores portugueses*. Lisboa: ASA Editores, 2003, p.29-30.

_____. *A alquimia curricular*: um campo de pesquisa histórico e sociológico. Lisboa: Educa, 2000a (Série Cadernos Prestige).

_____. Aprendizes de alquimista: aproximações à alquimia curricular enquanto objecto de pesquisa sociológica e histórica. Comunicação ao Seminário de Estudos, São Paulo, Feusp, 2001.

_____. COELHO, José Augusto. In: NÓVOA, A. (Dir.). *Dicionário de educadores portugueses*. Lisboa: ASA Editores, 2003, p.359-361.

_____. *Fragmentos da memória de uma escola imaginada*: presenças de Espanha nos livros de formação de professores primários em Portugal (1920-1950). Comunicação ao Encontro Ibérico de História da Educação, Allariz-Orense, set. 2001.

_____. LAGE, Bernardino da Fonseca. In: NÓVOA, A. (Dir.). *Dicionário de educadores portugueses*. Lisboa: ASA Editores, 2003, p.692-3.

_____. *Olhar a escola através dos livros de texto para formação de professores*. Comunicação ao Seminário de Estudos, São Paulo, FEUSP, 2000.

_____. VIANA, Mário Gonçalves. In: NÓVOA, A. (Dir.). *Dicionário de educadores portugueses*. Lisboa: ASA Editores, 2003, p.1430-2.

_____; PERES, E. T. *Learning to be a teacher by the book*: professional images, school curriculum and models of children's learning in textbooks for elementary school-teachers pre-service training in Portugal (1870-1950). Comunicação ao Ische XXII, Alcalá de Henares-Madrid, 2000.

_____; SILVA, V. B. *Manuais pedagógicos*: Portugal e Brasil 1930 a 1971 – produção e circulação internacional de saberes pedagógicos. Lisboa: Educa, 2002 (Série Cadernos Prestige).

CUNHA, L. A. Ensino superior e universidade no Brasil. In: LOPES, E. M. T.; FARIA FILHO, L. M.; VEIGA, C. G. *500 anos de educação no Brasil*. Belo Horizonte: Autêntica, 2000, p.151-204.

_____; GÓES, M. de. *O golpe na educação*. 2.ed. Rio de Janeiro: Zahar, 1985.

CUNHA, M. V. da. A dupla natureza da Escola Nova: psicologia e ciências sociais. *Cadernos de Pesquisa*. São Paulo, n.88, fev. 1994, p.64-71.

_____. Três versões do pragmatismo deweyano no Brasil dos anos cinquenta. *Educação e Pesquisa*. São Paulo, v.25, n.2, jul.-dez. 1999, p.39-55.

CURTO, D. R. *Bibliografia da história do livro em Portugal*: séculos XV a XIX. Lisboa: Biblioteca Nacional, 2003.

DARNTON, R. O que é história dos livros? In: *O beijo de Lamourette*: mídia, cultura e revolução. São Paulo: Companhia das Letras, 1990, p.109-31.

DEMARTINI, Z.; ANTUNES, F. Magistério primário: profissão feminina, carreira masculina. *Cadernos de Pesquisa*. São Paulo: Fundação Carlos Chagas, n.86, ago. 1993, p.5-14.

DEPAEPE, M. *Order in progress*: everyday education practice in primary schools – Belgium, 1880-1970. Bélgica: Leuven University Press, 2000.

_____. The practical and professional relevance of educational research and pedagogical knowledge from the perspective of History: reflections on the Belgian case in its international background. *European Educational Research Journal*, v.1, n.2, 2002.

DERRIDA, J. Carta a um amigo japonês. In: OTTONI, P. (Org.). *Tradução*: a prática da diferença. Campinas: Editora da Unicamp, Fapesp, 1998, p.19-25.

_____. Des tours de Babel. In: *Psyché*: inventions de l'autre. Paris: Galilé, 1987, p.203-35.

_____. *Gramatologia*. Trad. Miriam Schnaiderman e Renato Janine Ribeiro. São Paulo: Perspectiva; Edusp, 1973.

_____. *Positions*. Paris: Minuit, 1972.

_____. Qual quelle – as fontes de Valéry. In: *Margens da filosofia*. Trad. Joaquim Torres Costa e Antônio M. Magalhães. Campinas: Papirus, 1991, p.315-47.

_____. Teologia da tradução. In: OTTONI, P. (Org.). *Tradução*: a prática da diferença. Campinas: Editora da Unicamp, Fapesp, 1998, p.143-60.

_____. *Torres de Babel*. Belo Horizonte: Editora UFMG, 2002.

DOMINGOS, M. *Estudos sobre a história do livro e da leitura em Portugal*: 1995-2000. Lisboa: Biblioteca Nacional, 2002.

DUSSEL, I.; CARUSO, M. *La invención del aula*: una genealogía de las formas de enseñar. Buenos Aires: Santillana, 1999 (Saberes clave para educadores).

_____. Specters of Dewey in Latin America: some notes on the reception of educational theories. *Paedagogica Historica* – International journal of the history of education. Supplementary series, v.3. Gent C.S.H.P. 1998, p.375-97.

ENES, C. Câmara, António Fonseca Carvão Paim da. In: NÓVOA, A. (dir.). *Dicionário de educadores portugueses*. Lisboa: ASA Editores, 2003, p.235-6.

FARIA, A. L. G. de. *Ideologia no livro didático*. São Paulo: Cortez; Autores Associados, 1984.

FAUSTO, B. *Fazer a América*. 2.ed. São Paulo: Edusp, 2000.

FÁVERO, M. de L. de A.; BRITTO, J. de M. (Org.). *Dicionário de Educadores no Brasil*: da Colônia aos dias atuais. Rio de Janeiro: Editora UFRJ, 1999.

FERNANDES, M. O. et al. *Cláudio Giordano*. São Paulo: Com-Arte; Edusp, 2003 (Editando o editor, v.6).

FERNANDES, R.; ADÃO, Á. *Atas do I Congresso Luso-Brasileiro de História da Educação*. 3v. Porto: Sociedade Portuguesa de Ciências da Educação, 1998.

FERNÁNDEZ, N. de G.; SALVADO, J. L. I. Los libros y guías para el maestro. In: BENITO, A. E. (Dir.). *Historia ilustrada del libro escolar en España de la posguerra a la reforma educativa*. Madrid: Fundación Germán Sánchez Ruipérez, 1998, p.439-68.

FERREIRA, A. B. de H. *Novo dicionário da língua portuguesa*. 2.ed. 13. imp. Rio de Janeiro: Nova Fronteira, 1986.

FERREIRA, J, P, et al. *Livros, editoras & projetos*. São Paulo: Ateliê Editorial; Com--Arte; Bartira, 1997.

FERRER, A. T.; SAUTER, G. O. El proyeto Manes y la investigación histórica sobre los manuales escolares (siglos XIX y XX). *Historia de la educación* – Revista Interuniversitaria, Universidad de Salamanca, n.19, 2000, p.179-94.

FORQUIN, J.-C. *Escola e cultura*: as bases sociais e epistemológicas do conhecimento escolar. Porto Alegre: Artmed, 1993.

FOUCAULT, M. *O que é um autor?*. S.l.: Passagens, 1992.

FRANCO, M. S. C. O tempo das ilusões. In: CHAUI, M.; FRANCO, M. S. C. *Ideologia e mobilização popular*. Rio de Janeiro: Paz e Terra; Centro de Estudos de Cultura Contemporânea, 1978, p.151-209.

FREIRE, L. *Grande e novíssimo dicionário da língua portuguesa*. 2.ed. RJ, SP, BH, RE, PA: Livraria José Olympio, 1954, v.1.

FRÓIS, J. P. Cirne Júnior, Francisco António do Amaral. In: NÓVOA, A. (Dir.). *Dicionário de educadores portugueses*. Lisboa: ASA Editores, 2003, p.336.

FROTA, J. Freire, Henrique Augusto da Cunha Soares. In: NÓVOA, A. (Dir.). *Dicionário de educadores portugueses*. Lisboa: ASA Editores, 2003, p.602-3.

FUNDAÇÃO BIBLIOTECA NACIONAL. *Catálogo dos editores brasileiros*. Rio de Janeiro: Departamento Nacional do Livro, 1994.

FUNDAÇÃO GETÚLIO VARGAS. CENTRO DE PESQUISA E DOCUMENTAÇÃO DE HISTÓRIA CONTEMPORÂNEA DO BRASIL. *Dicionário histórico-biográfico brasileiro*: 1930-1983. Rio de Janeiro: Ed. Forense Universitária: FGV-CPDOC-Finep, 1948, 4v.

FURTADO, C. *Formação econômica do Brasil*. São Paulo: Companhia Editora Nacional, 1959.

GARCÍA, V. R. Una lucha contra los molinos. El Instituto Georg Eckert y los manuales escolares. *Historia de la educación* – Revista Interuniversitaria, Universidad de Salamanca, n.19, 2000, p.39-49.

GARRIDO, J. L. G. Educación comparada y ciencias de la educación: variaciones sobre un tema clásico. In: SCHRIEWER, J.; PEDRÓ, F. (Eds.). *Manual de educación comparada* – v.II. Teorías, investigaciones, perspectivas. Barcelona: PPU, 1993, p.145-61.

GATTI JR., D. Dos antigos manuais escolares aos modernos livros didáticos de história no Brasil, dos anos sessenta aos dias atuais. In: *CD-ROM 22ª. Reunião Anual da Anped*, 1999.

GATTI JR., D. *A escrita escolar da história* – livro didático e ensino no Brasil (1970-1990). Bauru: Edusc, 2004.

_____. *Livro didático e ensino de história:* dos anos sessenta aos nossos dias. São Paulo, PUC, 1998, tese de doutorado.

GELLNER, E. Escala e nação. In: *Nacionalismo e democracia.* Brasília: Editora UnB, 1981, p.43-59.

GINZBURG, C. *Mitos, emblemas, sinais*: morfologia e história. Trad. F. Carotti. São Paulo: Companhia das Letras, 1990.

GODINHO LIMA, A. L. Os manuais de Didática. In: *De como ensinar o aluno a obedecer* (um estudo dos discursos sobre a disciplina escolar entre 1944 e 1965). São Paulo, Feusp, 1999, p.33-45, dissertação de mestrado.

GONDRA, J. G. *Artes de civilizar*: medicina, higiene e educação escolar na corte imperial. Rio de Janeiro: EdUERJ, 2004.

GONZÁLEZ, A. M. La física en los manuales escolares: un medio resistente a la renovación (1845-1900). In: *Historia de la educación* – Revista Interuniversitaria, Universidad de Salamanca, n.19, 2000, p.51-93.

GRAFTON, A. Notas de rodapé: a origem de uma espécie. In: *As origens trágicas da erudição*: pequeno tratado sobre a nota de rodapé. Campinas: Papirus, 1998, p.13-40.

HALLEWELL, L. *O livro no Brasil*: sua história. São Paulo: Edusp, 1985.

HAMILTON, D. The pedagogic paradox (or why no didactics in England?). *Pedagogy, culture & society,* v.7, n.1, 1999, p.135-52.

_____. *Towards a theory of schooling.* London; New York; Philadelphia: The Falmer Press, 1989.

HOBSBAWM, E. *Nações e nacionalismo desde 1780.* 4.ed. Rio de Janeiro: Paz e Terra, 1990.

HOUSSAYE, J. *Le triangle pédagogique.* Berne; Frankfurt Main; New York; Paris: Peter Lang, 1988. (Théorie et pratiques de l'éducation scolaire,1).

HOZ, V. G. (Dir.). *Diccionario de pedagogía.* Barcelona: Editorial Labor, 1970.

HÜFNER, K.; MEYER, J.; NAUMANN, J. Investigación sobre política educativa comparada: perspectiva de la sociedad mundial. *Revista de Educación,* 1992, n.297, p.347-402.

HUNT, L. *A nova história cultural.* São Paulo: Martins Fontes, 1992.

JULIA, D. La culture scolaire comme objet historique. *Paedagogica Histórica* – Internacional Journal of the History of Education, Suppl. Series, v.1, 1995, p.353-82.

_____; REVEL, J.; CHARTIER, R. *Histoire sociale des populations étudiantes.* Paris: MSH, 1985.

KNYCHALA, C. H. *Editoração*: técnica da apresentação do livro. Rio de Janeiro; Brasília: Presença; INL, 1981.

LARROSA, J. *Linguagem e educação depois de Babel.* Belo Horizonte: Autêntica, 2004.

LEAL, E. C. Cunha, Pedro José da. In: NÓVOA, António (dir.). *Dicionário de educadores portugueses.* Lisboa: ASA Editores, 2003, p.455-7.

LEITÃO, A. *Lições de pedagogia I*. Psicologia e educação. Coimbra: Tipografia França Amado, 1903.
LEITE, D. M. *O caráter nacional brasileiro*: história de uma ideologia. São Paulo: Pioneira, 1983. [8.ed. rev. São Paulo: Editora Unesp, 2017.]
LÉVI-STRAUSS, C. *Tristes trópicos*. Trad. W. Martins. São Paulo: Editora Anhembi, 1957.
LOPES, M. C. *A situação do escritor e do livro no Brasil*. Rio de Janeiro: Cátedra, 1978.
LUGLI, R. G. *O trabalho docente no Brasil*: os discursos dos Centros Regionais de Pesquisa Educacional e das entidades representativas do magistério (1950-1971). São Paulo, Feusp, 2002, tese de doutorado.
LUHMANN, N. *Essays on self-reference*. New York: Columbia University Press, 1990.
MACHADO, N. J. O tecnicismo e a hipertrofia do psico-pedagógico. *Cadernos PUC*, Educ/Cortez, n.3, mar. 1980, p.11-27.
MARGARIDO, A. *A lusofonia e os lusófonos*: novos mitos portugueses. Lisboa: Edições Universitárias Lusófonas, 2000.
MARINHO, M. G. S. M. C. *Norte-americanos no Brasil*: uma história da Fundação Rockefeller na Universidade de São Paulo (1934-1952). São Paulo: Editora Autores Associados; Universidade São Francisco; Fapesp, 2001.
MASSI, F. Franceses e norte-americanos nas ciências sociais brasileiras. In: MICELI, S. *História das ciências sociais no Brasil*. v.2. São Paulo: Vértice; Idesp; Finep, 1989, p.410-60.
MATTIA, F. M. de. *O autor e o editor na obra gráfica*: direitos e deveres. São Paulo: Saraiva, 1975.
MELO, L. C. de. *Dicionário de autores paulistas*. São Paulo, Comissão do IV Centenário de cidade de São Paulo, 1954.
MELO, S. L. de. *Psicologia e profissão em São Paulo*. São Paulo: Ática, 1983.
MEYER, J.; KAMENS, D.; BENAVOT, A.; CHA, Y.-K.; WONG, S.-Y. *School knowledge for the masses*: world models and national primary curricular categories in the twentieth century. Washington; London: The Falmer Press, 1992.
_____; RAMIREZ, F.; SOYSAL, Ya. World expansion of mass education, 1870-1980. *Sociology of education*, abr. 1992, v.65 (2), p.128-49.
_____; _____. *Comparative education*: the social construction of the modern world system. *Ann. Rev. Sociol.*, 1980, n.6, p.369-99.
_____; TYACK, D.; NAGEL; J.; GORDON, A. Public education as nation-building in América: enrollments and bureaucratization in the American States, 1870-1930. *American Journal of Sociology*, 1979, 85 (3), p.591-613.
MICELI, S. *A desilusão americana*: relações acadêmicas entre Brasil e Estados Unidos. São Paulo: Sumaré, 1990.
_____. A Fundação Ford e os cientistas sociais no Brasil, 1962-1992. In: MICELI, S. (Org.). *História das ciências sociais no Brasil*. v.1. São Paulo: Vértice; Idesp; Finep, 1989, p.341-96.
_____. *A Fundação Ford no Brasil*. São Paulo: Sumaré, 1993.
_____. *História das ciências sociais no Brasil*. São Paulo: Vértice; Idesp; Finep, 1989.

MICELI, S. *Intelectuais e classe dirigente no Brasil (1920-1945)*. São Paulo; Rio de Janeiro: Difel, 1979.

MIRANDA, M. B. La Asociación Nacional de Editores de Libros de Texto: desde la transición hasta el siglo XXI. Entrevista a Don Mauricio Santos. *Historia de la educación* – Revista Interuniversitaria. Universidad de Salamanca, n.19, 2000, p.141-78.

MONARCHA, C. Lourenço Filho e a Bibliotheca de Educação (1927-1941). In: MONARCHA, C. (Org.). *Lourenço Filho*: outros aspectos, mesma obra. Campinas; São Paulo: Mercado de Letras; Unesp, 1997, p.27-57.

MOREIRA, T. Baganha, Domingos Rodrigues Anes. In: NÓVOA, A. (Dir.). *Dicionário de educadores portugueses*. Lisboa: ASA Editores, 2003, p.129-30.

MUNAKATA, K. Livro didático: produção e leituras. In: ABREU, M. (Org.) *Leitura, história e história da leitura*. Campinas; São Paulo: Mercado de Letras; Associação de Leitura do Brasil; Fapesp, 1999, p.577-94.

_____. *Produzindo livros didáticos e paradidáticos*. São Paulo, PUC-SP, tese de doutorado, 1997.

NAGLE, J. *Educação e linguagem*: para um exame do discurso pedagógico. São Paulo: Edart, 1976.

_____. *Educação e sociedade na Primeira República*. São Paulo; Rio de Janeiro: EPU; Fundação Nacional de Material Escolar, 1974.

NARODOWSKI, M. Libros de texto de pedagogía en la formación de docentes de Buenos Aires (1810-1830). In: OSSENBACH, G.; SOMOZA, M. (Eds.). *Los manuales escolares como fuente para la historia de la educación en América Latina*. Madrid: Universidad Nacional de Educación a Distancia, 2001, p.83-94 (Serie Proyecto Manes).

NAVARRO, I. M. La gramática en los manuales escolares de bachillerato. *Historia de la educación* – Revista Interuniversitaria. Universidad de Salamanca, n.19, 2000, p.95-119.

NOGUEIRA, M. A. Viagens de estudos ao exterior: as experiências de filhos de empresários. In: ALMEIDA, A. M. F.; CANÊDO, L. B.; GARCIA, A.; BITTENCOURT, A. B. (Org.). *Circulação internacional e formação intelectual das elites brasileiras*. Campinas; São Paulo: Editora da Unicamp, 2004, p.47-63.

NÓVOA, A. (Dir.). *Dicionário de educadores portugueses*. Lisboa: ASA Editores, 2003.

_____. Uma educação que se diz nova. In: CANDEIAS, A.; NÓVOA, A.; FIGUEIRA, M. H. *Sobre a educação nova*: cartas de Adolfo Lima a Álvaro Viana de Lemos (1923-1941). Lisboa: Educa, 1995, p.25-41.

_____. Evangelista, Domingos. In: NÓVOA, A. (Dir.). *Dicionário de educadores portugueses*. Lisboa: ASA Editores, 2003, p.522-3.

_____. Ferreira, Orbelino Geraldes. In: NÓVOA, A. (Dir.). *Dicionário de educadores portugueses*. Lisboa: ASA Editores, 2003, p.555-7.

_____. História da educação: percursos de uma disciplina. *Análise psicológica*, Lisboa, n.4, p.417-34, 1996.

_____. *L'image à l'infini*: la lente accomodation de la profession enseignante à une identité féminine. Texto apresentado em Seminário realizado na Feusp, nov. 1996.

NÓVOA, A. *As metáforas que habitam o discurso educacional: recordar ou imaginar?*. Palestra proferida na Feusp, jun. 1998.

_____. Pimentel Filho, Alberto. In: NÓVOA, A. (Dir.). *Dicionário de educadores portugueses*. Lisboa: ASA Editores, 2003, p.1089-91.

_____. Planchard, Émile Joseph Félix. In: NÓVOA, A. (Dir.). *Dicionário de educadores portugueses*. Lisboa: ASA Editores, 2003, p.1108-9.

_____. Profesionalización de docentes y ciencias de la educación. *Revista Educación y Pedagogía*. Grupo Federici, Universidad Nacional, Universidad de Antioquia, Facultad de Educación, n.19-20. v.9-10, set. 1997-abr. 1998, p.251-86.

_____. Professionnalisation des enseignants et sciences de l'education. *Paedagogica Historica* – International journal of the history of education. Supplementary series, v.3. Gent C.S.H.P., 1998, p.403-30.

_____. *Os professores:* Quem são? Donde vêm? Para onde vão?. Lisboa: Universidade Técnica de Lisboa; Instituto Superior de Educação Física, 1989.

_____. Tempos da escola no espaço Portugal-Brasil-Moçambique: dez digressões sobre um programa de investigação. In: NÓVOA, A.; SCHRIEWER, J. (Eds.). *A difusão mundial da escola*. Lisboa: Educa, 2000, p.121-42.

_____. *Le temps des professeurs*. Lisboa: Inic, 1987.

_____; CARVALHO, L. M.; CORREIA, A. C.; MADEIRA, A. I.; Ó, J. R. do. *Flows of educational knowledge*: the space-time of portuguese-speaking countries. Internationalisierung – Internationalisation. Frankfurt: PeterLang, 2002.

_____; SCHRIEWER, J. (Eds). *A difusão mundial da escola*. Lisboa: Educa, 2000.

Ó, J. R. do. *O governo de si mesmo*: modernidade pedagógica e encenações disciplinares do aluno liceal (último quartel do século XIX – meados do século XX). Educa: Lisboa, 2003b.

_____. *O governo dos escolares*: uma aproximação teórica às perspectivas de Michel Foucault. Lisboa: Educa, 2001 (Série Cadernos Prestige).

_____. *Modernidade pedagógica e encenações disciplinares do aluno*: implicações teórico-metodológicas das teses da governamentalidade. Palestra proferida na Feusp, 2003a.

OLIVEIRA, A. L. de. *O livro didático*. Belo Horizonte: Editora Bernardo Álvares, 1968.

OLIVEIRA, J. B. A.; GUIMARÃES, S. D. P.; BOMÉNY, H. M. B. *A política do livro didático*. São Paulo; Campinas: Summus; Editora da Unicamp, 1984.

OLIVERO, I. *L'invention de la collection*. Paris: Imec; Maison des sciences de l'homme, 1999.

ONG, W. Impressão, espaço e fechamento. In: *Oralidade e cultura escrita*. Campinas: Papirus, 1998, p.135-56.

ORTIZ, R. *Cultura brasileira e identidade nacional*. São Paulo: Editora Brasiliense, 1985.

_____. *Cultura e modernidade*: A França no século XIX. São Paulo: Editora Brasiliense, 1991.

_____. *A moderna tradição brasileira*: cultura brasileira e indústria cultural. São Paulo: Brasiliense, 2001.

ORTIZ, R. *Mundialização e cultura*. São Paulo: Brasiliense, 2003.

_____. *Um outro território*: ensaios sobre a mundialização. 2.ed. São Paulo: Editora Olho d'Água, 2000a.

_____. *O próximo e o distante*: Japão e modernidade-mundo. São Paulo: Brasiliense, 2000b.

OSSENBACH, G. La investigación sobre los manuales escolares en América Latina: La contribuición del proyeto Manes. *Historia de la educación* – Revista Interuniversitaria. Universidad de Salamanca, n.19, 2000, p.195-203.

OSSENBACH, G.; SOMOZA, M. *Los manuales escolares como fuente para la Historia de la Educación en America Latina*. Madrid: Universidad Nacional de Educación a distancia, 2001.

OTTONI, P. (Org.). *Tradução*: a prática da diferença. Campinas; São Paulo: Editora da Unicamp; Fapesp, 1998.

PAULO, J. C. *Imagens e história da educação*: proposta de reflexão teórica e metodológica. Portugal: Universidade do Minho, mimeo.

PEREIRA, L. *O magistério primário numa sociedade de classes*. São Paulo: Pioneira, 1969 (Biblioteca Pioneira de Ciências Sociais).

PERES, E. T. *Aprendendo formas de pensar, de sentir e de agir a escola como oficina da vida*: discursos pedagógicos e práticas escolares da escola pública primária gaúcha (1909-1959). Belo Horizonte, FE-UFMG, 2000, tese de doutorado.

PERRENOUD, P. *Práticas pedagógicas, profissão docente e formação*. Lisboa: Dom Quixote, 1993.

PERRONE-MOISÉS, L. Prefácio. In: BARTHES, R. *O rumor da língua*. São Paulo: Editora Brasiliense, 1988, p.9-17.

PETERS. Educação como iniciação. In: ARCHAMBAULT, R. *Educação e análise filosófica*. São Paulo: Saraiva, 1979.

PFROMM NETTO, S. et al. *O livro na educação*. Rio de Janeiro: Primor; INL, 1974.

PINHEIRO, J. E. M. *Do ensino normal da cidade de Lisboa 1860-1960*. Lisboa: Patrocínio da Porto Editora, 1990.

_____. *Escritos vários relativos à escola normal primária e à escola do magistério primário de Lisboa*. Lisboa: Escola Superior de Educação de Lisboa, 1996.

_____. *Notas e documentos para a história do ensino primário e normal*. Lisboa: s.e., 1997.

Pintado, A. M. Los manuales de historia de la educación y la formación de los maestros (1900-1930). *Historia de la educación* – Revista Interuniversitaria. Universidad de Salamanca, n.19, p.121-39, 2000.

PIVA, L. G. *Ladrilhadores e semeadores*: a modernização brasileira no pensamento político de Oliveira Vianna, Sérgio Buarque de Holanda, Azevedo Amaral e Nestor Duarte (1920-1940). São Paulo: Editora 34, 2000.

POLLAK, M. Histoire des sciences socials. In: *Une identité blessée*. Études de sociologie et d'histoire. Paris: Métailié, 1993, p.295-392.

POPKEWITZ, T. S. *Educational knowledge*: changing relationships between the State, civil society, and the educational community. New York: State University of New York Press, 2000.

POPKEWITZ, T. S. *Lutando em defesa da alma*: a política do ensino e a construção do professor. Porto Alegre: Artmed, 2000a.

_____.; BLOCH, M. Construindo a criança e a família: registos de administração social e registos de liberdade. In: NÓVOA, A.; SCHRIEWER, J. (Ed.). *A difusão mundial da escola*. Lisboa: Educa, 2000b, p.33-68.

_____. Prefácio da 14ª edição. In: LOURENÇO FILHO, M. B. *Introdução ao estudo da Escola Nova*. Rio de Janeiro: UERJ, 2002.

RAMIREZ, F.; BOLI, J. The political construction of mass schooling: European origins and worldwine institutionalization. *Sociology of education*, jan. 1987, n.60, p.2-17.

_____.; VENTRESCA, M. Building the institution of mass schooling: isomorphism in the modern world. In: FULLER, B.; RUBINSON, R. (Eds.). *The political construction of education*: the State, school expansion, and economic change. New York: Praeger, 1992, p.47-59.

ROCHA, J. C. (Org.). *Políticas editoriais e hábitos de leitura*. São Paulo: Com-Arte, 1987.

RODRIGUES, C. C. *Tradução e diferença*. São Paulo: Editora Unesp, 2000.

ROGAN, J. M. Curriculum texts: the portrayal of the field. Part 2. *Journal Curriculum Studies*, v.23, n.1, 1991, p.55-70.

ROGAN, J. M.; LUCKOWSKI, J. A. Curriculum texts: the portrayal of the field. Part 1. *Journal Curriculum Studies*, v.22, n.1, 1990, p.17-39.

ROMANELLI, O. *História da educação no Brasil*. 8.ed. Rio de Janeiro: Vozes, 1986.

ROULLET, M. *Les manueles de pédagogie (1880-1920)*: apprendre à enseigner dans les livres? Paris: Presses Universitaires de France, 2001.

_____. *Manuels de pédagogie et de psychologie dês écoles normales en France entre 1880 et 1920*. Genève: Université de Genève, 1998, These de Docteur.

SAGAWA, R. *Os inconscientes no divã da história*. Campinas: Unicamp, 1989, dissertação de mestrado.

SAID, E. On originality. In: *The world, the text and the critic*. Cambridge: Harvard University Press, 1983a, p.126-39.

_____. *Orientalismo*: O Oriente como invenção do Ocidente. Trad. T. R. Ribeiro. São Paulo: Companhia das Letras, 2001.

_____. *Reflections on exile and other essays*. Cambridge: Harvard University Press, 2000.

_____. *The world, the text and the critic*. Cambridge: Harvard University Press, 1983b.

_____. *Travelling theory*. In: *The world, the text and the critic*. Cambridge: Harvard University Press, 1983c, p.226-47.

SANTOS, J. R. dos. Livro didático: um mal necessário? *Cadernos de Pesquisa*, São Paulo, n.63, nov. 1987, p.99-100.

SANTOS, L. C. V. G. *O Brasil entre a América e a Europa*: O Império e o interamericanismo (do Congresso do Panamá à Conferência de Washington). São Paulo: Editora Unesp, 2004.

SARREMEJANE, P. Didactisme et méthode didactique en France: la rationalité de la méthode et l'influence allemande, au début du Xxe siècle. *Paedagogica Historica*

– International Journal of the History of Education, Bélgica, XXXVII, 3, 2001, p.607-28.
SARTO, L. S. (Dir.). *Dicionario de pedagogía*. Barcelona: Editorial Labor, 1972, tomo 1.
SCHEFFLER, I. *A linguagem da educação*. São Paulo: Edusp; Saraiva, 1974.
SCHNEIDER, M. *Ladrões de palavras*: ensaio sobre o plágio, a psicanálise e o pensamento. Campinas: Editora da Unicamp, 1990.
SCHRIEWER, J. El método comparativo y la necesidad de externalización: criterios metodológicos y conceptos sociológicos. In: SCHRIEWER, J.; PEDRÓ, F. (Eds.). *Manual de educación comparada* – v.II. Teorías, investigaciones, perspectivas. Barcelona: PPU, 1993, p.189-251.
_____. Estados-modelo e sociedades de referência: externalização em processos de modernização. In: NÓVOA, A.; SCHRIEWER, J. (Ed.). *A difusão mundial da escola*: alunos – professores – currículo – pedagogia. Lisboa: Educa, 2000, p.103-20.
_____. *Formas de externalização no conhecimento educacional*. Lisboa: Educa, 2001. (Série Cadernos Prestige).
SCHRIEWER, J.; PEDRÓ, F. (Eds.). *Manual de educación comparada* – v.II. Teorías, investigaciones, perspectivas. Barcelona: PPU, 1993.
SCHWARTZMANN, S. *Formação da comunidade científica no Brasil*. Rio de Janeiro: Finep, 1979.
SCHWARZ, R. *Ao vencedor as batatas*: forma literária e processo social nos inícios do romance brasileiro. 2.ed. São Paulo: Duas Cidades, 1981.
SEVCENKO, N. *Literatura como missão*: tensões sociais e criação cultural na Primeira República. 2.ed. São Paulo: Companhia das Letras, 2003.
SICA, A.; PRECHEL, H. National political-economic dependency in the global economy and educational development. *Comparative education review*, out. 1981, p.384-402.
SILVA, C. P. B. da. *Atualizando pedagogias para o ensino médio*: um estudo sobre a Revista Atualidades Pedagógicas (1950-1962). PUC-SP, 2001a, dissertação de mestrado.
SILVA, G. R. da. *O ensino da administração educacional*: ensaio para uma análise organizacional. Trabalho de síntese, realizado no âmbito de Provas de Aptidão Pedagógica e Capacidade Científica. Braga: Universidade do Minho; Instituto de Educação e Psicologia, 1996.
SILVA, V. B. da. *História de leituras para professores*: um estudo da produção e circulação de saberes especializados no "manuais pedagógicos" brasileiros (1930-1971). São Paulo: Feusp, 2001b, dissertação de mestrado.
_____. Uma história das leituras para professores: análise da produção e circulação de saberes especializados nos manuais pedagógicos. *Revista Brasileira de História da Educação*. São Paulo, n.6, jul.-dez. 2003, p.29-58.
_____; CORREIA, A. C. Saberes em viagem nos manuais pedagógicos (Portugal-Brasil). *Cadernos de Pesquisa*, São Paulo, v.34, n.123, 2004, p.613-22.
SIMÕES, C. M. B. R.; CORDEIRO, M. C. F. *Editoras brasileiras e estrangeiras*. São Luis: s.e., 1978.

SMART, B. Teoria social pós-moderna. In: TURNER, B. S. (Ed.). *Teoria social*. Algés: Difel, 1996, p.405-36.

SOARES, M. Um olhar sobre o livro didático. *Presença pedagógica*. Belo Horizonte: Dimensão, n.12, v.2, nov.-dez. 1996, p.52-63.

SODRÉ, N. W. *História da imprensa no Brasil*. 2.ed. Rio de Janeiro: Graal Editores, 1977.

SOEIRO, R. de B. *Por uma pedagogia nacional*. 2. Série. Braga: Livraria Cruz, 1958.

SONTAG, S. *Questão de ênfase:* ensaios. São Paulo: Companhia das Letras, 2005.

SOUSA, C. P. de. *Infância, pedagogia e escolarização*: a mensuração da criança transformada em aluno em Portugal e no Brasil (1880-1960). Lisboa: Educa, 2004 (Série Cadernos Prestige).

_____; CATANI, D. B.; ALVES, C.; LOPES, E. M.; FARIA FILHO, L. (Orgs.). *Atas do II Congresso Luso-Brasileiro de História da Educação*. 3v. São Paulo: Feusp, 1998.

STEINER, G. *After Babel*: aspects of language and translation. Oxford: Oxford University Press, 1975.

STEINER-KHAMSI, G. Reterritorializing educational import – explorations into the politics of educational borrowing. In: NÓVOA, A.; LAWN, M. (Eds.). *Fabricating Europe*: the formation of an educational space. Netherlands: Kluwer Academic Publishers, 2002, p.69-86.

TANURI, L. M. *Contribuição para o estudo da escola normal no Brasil*. São Paulo: Feusp, 1969, dissertação de mestrado.

_____. *O ensino normal no estado de São Paulo (1890-1930)*. Marília: Faculdade de Filosofia, Ciências e Letras de Marília, 1973, tese de doutorado.

_____. História da formação de professores. *Revista Brasileira de Educação*, n.14, maio-ago. 2000, p.61-88.

TAVARES, F. R. *A ordem e a medida*: psicologia e ensino em São Paulo (1890-1930). São Paulo: Feusp, 1996, dissertação de mestrado.

TOLEDO, M. R. de A. *Coleção Atualidades Pedagógicas:* do projeto político ao projeto editorial (1931-1981). São Paulo, PUC-SP, 2001, tese de doutorado.

TORRESINI, E. R. *Editora Globo*: uma aventura editorial nos anos 30 e 40. São Paulo; Porto Alegre: Edusp; Com-Arte; Editora UFRGS, 1999 (Memória Editorial, 1).

TORRINHA, F. *Dicionário latino-português*. 2.ed. 4. tir. Porto: Gráficos Reunidos, 1983.

TRIGO, M. H. B. Os caminhos da internacionalização e as estratégias de legitimação dos psicólogos no Brasil. In: ALMEIDA, A. M. F.; CANÊDO, L. B.; GARCIA, A.; BITTENCOURT, A. B. (Orgs.). *Circulação internacional e formação intelectual das elites brasileiras*. Campinas; São Paulo: Editora da Unicamp, 2004, p.299-318.

TRINDADE, H. Institucionalização e internacionalização das ciências sociais na América Latina em questão. In: ALMEIDA, A. M. F.; CANÊDO, L. B.; GARCIA, A.; BITTENCOURT, A. B. (Orgs.). *Circulação internacional e formação intelectual das elites brasileiras*. Campinas; São Paulo: Editora da Unicamp, 2004, p.144-67.

TYACK, D. B. *The one best system*: a history of American urban education. Cambridge; Massachusetts; London: Harvard University Press, 1974.

TYACK, D.; CUBAN, L. *Tinkering toward utopia*: a century of public school reform. Cambridge; Massachusetts; London: Harvard University Press, 1995.

UNIVERSIDADE DE SALAMANCA. *Historia de la educación* – Revista Interuniversitaria, n.19, 2000.

VELLOSO, A.; PEDRÓ, F. *Manual de educación comparada* – v.I. Conceptos básicos. Barcelona: PPU, 1991.

VICENTINI, P. P. *Imagens e representações de professores na história da profissão docente no Brasil (1933-1963)*, São Paulo, Feusp, 2002, tese de doutorado.

VILLELA, H. de O. S. *Da palmatória à lanterna mágica:* a Escola Normal da Província do Rio de Janeiro entre artesanato e a formação profissional (1868-1876). São Paulo, Feusp, 2000, tese de doutorado.

_____. O mestre-escola e a professora. In: LOPES, E. M. T.; FARIA FILHO, L. M.; VEIGA, C. G. (Orgs.). *500 anos de educação no Brasil*. Belo Horizonte: Autêntica, p.95-134.

WAIZBORT, L. Pequena sociologia da nota de rodapé. *Novos estudos Cebrap*, n.48, jul. 1997, p.183-6.

WELLERSHOFF, D. *Literatura, mercado e indústria cultural*. São Paulo: ECA/USP, 1971.

WOLF, E. *Europe and the peoples without history*. Berkeley: s.e., 1982.

ANEXO 1
LISTAGEM DOS MANUAIS PEDAGÓGICOS PORTUGUESES E BRASILEIROS, SUAS EDIÇÕES E REEDIÇÕES

Portugal

1
Compêndio de pedagogia
António Francisco Moreira de Sá. Lisboa: Tipografia Portuguesa, 1870.
Compêndio de pedagogia
António Francisco Moreira de Sá. 2.ed. (muito aumentada). Lisboa: Tipografia de L. C. Cunha & Filhos, 1873.

2
Elementos de pedagogia
Para servirem de guia aos candidatos ao magistério primário.
José Maria da Graça Afreixo e Henrique Freire. Lisboa: Tipografia do Futuro, 1870.
Elementos de pedagogia
Para servirem de guia aos candidatos ao magistério primário.
José Maria da Graça Afreixo e Henrique Freire. 2.ed. Lisboa: Tipografia do Futuro, 1871.
Elementos de pedagogia
Para servirem de guia aos candidatos ao magistério primário – contendo toda a legislação vigente relativa à instrução primária.
José Maria da Graça Afreixo e Henrique Freire. 4.ed. Lisboa: Livraria Ferreira, 1875.
Elementos de pedagogia
Para servirem de guia aos candidatos ao magistério primário.
José Maria da Graça Afreixo e Henrique Freire. 6.ed. Lisboa: Livraria Ferreira, 1882.
Elementos de pedagogia
Para servirem de guia aos candidatos ao magistério primário.
José Maria da Graça Afreixo e Henrique Freire. 7.ed. (acomodada ao programa das escolas normais, aprovado por decreto de 28 de julho de 1881). Lisboa: Livraria Ferreira, 1886.

3
Noções elementares de pedagogia
Para servirem de guia seguro aos candidatos ao magistério primário.
Domingos Rodrigues Anes Baganha. Porto: Casa de A R. da Cruz Coutinho, 1878.

4
Metodologia
José Maria da Graça Afreixo. Lisboa: David Corazzi, 1887.

5
Elementos de pedagogia
Para uso dos alunos das Escolas Normais Primárias.
José Augusto Coelho. Lisboa: Tipografia Matos Moreira & Pinheiro, 1894.

6
Apontamentos para lições de pedagogia teórica e prática. Volume 1
António da Fonseca Câmara. Angra do Heroísmo: Imprensa Municipal, 1902.

7
Apontamentos para lições de pedagogia teórica e prática. Volume 2
António da Fonseca Câmara. Angra do Heroísmo: Imprensa Municipal, 1903.

8
Noções de pedagogia elementar
José Augusto Coelho. Lisboa: Empresa da História de Portugal, 1903.

9
Lições de pedagogia I
Psicologia e educação.
Antônio Leitão. Coimbra: Tipografia França Amado, 1903.

10
Elementos de pedagogia
António Leitão. 1.ed. Coimbra: França & Armênio, 1907.
Elementos de pedagogia
António Leitão. 2.ed. Coimbra: França & Armênio, 1913.
Elementos de pedagogia
António Leitão. 4.ed. Coimbra: França & Armênio, 1915.

11
Lições de pedologia e pedagogia experimental
António Faria de Vasconcelos. Lisboa: Antiga Casa Bertrand – José Bastos & C. Editores, 1910.

Lições de pedologia e pedagogia experimental
António Faria de Vasconcelos. 2.ed. Paris/Lisboa: Livrarias Aillaud e Bertrand, 1923.
Lições de pedologia e pedagogia experimental
António Faria de Vasconcelos. 3.ed. Rio de Janeiro/Lisboa: Francisco Alves e Bertrand, sem data.

12
Psico-fisiologia
Resumo das lições professadas na Escola Normal Primária de Lisboa no ano letivo de 1915-1916.
Alberto Pimentel Filho. Lisboa: Guimarães & Companhia Editores, 1916.
Psico-fisiologia
Alberto Pimentel Filho. 2.ed (completamente remodelada e muito desenvolvida). Lisboa: Guimarães & Companhia Editores, 1927.

13
Lições de pedagogia geral e de história da educação
Alberto Pimentel Filho. Lisboa: Guimarães, 1919.
Lições de pedagogia geral e de história da educação.
Alberto Pimentel Filho. 2.ed (refundida e ampliada). Lisboa: Guimarães, 1931.

14
Lições de metodologia
Bernardino da Fonseca Lage. Coimbra: Coimbra Editora, Livraria França & Armênio, 1923.

15
Metodologia (1º volume)
Lições de metodologia professadas na Escola Normal Primária de Lisboa nos anos de 1918-1919 e 1919-1920. (1º volume).
Adolfo Lima. 1.ed. Lisboa: Livraria Ferin, 1921.
Metodologia (1º volume)
Lições de metodologia professadas na Escola Normal Primária de Lisboa. (1º volume).
Adolfo Lima. 2.ed. (corrigida e atualizada). Lisboa: Livraria Ferin, 1927.

16
Pedagogia sociológica I
Adolfo Lima. Lisboa: Ed. de Couto Martins, 1929.

17
Metodologia (2º volume)
Adolfo Lima. Lisboa: Livraria Ferin, 1932.

18
Didática geral
João de Almeida. Braga: Livraria Cruz (Instituto de Ensino Normal de Braga), 1933.

19
Pedagogia sociológica II
Adolfo Lima. Porto: Livraria Escolar Progredidor, 1936.

20
Notas de didática especial
Rigorosamente de harmonia com os programas atualmente em vigor, para uso dos candidatos ao magistério primário elementar.
José Maria Gaspar e Orbelino Geraldes Ferreira. 1.ed. Lisboa: B.U. Amaral, 1944.
Notas de didática especial
(De harmonia com os atuais programas das Escolas do Magistério Primário).
José Maria Gaspar e Orbelino Geraldes Ferreira. 2.ed. Coimbra: Coimbra Editora, 1946.

21
Elementos de pedagogia
Domingos Evangelista. Porto: Livraria Figueirinhas, 1944.

22
Didática geral da escola moderna
Bernardino da Fonseca Lage. Porto: J. Reis e Silvas; Livraria e Papelaria Atlas, 1945.

23
Da capacidade pedagógica para o magistério primário elementar
Esquemas de ensino e relatórios justificativos.
Rafael de Barros Soeiro. Braga: Livraria Cruz, 1947.
Da capacidade pedagógica para o magistério primário elementar
Rafael de Barros Soeiro. 2.ed. (refundida, corrigida e atualizada). Braga: Livraria Cruz, 1953.
Da capacidade pedagógica para o magistério primário elementar
Além de elementos de Didática Geral possui cerca de cem planos especiais do tipo monoclássico, biclássico e pluriclássico para uso das Escolas de Aplicação ao Magistério Primário, Exames de Estado e Escolas Primárias Elementares.
Rafael de Barros Soeiro. 3.ed. Braga: Livraria Cruz, 1958.
Da capacidade pedagógica para o magistério primário elementar
Possui planos de lições para Prática Pedagógica, Estágios, Exames de Estado e Escolas do Ensino Primário Elementar, bem como Relatórios Justificativos.
Rafael de Barros Soeiro. 4.ed. Braga: Livraria Cruz, 1963.
Da capacidade pedagógica para o magistério primário elementar
Possui planos de lições para prática pedagógica e estágios dos alunos das Escolas do Magistério Primário, bem como relatórios justificativos.

Rafael de Barros Soeiro. 5.ed. Braga: Livraria Cruz, 1965.
Da capacidade pedagógica para o magistério primário elementar
(Possui, além dos elementos de didática geral e especial, planos de lições para prática pedagógica e estágios dos alunos das Escolas do Ensino Primário, bem como relatórios justificativos).
Rafael de Barros Soeiro. 6.ed. Braga: Livraria Cruz, 1971.
Da capacidade pedagógica para o magistério primário elementar
(Possui, além dos elementos de didática geral e especial, planos de lições para prática pedagógica e estágios dos alunos das Escolas do Ensino Primário, bem como relatórios justificativos).
Rafael de Barros Soeiro. 7.ed. Braga: Livraria Cruz, 1973.

24
Lições de pedagogia e didática geral
Para uso dos alunos das Escolas do Magistério Primário.
Francisco de Sousa Loureiro. 1.ed. Coimbra, 1950.
Lições de pedagogia e didática geral
Para uso dos alunos das Escolas do Magistério Primário.
Francisco de Sousa Loureiro. 2.ed. Coimbra: edição do autor, sem data.
Lições de pedagogia e didática geral
Para uso dos alunos das Escolas do Magistério Primário.
Francisco de Sousa Loureiro. 3.ed. Coimbra: edição do autor impressa na Gráfica de Coimbra, sem data.
Lições de pedagogia e didática geral
Para uso dos alunos das Escolas do Magistério Primário.
Francisco de Sousa Loureiro. 4.ed. Coimbra, sem data.

25
Didática prática
Orbelino Geraldes Ferreira. Lisboa: A Ninfa de Alvalade, 1953.

Brasil

1
Compêndio de pedagogia
Antônio Marciano da Silva Pontes. 1.ed. Niterói: Tipografia do Fluminense, 1874.
Compêndio de pedagogia
Antônio Marciano da Silva Pontes. 3.ed. Niterói: Tipografia do Fluminense, 1881.

2
Pedagogia e metodologia
(teórica e prática)
Camilo Passalaqua. São Paulo: Tipografia a vapor de Jorge Seckler & Comp., 1887.

3
Lições de pedagogia
Primeira parte – Psicologia
Valentim Magalhães. Rio de Janeiro: Laemmert & Co. – Editores, 1900.

4
Compêndio de pedagogia
Coordenado por
Dario Velozo. Curitiba, Subsidiado pelo governo do estado do Paraná. Aprovado e adotado pela Congregação da Escola Normal. 1907.

5
Lições de pedagogia
Colecionadas por um "amigo da instrução"
"Amigo da instrução". Rio de Janeiro: Livraria Francisco Alves, 1907.

6
Lições de pedagogia
Teoria e prática da educação
Manuel Bonfim. 2.ed. Rio de Janeiro: Livraria Francisco Alves, 1920.

7
Escola brasileira
Desenvolvimento do programa de Pedagogia em vigor nas Escolas Normais.
João Toledo. 1.ed. São Paulo: Livraria Liberdade, 1925.
Escola brasileira
Desenvolvimento do programa de Pedagogia em vigor nas Escolas Normais.
João Toledo. 2.ed. São Paulo: Livraria Liberdade, 1929.
Desenvolvimento do programa de Pedagogia em vigor nas Escolas Normais.
João Toledo. 3.ed. (revista e ampliada). São Paulo: Livraria Liberdade, 1932.

8
Didática
Nas escolas primárias.
João Toledo. 1.ed. São Paulo: Livraria Liberdade, 1930.
Didática
Nas escolas primárias.
João Toledo. 2.ed. São Paulo: Livraria Liberdade, 1930.

9
Introdução ao estudo da Escola Nova
Bases, sistemas e diretrizes da pedagogia contemporânea.
Manoel Bergström Lourenço Filho. 1.ed. São Paulo: Companhia Melhoramentos, 1930.
Introdução ao estudo da Escola Nova
Bases, sistemas e diretrizes da pedagogia contemporânea.
Manoel Bergström Lourenço Filho. (acreditamos que esta seja uma edição entre a 2ª e a 4ª). São Paulo: Companhia Melhoramentos, sem data.
Introdução ao estudo da Escola Nova
Bases, sistemas e diretrizes da pedagogia contemporânea.
Manoel Bergström Lourenço Filho. 5.ed. (revista e aumentada). São Paulo: Companhia Melhoramentos, 1942.
Introdução ao estudo da Escola Nova
Bases, sistemas e diretrizes da pedagogia contemporânea.
Manoel Bergström Lourenço Filho. 7.ed. (refundida). São Paulo: Companhia Melhoramentos, 1961.
Introdução ao estudo da Escola Nova
Bases, sistemas e diretrizes da pedagogia contemporânea.
Manoel Bergström Lourenço Filho. 11.ed. (refundida). São Paulo: Companhia Melhoramentos, 1974.
Introdução ao estudo da Escola Nova
Bases, sistemas e diretrizes da pedagogia contemporânea.
Manoel Bergström Lourenço Filho. 7.ed. (refundida). São Paulo: Companhia Melhoramentos, 1961.
Introdução ao estudo da Escola Nova
Bases, sistemas e diretrizes da Pedagogia Contemporânea
Manoel Bergström Lourenço Filho. 14.ed. Rio de Janeiro: Ed. UERJ; Conselho Federal de Psicologia, 2002.

10
A Escola Nova
Comentada e explicada.
Alberto Conte. São Carlos: Raça Editora, 1932.

11
Tratado de pedagogia
Para uso das Faculdades de Filosofia, das Escolas de Professores e Institutos de Educação
Pedro Anísio, Rio de Janeiro: Edição da Organização Simões, 1933.
Tratado de pedagogia
Para uso das Escolas Normais do Brasil
Pedro Anísio. 4.ed. Rio de Janeiro; São Paulo: Civilização Brasileira; Editora Nacional (Biblioteca Brasileira de Cultura, dirigida por Tristão de Ataíde, n.IV), 1955.

12
Técnica da pedagogia moderna
Teoria e prática da Escola Nova.
Everardo Backheuser. Rio de Janeiro: Civilização Brasileira, 1934.
Manual de pedagogia moderna
(Teórica e prática) para uso das Escolas Normais e Institutos de Educação.
Everardo Backheuser. 3.ed. (atualizada e remodelada de *Técnica da Pedagogia Moderna*). Porto Alegre: Livraria do Globo, 1942.
Manual de pedagogia moderna
(Teórica e prática) para uso das Escolas Normais e Institutos de Educação.
Everardo Backheuser. 5.ed. Porto Alegre: Livraria do Globo (Biblioteca Vida e Educação), 1954.

13
Pedagogia
Djacir Menezes. Porto Alegre: Editora do Globo, 1935.

14
Compêndio de pedologia e pedagogia experimental
Pedro Anísio. Rio de Janeiro: Editora ABC, 1937.

15
Fundamentos do método
Onofre de Arruda Penteado Jr. São Paulo: Companhia Editora Nacional, 1938.

16
Pedagogia
(Manual teórico-prático para uso dos educadores) – I-O educando e sua educação
Carlos Leôncio. 2.ed. Bahia: Escolas Profissionais Salesianas, 1940.

17
Práticas escolares (1º volume)
De acordo com o Programa de Prática de Ensino do Curso Normal e com a orientação do ensino primário.

Antônio D'Ávila. São Paulo: Livraria Acadêmica; Editora Saraiva, 1940.
Práticas escolares (1º volume)
De acordo com o Programa de Prática de Ensino do Curso Normal e com a orientação do ensino primário.
Antônio D'Ávila. 2.ed. São Paulo: Editora Saraiva, 1942.
Práticas escolares (1º volume)
De acordo com o Programa de Prática de Ensino do Curso Normal e com a orientação do ensino primário.
Antônio D'Ávila. 5.ed. São Paulo: Editora Saraiva, 1949.
Práticas escolares (1º volume)
De acordo com o Programa de Prática de Ensino do Curso Normal e com a orientação do ensino primário.
Antônio D'Ávila. 7.ed. São Paulo: Editora Saraiva, 1955.
Práticas escolares (1º volume)
De acordo com o Programa de Prática de Ensino do Curso Normal e com a orientação do ensino primário.
Antônio D'Ávila. 9.ed. São Paulo: Editora Saraiva, 1963.
Práticas escolares (1º volume)
De acordo com o Programa de Prática de Ensino do Curso Normal e com a orientação do ensino primário.
Antônio D'Ávila. 11.ed. (revista, atualizada e com as últimas iniciativas do Departamento de Educação). São Paulo: Editora Saraiva, 1966.

18
Práticas escolares (2º volume)
De acordo com o Programa de Prática de Ensino do Curso Normal e com a orientação do ensino primário.
Antônio D'Ávila. 2. ed (melhorada). São Paulo: Editora Saraiva; Livraria Acadêmica, 1947.
Práticas escolares (2º volume)
de acordo com o Programa de Prática de Ensino do Curso Normal e com a orientação do ensino primário.
Antônio D'Ávila. 5.ed. (edição melhorada e acrescida de três novos capítulos). São Paulo: Editora Saraiva, 1959.
Práticas escolares (2º volume)
De acordo com o Programa de Prática de Ensino do Curso Normal e com a orientação do ensino primário.
Antônio D'Ávila. 6.ed. (melhorada e acrescida de novos capítulos, inclusive variados exercícios de linguagem oral e escrita). São Paulo: Editora Saraiva, 1966.

19
Práticas escolares (3º volume)
De acordo com a orientação de ensino primário e cursos de transição entre o primário e o secundário.
Antônio D'Ávila. 2.ed. São Paulo: Editora Saraiva, 1962.

20
Metodologia do ensino primário
Teobaldo Miranda Santos. Rio de Janeiro: Fernandes & Guimarães, 1948.
Metodologia do ensino primário
De acordo com os programas dos Institutos de Educação e das Escolas Normais.
Teobaldo Miranda Santos. 5.ed. São Paulo: Companhia Editora Nacional, 1955.

21
Prática de ensino
Teobaldo Miranda Santos. Rio de Janeiro: Editec, 1948.

22
Noções de prática de ensino
De acordo com os programas dos Institutos de Educação e das Escolas Normais.
Teobaldo Miranda Santos. São Paulo: Companhia Editora Nacional, 1951.
Noções de prática de ensino
De acordo com os programas dos Institutos de Educação e das Escolas Normais.
Teobaldo Miranda Santos. 5.ed. São Paulo: Companhia Editora Nacional (Curso de Psicologia e Pedagogia), 1958.

23
Fundamentos de educação
Princípios psicológicos e sociais, elementos de didática e administração.
Afro do Amaral Fontoura. 2.ed. (muito aumentada). Rio de Janeiro: Editora Aurora, 1952.
Fundamentos de educação
Princípios psicológicos e sociais, elementos de didática e administração.
Afro do Amaral Fontoura. 3.ed. (muito aumentada). Rio de Janeiro: Editora Aurora, 1954.
Fundamentos de educação
Uma introdução geral à educação renovada e à Escola Viva – princípios psicológicos e sociais, elementos de didática, administração escolar.
Afro do Amaral Fontoura. 9.ed. Rio de Janeiro: Editora Aurora, 1968.

24
Pedagogia (1º volume)
Teoria e prática
Antônio D'Ávila. São Paulo: Companhia Editora Nacional, 1954.

25
Prática do ensino primário
Diário de atividades da professoranda para uso das escolas normais e institutos de educação.

B. de B. Queirós; H. G. Coelho; C. de C. P. Borges; I. de Albuquerque; J. Castro. 3.ed.
Rio de Janeiro: Conquista, 1954.

26
Lições de pedagogia
Aquiles Archêro Jr. São Paulo: Brasil Editora (Coleção Didática Nacional – Série Brasil), 1955.

27
Introdução à pedagogia moderna
Teobaldo Miranda Santos. Rio de Janeiro: Editora A Noite, 1955.

28
Metodologia do ensino primário
Contendo as matérias dos 2º e 3º anos do Curso Normal.
Afro do Amaral Fontoura. 1.ed. Rio de Janeiro: Editora Aurora, 1955.
Metodologia do ensino primário
Contendo as matérias dos 2º e 3º anos do Curso Normal.
Afro do Amaral Fontoura. 9.ed. Rio de Janeiro: Editora Aurora, 1963.

29
Noções de didática geral
Para uso das Escolas Normais, Institutos de Educação e Faculdades de Filosofia.
Teobaldo Miranda Santos. São Paulo: Companhia Editora Nacional (Curso de Psicologia e Pedagogia), 1955.
Noções de didática geral
Para uso das Escolas Normais, Institutos de Educação e Faculdades de Filosofia.
Teobaldo Miranda Santos. 3.ed. São Paulo: Companhia Editora Nacional (Curso de Psicologia e Pedagogia), 1964.
Noções de didática geral
Para uso das Escolas Normais, Institutos de Educação e Faculdades de Filosofia.
Teobaldo Miranda Santos. 4.ed. (revista e melhorada) São Paulo: Companhia Editora Nacional (Curso de Psicologia e Pedagogia), 1967.

30
Didática mínima
Rafael Grisi. 4.ed. São Paulo: Companhia Editora Nacional, 1956.
Didática mínima
Rafael Grisi. 5.ed. São Paulo: Companhia Editora Nacional, 1963.

31
Pedagogia
Estudo filosófico-científico da educação contendo, em forma racional e completa, os programas oficiais do ensino normal do estado.
Bento de Andrade Filho. São Paulo: Edição Saraiva, 1957.

32
Sumário de didática geral
Luís Alves de Matos. Rio de Janeiro: Editora Aurora, 1957.
Sumário de didática geral
Luís Alves de Matos. 4.ed. Rio de Janeiro: Editora Aurora, 1964.
Sumário de didática geral
Luís Alves de Matos. 13.ed. (atualizada de acordo com a Lei de Diretrizes e Bases para o Ensino de 1º e 2º graus). Rio de Janeiro: Editora Aurora, 1975.

33
Noções de prática do ensino
Teobaldo Miranda Santos. 5.ed. São Paulo: Companhia Editora Nacional (Curso de Psicologia e Pedagogia), 1958.

34
Introdução à didática geral
Dinâmica da escola
Imídeo Giusepe Nérici. 1.ed. Rio de Janeiro: Editora Fundo de Cultura (Biblioteca Fundo Universal de Cultura – Estante de Pedagogia), 1960.

35
O planejamento no ensino primário
Planos de aula, planos de trabalho, projetos didáticos
Afro do Amaral Fontoura. Rio de Janeiro: Editora Aurora, 1960.
O planejamento no ensino primário
Planos de aula, planos de trabalho, projetos didáticos
Afro do Amaral Fontoura. 2.ed. Rio de Janeiro: Editora Aurora, 1963.

36
Manual do professor primário
Teobaldo Miranda Santos. 6.ed. (revista e atualizada). São Paulo: Companhia Editora Nacional (Curso de Psicologia e Pedagogia), 1962.

37
Noções de pedagogia científica
Para uso das Escolas Normais, Institutos de Educação e Faculdades de Filosofia.
Teobaldo Miranda Santos. São Paulo: Companhia Editora Nacional, 1963.

38
Introdução à prática de ensino
1. série normal.
E. M. Fagundes (Coord.), A. A. dos Reis; A. M. D. P. Passos; W. R. P. Lopes; L. W. Dorneles; M. L. de F. Köhn; N. de C. Jatahy. Rio de Janeiro: Ao Livro Técnico (Educação Primária – Fundamentos), 1964.

39
Metodologia e prática moderna de ensino – Tomo I
Angelina de Lima. São Paulo: Editora Formar, 1964.

40
Metodologia e prática moderna de ensino – Tomo II
Angelina de Lima. São Paulo: Editora Formar, 1964.

41
Didática geral
De acordo com os programas oficiais do Curso Normal das Escolas do Estado do Rio de Janeiro.
Romanda Gonçalves Pentagna. 4.ed. (aumentada, atualizada e refundida). Rio de Janeiro: Livraria Freitas Bastos, 1964.
Didática geral
1º volume (de acordo com os Programas Oficiais do Curso Normal das Escolas do Estado do Rio de Janeiro. Divulgada nas línguas francesa e inglesa pelo Boletim 160, sob o n. 371.30, do "Le Bureau International d'Education" (Genève)).
Romanda Gonçalves Pentagna. 10.ed. (enriquecida de novos assuntos, atualizada e refundida). Rio de Janeiro: Livraria Freitas Bastos, 1977.

42
Noções de metodologia do ensino primário
Teobaldo Miranda Santos. 10.ed. São Paulo: Companhia Editora Nacional. (Curso de Psicologia e Pedagogia), 1964.

43
Didática geral
Afro do Amaral Fontoura. 8.ed. Rio de Janeiro: Editora Aurora, 1965.

44
Didática geral
Onofre de Arruda Penteado Jr. São Paulo: Editora Obelisco, 1965.

45
Estudo dirigido
Romanda Gonçalves Pentagna. 1.ed. São Paulo, Rio de Janeiro: Livraria Freitas Bastos, 1967.

46
Diretrizes de didática e educação
Ismael de França Campos. Rio de Janeiro: Livraria Agir Editora, 1967.

47
Prática de ensino
Afro do Amaral Fontoura. 8.ed. Rio de Janeiro: Editora Aurora (Biblioteca Didática Brasileira), 1967.

48
Compêndio de pedagogia moderna
Romanda Gonçalves Pentagna, Alcy Vilela Bastos, Léa da Silva Rodrigues. 4.ed. São Paulo, Rio de Janeiro: Livraria Freitas Bastos, 1968.

49
Ensinando à criança
Guia para o professor primário.
Alaíde Madeira Marcozi, Leny Werneck Dorneles, Marion Vilas Boas Sá Rego. Rio de Janeiro: Ao Livro Técnico, 1969.

50
Pedagogia e didática modernas
Um roteiro para os mestres de hoje responsáveis pelos homens de amanhã.
Benedito de Andrade. São Paulo: Editora Atlas, 1969.

51
Ensinar não é transmitir
Juraci Marques. Porto Alegre: Editora Globo, 1969.

52
Antologia do bom professor
Precedida das primeiras noções elementares sobre os conceitos da educação de pedagogia e de didática, contendo centenas de artigos, notas, observações críticas, comentários.
Malba Tahan. Rio de Janeiro: Casa Editora Vecchi, 1969.

53
Nova dimensão no ensino
Técnicas e métodos modernos.
Jonas Cersósimo. São Paulo: Edições Fundação Escola de Comércio Álvares Penteado.

54
Introdução à educação e didática teórica e prática
Ivonne S. J. Jannuzzi de Oliveira e Ivone Vieira Morais Lamas. Belo Horizonte: Editora São Vicente, 1970.

ANEXO 2
ORGANIZAÇÕES NACIONAIS E INTERNACIONAIS CITADAS NOS MANUAIS PEDAGÓGICOS PORTUGUESES E BRASILEIROS ENTRE 1870 E 1970

Organizações Nacionais e Internacionais Citadas nos Manuais Pedagógicos Portugueses entre 1870 e 1970

Alemanha	Universidade Koenigsberg (1); Museu de Turim (1); Convento de Fulda (1); Instituto Psicopedagógico (1); Instituto de Psicologia Aplicada (2); Escola Normal de Bruxelas (1); Bureau International de Protection de l'enfance (Bruxelas) (1); Faculté Internationale de Pédologie – Bruxelas (1); Institut Buls-Tempel (1); Universidade Nova de Bruxelas (1); Instituto de Pedagogia experimental e Psicología (1); Universidade de Leipzig (2)
Atenas	Liceu de Atenas (2)
Barcelona	Indústrias Gráficas Seix & Barral, Herms (1)
Bélgica	Instituto Nacional de Pedologia em Gand (1)
Brasil	Instituto Benjamim Constant (antigo Instituto de Cegos do Rio de Janeiro) (1)
Espanha	Universidade de Salamanca (1); Libreria Pedagogica Juan Ortiz (1); Museu Pedagógico Nacional (1)
Estados Unidos	Associação dos Advogados de Chicago (1); American Library Association (2); Laboratório de Psicologia da Universidade de Harvard (1); Universidade de Harvard (2); Instituto Pedagógico de Clark University (1); Universidade de New York (1)
Filadélfia	Public Art School (1)
França	L'Hospice des Quinze-Vingts (antiga Grande Maison ou L'Hôtel des Aveugles) (1); Academia das Ciências de Paris (3); Associação Valentin Hauy (fundada em 1899) (1); Instituto de Psicologia Zoológica de Paris (1); Instituto dos Jovens Cegos de Paris (1); Instituto Nacional de Surdos-Mudos de Paris (3); Instituto Nacional para as crianças cegas (Paris) (1); L'Edifice (1);

continua

continuação

	Librairie Ch. Delagrave (1); Librairie Classique Fernand Nathan (1); Librairie Colin (1); Librairie larousse (1); Maison Émile Deyrolle – Les Fils d'Émile Deyrolle (1); Cursos de Psicologia e de Pedologia da Universidade de Paris (1)
Inglaterra	Museu Britânico (1); Universidade de Oxford (1); Educational Supply Association – Londres (1)
Itália	Asilo-Escola (Roma – criado por Sanctis) (1); Universidade de Bolonha (1); Scuola Magistrale Ortofrenica (1); Universidade de Viena (1); Universidade de Nápoles (1)
Suécia	Escola Normal de Trabalhos Manuais Educativos de Naas (1)
Suíça	Faculté Internationale de Pédologie (Genebra) (1); Cursos de Psicologia e de Pedologia da Universidade de Genebra (1); Institut Jean-Jacques Rousseau (Genebra) [Institut des Sciences de l'Éducation] (5); Laboratório de Psicologia anexo à Faculdade de Ciências da Universidade de Genebra (1); Sociedade Pedagógica genebresa (1); Universidade de Genebra (2); Convento de Saint Gall (1); Sociedade Pedagógica da Suíça romanda (1)
Vários países	Centro Internacional de Educação (7)
Portugal	Albergue das Crianças Abandonadas (2); Asilos de Cegos de São Manuel (1); Associação Promotora do Ensino dos Cegos (2); Associação Protetora da Primeira Infância (1); Beneditinos (ordem fundada em 529); Companhia de Jesus (4); Congregação do Oratório (Oratorianos) (1); Congregação dos jansenistas (1); Escola do Jardim da Estrela (Fröebel) (1); Escolas salesianas (1); Museu dos Cegos (fundado por Hauy) (1); Sociedade das Escolas Móveis (2); Sociedade de Ciências Naturais (1); Sociedade de Estudos Históricos (1); Sociedade Promotora de Asilos, Creches e Escolas (inaugurada em 9 de janeiro de 1904) (2); Sociedade Voz do Operário (1); Abadia de Tours (1); Tutoria da Infância (1); Asilo-Escola António Feliciano de Castillo (1); Casa de Correção (1); Casa de Detenção e Correção de Lisboa (5); Casa de Detenção e Correção do Porto (1); Casa de Detenção e Correção para o sexo feminino (1); Casa de Reforma de Lisboa (sexo feminino) (1); Casa Mãe (Grandela) (2); Casa Pia de Lisboa (7); Colônia Agrícola Correcional de Vila Fernando (3); Colônia Agrícola Correcional de Vila Fernando (anterior Escola Agrícola de Vila Fernando) (1); Universidade de Colônia (1); Escola (antiga) do Ensino Normal ao Calvario (1); Escola Agrícola de Vila Fernando (1); Escola Industrial Rodrigues Sampaio (1); Escola Normal de Belém (1); Escola Normal de Benfica (1); Escola Normal do Calvário (4); Escola Primária Superior (antiga escola do Calvário) (1); Escola Primária Superior de Rodrigues Sampaio (2); Escolas da Voz do Operário (1); Escolas de Reforma (1);

continua

continuação

	Federação Nacional dos Amigos e Defensores das Crianças (2); Instituto Araújo Porto (surdos-mudos) (7); Instituto da Luz (2); Instituto da Luz (ensino de cegos) (1); Instituto da Luz (ensino de surdos-mudos) (1); Instituto de Surdos-Mudos (1); Instituto dos Pupilos do Exército (1); Instituto Jacob Rodrigues Pereira (1); Instituto Médico-Pedagógico de Santa Isabel (1); Instituto Médico-Pedagógico de Santa Isabel (Casa Pia – educação dos anormais) (1); Jardim Colonial de Belém (1); Jardins-Escolas João de Deus (2); Jardins-Escolas João de Deus (localização em Coimbra, Figueira da Foz, Alcobaça e Lisboa) (1); Liga de Educação Nacional (fundada em julho de 1907) (2); Liga Nacional contra a Tuberculose (1); Liga Nacional de Instrução (1); Oficinas Branco Rodrigues (anexas ao Asilo de Castelo de Vide para cegos) (1); Mocidade portuguesa (1); Instituto Branco Rodrigues (1)
Alcântara	Sociedade promotora de Educação Popular de Alcântara (1)
Coimbra	Universidade de Coimbra (1); Escola do Magistério Primário de Coimbra (1); Faculdade de Letras de Coimbra (1); Junta Geral do distrito de Coimbra (1)
Estoril	Instituto do Estoril (ensino de cegos) (1)
Évora	1ª escola municipal portuguesa em Évora (1456) (1); Liceu de Évora (1)
Lisboa	Asilo Municipal (1); Assistência Pública de Lisboa (1); Câmara Municipal de Lisboa (criada uma escola infantil pelo sistema de Fröebel) (1); Casa Central de Reforma de Lisboa (1); Colégio Militar (1); Comissão de Proteção aos menores de Lisboa (1911) (1); Escola Central de Reforma de Lisboa (1); Escola Central de Reforma de Lisboa (sexo masculino) (1); Escola de ensino secundário para o sexo feminino de Maria Pia (hoje Liceu Garrett) (1); Escola de Reforma de Lisboa (1); Escola de Reforma de Lisboa (sexo feminino) (1); Escola do Magistério Primário de Lisboa (1); Escola Normal de Lisboa (1); Escola Normal de Marvila (2); Escola Normal Primária de Lisboa (1); Escola Normal Primária de Lisboa (Regulamento Interno – Decreto n. 6351, de 16 de janeiro de 1920) (1); Escola Primária Superior (1); Escola-Oficina n. 1 – Lisboa (9); Escolas Gerais (Universidade de Lisboa) (1); Instituto Branco Rodrigues (antiga Escola profissional de Cegos de Lisboa) (2); Instituto de Lisboa (ensino de surdos-mudos) (1); Instituto Municipal de Lisboa (surdos-mudos) (1); Instituto Municipal de Surdos-Mudos (1); Liceu de Camões (1); Liceu de Lisboa (1); Liceu de Pedro Nunes (5); Escola Normal de Lisboa (1); Livraria Ferin, Torres & Cta (1); Museu Pedagógico (1); Nova Escola de Cegos – Lisboa (aberta por Rafael Gomes Henriques em 1908) (1);

continua

continuação

	Sociedade de Estudos Pedagógicos (3); Sociedade de Geografia de Lisboa (2); Sociedade dos Estudos Pedagógicos de Lisboa (1); Tutoria de Lisboa (2)
Lisboa e Porto	Escolas Profissionais de Cegos de Lisboa e Porto (fundadas por iniciativa de Branco Rodrigues)
Pádua	Universidade de Pádua
Porto	Asilo de Cegos de São Manuel (criado pela Santa Casa da Misericórdia do Porto) (1); Câmara Municipal do Porto (1); Escola Industrial de Reforma do Porto (2); Escola Industrial de Reforma do Porto (sexo masculino) – criada pela lei de 17 de abril de 1902 (1); Instituto de Cegos do Porto (antiga Escola Profissional de Cegos do Porto) (1); Instituto de Surdos-Mudos Araújo Porto (1); Instituto do Porto (1); Livraria Escolar Progredior (1); Misericórdia do Porto (que administra o Instituto Araújo Porto) (1); Santa Casa da Misericórdia do Porto (1)

Organizações Nacionais e Internacionais citadas nos Manuais Pedagógicos Brasileiros entre 1870 e 1970

Alemanha	Universidade de Berlim (1); Associação dos Professores de Leipzig (1); Associação Alemã para a Habilidade Manual das Crianças (1); Academia de Berlim (1); Universidade de Munique (1); Movimento Juvenil (1); Instituto de Palman (1); Universidade de Berlim (1)
Argentina	Cruzada Pedagógica pela Escola Nova (1); Sociedad Nacional para el estudio de la educación de los EUA (1)
Estados Unidos	Universidade de Chicago (9); Universidade de Columbia (9); Universidade de Harvard (1); The Dalton Association (1); União Norte-Americana (1); Associação Psicológica Americana (1); American International Association for economic and Social Development (1); University of West Virginia (1); Universidade de Stanford (3); Associação de Educação Progresiva de Baltimore (1); University School (1); Escola-Laboratório da Universidade de Chicago (1); University Elementary School (2); Duke University (1); Comissão Americana dos Quinze (4); Commonwealth Teacher Training Study (2); Commission on the reorganization of secondary education (1); Associação de Educação Progresiva (1); Escola Estadual de Profesores (2); Sociedade do Mobiliário Escolar de Nova Ioque (1)
França	Collège de France (2); Academia de Paris (1); Academia de Ciências da França (1)
Inglaterra	Academia de Londres (1); Universidade de Oxford (3)
Itália	Universidade de Roma (7); Faculdade de Filosofia da Universidade de Roma (1)

continua

continuação

Portugal	Companhia de Jesus (1); Academia dos homens de letras (1); Universidade de Lisboa (1)
Suíça	Universidade de Genebra (2); Instituto Jean-Jacques Rousseau (28); Asilo de Anormais (1)
Vários países	Unesco (15); Associações de Professores Católicos (1); Associate Professor of Education and Psychology (1); Liga Internacional das Escolas Novas (1)
Brasil	Associação Brasileira de Educação (7); INEP (6); Universidade do Brasil (5); Confederação Católica Brasileira de Educação (4); Seção de Extensão Cultural do Museu Nacional (1); Conselho Nacional de Geografia (1); Liga Pedagógica de Ensino Secundário (1); Instituto de Nutrição (1); Departamento Nacional de Educação (1); Conselho Nacional de Pesquisas (1); IBGE (4); Instituto de Pesquisas Educacionais (3); Ministério da Educação e Cultura (3); Diretoria do Ensino Secundário do Ministério da Educação e Cultura (2); Associação Brasileira de Educação (5); Companhia de Jesus (1); Colégio de Nova Friburgo da Fundação Getúlio Vargas (1); Ministério da Educação (1); MEC – Ministério de Educação e Cultura (1); INEP (1); Faculdade Nacional de Filosofia (1)
Belo Horizonte	Centro de Estudos Sociais (2)
Espírito Santo	Clube Pedagógico Dom Bosco (2)
Rio de Janeiro	Instituto de Pesquisas Educacionais do Distrito Federal (1); Grupo escolar Getúlio Vargas – escola primária integrante do Instituto de Educação Professor Ismael Coutinho – ex-Instituto de Educação de Niterói (1); Universidade do Distrito Federal (4); Diretoria de Instrução Pública (2); Instituto de Educação do Distrito Federal (1); Departamento de Educação Primária (11); Coordenação Geral de Prática de Ensino (1); Serviço de Obras Sociais, da Diretoria de Instrução Pública (1); Conselho Estadual de Educação (1); Conselho Estadual de Cultura (1); Colégio de Aplicação da Faculdade Nacional de Filosofia (1); Instituto de Educação (1); Centro Educacional de Niterói (1); Círculo de mães (1); Associação dos Servidores Civis do Brasil (1); INEP (1); Instituto Nacional de Cinema Educativo (INCE) (1); Divisão de Pesquisas e Orientação Pedagógica do Departamento de Educação Primária (1); Serviço Nacional de Educação Sanitária (1); Serviço de Informação Agrícola (1); Serviço de Estatística da Educação e Cultura – MEC (1); Instituto Nacional do Livro (1); Divisão de Pesquisas e Orientação Pedagógica da Secretaria de Educação e Cultura do estado do Rio de Janeiro (1)
Rio Grande do Sul	Faculdade de Educação da Universidade Federal do Rio Grande do Sul (2); Faculdade de Filosofia Santa Úrsula (3)

continua

continuação

São Paulo	Secretaria de Educação e Cultura (10); Senai (3); Instituto de Educação (3); Delegacia de Ensino de Piracicaba (2); Secretaria da Educação (1); Senac (1); Pastoral Coletiva do Episcopado Paulista (1); Universidade Católica de São Paulo (1); Serviço de Educação Primária Complementar (1); Serviço de Educação Primária do Departamento de Educação (1); Serviço de Psicologia Aplicada da Diretoria Geral do Ensino (1); Serviço de Trânsito (1); Colégio dos Meninos de Jesus (1); Colégio de São Paulo (1); Centro de Civismo e Intercâmbio Escolar (1); Faculdade de Filosofia, Ciências e Letras de Campinas, da Universidade Católica de São Paulo (1); Instituto de Educação da Universidade de São Paulo (1); Comissão de Professores de Prática de Ensino do Instituto de Educação (1); Faculdade de Direito de São Paulo (1); FAAP (1); Departamento de Assistência ao Cooperativismo do Estado de São Paulo (1); Delegacia de Ensino de Guaratinguetá (1); Universidade de São Paulo (4); Seção de Orientação Pedagógica do Senac (1); Departamento de Educação de São Paulo (3); Diretoria do ensino do estado de São Paulo (3); Serviço de Psicologia do Instituto "Caetano de Campos" (3); Serviço de Orientação Pedagógica do Departamento de Educação (1); Serviço das Instituições Auxiliares da Escola do Departamento de Educação (1); Diretoria Geral de Ensino (1); Diretoria do Serviço de Orientação Pedagógica do Departamento de Educação (1); Comissão de Estudos do SIAE do Departamento de Educação (1); Departamento das Relações Públicas da Companhia Editora Nacional (1)

ANEXO 3
O SISTEMA MUNDIAL NOS MANUAIS PEDAGÓGICOS PORTUGUESES E BRASILEIROS

O sistema mundial nos Manuais Pedagógicos Portugueses de 1870 a 1970.

	Europa	América	O "resto" do Ocidente
Professor 1870 a 1890	França[1]		
Escola 1891 a 1910	Alemanha, França[2]		Portugal[3]
Aluno 1911 a 1940	Alemanha (5); Prússia (1); França (5); Rússia (5); Dinamarca (3); Inglaterra (3); Itália (3); Espanha (1); Europa (2); Suécia (2); Suíça (2); Holanda (1); Hungria (1)	Estados Unidos (10); América (4); América do Norte (2); Filadélfia (2)	Portugal (5); Finlândia (2); Grécia Antiga (1); países latinos (1)

continua

---

1 As menções à França não foram quantificadas porque, nos manuais portugueses da época (Sá, 1870; Afreixo e Freire, 1870; Baganha, 1878), elas apareceram de uma forma indireta, nos prefácios, quando se citou autores franceses.

2 As menções à França não foram quantificadas porque, nos manuais portugueses da época (Afreixo, 1887; Coelho, 1894; Câmara, 1902; Câmara, 1903; Coelho, 1903; Leitão, 1903; Leitão, 1907; Vasconcelos, 1910), elas apareceram de uma forma indireta, através de citações a autores franceses e alemães.

3 As menções a Portugal não foram quantificadas porque apareceram de uma forma indireta nos *Elementos de pedagogia*, de José Augusto Coelho (1894), quando esse autor português citou a si próprio 15 vezes.

continuação

	Europa	América	O "resto" do Ocidente
Metodologia 1941 a 1970	Itália (10); Alemanha (7); Suíça (6); Espanha (5); Europa (5); Bélgica (3); França (2); Áustria (2); Holanda (1); Inglaterra (3); Rússia (1)	Estados Unidos (5); América do Norte (2); América (1); Américas (1); América do Sul (1); América Latina (1)	Portugal (23); Brasil (9); China (2); Esparta (2); Grécia (3); Espanha (1); Índia (1); Japão (1); Atenas (1)

Quadro 4 – O sistema mundial nos Manuais Pedagógicos Brasileiros de 1870 a 1970.

	Europa	América	O "resto" do Ocidente
Professor 1870 a 1890	França (6); Suíça (4); Bélgica (3); Inglaterra (2); Alemanha (1); Hungria (1)	EUA (2); América do Norte (1)	
Escola 1891 a 1910	Espanha (5); Europa (2); França (1); Itália (1)	América (1)	Grécia (6); Egito (5); Roma (5); Atenas (5); Esparta (4); Brasil (3); Índia (3); China (1); Alexandria (1); Babilônia (1); México (1)
Aluno 1911 a 1940	Alemanha (80); França (26); Inglaterra (20); Itália (13); Europa (18); Rússia (15); Bélgica (9); Áustria (7); Espanha (5); Suíça (3); Holanda (2); Dinamarca (2); Noruega (1); Ocidente (1); Escócia (1); Polônia (1); Suécia (1)	EUA (45); América do Norte (10); América (5); Groenlândia (1)	Brasil (201); Índia (4); África (3); China (3); Uruguai (2); Japão (2); Egito (2); Escandinávia (2); Chile (1); Portugal (1); Patagônia (1); Paraguai (1); Turquia (1); Grécia (1); Colômbia (1); Bolívia (1); Argentina (1); América do Sul (1); Ásia (1); Índias Britânicas (1)

continua

continuação

	Europa	América	O "resto" do Ocidente
Metodologia 1941 a 1970	Alemanha (138); França (88); Itália (85); Inglaterra (84); Europa (36); Bélgica (27); Suíça (30); Suécia (10); Áustria (6); Espanha (9); Holanda (8); União Soviética (6); Inglaterra (5); Dinamarca (4); Hungria (2); Rússia (2); Noruega (1); Polônia (1); Bulgária (1); Escócia (1)	EUA (190); América (19); América do Norte (5); Canadá (5); Finlândia (3); Austrália (3)	Brasil (825); Grécia (27); Portugal (21); China (16); Egito (14); África (12); América do Sul (5); América Latina (2); Oriente (1) Argentina (10); Índia (8); Atenas (7); Japão (7); Ásia (5); Chile (4); Esparta (4); México (4); Israel (2); Líbia (2); Colômbia (2); Peru (2); Uruguai (2); Equador (1); Escandinávia (1); Babilônia (1); Bolívia (1); Budapeste (1); Guatemala (1); Haiti (1); Irã (1); Nicarágua (1); Oriente (1); Panamá (1); Pérsia (1)

ANEXO 4
OS LIVROS E AUTORES CITADOS NOS MANUAIS PEDAGÓGICOS PORTUGUESES E BRASILEIROS

Os livros e autores citados nos Manuais Pedagógicos Portugueses (**1870 a 1970**)

Autores citados pelos Manuais Portugueses Professor 1870-1890
Nenhum autor citado

Obras citadas pelos Manuais Portugueses Professor 1870-1890
Nenhuma obra citada

Autores citados pelos Manuais Portugueses Escola 1891-1910	Recorrência
Augusto Comte	1
Bouvard	1
Condillac	1
Dumas	1
Fröebel	1
Herbert Spencer	1
Schnurrer	1
Toaldo	1

Obras citadas pelos Manuais Portugueses Escola 1891-1910	Recorrência
Educação física, Dr. Simões, sem local e data indicados	1
Princípios de pedagogia, José Augusto Coelho, São Paulo	15

Autores citados pelos Manuais Portugueses Aluno 1911-1940	Recorrência
A. Rey	5
Abílio Meireles	1
Adolfo Lima	36
Adolphe Ferrière	14
Afonso Lopes Vieira	1
Airy (astrônomo inglês)	1
Albertina Maria Costa	2
Alcântara Garcia	8
Alexandre Bain	4
Allin	1
Amélia Hamaide	2
Ampère	5
Andersen	1
Andrew Rehyer	1
Ângelo Ribeiro	1
António Lima	3
António Sérgio	1
Arago	1
Aristóteles	2
Armando Cohn	4
Arquimedes	1
August Abrahamson	1
Auguste Comte	13
B. F. Eddy	3
Babeuf	1
Bacon	8
Baldwin	1
Baltimore	1
Bandin	1
Bannwarth	5
Barth	11
Basedow	14
Baudrillart	1
Bell	1
Bernardin de Saint-Pierre	1

continua

continuação

Autores citados pelos Manuais Portugueses Aluno 1911-1940	Recorrência
Bertrand	1
Binet	2
Boirac	1
Boston	1
Boutroux	1
Bovet	2
Branca Weber	1
Breslau	1
Brito Moreno	5
Brochard	1
Brucker	1
Buisson	1
Burgerstein	2
C. Marques Leitão	9
Cabet	1
Camila de Carvalho	1
Camilo Castelo Branco	1
Camões	1
Campagne	4
Campe	1
Carlos Alberto	1
Carlos Fourier, C.	2
Cellérier	3
César Porto	1
Claparède	23
Claude Bernard	2
Clauson-Kaas	1
Cocheris	1
Collard	3
Comenius	18
Compayré	2
Condorcet	3
Consiglieri Pedroso	1
Copérnico	2
Cormerin	1

continua

continuação

Autores citados pelos Manuais Portugueses Aluno 1911-1940	Recorrência
Costa Sacadura	2
Cousinet	1
Cunha Vieira	1
Cuvier	1
D. Julian Lopes Catalan	1
Daniel Defoe	2
David Hume	1
Decroly	24
Décroly e Monchamp	1
Della-Voss	1
Demeny	1
Descartes	3
Descoeudres	2
Dorpfeld	2
Dottrens	1
Doubs	1
Dr. Adolfo Coelho	1
Dr. Álvaro Ribeiro Barbosa	1
Dr. Ernst Schiller Mann	2
Dr. José de Magalhães	3
Dr. Júlio Eduardo dos Santos	1
Dr. Nicolau Roubakine	1
Dr. Sá Oliveira	3
Dugas	2
Eça de Queirós	1
Eisenmenger	1
Elslander	5
Euclides	1
Ezequiel Solana	1
Faria de Vasconcelos	2
Fausto	1
Fénelon	1
Fernando Ávila Lima	1
Fernando Paliart	1
Fernando Paliart Ferreira	1

continua

continuação

Autores citados pelos Manuais Portugueses Aluno 1911-1940	Recorrência
Ferrer	2
Fonsegrive	3
Fontegne	8
Francke	1
Fréderic-Eberhard de Rochow	1
Fröebel	16
Galileu	1
Galle	2
Garrett	1
Gaudig	1
George Kerschensteiner	11
Georgette Royant	1
Gerardo Rodriguez Garcia	3
Gérin	2
Goblot	2
Goethe	1
Gotha	1
Grandchamp	1
Gréard	1
Grimm	1
Guedes	1
Guilherme de Humboldt	1
Guilherme Rein	12
Gutenburgo	1
Guyau	1
H. Lorent	1
H. Lorent e A. Dubuisson	1
Hachette	1
Halle	1
Helen Keller	1
Henrique Marques Júnior	1
Herbart	30
Herbert Spencer	7
Herculano	1
Herder	1

continua

continuação

Autores citados pelos Manuais Portugueses Aluno 1911-1940	Recorrência
Herschell	1
Higiene	1
Huey	1
Inácio de Loyola	1
Itschner	2
J. Schmieder e A. Schmieder	6
Jacotot	1
Jacqmann	1
James Mill	1
Jansen	1
Javal	2
Jean Jacques Rousseau	19
João da Mota Prego	1
João de Sousa Tavares	3
John Dewey	25
John Locke	2
Jorge Pouchet	2
José Augusto Coelho	2
José Neto	1
José Pereira	1
Júlio Verne	1
Jussien	2
Kant	1
Kensie	1
Kraeplin	1
Kulpe	1
La Bruyère	1
Lakanal	1
Larguier des Bancels	1
Le Verrier	1
Lehman	1
Lessing	1
Le Verrier	1
Lewes Spencer	1
Liard	1

continua

continuação

Autores citados pelos Manuais Portugueses Aluno 1911-1940	Recorrência
Lichtwark	1
Louis Dalhem	1
Luís da Mata	1
Luiz Gonçalves Coutinho	1
M. da Cunha Prelada	1
M. E. Wells	2
M. Marion	1
MacMillan	1
Mallard y Cutó	3
Mandine	2
Manuel Joaquim de Oliveira	2
Manuel José António	1
Marcel Mauxion	1
Maria Butts	1
Maria Montessori	15
Martinho Lutero	3
Mary Mapes Dodge	1
Maurice Maindron	1
Mendes dos Remédios	7
Meumann	1
Mikkelsen	1
Miss Edgeworth	1
Mme. Pape-Carpentier	2
Monroe	1
Montaigne	5
Mrs. Ewing	1
Munch	1
Nagy	3
Nagy	2
Neumann	1
Newton	2
O. Seing	1
Offener	1
Omer Buyse	10
Otto Salomon	4

continua

continuação

Autores citados pelos Manuais Portugueses Aluno 1911-1940	Recorrência
Otto Willman	2
Padre Girard	9
Pasteur	1
Paulhan	1
Paulo Berton	1
Paulo Campos	1
Paulsen	3
Peixoto, Cunha	1
Pestalozzi	34
Pickwick	1
Piessen	1
Pinheiro Chagas	1
Platão	1
R. Sand	1
Rabelais	7
Rabier	1
Randolph Caldecott	1
Ratke	1
Regnault	1
Ribeiro Barbosa	1
Ribot	1
Ricardo Rosa y Alberty	1
Richards	1
Robert Owen	2
Robert Seidl	5
Roubakine	5
Rousselot	4
Runcle	1
Saint Louis	1
Saint-Just	1
Saint-Simon	1
Sallwurk	3
Sallwurk	1
Salzman	4
Santos Andrea	1

continua

continuação

Autores citados pelos Manuais Portugueses Aluno 1911-1940	Recorrência
Schiller	5
Schmieder	5
Schubert	1
Seguin	2
Sérgio W. Ivanoff	1
Seyfert	1
Simon	1
Sloyd Dinamarquês	2
Smedley	1
Sócrates	3
Stokowska	2
Stuart Mill	3
Sturm	2
T. Storm	1
Tadd	5
Termann	3
Thomas Braun	2
Toledo	1
Tolstoi	2
Trapp	1
Uno Coegnus	1
Virgílio Santos	4
Virgínia de Castro e Almeida	1
W. A. Lay	2
W. Hamilton	1
W. James	6
Whitling	1
Wiget	1
William Wundt	8
Wolf	1
Woodward	1
Zenão	1
Ziehn	1
Ziller	16

continua

Obras Citadas pelos Manuais Portugueses Aluno 1911-1940	Recorrência
A alma do educador e o problema da formação do mestre, de Kerschensteiner	1
A escola ao serviço da personalidade em formação, de Gaudig	1
A escola e psicologia experimental, de Edouard Claparède	1
A escola e psicologia experimental, de Edouard Claparède, 1931	2
As formas normais didáticas, de Sallwurk	1
Circular de 27 de maio de 1915 (ensino primário) (Portugal)	1
Compêndio elementar de pedagogia, de Gerardo Rodriguez Garcia	1
Compêndio elementar de pedagogia, de Gerardo Rodriguez Garcia, Madrid, 1922	1
Conceito da escola do trabalho, de Kerschensteiner	1
Cours de pédagogie théorique et pratique, de Compayré	1
Decreto n. 1.8379, de 23 de maio de 1930 (Portugal)	1
Decreto n. 1.8486 de 18 de junho de 1930 (liceus) (Portugal)	1
Decreto n. 7.388 de 29 de janeiro de 1921 – cadernos diários (Portugal)	1
Decreto n. 8.203 de 19 de junho de 1922 (Portugal)	1
Decreto n. 6.203, de 7 de novembro de 1919 (Ensino Primário e Normal – programas) (Portugal)	1
Dicionário universal de educação e ensino, de A. M. Campagne	3
Didática geral, de J. Schmieder e A. Schmieder	2
Didática geral, de J. Schmieder e A. Schmieder, 1932	1
Didática magna, de Comenius	1
Die uberwindung der schule, de Paulsen, Leipzig, 1926	1
Emílio, de Jean Jacques Rousseau	1
Enciclopédia de pedagogia	1
Essência e valor científico-natural, de Kerschensteiner	1
Evangelho de S. João	1
Exp. Beitr. Z. lehre von der okonomie und tecknik des lermens. Experiment pedagogik, de Neumann, 1906	1
Filosofia elementar, de Mendes dos Remédios, Coimbra, 1916	1
Fundamento para a teoria do ensino, de Ziller	1
La escuela del trabajo, de Kerschensteiner	1
La escuela y la psicologia experimental, de Edouard Claparède	1
La escuela y la sociedad, de John Dewey	3
La ley biogenética y la escuela activa, de Adolph Ferrière, Madrid	1

continua

SABERES EM VIAGEM NOS MANUAIS PEDAGÓGICOS 377

continuação

Obras Citadas pelos Manuais Portugueses Aluno 1911-1940	Recorrência
Las escuelas de mañana, de John Dewey	2
L'école et l'enfant, de John Dewey, Neuchâtel	1
Lei de 7 de julho de 1914 – criação das escolas normais primárias (Portugal)	1
Lei n. 1.263 de 9 de maio de 1922 (ensino primário) (Portugal)	1
Lições de coisas, de António Sérgio	1
L'initiative à l'activité intellectuelle et motrice par les jeux éducatifs, de Decroly e Monchamp, Neuchâtel	1
Méthode de mémorisation, de Larguier des Bancels, 1904	1
Metodologia, de Adolfo Lima	1
Noções de pedagogia elementar, de José Augusto Coelho, 1907	1
O problema da educação pública, de Kerschensteiner	1
Pedagogia experimental, de Kensie, 1899	1
Pedagogia experimental, de W. A. Lay	1
Pedagogia para o ensino primário, de Rousselot	1
Portaria do Ministério da Instrução Pública de 7 de Abril de 1920 (Portugal)	1
Portaria n. 3.140 de 31 de março de 1923 (ensino primário) (Portugal)	1
Programa de Desenho – Decreto n. 14.417 (Portugal)	1
Programa de trabalhos manuais educativos de 1921 (ensino primário geral) (Portugal)	1
Programas de trabalhos manuais educativos de 1919 (Portugal)	1
Psicologia da criança e pedagogia experimental, de Edouard Claparède, 1924	1
Psicologia del niño, de Edouard Claparède	1
Questions de morale et d'éducation, de Boutroux, Paris	1
Reforma de 19 de julho de 1930 (ensino primário) (Portugal)	1
Regulamento (ensino normal primário) de 1916 (Portugal)	1
Regulamento aprovado pelo Decreto n. 17.379 de 23 de maio de 1930 (Portugal)	1
Regulamento da Instrução Secundária de 18 de julho de 1921 (Portugal)	1
Regulamento de 28 de julho de 1881 – ensino primário (Portugal)	1
Regulamento de 29 de setembro de 1919 – Ensino Primário (Portugal)	1
Regulamento e programas das escolas normais primárias de 13 de fevereiro de 1916 (Portugal)	1

Autores Citados pelos Manuais Portugueses Metodologia 1941-1970	Recorrência
Adolfo Rude	15
Aguayo	12
Alberto Pimentel	1
Alberto Pimentel Filho	3
Alfredo dos Reis	3
Anselme	1
António Faria de Vasconcelos	7
António Onieva	1
António Sardinha	1
Aristóteles	1
Bacon	1
Benda	1
Bernal	1
Boissières	1
Bossuet	1
Bourlet	3
Briand	1
Burton	1
Buyse	1
Carbonell	3
Carleton Washburne	5
Cecília Schmidt	1
Cícero	1
Claparède	2
Clara Stern e Guilherme	1
Collard	1
Comenius	2
Compayré	1
Condillac	1
Costa Sacadura	1
D. Manuel Trindade Salgueiro	1
De Hovre	2
Decroly	14

continua

continuação

Autores Citados pelos Manuais Portugueses Metodologia 1941-1970	Recorrência
Dégerine	1
Descartes	3
Descoeudres	1
Dietze	1
Dupanloup	2
Ezequiel Solana	53
Faria de Vasconcelos	1
Fénelon	1
Ferrière	1
Franz Schnass	10
Freeman	7
Freinet	1
Gaston de Boissier	1
Gates	1
George Sand	1
Germain	1
Gladys Lowe Anderson	1
Goethe	2
Herbart	2
Herbert Spencer	11
Hugo Calzetti	1
J. Schmieder e A. Schmieder	1
J. Todd	1
Jacotot	2
Jean Baptiste de La Salle	1
Jean Jacques Rousseau	32
João da Mota Prego	4
João de Barros	1
João de Deus	1
João de Deus Ramos	1
John Dewey	2
Jonathas Serrano	6
Kant	1

continua

continuação

Autores Citados pelos Manuais Portugueses Metodologia 1941-1970	Recorrência
Lancaster	1
Lay	3
Leal Carneiro	1
Lemonier	1
Locke	1
Lourenço Filho	1
Luís de Zulueta	1
Luís Vivés	3
M. E. Wells	2
Mackinder	1
Margarida McCloskey	2
Mário Gonçalves Viana	5
Máximo Virgolini	1
McCall	1
Meumann	3
Monroe	1
Montaigne	2
Maria Montessori	6
Newton	1
Orbelino Geraldes Ferreira	2
Palmer	3
Pascal	1
Paul Lacombe	1
Paul Valéry	1
Pavlov	1
Pécaut	1
Platão	1
Plínio Salgado	1
Pressey	1
Preyer	2
Quintiliano	2
R. Sand	4
R. Stercky e Honoré	1

continua

continuação

Autores Citados pelos Manuais Portugueses Metodologia 1941-1970	Recorrência
Rabelais	4
Ribot	4
Riboulet	16
Rollin	1
Rouma	2
Ruyssen	1
Salazar	2
Sánchez Sarto	2
Sanjuán	2
Schaller	1
Scheiblhuber	2
Schleiermacher	1
Schmeil	1
Schmidt	1
Schmieder	1
Schopenhauer	4
Schuyten	2
Sêneca	2
Serras e Silva	1
Simon	2
Sócrates	8
Spalding	1
Spinoza	2
Starford	1
Stern	2
Stiehler	5
Sully	3
Talleyrand	1
Tarde	1
Taylor	1
Teobaldo Miranda Santos	7
Teofrasto	1
Terman	5

continua

continuação

Autores Citados pelos Manuais Portugueses Metodologia 1941-1970	Recorrência
Tertuliano	1
Thorndike	13
Tiedmann	1
Tirado Benedi	2
Tolstoi	2
Vahl	2
Vaissière	1
Vannod	1
Vásquez Azevedo	1
Vermeylen	1
Verniers	7
Vicente Valls	4
Vieira	2
Watson	2
Weber	1
Weigl	1
William Gray	2
Winch	1
Wirth	1
Wofgang	1
Wolf	3
Woodworth	2
Woody	1
Wundt	1
Xenofonte	1
Ziehen	1
Ziller	3
Zneniecki	1

Obras Citadas pelos Manuais Portugueses Metodologia 1941-1970	Recorrência
101 lecciones practicas, de A. Onieva	2
A arte de raciocinar em aritmética, de António Faria de Vasconcelos	1
A ciência e a educação, de Demoor	1

continua

continuação

Obras Citadas pelos Manuais Portugueses Metodologia 1941-1970	Recorrência
A educação da vontade, de D. Manuel Trindade Salgueiro	1
A escola activa e os trabalhos manuais, de Coryntho da Fonseca, São Paulo	1
A formação dos hábitos, de Pierre Guillaume	1
A leitura intelectual na escola primária, de Dévaud	1
A pedagogia escolar contemporânea, de Émile Planchard	2
A pedagogia escolar contemporânea, de Émile Planchard, 1946	2
A pedagogia, de Mário Gonçalves Viana	1
Adolescência e juventude, de Perillo Gomes	1
Aprendizaje y educación, de J. J. Gómez Araujo	1
Aritmética do avozinho, de Jean Macé	1
Art. 43 Educação Constituição política da nação portuguesa	1
Atitudes viciosas nas escolas, de Costa Sacadura	1
Aux sources de la pédagogie moderne, F. Anselme, Bruxelas, 1950	1
Bíblia	14
Breviário de psicologia, de A. Samará	1
Cartas sobre a aplicação da psicologia à pedagogia, de Herbart	1
Cartinha de aprender a ler, de João de Barros	1
Castigo corporal, de Tomás L. Cardoso	1
Catecismo da educação, de Ab. René	1
Catecismo vivo, de Boyer	2
Circular n. 3.891 (Portugal)	1
Comment diagnostiquer les aptitudes chez les écoliers,	1
Como diagnosticar as aptidões dos escolares, de Edouard Claparède	1
Como ensinar a ortografia, de António Faria de Vasconcelos	1
Como ensinar linguagem, de Firmino Costa	1
Como ensinar, de Pe. Chagney	1
Como se enseña la história, de T. Sanjuán	1
Como se ensina a aritmética, de Everardo Backheuser	1
Como se ensina a história, de Jonathas Serrano	2
Como se ensina leitura, de Pennell e Cusack	1
Como se ensinam os trabalhos manuais, de J. Montúa Imbert	1
Compêndio de geografia, de Orbelino Geraldes Ferreira	2
Compêndio de história pátria, de J. Frobes	1
Compêndio de psicologia experimental	1

continua

continuação

Obras Citadas pelos Manuais Portugueses Metodologia 1941-1970	Recorrência
Constituição política da nação portuguesa, 1933	1
Constituição política no estado português §3º art. 43º	1
Cours de pédagogie théorique et pratique, de Compayré	1
Cours de pédagogie, de Charbonneau	1
Cours de philosophie, de C. Lahr	1
Cultura, de A. S. Muller	1
De la educación, de Dupanloup	1
Decreto nº 6137 de 29 de setembro de 1919 (Portugal)	1
Deus, pátria e família, de José Maria Gaspar, 1942	1
Dicionário, de Littré	1
Dictionnaire de la langue française, de 1762	1
Dictionnaire pédagogique, de Buisson	2
Dictionnaire, de Buisson	1
Didáctica general, de Calzetti	1
Didáctica geral, de Bernardino Fonseca Lage	1
Didática da aritmética, de Alberto Pimentel Filho	1
Didática da Escola Nova, de Aguayo	12
Didática magna, de Comenius	5
Didática pedagógica, de Ezequiel Solana	4
Diretrizes metodológicas, de Riboulet	3
Educação e hereditariedade, de M. Guyau	3
Educação e sociologia, de Émile Durkheim,	1
Educação funcional, de Edouard Claparède	1
Educational psychology, de Thorndike	1
Educational Review	1
El alma del educador y el problema de la formación del maestro, de Sánchez Sarto, Barcelona, 1928	1
El dibujo al servício de la educación, de Perrelet Artus	1
El dibujo en la escuela primária, de Mallardo	1
El lenguaje gráfico del nino, de Rouma	1
El método de proyectos, de Fernando Sáinz	2
El tesoro del maestro	2
El tesoro del maestro, de Adolfo Rude	3
El tesoro del maestro, de Meumann	2

continua

continuação

Obras Citadas pelos Manuais Portugueses Metodologia 1941-1970	Recorrência
El tesoro del maestro, vários autores	1
El trabajo manual según el plan Dalton, de A. J. Lynck	3
Elementos de filosofia, de Th. Sinibaldi	1
Elementos de história de Portugal, de A. Pimenta	1
Elementos de pedagogia, de Domingos Evangelista	1
Émile, de Jean Jacques Rousseau	2
Emílio, de Jean Jacques Rousseau	2
Encerado y clarión, de Luiz Mallafre	1
Encíclica Da educação cristã da juventude, de Pio XI	1
Encíclica Da educação cristã da Juventude, de Pio XI, 31/12/1929	1
Encíclica Divini illius magister, de Pio XI	1
Enciclopédia ecclesia, de F. Doreste	1
Enseñanza de la geografia, de Franz Schnass	1
Enseñanza de la historia, de Adolfo Rude	1
Enseñanza del dibujo, de G. Stiehler	2
Ensino da gramática, ensaio crítico, de Francisco de Sousa Loureiro, 1940	2
Ensino da gramática, ensaio-crítico, de Francisco de Sousa Loureiro, 1940	1
Estudios pedagogicos modernos, de António Gil Muniz, Málaga, 1952	1
Ética, de Wundt	1
Études sur l'enfance, de J. Sully	2
Filosofia da educação, de S. Tomás de Aquino, São Paulo	1
Formação dos hábitos, de Guillaume, São Paulo	1
Fundamentos do método, de Penteado Jr.	1
Geografia humana, de Amorim Girão	1
Governo de si mesmo, de Antonino Eymieu, Braga	1
Guide pratique de l'instituteur, de Harner	1
História alegre de Portugal, de Pinheiro Chagas	1
História da pedagogia, de Monroe	1
História da pedagogia, de Riboulet	1
Historia de la pedagogia, de Ezequiel Solana	2
Historiazinha de Portugal, de A. S. Muller	1
Horta do Tomé, de João da Mota Prego	1
Humanismo pedagógico, de Tristão de Ataíde	2

continua

continuação

Obras Citadas pelos Manuais Portugueses Metodologia 1941-1970	Recorrência
Infancia y juventud, de Charlotte Buhler,	1
Instrucción ética de la juventud, de W. Foerster	1
Introdução à escola nova, de Lourenço Filho	1
Janua reserata, de Comenius	1
La autoridad en la família y en la escuela, de Kieffer	1
La ciencia de la educación, de H. Ruiz	3
La enseñanza de la história, de Lavisse e outros	1
La enseñanza de la moral cristiana, de Leclerck	1
La filosofia del deber, de Bulnes	1
La géographie dans l'enseignement moyen, de Kraentzel	1
La lectura y la escritura por el método global, de J. Forgione	1
La pedagogia de los jesuítas, de Charmot	1
La psychologie pédagogique, de La Vaissière	1
La radiodiffusion scolaire, do Instituto internacional de cooperação intelectual de Genebra, 1933	1
La santé de l'écolier, de R. Sand	3
L'âme de l'enfant, de Peyer, 1871	1
Las dos fuentes de la moral y de la religión, de Bergson	1
Le Cid, de Corneille	1
Le système Décroly et la pédagogie chrétienne, de Dévaud	2
Lecciones de didactica, de Lombardo Radice	4
L'école active selon l'ordre chrétien, de Dévaud	1
L'école active, de Ferrière	1
L'éducation à la croisée des chemins, de Jacques Maritain	2
L'Éducation nouvelle, de Ângela Médici	2
L'enseignement de l'histoire et l'esprit international, de Edouard Claparède	1
Les sciences philosophiques, de A. Rey	1
Lições de história, de Garcia Villada	2
Lições de metodologia, de Bernardino Fonseca Lage	7
Lições de pedologia e pedagogia experimental, de António Faria de Vasconcelos	1
Livro da 1ª classe	1
Livro único	4
Livro único	1
Livro único da 1ª classe	4

continua

continuação

Obras Citadas pelos Manuais Portugueses Metodologia 1941-1970	Recorrência
Livro único da 1ª classe	2
Los centros de interés en la escuela, de Clotilde Rezzano	1
Manual de desenho para a escola primária, de Quénioux	1
Manual de didáctica e organización escolar, de Félix M. Alpera e outros	1
Manual de pedagogia, de Daguet	1
Manual de pedagogia, de Lay	3
Manual do professor primário, de Teobaldo Miranda Santos	1
Methodologie de l'enseignement de l'histoire, de Achille	1
Methodologie de l'enseignement de l'histoire, de Pizard	1
Método especial de linguagem, de Mc Murry	1
Metodologia da história, de Verniers	3
Metodologia da leitura e da escrita, de F. Doreste	1
Metodologia da língua materna, de Bernardino Fonseca Lage	1
Metodologia da linguagem, de Orlando Leal Carneiro	2
Metodologia de la aritmética en la escuela primária, de H. Ruiz	1
Metodologia de la aritmética y la geometria, de Margarita Comas,	1
Metodologia de la geografia, de Pedro Chico	1
Metodologia de la história, de Verniers	1
Metodologia de las actividades manuales, de Vicente Valls	1
Metodologia del dibujo, de Medina Bravo	1
Metodologia del linguaje, de Félix Alpera	1
Metodologia do desenho in El tesoro del maestro, de Stiehler	1
Metodologia dos trabalhos manuais, de Vicente Valls	2
Metodologia y organización escolar, de F. Montilla	1
Metodologia y organización escolar, de Onieva	4
Metodologia, de Onieva	2
Metodologia del dibujo, de Medina Bravo	1
Morale et pédagogie, de Alcan	1
Naturaleza y educación del caracter, de Rudolf Allers, Editorial Labor, 1950	2
Noções de psicologia educacional, de Teobaldo Miranda Santos	1
Notas de didática especial, de José Maria Gaspar e Orbelino Geraldes Ferreira	3
O desenvolvimento espiritual da criança, de Carlos Buher	1
O ensino da geografia e história, de Franz Schnass	1

continua

continuação

Obras Citadas pelos Manuais Portugueses Metodologia 1941-1970	Recorrência
O ensino da linguagem, de Tirado Benedi	1
O ensino do desenho, de Stiehler	1
O ensino elementar da língua, de A. M. Domingues e M. da Silva	1
O espírito histórico, de Fidelino Figueiredo	1
O governo de si mesmo, de Antonino Eymieu	1
O Homem centro do mundo, de Manuel da Cruz Malpique	1
O jovem de caráter, de Tihamer Toth,	1
O método de projetos, de Fernando Sáinz	1
O método Decroly aplicado à escola, de Dahlem	1
O método dos testes, de Nihard	1
O professor ideal, de Luciano Lopes	1
Orbis pictus, de Comenius	4
Organización escolar, de Ezequiel Solana	1
Orientaciones practicas de enseñanza primária, de Bernal	1
P. Cálculo aritmético, de Junquera Muñé	1
Padre Roque, de João da Mota Prego	1
Para uma escola ativa, de Ch. Dévaud	1
Pedagogia científica, de Aguayo	2
Pedagogia da luta ascética, de Victor Garcia Hoz	1
Pedagogia del cálculo, de Junquera Muñé	3
Pedagogia escolar contemporânea, de Émile Planchard	5
Pedagogia experimental, de Lay	1
Pedagogia experimental, de Lay, Labor, 1931	1
Pedagogia experimental, de Meumann	1
Pedagogia fundamental, de Cohn	1
Pedagogia fundamental, de Zaragueta	1
Pedagogia general, de Ezequiel Solana,	1
Pedagogia geral e contemporânea, de Émile Planchard	1
Pedagogia geral, de Mário Gonçalves Viana	4
Pedagogia, de Paulsen, Madrid, 1928	1
Pedagogical Seminary Journal of Educational psychology	1
Pédagogie vécue, de Charrier	1
Pedagogos e pedagogia do cristianismo, de De Hôvre	1
Política I, de Aristóteles	1
Pomar do Adrião, de João da Mota Prego	1

continua

continuação

Obras Citadas pelos Manuais Portugueses Metodologia 1941-1970	Recorrência
Pour apprendre la religion aux petits, de Dupont	1
Pratique de l'enseignement chrétien, de Monfat	1
Précis de la doctrine social catholique, de Ferdinand Cavallera	1
Problemas atuais da pedagogia, de Émile Planchard	9
Problemas escolares, de Faria de Vasconcelos	2
Programa de linguagem, do Departamento do Distrito Federal – Brasil	1
Programa oficial de geografia (Portugal)	1
Programas (do ensino primário) (Portugal)	1
Psico-aritmética, de Montessori	2
Psicofisiologia, de Alberto Pimentel Filho	1
Psico-geometria, de Montessori	1
Psicologia del nino, de Robert Gaupp	1
Psicologia educacional, de Delgado de Carvalho	3
Psicologia educativa, de William Henry Pyle	1
Psicologia pedagógica, de Vaissière	1
Psicologia, de Bulnes	2
Psychologie de l'enfant et pédagogie expérimentale, de Edouard Claparède	4
Psychologie pédagogique, de Decoene	1
Psychologie pédagogique, de Decoene e Staelens	1
Psychologie pédagogique, de Vaissière Beauchesne	1
Quinta do diabo, de João da Mota Prego	1
Ratio studiorum	1
Regulamento oficial de educação física	1
Rerum novarum (encíclica), de Leão XIII	1
Sobre el maestro y la educación, de Victor Garcia Hoz	1
Sociologia educacional, de Delgado de Carvalho	2
Súmula didática, de Alberto Pimentel Filho	3
Talmud	1
Técnica da pedagogia moderna, de Everardo Backheuser	1
Testes, de Paulo Maranhão	1
Transformemos a escola, de Ferrière	1
Transformons l'école, de Ferrière	1
Tratado da natureza humana, de Hume	1
Tratado de pedagogia geral, de Herbart	1
Un programa desarrollado en proyectos, de Wells	1

continua

Os livros e autores citados nos Manuais Pedagógicos Brasileiros 1870 a 1970

Autores Citados pelos Manuais Brasileiros Professor 1870-1890	Recorrência
A. de Guatrefages	1
A. Franch	1
Adolfo Coelho	1
Almeida Garret	2
Arthur Loth	1
Bacon	2
Bagnaux	2
Baldwin	2
Brisson	1
Broglie	1
Calkins	2
Campan	2
Caro	1
Chasteau	3
Claude Bernard	2
Compayré	6
Daguet	1
Dalile	1
De La Fontaine	1
Duillé	1
Dupanloup	3
Edgeworth	1
Fènelon	1
Fonssagrive	1
Fontenelle	1
Fröebel	1
Gay	1
Gerando	1
Guizot	2
Hegel	1
Helvécio	1
Horace Mann	1
Huxley	1

continua

continuação

Autores Citados pelos Manuais Brasileiros Professor 1870-1890	Recorrência
James Mill	1
Janet	1
Jean-Jacques Rousseau	2
John Locke	1
Jouffroy	2
Julien Simon	1
La Bruyère	1
Larousse	1
Liebreich	1
M. Grimme	1
Marion	3
Mariotti	1
Mauricio Grane	1
Moleschott	1
Monsablè	3
Montaigne	1
Montesquieu	1
Pascal	1
Pérez	1
Pestalozzi	2
Quatrefages	2
Ralston	1
Rendu	2
Riant	2
Rollin	2
Sábio	1
Schreber	1
Spencer	2
Stuart Mill	2
Théry	1
Thiers	1
V. A. Achile	3
Van Holsbeeck	1
Vernois	1
Victor Hugo	1
Villemain	1

continua

continuação

Autores Citados pelos Manuais Brasileiros Professor 1870-1890	Recorrência
Voltaire	1

Obras Citadas pelos Manuais Brasileiros Professor 1870-1890	Recorrência
A questão do ensino, de Adolfo Coelho	2
Apologie scientifique de la foi chrétienne, de Duillé, 1885	1
Conferences, de Monsablé, Paris, 1887	1
Conferences, de Brisson	1
Conferences de N.D. de Paris – Radicalisme contre radicalisme, de Monsablé	1
Conferences pedagogiques, de Mariotti, 1879	1
Conseils d'un pére sur l'éducation, de Guizot	2
Contrato social, de Jean-Jacques Rousseau	1
Cours de pedagogie, de Compayré	1
Curso – sur la science de l'education, de Marion	1
De l'éducation,	1
De la vie et des vertus chrétiennes, de Gay, 1883	1
Diccionaire des sciences philosophiques, de A. Franch	1
Educação, de Almeida Garret	4
Educação, de Spencer	1
Education, de Dulanpoup	3
Education pratique de la verité, de Edgeworth	1
Enseignement primaire, de Rendu	1
Esprits dés lois, de Montesquieu	1
Étude sur la physiologie de coeur, de Claude Bernard	1
Hygiene scolaire, de Riant	1
Jardins de infância, de Fröebel	1
L'espécie humaine, de A. Guatrefages, 1883	2
La science experimentale, de Claude Bernard	1
Le cerveau et la pencèe, de Janet	1
Le science de l'education, de Bain	2
Leçons de pedagogie, de Chasteau, 1885	2
Lections de psychologie, de Marion	1
Lettres sur profession d'instituteur, de Théry	1
Lições de coisas, de Pestalozzi	1

continua

continuação

Obras Citadas pelos Manuais Brasileiros Professor 1870-1890	Recorrência
Maladies scolaires, de Riant	1
Manuel d'instruction civique, de Arthur Loth	2
Memórias, de Stuart Mill	2
Mieux vaut tête bien faite, que bien pleine, de Montaigne	1
Nouvelles étude morales sur les temps present, de Caro	1
O exame de filosofia de Broussais, de Broglie	1
Pedagogia moderna, de Adolfo Coelho, 1882	1
Pedagogie, de Compayrè	1
Phenoménes de la vie, de Claude Bernard	1
Primeiras lições de coisas, de Calkins, 1886	1
Programme de la section de l'Alliance de la democratie socialiste á Genève	1
Rapport á l'Academie des sciences morales et politiques, de Jouffroy	1
The art of school management, de Baldwin	1
The end of school management, de Baldwin	1
Traité de methodologie, de Achile, 1883	1
Traité des études, de Rollin, 1726	1

Autores Citados pelos Manuais Brasileiros Escola 1891-1910	Recorrência
Abelardo	1
Anacreonte	1
Aristóteles	3
Azevedo Macedo	2
Bacon	1
Bain	1
Buddha Sawyer	1
Buffon	1
Compayré	6
Condillac	2
Condorcet	2
D'Alembert	1
Darwin	1
Demócrito	1

continua

continuação

Autores Citados pelos Manuais Brasileiros Escola 1891-1910	Recorrência
Descartes	2
Diderot	2
Fídias	1
Fröebel	2
Gaultier	2
Genlis	1
Hamilton	1
Herbert Spencer	1
Humboldt	1
Jacotot	3
Jean-Jacques Rousseau	2
Laloi	2
Leibnitz	1
Montaigne	1
Padre Girard	2
Paracelso	1
Pasteur	1
Pestalozzi	3
Philippe dos Santos	1
Picavet	2
Pitágoras	3
Platão	5
Rabelais	1
Rabier	2
Rayot	1
Saussure	1
Sócrates	2
Tales de Mileto	1
Vieira	1
Voltaire	1
Zalina Rolim	1

continua

continuação

Obras Citadas pelos Manuais Brasileiros Escola 1891-1910	Recorrência
A educação, de Spencer	1
A Enciclopédia, de Diderot	1
A Enciclopédia, de D'Alembert	1
A instrução popular, de Antonio da Costa	1
A pedagogia, de Chasteau	1
A quoi tient la superiorité des anglo-saxons, de Demolins	1
Cours de moral théorique et pratique, de Compayré	1
Cours de pedagogie, de Compayré	6
Da educação intelectual, moral e física, de Spencer	1
Histoire de la pédagogie, de Compayré	5
Historia de la civilisation, de Seignobos	2
Homem forte, de Domingos Nascimento	1
L'éducation nouvelle, de Demolins	1
L'antiquité, de Malet	2
L'instruction intégrale, de Ch. Barlet	1
La pédagogie, de Issaurat	1
La pensée chretienne, de J. H. Fabre	1
Las nuevas bases de la geografia, de Redway	1
Les exercises physiques, de Mosso	1
Licções de historia, de Dario Velozo	3
Licções de pedagogia, de Chasteau	4
Livro dos mortos, Egito	1
Manual de gymnastica escolar, de Pedro M. Borges	1
Manuel pratique d'hygiene, do padre Girard	1
O novo método de curar, de Platen	1
O poder da vontade, de Samuel Smiles	1
Ciência da educação, de Bain	3

Autores Citados pelos Manuais Brasileiros Aluno 1911-1940	Recorrência
Adolf Clauson Kass	2
Adolphe Ferrière	13
Agazzi	1
Alba Canizares Nascimento	1

Autores Citados pelos Manuais Brasileiros Aluno 1911-1940	Recorrência
Alberto de Mendonça	1
Alberto Pimentel Filho	1
Alberto Torres	1
Alcina Moreira de Souza Backheuser	1
Alcina Moreira Souza	5
Alfred Adler	5
Alice Franchetti	2
Alice Meirelles Reis	1
Allport	2
Almeida Jr.	1
Alvin Good	1
Ana Freud	1
Angell	1
Anísio Teixeira	12
Antônio Firmino Proença	1
Aristóteles	1
Aristóteles	2
Aristóteles	4
Arlindo Vieira	1
Armanda Álvaro	1
Arsonval	1
Arthur Ramos	2
Artur Perrelet	1
Assenfrantz	1
Augusto Severo	1
Bacon	3
Bagley	5
Bain	1
Baldwin	2
Barbosa de Oliveira	2
Barnés	3
Bartholomeu de Gusmão	2
Basedow	1
Bassel	1
Battista	1

continua

continuação

Autores Citados pelos Manuais Brasileiros Aluno 1911-1940	Recorrência
Baudouin	2
Bechterev	1
Benjamin Constant	1
Bergson	3
Bergström	1
Bernard Perez	1
Binet	22
Bismarck	1
Bliash	1
Blondel	1
Bode	4
Boncourt	1
Bouchaud	1
Boutroux	1
Bovet	2
Buffon	1
Buisson	1
Bunge	1
Byron	2
Calógeras	1
Carlos Gomes	1
Cattell	1
Cecil Reddie	7
Charles MacMurry	2
Charles Richet	1
Charlote Buhler	1
Charlton W. Washburne	5
Chesterton	1
Christian Wolff	2
Cimbelino de Freitas	1
Clotilde Rezzano	1
Clóvis Monteiro	1
Collings	5
Comenius	12
Comte	5

continua

continuação

Autores Citados pelos Manuais Brasileiros Aluno 1911-1940	Recorrência
Condillac	1
Cousinet	5
Couto de Magalhães	2
Crowell	1
Cuvier	3
D'Alembert	1
Dalton	3
Daniel Kulp	1
Darwin	7
De Garmo	2
De Hovre	17
De La Bruyére	1
De Vives	1
De Vries	2
Delage	2
Delgado de Carvalho	5
Demolins	2
Descartes	4
Deschamps	1
Desmond	1
Doering	2
Dufestel	1
Dupanloup	6
Durkheim	6
Edgard Allan Poe	1
Edouard Claparède	29
Eggersdoffer	2
Eicker	1
Emil Schott	1
Emílio Morselli	3
Emilio Verdésio	1
Erasmo	2
Ernest Krieck	1
Espinosa	1
Etienne Geoffroy Saint Hilaire	1

continua

continuação

Autores Citados pelos Manuais Brasileiros Aluno 1911-1940	Recorrência
Eucken	2
Féré	1
Fernando de Azevedo	15
Ferrari	2
Fichte	1
Figueira	2
Firmino Costa	1
Fischer	1
Foerster	3
Fontenelle	2
Foulquié	1
Fourier	1
Francis Galton	4
Francisco Campos	3
Francisco Manoel da Silva	1
Francisco Viana	2
François Guex	2
Franz Weigl	2
Frazão	2
Frederick Gordon Bonser	1
Freeland	2
Freeman	1
Fröebel	14
Gabriel Tarde	1
Galileu	3
Garrison e Garrison	6
Gasset	1
Gates	2
Gaudig	2
Geisinger	1
Georg Hirth	1
George Hebert	1
Gerard Boon	2
Giovanni Gentile	2
Giuseppe de Sergi	1

continua

continuação

Autores Citados pelos Manuais Brasileiros Aluno 1911-1940	Recorrência
Giuseppina Pizzigoni	1
Glaeser	2
Gley	2
Gloeckel	1
Gloenius	1
Goddard	1
Goethe	1
Gonçalves Dias	1
Gréard	1
Griesbach	1
Guerra Junqueiro	1
Gustave Le Bon	2
Amélie Hamaide	3
Harris O'Brien	1
Heinrich Schulz	1
Heinz Werner	2
Heisemberg	1
Heitor Lira da Silva	1
Helen Parkhurst	6
Helvetius	1
Henri de Tourville	1
Henri Piéron	4
Henri Wallon	1
Henry E. Armstrong	1
Herbart	65
Herbert Spencer	13
Herman Tobber	1
Hermann Lietz	13
Herrick	1
Hobbes	1
Holmes	1
Horne	4
Hosic	1
Humboldt	1
Hume	1

continua

continuação

Autores Citados pelos Manuais Brasileiros Aluno 1911-1940	Recorrência
Husserl	1
Hutchins	1
Ingenieros	2
Irene Muniz	1
Irving Miller	2
Isaías Alves	1
J. O. Frank	1
Jacotot	2
Janet	2
Jaurés	1
Jean-Jacques	1
Jean Piaget	9
Jean-Jacques Rousseau	16
João de Barros	1
John Adams	1
John Bellers	1
John Dewey	122
John Locke	10
John Peter Wynne	80
John Stuart Mill	1
Jonathas Serrano	4
José do Patrocínio	1
Joseph Payne	2
Joubert	1
Juan Soto	1
Kandinsky	1
Kant	9
Karl Lange	2
Karl Marx	3
Karsen	1
Kelsen	3
Kerscheinsteiner	37
Keyserling	1
Kilpatrick	34
Kinderman	1

continua

continuação

Autores Citados pelos Manuais Brasileiros Aluno 1911-1940	Recorrência
Klug	2
Knospe	2
Koffka	12
Köhler	4
Krakowitzer	1
Kretschmer	1
Kronfeld	1
Kropolkin	1
Kulpe	1
Kussmaul	2
L. Dalhem	1
Lalange	2
Lamarck	2
Laura Lacombe	1
Lavoiser	1
Lay	3
Leipizig	1
Lenine	1
Léon Renault	1
Leon Tolstoi	9
Lepelte	1
Lévy-Bruhl	1
Lewis Terman	2
Ley	1
Ligthart	1
Linneu	1
Litt	1
Lombardo-Radice	3
Lombroso	1
Lorenzo Luzuriaga	2
Lunatscharsky	3
Lundborg	1
Macauley	1
MacDougall	1
Mach	1

continua

continuação

Autores Citados pelos Manuais Brasileiros Aluno 1911-1940	Recorrência
Machado de Assis	1
Madison Bentley	1
Maeder	1
Malebranche	1
Mallard	1
Mallard e Cutó	1
Manheim	1
Manoel Bergström Lourenço Filho	14
Manouvrier	1
Manuel Bonfim	1
Marbe	1
Marchetti	1
Maria Montessori	33
Mariano Capela	1
Maritain	1
Martim Lutero	1
Matthias	1
Max Vanselow	1
Max Weber	2
Meikleijohn	1
Meillet	1
Melanie Klein	1
Mendes Viana	1
Messer	2
Meumann	3
Michel Bréal	2
Missouri	1
Monchamp	1
Montaigne	2
Morf	1
Mossman	1
Naegeli	2
Nagy	1
Newton	2
Niceforo	1

continua

continuação

Autores Citados pelos Manuais Brasileiros Aluno 1911-1940	Recorrência
Nietzche	1
Noemi da Silveira Rudolfer	1
Oestreich	1
Olavo Bilac	1
Oliveira Viana	2
Ortega	1
Oswaldo Cruz	1
Otoniel Mota	1
Otto Willmann	1
Ovídio Decroly	74
Padre José Maurício	1
Padre Leonel Franca	1
Pallat	2
Parker	2
Pasteur	2
Paul Fauconnet	1
Paul Geheeb	11
Paul Henchoz	1
Paul Monroe	2
Paul Natorp	4
Paulsen	1
Pavlov	6
Pedro Américo	1
Perterson	1
Pestalozzi	30
Peter Petersen	1
Philippe	1
Pienvich	3
Pindaro	1
Pinkevich	4
Pio X	1
Pio XI	3
Pistrack	3
Pitágoras	3
Platão	5

continua

continuação

Autores Citados pelos Manuais Brasileiros Aluno 1911-1940	Recorrência
Pyle	1
Quetelet	2
Rabelais	2
Rathenau	1
Ready	1
Reinold Lehman	1
Renato Jardim	1
Reuleaux	1
Ribot	5
Roark	1
Robert Owen	1
Robespièrre	1
Rocha Vaz	1
Romanes	1
Roquete Pinto	2
Rugg	1
Rui Barbosa	1
S. Tomás de Aquino	7
Saltzman	1
Sampaio Dória	3
Sanderson	12
Santo Agostinho	2
Santos Dumont	2
São Francisco de Sales	1
Scheibner	1
Schell	1
Schiller	1
Schneider	1
Shaw Desmond	1
Sheridan e White	1
Sherrington	1
Sickinger	2
Sieckinger	1
Siemens	1
Sigmund Freud	8

continua

continuação

Autores Citados pelos Manuais Brasileiros Aluno 1911-1940	Recorrência
Silva Jardim	1
Silvio Romero	1
Slwyssen	1
Smith	1
Sneden	2
Sócrates	7
Spalding	6
Spengler	1
Spielhagen	1
Spranger	5
Stanley Hall	1
Stern	4
Stevenson	3
Stout	1
Stumpf	1
Stur	1
Taine	2
Teresa de Sanctis	1
Theodore Simon	1
Thomas Arnold	4
Thorndike	20
Toulouse	1
Ugo Pizzoli	1
Valentim Silveira Lopes	1
Van Hövre	4
Velez	1
Vergerio	1
Viviani	1
W. Moog	2
W. Warren	1
Walder	1
Watson	4
Wells	2
Wertheimer	3
Wexberg	1

continua

continuação

Autores Citados pelos Manuais Brasileiros Aluno 1911-1940	Recorrência
Wicles	1
Wilhelm Rein	2
William George	1
William James	21
Witte	1
Woodworth	4
Wooley	1
Wundt	3
Wynneken	4
Yung	5
Ziller	3
Zuleika de Barros Ferreira	1
Zulueta	1

Obras Citadas pelos Manuais Brasileiros Aluno 1911-1940	Recorrência
"Las escuelas novas italianas". In: *Revista de pedagogia*, de C.Amor, Madrid, 1928	1
"Les dangers de l'école unique" (artigo), de Paul Bourget	1
"Trois pioners de la éducation nouvelle", de Adolphe Ferrière, 1928	1
(tradução de *Didactica magna*), de Saturnino Lopez Peces, Madrid, 1922	1
A casta adolescência, de T. Toth, Rio de Janeiro	1
A cidade antiga, de F. Coulanges, Porto, 1919	1
A educação e seus problemas (problemas gerais e especiais), de Fernando de Azevedo, São Paulo, 1937	4
A educação funcional, de Edouard Claparède	7
A educação moral, de Sampaio Dória	1
A educação progressiva e a ciência da educação, de John Dewey, Washington, 1929	4
A escola e a psicologia, de Edouard Claparède	2
A escola e a psicologia, de Edouard Claparède, São Paulo	2
A escola e a psicologia experimental, de Edouard Claparède	1
A escola e a psicologia experimental, de Edouard Claparède, São Paulo	3
A Escola Nova, de Manoel Bergström Lourenço Filho, São Paulo, 1927	1
A Escola Nova, de Manoel Bergström Lourenço Filho	1

continua

continuação

Obras Citadas pelos Manuais Brasileiros Aluno 1911-1940	Recorrência
A Escola Nova, de Jonatas Serrano, Rio de Janeiro, 1932	3
A guide to the principles of the new general method, de John Peter Wynne	1
A hereditariedade em face da educação, de Otávio Domingues	2
A hereditariedade em face da educação, de Otávio Domingues, São Paulo, 1929	1
A history of classical scholarschip, de Sandys	1
A imaginação e o sentimento religioso, 1911	1
A lei biogenética e a escola ativa, de Adolphe Ferrière, São Paulo, 1929	1
A lei biogenética e a escola ativa, de Adolphe Ferrière	3
A filosofia tomista e o agnosticismo contemporâneo, de S. Thomás de Aquino	1
A project curriculum, de Wells	1
A quoi tient la superiorité des anglo-saxons, de Demolins, Paris, 1898	2
A rebelião das massas, de Gasset, São Paulo, 1933	1
A reforma do ensino no Distrito Federal, de Fernando de Azevedo, Rio de Janeiro, 1929	1
A socialização da escola, de Fernando de Azevedo, Rio de Janeiro, 4/1930	1
A survey of greek civilisation, de Mahaffy	1
Adolescence, de Stanley Hall, 1904	1
Adolescente, de Stanley Hall	1
Alle soglie della magiore etat, de Föerster	1
Allgemeine pädagogik, de Herbart	2
Allgmeine grundlegung der philosophie, de Rickert, 1921	1
An experiment with a project curriculum, de Coolings, Nova Iorque, 1923	2
Anais do VII Congresso Nacional de Educação / Programa de Educação Física (curso primário), da Associação Brasileira de Educação / Diumira Campos de Paiva	1
Anales de instrucion primaria, de Emílio Verdésio	1
Analyse der kinderseele, de F. G. Wicles, 1931	2
Anatomie et phsysiologie, de Testut	1
Anima quodammodo índiget corpore ad suam operationem, de S. Tomás de Aquino	1
Année pédagogique, de Cellerier, 1912	1

continua

continuação

Obras Citadas pelos Manuais Brasileiros Aluno 1911-1940	Recorrência
Ano pedagógico hispano-americano, de Rufino Blanco y Sanchez, 1920	1
Anomalie delle crescenza fisica e psíquica, de Pende	1
Answer to some questions concerning the individual technique in Winnetka, de Charlton Washburne	2
Antropogeografia, de Joaquim Alves	1
Antropologia, de Sinibaldi	2
Antropologia delle classi povere, de Niceforo	1
Antropologia pedagógica, de Maria Montessori	2
Antropologia pedagógica, de Maria Montessori, Milão, 1907	1
Antropometria pedagógica, de Ambrosio Torres	1
Aplicación del método Decroly, de Tomas e Samper, Madrid, 1926	2
Applicación del metodo Decroly, de Gerard Boon, Madrid, 1926	1
Applicación del método Decroly, de Gerard Boon, Madrid	1
Appunti de pedagogia sacra, de Barberis	
Arch. De psychologie v. VIII – La theorie psychanalitique de Freud, de De La Vassière	1
Archives de psychologie, de Simon	1
Aritmética na Escola Nova, de Everardo Backheuser	3
As associações de pais e mestres, Washington, 10/1928	1
As linhas mestras da reforma na Áustria, de Everardo Backheuser, Rio de Janeiro, 1929	1
As modernas diretrizes do ensino primário, de Francisco Viana, Rio de Janeiro, 1929	2
As tentações, de Barbier, Niterói	1
Aspectos americanos de educação, de Anísio Teixeira, Bahia, 1928	1
Assitenza sanitaria infantile, de Flamini	1
Aux hörsaal um schustube, de Otto Willmann, 1904	1
Bases de la evolución psíquica, de Koffka, Madrid, 1936	1
Bases de la evolución psíquica, de Koffka, Madrid, 1926	2
Begrif der arbeistsschule, de Kerscheinsteiner	1
Begriff der arbeitsschule, de Kerscheinsteiner, 1811-1920	1
Begriff der arbeitsschule, de Kerscheinsteiner, Leipzig, Berlim, 1911	2
Behaviorism, de Watson, 1918	1
Behaviorism, de Watson	1

continua

continuação

Obras Citadas pelos Manuais Brasileiros Aluno 1911-1940	Recorrência
Bíblia	7
Bildung durch sebsttun, de Franz Weigl, Müchen, 1922	2
Bildung durch selbsttun, de Franz Weigl	2
Biotipologia educacional, Revista Brasileira de Pedagogia, de Everardo Backheuser, 1937	1
Biotipologia humana, de W. Berardinelli	1
Body and mind, de William McDougall	1
Bosquejo de la ciencia de la educación, Ernest Krieck, Madrid, 1928	1
Brief guide of the project method, de Hosic e Chase, 1929	3
Brief guide to the project method, de Collings	1
Bulletin de societé réhistorique française, 1937	1
Cadernos, de Heitor Lira da Silva	1
Carência alimentar e vitaminas, de Hélio Maia	1
Carta aos coríntios, de S. Paulo	1
Carta aos romanos, de S. Paulo	2
Carta Encíclica de Sua Santidade Pio XI, 31/12/1929	1
Castidade masculina, de Moreira da Fonseca, Rio de Janeiro, 1930	1
Catecismo da educação, de René Betem	1
Catecismo da educação, de Bethleem	1
Cathecisme de l'éducacion, de René Bethlém	5
Causeries, de Ovídio Decroly	2
Causeries pedagogiques, de William James	1
Chant du cygne, de Pestalozzi, 1826	1
Child psychology, de Morgan, Nova Iorque, 1936	2
Ciencia cultural y ciencia natural, de Rickert, Madrid, 1929	1
Citizen made and remade, de William George	1
Civic education, de David Sneden, Nova Iorque, 1923	1
Classification des enfants anormaux, de Ovídio Decroly	1
Classroom manegement, de Bagley, Nova Iorque, 1907	1
Comme nous pensons, de John Dewey	1
Comment diagnostiquer les aptitudes, de Edouard Claparède	1
Comment diagnostiquer les aptitudes chez les écoliers, de Edouard Claparède, Paris	1

continua

continuação

Obras Citadas pelos Manuais Brasileiros Aluno 1911-1940	Recorrência
Comment diagnostiquer les aptitudes chez les écoliers, de Edouard Claparède, Paris, 1924	1
Comment diagnostiquer les aptitudes chez les écoliers – l'orientation générale de l'esprit (psychotropie), de Edouard Claparède	1
Comment élever nos enfants, de Herbart, Paris, 1908	1
Comment Gertrude instruit ses enfants, de Pestalozzi, 1801	1
Comment nous pensons, de Ovídio Decroly	1
Comment nous pensons, de John Dewey, Paris, 1929	2
Como educa el Estado a su hijo, de J.R. Barcos	1
Como educa el Estado a tu hijo, de Bargalló, Buenos Aires, 1930	1
Como nós pensamos, de John Dewey	1
Como pensamos, de John Dewey, Paris, 1926	1
Como se ensina geografia, de Antônio Firmino Proença	1
Compêndio de filosofia, de Sinibaldi, 1906	1
Compendio de pedagogia experimental, de Meumann	4
Compendio de psychologia experimental, de Meumann	1
Compendium philosophie generallis, de Conelli	1
Concepto de la escuela del trabajo, de Kerschensteiner, Madrid	1
Concepto y desarrolo de la nueva educación, de Lorenzo Luzuriaga, Madrid, 1928	1
Confissões, de (Santo) Agostinho	1
Confliting psychologies of learning, de Bode, Boston, 1929	1
Contra Gent. Lib., de Tomás de Aquino	1
Contrato social, Jean-Jacques Rousseau	1
Corso di filosofia, de Rossignoli, Torino	1
Cosmologia, de Varvello	2
Cours de philosophie, de Mercier	1
Cours de philosophie, do Cardeal Mercier, Louvain, 1933	1
Crescimento mental, de João Toledo, São Paulo	1
Crescimento mental, de João Toledo	1
Criative intelligence, de John Dewey, 1926	1
Critique des fondements de la psychologie, de Politzer, Paris, 1928	1
Curso de filosofia, de Mercier, Halleux, De Wulf	1
Curso de philosophia, de Lahrs	2

continua

continuação

Obras Citadas pelos Manuais Brasileiros Aluno 1911-1940	Recorrência
Cursus philosophie, Boyer, Torino	1
Da continência e seu fator eugênico, de Mário de Vilhena	1
Da educação nos EUA, de Isaías Alves, Rio de Janeiro, 1933	4
Da educação física, de Fernando de Azevedo	1
Das seelenleben der jugendlichen, de Charlote Buhler	1
Das sonderklassensistem der mannheimenvolksschule, de J. Moses, 1904	1
Das wesen des christentuns, de Harnack, Zurique, 1906	1
De anima, de S. Tomás de Aquino	1
De kiel, de Lehmann	1
De l'education, de Dupanloup	6
De l'education, de Herbart Spencer	1
De l'education, de Dupanloup, 1851	1
De la conaissance de Dieu et de doi même, de Bossuet	1
De magistro, de S. Tomás Aquino, Paris, 1257	1
De magistro, de S. Tomás Aquino	1
De regimine principum, de S. Tomás Aquino	1
De verit, de S. Tomás Aquino	3
De Veritate, de S. Tomás Aquino	1
Decoene et staelens, de De La Vassière	2
Della conoscenza intellettiva, de Liberatore	1
Della conoscenza sensitiva, de Salis Saevis	1
Democracia e educação, de John Dewey	6
Democracy and education, de John Dewey	2
Democracy and education, de John Dewey, 1916	1
Democracy and education, de John Dewey, Nova Iorque, 1916	1
Democracy and education, de John Dewey, Nova Iorque, 1932	4
Der begriff del staatscürgerlichen erzichung, de Kerschensteiner, 1911 1913	1
Der grundzuge der theorie der statistik, de Westergaard	1
Der kampt für die jugend, de Wynneken, 1920	2
Der lehrer als erziecher, de Kerschensteiner, Berlim, 1928	2
Deustsche schulerziehung in krieg um frieden, de Kerschensteiner, 1916	1
Deutsche versuchschule, de Karsen, Berlim, 1928	1

continua

continuação

Obras Citadas pelos Manuais Brasileiros Aluno 1911-1940	Recorrência
Dic kindersprache, de Stern	1
Dicionário psico-pedagógico, de Djacir Menezes	1
Dictio apol., de D'Alés	1
Dictionaire, de Littré	1
Dictionaire de sciences philosophie, de Frank	1
Dictionaire de theologie catholique, de Gardell	1
Didáctica de la escuela nueva, de Aguayo, Havana, 1932	2
Didactica general, de Schmieder, Madrid, 1935	3
Didactica magna seu omnes omnia docendi artificium, de Comenius	1
Die arbeitsschule, de Kerschensteiner, Madrid, 1928	2
Die bilderische erziehung, de Pallat	2
Die differentielle psychologie in ihren methodischen grundlagen, de Stern	1
Die elastiche einheistsschule: lebens-und produktionsschule, de Oestreich, Berlim, 1921	1
Die elastiche einheitsschule: lebens-und produktionssschule, de Destreich, Berlim, 1921	1
Die entwicklung der zeichnerischen begabung, de Kerscheinsteiner, 1905	2
Die grundlagen der psychischen entwicklung, de Koffka	1
Die Ideale der kinder, de Coddard, 1907	1
Die schulreform der sozialdemokratie, de Heinrich Schulz	1
Die schulreform der sozialdemokratie, de Heinrich Schulz, 1911	1
Die seele des kindes, de Sokorski	1
Die tiefen der seele, de Klug, 1926	2
Directing learning in the high school, de Walter Monroe, Nova Iorque, 1927	1
Directing study, de Miller e Harry, Nova Iorque, 1922	1
Diretrizes da educação nacional, de Djacir Menezes	1
Discat a puero magister, de Quintiliano	1
Discurso aos alunos do Colégio de Mondragone, de Pio XI, 1929	1
Discurso sobre o método, de Descartes, Rio de Janeiro, 1936	1
Doctrine chrétienne de l'éducation, de Decoene e Staelens, Louvain, 1932	1
Dynamic psychology, de Woodworth, Nova Iorque, 1925	1

continua

continuação

Obras Citadas pelos Manuais Brasileiros Aluno 1911-1940	Recorrência
Écoles nouvelles et land-erziehungsheime, de E. Contou, Paris, 1905	1
Educação, de Sampaio Dória, São Paulo	1
Educação, de Sampaio Dória, São Paulo, 1933	2
Educação e sociologia, de Durkheim	1
Educação e sociologia, de Durkheim, São Paulo	2
Educação e vida, de John Dewey	2
Educação moral e educação econômica, de Sampaio Dória	1
Educação para uma civilização em mudança, de Kilpatrick, São Paulo, 1933	2
Educação progressiva, de Anísio Teixeira	1
Educação progressiva, de Anísio Teixeira, São Paulo, 1933	6
Education and the individual, de Arthur Jones, Nova Iorque, 1926	1
Education de la conscience, de Gillet	1
Education du coeur e educação du caractere, de Gillet	1
Education elementaire, de Maria Montessori	2
Education et sociologie, de Durkheim, Paris, 1922	1
Education for a changing civilisation, de Kilpatrick	1
Education for changing civilisation, de Kilpatrick, 1926	1
Education for liberty, de Richmond, Londres, 1918	2
Education in the Dalton Plan, de Helen Parkhurst	2
Education on the Dalton Plan, de Helen Parkhurst, Nova Iorque, 1925	1
Educational opinion from the Renaissance, de Laurie	1
Educational problems	1
Educational psychology, de Thorndike	1
Educational psychology, de Thorndike, 1921	1
Educational psychology, de Thorndike, Nova Iorque, 1921	1
Educational survey on the Philipines islands, de Paul Monroe, Nova Iorque	1
Educazione dei deficienti, de De Sanctis	1
El alma del educador, de Kerscheinsteiner	3
El cresciminento durante la edad escolar, de Paul Godin	1
El critério, de Balmes	1
El desarrollo espiritual del nino, de Charlotte Buhler, Madrid, 1934	1

continua

continuação

Obras Citadas pelos Manuais Brasileiros Aluno 1911-1940	Recorrência
El desenvolvimento del nino, de Barnés	2
El desenvolvimiento del nino, de Barnés, Barcelona, 1928	1
El estudio de la naturaleza em la escuela, de W. Rasmussen	2
El habito y el impulso en la conducta, de John Dewey	1
El mecanismo de los movimientos, de Tavares Bastos	1
El método Cousinet, de C. S. Amor, 1929	1
El método Cousinet, de C. S. Amor, Madrid, 1929	1
El método de proyetos, de Fernando Sainz, Madrid, 1928	1
El metodo Decroly, de Ballesteros, Madrid, 1928	1
El método Montessori, de L. Serrano, 1928	1
El plan Dalton, de Fernando Sainz, Madrid, 1930	1
El plan jena, de Peter Petersen, Madrid, 1930	1
El plano Dalton, de Fernando Sainz, Madrid, 1928	1
El plano Jena, de Peter Petersen, 1930	1
El problema de la educación publica, de Kerscheinsteiner, Madrid, 1925	1
El sistema de Winnetka em la pratica, de Margarita Comas, Madrid, 1930	1
Elementary psychology, de Gates, Nova Iorque, 1924	2
Elementary school pratice, de Freeland, Nova Iorque, 1927	1
Elementos de estatística geral, de Milton da Silva Rodrigues	1
Elementos de philosophia, de Sinibaldi	1
Elementos de philosophia, de Sinibaldi, Roma, 1937	1
Éléments de sociologie, de Bouglé e Raffault, Paris, 1930	1
Elements of educational psychology, de Lawrence Averril, Chicago, 1924	1
Elements of statistics, de Bowley	1
Emile ou de l'education, de Jean-Jacques Rousseau	1
Emílio, de Jean-Jacques Rousseau	3
Empirical study of the theory of mesurements, de Thorndike, 1907	1
Encíclica, de Pio XI	1
Encíclica Divini Ellius Muneris, de Pio XI	1
Encíclica sobre a educação, de Pio XI	5
Endocrinologia, de Rocha Vaz	1

continua

continuação

Obras Citadas pelos Manuais Brasileiros Aluno 1911-1940	Recorrência
English health exhibition, de Meikleijohn, 1884	1
Ensaio sobre o entendimento humano, de John Locke	1
Ensaios de biologia, de Tristão de Ataíde	1
Ensayos de educación, de John Dewey, Madrid, 1926	1
Ensino religioso e ensino leigo, de padre Leonel Franca	2
Erkenninis und irrtum, de Mach	1
Erskenntnis und leben, de Litt	1
Esboço de um curso de pedagogia, de Herbart	1
Escola brasileira, de João Toledo, São Paulo, 1929	3
Escola e caráter, de Foerster	2
Escuela y cultura juvenil, de Wynneken, Madrid	1
Esquisse d'une éducation de la mémoire, de Van Boervliert, Paris	1
Essai de philosophie, de De Hovre	4
Essai de philosophie, de De Hovre, Bruxelas, 1927	3
Essai de philosophie pedagogique, de De Hovre, Bruxelas, 1927	2
Essai de psychologie générale, de Charles Richet, 1930	1
Essai sur le libre arbitre, de Fonsegrives	1
Essais de morale, de Bacon	1
Essencia y valor de la democracia, de Kelsen, Barcelona, 1934	1
Estudos sobre Pestalozzi, de Natorp	1
Ethica, de Boyer	1
Ethica, de Varvello	4
Ethical principles of education, de John Dewey	2
Ethical principles underlying education, de John Dewey, 1897	1
Etude sur l'enfance, de Sully	1
Evangelho, de S. Marcos	2
Evangelho, de São Mateus	1
Evolução histórica da psicologia educacional, de Noemi da Silveira Rudolfer, São Paulo, 1935	1
Evolution intellectuelle et morale de l'enfant, de Compayré	1
Evolutión y mendelismo, de Morgan, Madrid	1
Experience and nature, de John Dewey, Chicago, 1925	1
Faut-il réformer ou transformer l'école?, de Ferrière, 9/1923	1
Filosofia, de Castro Rei, São Paulo, 1932	2

continua

continuação

Obras Citadas pelos Manuais Brasileiros Aluno 1911-1940	Recorrência
Filosofia da educação de Santo Tomaz de Aquino, de Maria Cardim, São Paulo, 1929	1
Filosofia de Santo Tomás de Aquino, de Mayer, Fitzpatrick, Maria Ignez Cardim e L. Ackler, São Paulo, 1936	1
Filosofia medieval, de Grabmann	1
Filosofia y educación, de Messer, Madrid, 1929	1
Filosofia zoológica, de Lamarck	1
Formação do caráter, de Marden	1
Formulário ortográfico, de Laudelino Freire	1
Foundation of method, de Kilpatrick, Nova Iorque, 1925	1
Freud, Adler, Yung..., de Arthur Ramos, Rio de Janeiro	2
From Locke to Montessori, de William Boyd	2
From Locke to Montessori, de William Boyd, Londres, 1914	1
Fundamentals of education, de Bode, Nova Iorque, 1910	1
Fundamentos filosóficos da pedagogia, de Messer	2
Fundamentos filosoficos de la pedagogia, de Messer, Madrid, 1927	1
General introduction to psychology, de Griffith, 1928	1
General method, de Charles MacMurry, Nova Iorque, 1907	4
General method: foundation and application, de John Peter Wynne, 1929	1
General psychology, de W. S. Hunter, 1928	1
Gesammelte aufsätze, de Eucken	2
Geschichte der pädagogik, de Schmith	1
Geschichte des gelehrten unterrichts, de Paulsen, 1921	1
Geschichte idealismus, de Otto Willmann	1
Gestalt-psychologie, de Koffka, Madrid, 1926	1
Grande encyclopédie, de Compayré	1
Grudriss der psychologie, de Wundt	1
Grundriss der psychologie, de Wundt	1
Guide to educacional and general psychology, de John Peter Wynne, Nova Iorque, 1924	1
Guide to the principles of the new general method, de John Peter Wynne, Farmville, 1925	2
Gundfragen der pädagogik der gegenwart, de W. Moog, Leipzig, 1923	2

continua

continuação

Obras Citadas pelos Manuais Brasileiros Aluno 1911-1940	Recorrência
Gundriss der psychologie, de Hugo Münsterberg	1
Habito y el impulso en la conducta, de John Dewey, Madrid, 1929	2
Hacia uma escuela mejor, de L. Santullano, Madrid	1
Handbook or pratice for teacher, de Charles MacMurry, Nova Iorque, 1915	1
Herbart and the herbartians, de Ch. de Garmo	1
Herbert, de Otto Willmann, 1874	1
Higiene, de Fontenelle	1
Higiene, de Afrânio Peixoto	1
Higiene escolar, de Burgerstein	1
Higiene escolar, de Burgerstein, Barcelona, 1929	1
Histoire de la philosophie, de E. Bréhier, 1926	1
História da pedagogia, de Messer	1
Historical survey of pre-christian education, de Laurie	1
Historie de l'instruction et de l'éducation, de François Guex, Paris, 1913	1
History of education, de Paul Monroe, Nova Iorque, 1914	2
History of Greece, de Adolf Holm	1
Homilia, de S. João Crisostomo	1
Horace Mann School, Universidade de Columbia	1
How study, some suggestions for students, de Kornhauser, Chicago, 1925	1
How to mensure in education, de MacCall, 1922	1
How to study and teaching how to study, de Charles MacMurry, Boston, 1909	2
How to think, de John Dewey	2
How we think, de John Dewey, Nova Iorque, 1910	1
How we think, de John Dewey, Nova Iorque, 1909	2
Human nature and conduct, de John Dewey, Nova Iorque, 1922	1
I ter ordine della sensitiva, de Ferrari	1
Idéas generales sobre mi método, de Maria Montessori, Madrid, 1928	3
Ideen über zeichenuntevicht, de Georg Hirth	1
Ideen über zeichenuntevicht und künstlerusche berufsbildung, de Georg Hirth	1

continua

continuação

Obras Citadas pelos Manuais Brasileiros Aluno 1911-1940	Recorrência
Idées modernes sur les enfants, de Binet, Paris	1
Idées modernes sur les enfants, de Binet	1
Il metodo della pedagogia scientifica, 1909	1
Ill peccato veniale, de Beltrami	1
Immortale dei, de Leão XIII	2
Institutiones philosophiae, de Varvello, Turim	1
Institutiones philosophicae, de Varvello	2
Intelligencia y la conducta, de John Dewey, Madrid, 1930	2
Interest and effort, de John Dewey	2
Interest and effort, de John Dewey, Boston, 1910	1
Interest in relation to training of the will, de John Dewey, 1895	1
Introdução à filosofia da educação, de Anísio Teixeira	3
Introdução à psicologia social, de Ramos, Rio de Janeiro, 1936	1
Introdução à psicologia social, de Arthur Ramos	1
Introdução ao estudo da escola nova, de Lourenço Filho	2
Introdução ao estudo da Escola Nova, de Manoel Bergström Lourenço Filho, São Paulo, 1936	1
Introdução ao estudo da escola nova, de Manoel Bergström Lourenço Filho	2
Introdução ao estudo da Escola Nova, de Manoel Bergström Lourenço Filho, São Paulo, 1930	4
Introduction à l'étude de la medicine, de Roger	1
Introduction a la psychologie collective, de Blondel, Paris, 1928	1
Investigaciones lógicas, de Husserl, Madrid, 1929	1
Istinto e intelligenza, de Vassman, Firenze, 1909	1
Istinto e intelligenza nel regno animale, de Vassman	2
J.-J. Rousseau et l'éducation de la nature, de Compayré	1
Jan ligthard, as vie et son oeuvre, de Gunning, 1923	1
João pergunta	1
Journal de l'education de mon fils, de Pestalozzi, 1772	1
Judendbildung allgemeine theorie der schulunterrichts, de Eggersdoffer	2
Kulturpädagogik und sozialpädagogik bei Kerschensteiner, de Max Vanselow, Berlin, 1927	2
L'activité et la vie, de Bechterev, Paris, 1907	1

continua

continuação

Obras Citadas pelos Manuais Brasileiros Aluno 1911-1940	Recorrência
L'âme de l'adolescent, de Mendousse	1
L'ame de l'enfant, de Prayer	1
L'association des idées, de Edouard Claparède	1
L'aube de l'école sereine en Italie, de Adolphe Ferrière	1
L'auto education à l'école, de Deschamps, Bruxelas, 1924	1
L'autoeducazione nella concezione della Montessori, de De Sanctis, Roma, 1927	1
L'autonomie des écoliers, de Adolphe Ferrière, Neutchatel, 1921	1
L'autonomie des écoliers, de Adolphe Ferrière, Paris, 1921	1
L'autonomie des écoliers, de Adolphe Ferrière	1
L'école active, de Adolphe Ferrière, Genebra, 1926	2
L'école active, de Adolphe Ferrière	1
L'ecole et l'enfant, de John Dewey	1
L'école nouvelle, de Demolins	1
L'école sur mesure, de Edouard Claparède, Lausanne, 1920	1
L'école sur mesure, de Edouard Claparède, Madrid, 1927	1
L'educateur, de Albert Chessez, Lausanne, 12/1929	1
L'educateurs, de Albert Chessez, 1929	1
L'éducation au point de vie social, de John Dewey, Paris, 1913	1
L'éducation constructive, de Adolphe Ferrière, Genebra, 1927	1
L'education de la concience, de Gillet	1
L'education de la pureté, de Fonsegrives, Paris, 1909	1
L'education de la pureté – innocence et ignorance, de Gillet	1
L'éducation de la volonté, de Payot	1
L'education dé sur la science, de Laisant	1
L'education des petits enfants par le méthode Montessorienne, de F. Garcin, Paris, 1922	1
L'education du coeur, de Gillet	1
L'éducation Montessori, de Fischer, Paris, 1921	1
L'education nouvelle, de Demolins, 1899	1
L'education nouvelle, de Demolins, Paris, 1899	1
L'education nouvelle, de Demolins, Paris, 1912	2
L'enseignement congrégationiste, de Gustave Le Bon	1
L'evolution de l'education, de Bunge	1

continua

continuação

Obras Citadas pelos Manuais Brasileiros Aluno 1911-1940	Recorrência
L'evolution psychologique du jugement, de Ruyssen	1
L'examen affectif em general et chez l'enfant em particulier, de Ovídio Decroly, Bruxelas, 1926	1
L'higiene moderne, de Hericourt	1
L'higiene scolaire, de Pécaut	1
L'homme cet inconnu, de Alexis Carrel	1
L'homme cet inconnu, de Alexis Carrel, Paris, 1937	1
L'imagination creatrice, de Ribot	1
L'initiation à l'activité intellectuelle et motrice par les jeux éducatifs (contribuition à la pedagogie des jonnes enfants et des irréguliers), de Ovídio Decroly e Monchamp, Paris, 1925	1
L'intelectualisme de Saint Thomas, de Rousselot	2
L'interêt et l'effort, de John Dewey	1
L'objectivité de la perception de sans externes et le theories modernes, de Farges	1
L'uomo, la sua origine e il suo sviluppo, de Gutberlet, Torino, 1913	1
La autonomia y la libertad em la educación, de L. Santullano, Madrid, 1928	2
La chasteté, de Gibergues, Paris, 1908	1
La cooperación em la escuela, de Ballesteros	1
La croissance pendant l'age scolaire, de Paul Godin	2
La decadencia de occidente, de Spengler, Madrid, 1926	1
La didactique ou théorie de la formation de esprit dans ses relations avec la sociologie et avec l'histoire de la culture, de Otto Willmann, 1909	1
La division du travail social, de Durkheim, 1893	1
La doutrine pédagogique de John Dewey, de Ou-Tsuin-Chen	1
La educación ativa, de Mallard e Cutó, Madrid, 1931	2
La educación de la adolescência, de Barnes	1
La educación de los anormales, de Descoeudres	1
La educación em la Russia soviética, de Pienvich	2
La educación y el ordem social, Bertrand Russel, Buenos Aires, 1933	1
La education de la castidad, de Ruiz Amado, Barcelona	1
La education en Inglaterra, de Castiello, Madrid, 1919	1
La éducation nouvelle em Autriche, de Dottrens, Neutchatel, 1927	1

continua

continuação

Obras Citadas pelos Manuais Brasileiros Aluno 1911-1940	Recorrência
La escuela, de J. Findlay, Barcelona, 1928	1
La escuela al servicio de la personalidad em formación, de Gaudig	1
La escuela alemana, de Paulsen, Madrid	1
La escuela americana, Santiago, 9/1925	1
La escuela del trabajo, de Mallard, Madrid, 1934	2
La escuela laboratorio Dalton, de Garde, Cousinet, Dewey, Adams, Nunn e Parkhurst, Madrid	1
La escuela productiva, de Mallard, Madrid	1
La escuela productiva, de Mallard e Cutó, Madrid, 1928	1
La escuela única, de Lorenzo Luzuriaga, Madrid, 1921	2
La escuela única, de E. Witte e Everardo Backheuser	1
La escuela y la sociedad, de Baunard, Madrid	1
La escuela y la sociedad, de John Dewey, Madrid	1
La evolución de la educación, de Bunge	2
La fatigue, de Mosso	1
La filosofia actual, de Messer, 1925	1
La fonction de la globalisation et son importance dans l'enseignement, de Ovídio Decroly, Bruxelas, 1926	1
La genése des espécies animaux, L. Cuénot, Paris, 1921	1
La liberte, de Piat	1
La liberté à l'école active, de Adolphe Ferrière, Bruxelas, 1928	1
La liberté et le devoir, de Farges	2
La maison des petits, de Audemars e Lafendel, Genebra	1
La medida objectiva del trabajo escolar, de Alejandro Gali, Madrid, 1929	1
La methode Decroly, de Amélie Hamaide, 1922	1
La méthode Decroly, de Amélie Hamaide	1
La morale cattolica, de Catrein, Roma, 1912	1
La morale dans ses rapports avec médecine, de Surbled	1
La morphologie dynamique, de Houssay	1
La naissence de l'intelligence chez l'enfant, de Jean Piaget	1
La nouvelle education française, de J. Wilbois, Paris, 1922	1
La nueva educación, de Cousinet, Vidal e Vauthier, Madrid	1
La nueva educación de la Russia Soviética, de Pinkevich, 1930	3

continua

continuação

Obras Citadas pelos Manuais Brasileiros Aluno 1911-1940	Recorrência
La nueva educación en la Rusia Soviética, de Pinkevich	1
La nueva educación en la Russia soviética, de Pinkevich, Madrid, 1930	3
La paix par l'école, de Bovet, Praga, 1927	1
La paix par l'école, de Bovet	1
La palabra y las perturbaciones de la palabra, de Georges Rouma	1
La pedagogia de Decroly, de Rod. Llópis, Madrid	1
La pedagogia de G. H. Herbart, de Luigi Credato, Roma, 1902	1
La pedagogia Montessori, de L. Serrano, Madrid, 1915	1
La pedagogie de los bolchevistas, de Léon Renault, Madrid, 1928	1
La pedagogie de los bolchevistas, de Léon Renault	1
La pedagogie experimentale, de G. Richard	1
La pensée et les choses, de Baldwin	1
La pensée interieure et ses troubles, de Janet, 1928	1
La pensée interieure et ses troubles, de Janet	1
La pratique de l'école active, de Adolphe Ferrière, 1924	1
La pratique de l'école active, de Adolphe Ferrière	1
La pratique des tests mentaux, de Ovídio Decroly e Buyse, Paris, 1928	1
La psicologia contemporanea de G. Villa, 1911	1
La psychologie comme science du comportement, de Henri Piéron, França	1
La psychologie des enfants anormaux, de Ovídio Decroly	1
La psychologie du dessin, de Ovídio Decroly	1
La psychologie objective, de Bechterev, 1918	1
La psychologie, ses divers objects et ses méthodes, de Lalange, 4-5/1919	1
La religion des primitifs, de Le Roy	1
La representacion del mundo historico en el nino de 9 a 12 años, de V. Moine	1
La representation du monde chez l'enfant, de Jean Piaget, Paris, 1926	1
La selección de los alumnos, de Stern, 1928	1
La seleción de los alunos, de Stern, Madrid, 1928	1
La théorie Psychologie de Freud, de De la Vassière	1
La vie psychique des insects, de Bouvier, Paris, 1927	1
Las communidades escolares libres, de Wynnwken, Madrid, 1926	1
Las dificuldades en el desenvolvimento del nino, de Maria Chadwick	1

continua

continuação

Obras Citadas pelos Manuais Brasileiros Aluno 1911-1940	Recorrência
Las escuelas nuevas alemanas, de Lorenzo Luzuriaga, Madrid 1929	2
Las escuelas nuevas alemanas, de Lorenzo Luzuriaga	1
Las escuelas nuevas italianas, de C. Amor, 1928	1
Las escuelas nuevas norteamericanas, de Fernando Sainz, Madrid 1928	1
Le azioni e gli instinti degli animali, de Salis Seewis	1
Le case dei bambini, de Maria Montessori, 1912	1
Le catholicisme, de De Hovre	2
Le catholicisme ses pédagogues, as pédagogie, de De Hovre	5
Le cerveau et la pensée, de Henri Piéron, Paris, 1923	1
Le darvinisme dans le sciences Morales, de Baldwin	1
Le développement mental et l'intelligence, de Henri Piéron, Paris, 1929	1
Le devoir, questions actuelles, de Simon	1
Le gouvernement de soi-même, de Antonin Eymieu	1
Le jugement et le raisonnement chez l'enfant, de Jean Piaget	1
Le langage el la pensée chez l'enfant, de Jean Piaget	1
Le pragmatisme, de William James	1
Le probléme pedagogique, de Jules Dubois	1
Le progrés spirituel, de Adolphe Ferrière, Genebra, 1927	1
Le progrès spirituel, de Adolphe Ferrière	1
Le statistique morale et le determinisme – Ver *Neo-Scolastique*, de J. Lottin, Louvain, 1908	1
Le suicide, de Durkheim, 1897	1
Le travail scolaire consideré au point de vue de la durée des classes, de Chabot, Londres, 1907	1
Lecciones de didactica, de Lombardo-Radice, 1933	2
Lecciones sobre la función de los grandes hemisférios, de Pavlov, Madrid, 1929	1
Législation de suicides de l'enfants, de Pestalozzi, 1783	1
Leonard et Gertrude, de Pestalozzi, 1781	1
Les classes dites faibles, de Balmer, 1925	1
Les classes dites failles, de Balmer, Paris, 1925	1
Les enfants anormaux, de Binet-Simon, Paris	1

continua

continuação

Obras Citadas pelos Manuais Brasileiros Aluno 1911-1940	Recorrência
Les enfants anormaux, de Binet	1
Les enfants anormaux na point de vie mentale, de Ovídio Decroly	1
Les idées modernes dur l'enfant, de Binet	3
Les idées modernes sur l'enfant, de Binet, Paris, 1920	1
Les jeux d'enfants, de Yrjö Hirn	1
Les luttes entre sociétés humaines, de J. Novicow, Paris, 1904	1
Les modernes idées sur les enfants, de Binet	1
Les problemes fundamentales de l'école du travail, de Pistrack, Paris	2
Les refléxes condictionels, de Pavlov, Paris, 1927	2
Les reflèxes conditionnels ou associatifs, de Issaialovitsch, Genebra, 1914	1
Les stades de l'évolution psychologique, de Janet, Paris, 1927	1
Les tendances actuelles de l'enseignement primaire, de E. Duvillard, 1920	1
Lezioni di pedagogia, de Ausonio Francchi	1
Lições de pedologia e pedagogia experimental, de Faria de Vasconcelos	1
Life of Herbart and development of his pedagogical doctrine, de Liew	1
Lineas generales de la filosofia de la educación, de Lombardo-Radice, Madrid, 1929	1
Logique, de Cardeal Mercier	1
Los centros de interés em la escuela, de Clotilde Rezzano, Madrid, 1929	2
Los reflexos condicionados, de Pavlov	1
Los reflexos condicionados, de Pavlov, Madrid, 1928	1
Los reflexos condicionados, de Pavlov, Madrid, 1929	1
Maison des petits, Genebra	1
Manual de pedagogia, de Lay, Madrid, 1931	2
Manual of mental and physical tests, de G. M. Whipple	1
Manual of mental and physical tests, de G. M. Whipple, 1914	1
Manual Training Schools	1
Matière e memoire, de Bérgson	1
Mein streit nit den nodephilosophie, de Herbart	1
Memórias, de Saint-Simon	1
Mental development in the child and the race, de Baldwin	1

continua

continuação

Obras Citadas pelos Manuais Brasileiros Aluno 1911-1940	Recorrência
Metaphysica generalis, de Varvello	2
Metaphysica speciallis, de Varvello	1
Método de proyetos, de Fernando Sainz, Madrid, 1933	1
Minha formação, Joaquim Nabuco	1
Modern democracies, de J. Bryde, Nova Iorque, 1921	1
Modern developments in education practice, de John Adams, Londres, 1922	1
Modern educaciónal theories, de Bode, Nova Iorque, 1927	2
Modern educational theories, de Bode, 1927	1
Modern elementary school pratice, Freeland, Nova Iorque, 1927	4
Modern method in high school teaching, Harl Douglas, Boston, 1926	1
Moral principles in education, de John Dewey, Boston	1
Moral principles of education, de John Dewey, Boston, 1900	1
Moral sexuelle e pedagogie sexuelle, de Föerster, Paris, 1931	1
My pedagogie greed, de John Dewey, 1902	1
Neurological foundation of animal behavior, de Herrick, Nova Iorque, 1924	1
Noções de higiene geral, de Afrânio Peixoto	1
Noções de história da educação, de Afrânio Peixoto	1
Normas atuais da psicologia pedagógica, de Arthur Kiessling, 1928	2
Notions générales sur l'évolution affective chez l'enfant, de Ovídio Decroly, Bruxelas	1
Novos caminhos e novos fins, de Fernando de Azevedo, São Paulo, 1934	2
Novos caminhos e novos fins, de Fernando de Azevedo	1
Novos caminhos e novos fins, de Fernando de Azevedo, São Paulo, 1931	4
Nuovi saggi di propaganda pedagógica, de Lombardo-Radice, Turim, 1922	1
Nuovo saggio di omilie, de Bonomeli	1
O bom governo da vida, de Foerster	1
O cálculo dos principiantes, de J. Ferraz de Campos	1
O caráter, a bondade, a primavera da vida, de Guibert	1
O contrato social, de Jean-Jacques Rousseau, São Paulo, 1936	2
O ensino na capital do Brasil, de A. Carneiro Leão, 1926	1

continua

SABERES EM VIAGEM NOS MANUAIS PEDAGÓGICOS   427

continuação

Obras Citadas pelos Manuais Brasileiros Aluno 1911-1940	Recorrência
O ensino religioso e o ensino leigo, do padre Leonel Franca	1
O primeiro método pedagógico do trabalho ativo, de Afanasiev	1
O problema da alimentação no Brasil, de Josué de Castro	1
O problema nacional brasileiro, de Alberto Torres	1
Oeuvres completes, de Leon Tolstoi, Paris, 1905	1
Opusculum 38, de S. Tompas de Aquino	1
Origem das espécies, de Darwin, 1859	1
Ortofonia, de Souza Carvalho	1
Os adversários da pedagogia, de Paul Fauconnet	1
Os fundamentos filosóficos da pedagogia, de Messer	1
Os novos rumos da medicina, de Rocha Vaz	1
Os testes ABC, de Manoel Bergström Lourenço Filho	2
Os testes e a reorganização escolar, de Isaías Alves, Bahia, 1930	1
Outline of psychology, de MacDougall, Nova Iorque, 1923	1
Pädagogik, de Paulsen, 1920	1
Pädagogik abhandlungen, de Paulsen	1
Pädagogische vorträge, de Otto Willmann, 1869	1
Paidologie, entwurf zu einer wissenschaft des kindes, inaugural dissertation, de Oscar Chrisman	1
Para observar as crianças, de Faria de Vasconcelos	2
Parecer sobre a reforma do ensino primário, de Rui Barbosa	2
Pedagogia cientifica, de Aguayo, São Paulo, 1936	1
Pedagogia cientifica, de Aguayo	4
Pedagogia cientifica, de Maria Montessori	1
Pedagogia experimental, de Lay	3
Pedagogia experimental, de Lay, Barcelona, 1928	1
Pedagogia funcional, de Edouard Claparède	2
Pedagogia fundamental, de Cohn, Madrid, 1933	1
Pedagogia fundamental, de Jonas Gohn	2
Pedagogia general derivada del fin de la education, de Hebart, Madrid	1
Pedagogia geral, de Herbart	2
Pedagogia moderna, de Everardo Backheuser, 1936	1
Pedagogia parte general, de Paul Barth, Madrid, 1929	1
Pedagogia scientifica, psicologia da aprendizaje, de Aguayo, Havana, 1930	1

continua

continuação

Obras Citadas pelos Manuais Brasileiros Aluno 1911-1940	Recorrência
Pedagogia social, de Paul Natorp, 1913	1
Pedagogia social, de Paul Natorp, Madrid	1
Pedagogia vivida, de C. Charrier, 1931	1
Pedagogia y filosofia, de John Dewey, Madrid, 1930	4
Pedagogie et sociologie, de Durkheim	2
Pedagogie general derivada del fin de la educación, de Herbart	1
Pedagogie scientifique, de Maria Montessori	3
Pédagogie scientifique, de Maria Montessori, Paris	1
Pedagogie sociologique, de Rouma, Neuchatel, 1914	1
Pedologia, de Alberto Pimentel Filho	1
Pestalozzi e Herbart, de Natorp	1
Pestalozzi et l'education populaire moderne, de A. Pinloche, Paris, 1923	1
Philosophia, de T. Sinibaldi, Coimbra, 1906	1
Philosophia peripatetico scholastica, de De Maria	1
Philosophia scolastica, de Farges e Barbedette	6
Philosophia, pedagogia, religião, de Lucio J. dos Santos, São Paulo, 1936	1
Philosophie de l'experience, de William James	1
Philosophie der erziehung, de Ernest Krieck, 1922	1
Phisiological foundations of behavior, de C. M. Child, Nova Iorque, 1924	1
Pneumatologia, de Varvello	6
Politische ethik und politische pädagogik, de Foerster	2
Por que Escola Nova?, de Anísio Teixeira, Bahia, 1930	1
Pour l'ére nouvelle, Paris	1
Pragmatisme, de William James, Paris, 1917	1
Prática dos testes mentais, de Ovídio Decroly e Buyse	2
Prática dos testes mentais, de Ovídio Decroly	1
Pratical psychology: human nature in everyday life, de E. S. Robinson, Nova Iorque, 1924	1
Práticas mentais, de Ovídio Decroly	1
Precis de psychologie, de William James	1
Précis de psychologie, de William James, Paris, 1929	2
Précis de psychologie, de W. Warren, Paris, 1923	1

continua

continuação

Obras Citadas pelos Manuais Brasileiros Aluno 1911-1940	Recorrência
Prefácio ao livro de Isaías Alves – Os testes e a reorganização escolar, de Anísio Teixeira	1
Preparação à sociologia, de Tristão de Ataíde, Rio de Janeiro	1
Principes de psichologie appliquée, de Henri Wallon	1
Principios de lógica, de Emílio Morselli, Buenos Aires, 1935	1
Principios de psychologia biológica, de Ingenieros	1
Princípios de sociologia, de Fernando de Azevedo, São Paulo, 1936	1
Princípios elementares de educação, de Thorndike e Gates	2
Princípios elementares de educação, de Thorndike e Gates, São Paulo, 1936	1
Principles and tecnique of teaching, de Frank Thomas, Boston, 1927	1
Principles of educacional method, de John Peter Wynne, Nova Iorque, 1928	3
Principles of educational pratice, de Klapper, Nova Iorque, 1923	1
Principles of psychology, de J. R. Kantor, Nova Iorque, 1924	1
Problemes de psychologie, de Emílio Rignano, 1927	1
Procedures in high school teaching, de Douglas Waples, Nova Iorque, 1925	4
Progressive methods of teaching, de Martin Stormzand, Boston, 1924	1
Project teaching in elementary schools, de Coolings, 1928	2
Provérbios	1
Psicanálise e educação, de Arthur Ramos	1
Psicanálise e educação, de Renato Jardim, São Paulo, 1933	2
Psichologie, de Collin	1
Psicologia, de Djacir Menezes	1
Psicologia, de Plínio Olintho	1
Psicologia aplicada, de Erismann	2
Psicologia de la edad juvenil, de Spranger, Madrid, 1929	1
Psicologia del aprendizage, de Pyle, Madrid, 1925	1
Psicologia del nino, de Gaupp	1
Psicologia del nino, de Gaupp, Barcelona, 1930	1
Psicologia del niño y del adolescente, de Vermeylen	1
Psicologia del niño y pedagogia experimental, de Edouard Claparède, Madrid, 1927	1

continua

continuação

Obras Citadas pelos Manuais Brasileiros Aluno 1911-1940	Recorrência
Psicologia do comportamento, de Henri Piéron, 1935	1
Psicologia do menino, de Gaupp	1
Psicologia e biologia, de Gemeli, Firenze, 1913	1
Psicologia educacional, de Nelson Azevedo, São Paulo, 1936	2
Psicologia evolutiva, de Heinz Werner, Barcelona, 1936	1
Psicologia experimental, de De La Vassière, Barcelona, 1921	1
Psicologia experimental, de Trobes	1
Psicologia experimental, de Alcionilio Bruzzi	1
Psicologia experimental, de Henri Piéron, São Paulo	1
Psicologia experimental, de Henri Piéron	1
Psicologia individual, de Alfred Adler	2
Psicologia pedagógica, de Romano	1
Psicologia pedagógica, de Sully	1
Psicologia pedagógica da adolescência, de Lúcia Magalhães, Rio de Janeiro, 1933	1
Psicoterapia, de Maurício de Medeiros	1
Psquiatria e psicanálise, de Arthur Ramos	1
Psychologia, de Boyer	6
Psychologia, de Farges e Barbedette	1
Psychologia, de Mercier	1
Psychologia, de Remer	3
Psychologia, de Varvello	1
Psychologia e ethica, de Farges e Barbedette	1
Psychologia experimental, Alves da Silva, São Paulo, 1938	3
Psychologie appliqué a l'education, de Compayré, Paris	2
Psychologie appliquée à l'education, de Piffault, Paris, 1932	1
Psychologie appliquée à l'education, de Piffarelt	1
Psychologie de l'enfant, de Edouard Claparède	2
Psychologie de l'enfant, de Edouard Claparède, Genebra, 1924	1
Psychologie de l'enfant, de W. Rasmussen	1
Psychologie de l'enfant, de Edouard Claparède	2
Psychologie de l'enfant et pedagogie experimentale, de Edouard Claparède	1

continua

continuação

Obras Citadas pelos Manuais Brasileiros Aluno 1911-1940	Recorrência
Psychologie de l'enfant et pédagogie experimentale, de Edouard Claparède, Genebra, 1926	1
Psychologie de l'enfant et pédagogie expérimentale, de Edouard Claparède, Genebra, 1926	1
Psychologie des kindes, de Robert Gaupp	1
Psychologie experimentale, de Henri Piéron	1
Psychologie expérimentale, de Henri Piéron, Paris, 1925	1
Psychologie générale, Charles Richet	1
Psychologie médicale, de Kretschmer, Paris, 1927	1
Psychologie pedagogique, de Decoene e Staelens	3
Psychologie pédagogique, de De la Vassière	1
Psychologie pédagogique, de De la Vassière, Paris, 1921	1
Psychologie pédagogique, de Janet	1
Psychologie pédagogique, de De la Vassière, Paris, 1926	6
Psychologie pédagogique, de Decoene e Staelens, Louvain, 1932	1
Psychologies of 1925, The International University Series, Worcester, 1928	1
Psychologies of 1930, The International University Series, Worcester, 1930	1
Psychology and education, de R. M. Odgen, Nova Iorque, 1926	1
Psychology for students of education, de Gates, Nova Iorque, 1923	1
Psychopathologie, de Karl Aspers	1
Psycologia, de Remer	1
Psycologia, de Remer, Roma, 1935	2
Psycologie, de Mercier, Paris, 1908	1
Psycologie appliquée a l'education, de Compayré	1
Psysiolgoie, de Hédon	1
Quadragesimo anno, de Pio XI	3
Quaest, de S. Tomás de Aquino	1
Quaest disp., de S. Tomás de Aquino	1
Quarante ans de préhistorie. Dictionaire de apologetique	1
Querer é poder, de Smiles	1
Realité et relativité, de G. Rabeau	1
Reflexion sur líntelligence, de Jacques Maritain, Paris	1

continua

continuação

Obras Citadas pelos Manuais Brasileiros Aluno 1911-1940	Recorrência
Regimini alimentari, de Carnot	1
Régles de la methode sociologique, de Durkheim, São Paulo	2
Regulamentos, de dom Bosco	1
Relatório Americano dos Quinze, de Comenius	1
Relatório Americano dos Quinze, da Comissão Americana dos Quinze	1
Religion, de Natorp	1
Religion et pédagogie, de Gillet	1
Religion innerhalb der grenzen der humanitat, de Natorp, 1919	1
Rerum novarum, de Leão XIII	1
Resumen de paidologia, de Ruiz Amado	1
Revue des cours de conférences du Collége de France, 1929	1
Revue Philos. – Education du caractere, de Payot	1
Roman public life, de Greenidge	1
Romanos, de S. Paulo	1
S. Theol., de S. Tomás de Aquino	1
Sagrada Escritura	1
Salammbô, de Flaubert	1
Sanderson for oundle, de Wells, Londres, 1923	2
Santo Tomaz de Aquino e a escola nova, na revista Ordem de Van Acher, 1930	1
Scholium, de Boyer	1
School and society, de John Dewey	1
School master in a great city, de Ângelo Patri	1
School master in a great city, de Ângelo Patri, Nova Iorque, 1917	1
School of tomorrow, de John Dewey	2
Schools of Hellas, de Kenneth Freeman	1
Schools of Hellas, de Kenneth Freeman, 1908	1
Schule und charakter, de Foerster	2
Science et conscience, de Dantec	1
Situación psicologica del niño proletário, de Doering, Paris, 1930	2
Social evolution, de Benjamin Kidd	1
Social progress, de U. G. Weatherly, Filadélfia	1
Sociologia e educação, de Durkheim	1
Sociologia educacional, de Delgado de Carvalho	6

continua

continuação

Obras Citadas pelos Manuais Brasileiros Aluno 1911-1940	Recorrência
Sociologie appliquée a l'education, de A. Hesse, 1930	1
Sociologie et philosophie, de Durkheim, 1924	1
Sociology and education, de Alvin Good, Nova Iorque, 1926	1
Sociology for teachers, de David Sneden, Nova Iorque, 1924	2
Socrate and athenian society, de Godley	1
Solução do problema sexual, de Pascal Lacroix, Rio de Janeiro	1
Sombras que vivem, de João Toledo, São Paulo	1
Some primary methods, de L. G. Sloman, Nova Iorque, 1927	1
Some thoughts concerning education, de Locke	1
Sommario de pedagogia, de Gentile	2
Source book in the philosophy of education, de Kilpatrick, Nova Iorque, 1926	3
Sozialpädagigik, de Paul Natorp	3
Standard pratices in teaching, de Bagley e MacDonald, Nova Iorque, 1934	1
Study on modern education, de Hoyt	1
Suggestions of modern science concerning education, de Jenkins, Nova Iorque, 1921	1
Summa teológica, S. Tomás de Aquino	15
Techinique de psycologie experimentale, de Toulouse, Vaschide e Pieron	1
Técnica da pedagogia moderna, de Everardo Backheuser	1
Técnica da pedagogia moderna, de Everardo Backheuser, Rio de Janeiro, 1936	1
Temperamento e caráter, de Geenen	2
Temperamento e caráter do ponto de vista educativo, de Geenen	1
Tese Inaugural, Pedro de Alcântara, São Paulo, 1925	1
Test, Medeiros e Albuquerque, Rio de Janeiro, 1928	1
Teste individual de intelligencia, de Isaías Alves	1
Testes ABC, de Manoel Bergström Lourenço Filho, São Paulo	3
Testes da inteligência, de Binet e Simon	1
Testes da medida da inteligência, de Binet e Simon	1
Testes para a medida do desenvolvimento da inteligência, de Binet e Simon, São Paulo	1
The child and the curriculum, de John Dewey	1

continua

continuação

Obras Citadas pelos Manuais Brasileiros Aluno 1911-1940	Recorrência
The classroom teacher, de Strayer, Engelhardt, 1920	1
The educational situation, de John Dewey, 1903	1
The elements of general method, Mac Murry, Nova Iorque, 1907	1
The foundations of method, de Kilpatrick, Nova Iorque, 1925	4
The Greek view of life, de Dickinson	1
The herbartians psychology applied to education, de John Adams	1
The human learning, de Thorndike	1
The ideal of progress, de Bury, Nova Iorque, 1921	1
The improvement of teaching, de Freeland, Nova Iorque, 1925	2
The learning teaching unit, de John Peter Wynne, Farmville, Virginia, 1934/1935	1
The nature and direction of learning, de William Bourton, Nova Iorque e Londres, 1929	3
The nature and direction of learning, de William Bourton	1
The nature and meaning of teaching, de Strebel e Morehart, 1929	1
The observation of teaching, de Maxwell, Boston, 1917	1
The parent teacher movement, de Morgan, 3/1927	1
The project method, de Kilpatrick, Nova Iorque, 1918	2
The psychology of chilhood, de Tracy	1
The psychology of elementary school subjects, de Garrison e Garrison, Nova Iorque 1929	2
The redirection of high instruction, de Lull e Wilson, Filadélfia, 1921	1
The school and society, de John Dewey, 1899	1
The science of power, de Benjamin Kidd	1
The teacher and the curriculum, de John Peter Wynne, Nova Iorque, 1937	1
The teaching of ideald, de Charters, Nova Iorque, 1925	1
The teaching os scientific method, de Armstrong, Nova Iorque, 1903	1
The ways of behaviorism, de Watson, 1923	1
The ways of behaviorism, de Watson, Nova Iorque	1
The work of the teacher, de Davis, Nova Iorque, 1918	1
Theorie der billung, de Kerscheinsteiner	1
Theory of mental and social measurements, de Thorndike, 1914	1
Thesis, de Farges e Barbedette	1

continua

continuação

Obras Citadas pelos Manuais Brasileiros Aluno 1911-1940	Recorrência
Tolstoi educateur, de Baudouin, 1921	1
Towards freedom, de O'Brien Harris, Londres	2
Traité de husiologie, de Glay	1
Traité de philosophie, de Longhaye	1
Traité de psychologie, de Dwelshauvers	3
Traité de psychologie, de Dumas, 1914	1
Traité du libre arbitre, de Bossuet, Paris	1
Transformemos a escola, de Adolphe Ferrière, Paris, 1928	1
Tratado das sensações, de Condillac	1
Tratado de disciplina escolar, de Angel Bassi, Buenos Aires, 1922	2
Tratado de pedagogia, de Pedro Anísio	7
Tratado de pedagogia, de Pedro Anísio, Rio de Janeiro, 1934	1
Tratado de psicologia, de Dwelshauvers, 1930	1
Tratado de psicologia experimental, de Fröebes	5
Twenty-Fourth year book of the national society for study of education, de Charlton Washburne, Bloomington, 1925	1
Uber das erzieherische, de Martin Buber	2
Ueber geistige arbeit, de Krapelin	2
Um grand éducateur moderne: Sanderson, de Wells, Paris, 1925	1
Um grand éducateur moderne: Sanderson, de Wells	1
Um programa escolar desenrolado em projetos, de Wells	2
Um programa escolar desenrolado em projetos, de Wells, 1929	2
Um programma escolar desarrollado em proyetos, de Wells, Madrid, 1929	1
Uma experiência de ensino ativo	1
Una história de la educación, de Davidson	1
Une psychologie objective est-elle possible?, de Augier, Paris, 1928	1
Vers l'ecole renovée, de Ovídio Decroly	2
Vers l'école renovée, de Ovídio Decroly e Gerard Boon	3
Vers l'école renovée, de Ovídio Decroly e Gerard Boon, Bruxelas	1
Vers l'école renovée – une première etape	1
Vida e Educação, de John Dewey	1
Vie de Pestalozzi, de Malche, Lausaune, 1927	1
Vocabulaire de Philosophie	1

continua

continuação

Obras Citadas pelos Manuais Brasileiros Aluno 1911-1940	Recorrência
Vorlesungen zur einführung in die experimentelle psychologie, de Meumann	1
Vorlesungen zur einführung in die experimentelle psychologie, de Meumann, 1922	1
Weltverband der kath pädagogik, de Otto Willmann	1
Wesen und gestaltung der arbeitsshule Padenborn, de Franz Weigl, 1925	2
Wesen und wer des naturwissenschaftlischen unterrichts, de Kerscheinsteiner	1
Wesen und wert des naturwissenschaftlichen unterrichtes, de Kerscheinsteiner, 1913 1920	1
Whipple mental and physical tests, de Baltimore, 1914	1

Autores Citados pelos Manuais Brasileiros Metodologia 1941-1970[1]	Recorrência
A. J. Lynch	1
Abbat	1
Adolf Rude	13
Adolphe Ferrière	8
Afonso Arino	2
Afonso Arinos de Melo Franco	1
Agazzi	2
Aguayo	45
Alais	1
Albert Keim	1
Alberto Magno	2
Alberto Pimentel Filho	5

continua

---

[1] Na contagem das citações que apareceram em todos os manuais brasileiros publicados entre 1941 e 1970, o número total de autores e livros mencionados atingiu um número muito grande, correspondendo a 5.408 referências. Isso obrigou a realizar uma seleção do levantamento e sistematização realizados, de modo a exemplificar alguns dos autores e livros citados nesse período. Assim, foram considerados aqui apenas as páginas do primeiro volume das *Práticas escolares* (D'Ávila, 1963); da *Metodologia do ensino primário* (Santos, 1955) e dos *Fundamentos de educação* (Fontoura, 1954). As citações então localizadas totalizaram quase 900 referências.

continuação

Autores Citados pelos Manuais Brasileiros Metodologia 1941-1970	Recorrência
Alberto Torres	1
Alcântara Garcia	1
Alcina Backheuser	1
Alfred Adler	4
Alice Franchetti	1
Almeida Jr.	4
Aloys Muller	2
Alpera	1
Altamira	1
Amélie Hamaide	2
Ana Silveira Pedreira	1
Andoyer	1
Angell	1
Anísio Teixeira	5
Antônio Alonso	1
Antônio D'Ávila	8
Antônio Firmino Proença	2
Aristóteles	5
Audemars	2
Bacon	11
Bagley	5
Baldwin	1
Ballard	1
Ballesteros	3
Baraton	1
Barbedor	1
Basedow	6
Berdiaeff	1
Bérgson	2
Berheim	1
Bertoldo Otto	1
Bethge	1
Bildzeichnen	1
Binet	8

continua

continuação

Autores Citados pelos Manuais Brasileiros Metodologia 1941-1970	Recorrência
Binet e Simon	2
Blonsky	6
Bobertag	2
Bode	1
Bondy	1
Boubnof	1
Boutroux	1
Bovet	2
Brahma	1
Brube	1
Bueno de Andrade	1
Bueno de Andrade	1
Burgerstein	2
Carbonnel e Migal	2
Cardeal Mercier	2
Carmen Gill	1
Carolina Pratt	1
Carr	2
Carstairs	1
Cecil Reddie	5
Cecília Bueno dos Reis	1
Celina Padilha	1
Celsina de Faria Rocha	1
Charles Ham	1
Charles MacMurry	1
Charlton W. Washburne	11
Charrier	7
Charters	1
Christiaens	1
Chulguine	1
Cigneus	2
Clapp	1
Clifford Woody	1
Clotilde Rezzano	1

continua

continuação

Autores Citados pelos Manuais Brasileiros Metodologia 1941-1970	Recorrência
Cohn	4
Collin	1
Collings	4
Comenius	16
Conrado	1
Constâncio Vigil	1
Copérnico	1
Coulon	1
Cousin	1
Cousinet	9
Curtis	1
Cusack	1
D. Bosco	6
Daniel Preisser	1
Dantin Cereceda	1
David Levi-Morenos	1
David Smith	1
De Feltre	1
De Hovre	1
De La Blache	2
De La Salle	1
De los Rios	1
De Vries	2
Degand	3
Dela-Voss	1
Delgado de Carvalho	3
Delikat	1
Demolins	3
Demóstenes	1
Depuis	1
Descartes	8
Deschand-Alexander	1
Descoeudres	1
Dessau	1

continua

continuação

Autores Citados pelos Manuais Brasileiros Metodologia 1941-1970	Recorrência
Devogel	1
Diego González	10
Diesterweg	3
Dilthey	1
Dinter	1
Discat	1
Domingos Tirado Benedi	2
Doreste	4
Dottrens	2
Dupanloup	3
Edouard Claparède	23
Eduardo Carlos Pereira	1
Elizabeth Huguenin	1
Engels	1
Ernesto	1
Ernesto Luiz de Oliveira Jr.	1
Ertli	1
Espinosa	1
Estrabão	1
Eugênio Pucciarelli	1
Everado Backheuser	12
Farham	1
Faria de Vasconcelos	5
Felipe Sole y Olivé	1
Fénelon	1
Fernando de Azevedo	2
Ferniére	1
Finney	1
Firmino Costa	1
Fitche	1
Florence Goodenouch	1
Florentino Rodrigues	1
Foerster	1
Francis Galton	4

continua

continuação

Autores Citados pelos Manuais Brasileiros Metodologia 1941-1970	Recorrência
Francisco Antunes	1
Francisco Coccaro	2
Francisco Romero	1
Francke	1
Frechnon	1
Frederico Burt	2
Friedrich	1
Fröebel	12
Gansberg	1
Gargantua	1
Gaston Quenioux	1
Gates	2
Gaudig	3
George Sand	1
Georges Rouma	1
Gerald Lairesse	1
Gerard Boon	1
Gilbert Robin	1
Giovanni Gentile	2
Girard	1
Giuseppina Pizzigoni	1
Goddard	1
Goethe	1
Goldscheider	2
Goriel	1
Goué e Goué	1
Grafunder	1
Graser	1
Gray	1
Grosselin	2
Gruppe	1
Gubge	1
Gutterlin	1
Guyot	1

continua

continuação

Autores Citados pelos Manuais Brasileiros Metodologia 1941-1970	Recorrência
Hamilton	1
Harnasch	1
Harnish	1
Hartwell	1
Haupt	1
Hegel	1
Helen Keller	1
Helen Parkhurst	9
Helena Antipoff	1
Henri Piéron	1
Henry Fayol	2
Herbart	18
Herder	1
Hermann	1
Hermann Lietz	8
Hernández Ruiz	1
Heródoto	1
Hilker	2
Hillard	1
Hinsdale	1
Hobbes	1
Hoffer	1
Hoffmann	1
Homer B. Reed	2
Homero	1
Hosic Chase	2
Hugo Calzetti	10
Humboldt	1
Irene Muniz	1
Itard	1
Jacotot	4
Javal	6
Jean Piaget	5
Jean Zay	1

continua

continuação

Autores Citados pelos Manuais Brasileiros Metodologia 1941-1970	Recorrência
Jean-Jacques Rousseau	23
Jersildo	1
João Hermenegildo	1
João Toledo	2
Joaquim Álvares Cruz	1
John Dewey	32
John Locke	2
John Peter Wynne	4
John Ryan	1
Johnson	1
Jonathas Serrano	1
Jordan	1
José de Almeida	1
José de Eleizegui	1
Judd	1
Jung	2
Juraci Silveira	1
Kaas	2
Kalachmikow	1
Kapp	2
Karl Groos	2
Karl Lange	1
Karl Marx	1
Karsen	1
Kawerau	3
Kearstead	1
Kendallo	1
Kerschensteiner	17
Kilpatrick	7
Klapper	3
Knospe	1
Koehler	1
Krakowitzer	2
Kramer	2

continua

continuação

Autores Citados pelos Manuais Brasileiros Metodologia 1941-1970	Recorrência
Krestschmer	1
Kropotkin	1
Kuhlmann	2
Kusserow	1
Lafandel	2
Lahrs	1
Langer-Leprund	1
Langlois	1
Laura Brigdman	1
Lavisse	1
Lay	6
Lehmann	2
Lenine	1
Leola Rodgers	1
Leon Tolstoi	3
Lerouxr	1
Lewis Terman	3
Lichirwark	1
Lighart	1
Linch	1
Linneu	1
Lipp	1
Litt	1
Lombardo Radice	9
Lombroso	1
Lorenzo Luzuriaga	6
Lüben	1
Luís C. Ramos	1
Luís Gonzaga Fleury	2
Luis Vives	1
Lunatscharsky	1
M. de Paew	1
M. E. Victor	1
MacConnell	1

continua

continuação

Autores Citados pelos Manuais Brasileiros Metodologia 1941-1970	Recorrência
Mackinder	2
MacLellan	1
Manoel Bergström Lourenço Filho	17
Manouvrier	1
Margarida MacCloskey	2
Margarita Comas	2
Maria dos Reis Campos	3
Maria Maraini Guerrieri	1
Maria Montessori	21
Maritain	2
Martim Lutero	1
Martonne	1
Max Muller	1
Medina Bravo	1
Medina Bravo e Luís C. Ramos	1
Mercante	7
Meumann	1
Miguel Couto	1
Mira e Lopez	2
Moisés Xavier Araújo	3
Monchamp	2
Montaigne	3
Monteiro Lobato	1
Moore	2
Morrison	2
Naegeli	2
Neander	1
Neill	1
Nelson Foot	1
Neuendorf	1
Newton	1
Niemayer	1
Nietzsche	1
Noemi da Silveira Rudolfer	1

continua

continuação

Autores Citados pelos Manuais Brasileiros Metodologia 1941-1970	Recorrência
Nussbaum	1
Obrien Harris	1
Oestreich	2
Olavo Bilac	1
Onofre de Arruda Penteado Jr.	1
Orminda Marques	1
Oscar Augusto Guelli	1
Otoniel Mota	2
Otto Glöckel	1
Otto Salomon	1
Otto Willmann	3
Ovídio Decroly	36
Pabst	1
Pape-Carpentier	1
Parker	3
Pascal	2
Patrascoiu	1
Paul Barth	1
Paul Boncour	1
Paul Geheeb	6
Paulo Campos	1
Paulo Maranhão	3
Paulsen	1
Penck	1
Pende	1
Pennel	1
Pestalozzi	34
Peter Petersen	3
Pfyller	1
Pinkevich	4
Pio XI	3
Pistrack	1
Pitágoras	2
Pizard	2

continua

continuação

Autores Citados pelos Manuais Brasileiros Metodologia 1941-1970	Recorrência
Platão	2
Pöhlmann	1
Poincaré	1
Prang	1
Profit.	2
Ptolomeu	1
Quintiliano	1
Rabelais	3
Rabindrana Tagore	1
Ramsauer	1
Ratke	6
Ratzel	1
Reclus	1
Reininger	2
René Barreto	1
Ribot	1
Ricci	1
Richard	1
Riedel	1
Ritcthofen	1
Ritter	2
Robert Keller	1
Rochow	3
Rosenau	1
Rossignol	1
Roubakine	1
Rouquié	1
Ruellan	1
Rugby	1
Rühlmann	1
Rui Barbosa	1
Ruiz e Tirado	6
Rupp	1
S. Thomás de Aquino	4

continua

continuação

Autores Citados pelos Manuais Brasileiros Metodologia 1941-1970	Recorrência
Saffioti	1
Sallwürk	2
Salzmann	4
Sampaio Dória	8
Samuel Heinicke	1
Sanderson	2
Scharrelmann	3
Schleiermacher	1
Schloezer	1
Schmidt	2
Schmieder	2
Schneider	2
Schopenhauer	1
Schubert	1
Schwartz Buys	1
Séguin	2
Seignobos	1
Seltsam	1
Sêneca	1
Seyfert	2
Sigmund Freud	3
Silinger	1
Silvio Rabello	1
Smelten	1
Sobolet	1
Sócrates	5
Spain	1
Spalding	5
Spencer	9
Spranger	4
Stanley Hall	4
Stephani	1
Stern	1

continua

continuação

Autores Citados pelos Manuais Brasileiros Metodologia 1941-1970	Recorrência
Stevenson	3
Stiehler	3
Suess	1
Tácito	1
Tadd	1
Tecklenburgo	1
Teobaldo Miranda Santos	2
Theodore Simon	3
Thomas Arnold	1
Thorndike	15
Tillich	1
Titchner	1
Tobler	1
Tomaseo	1
Tréves	1
Truc	1
Türk	1
Ulisses Pernambuco	1
Ulrich Peter	1
V. A. Achile	1
Valentim Ickelsammer	1
Van Biervliet	1
Vicente Peixoto	1
Vicente Valls	1
Vieira de Mello	1
Violeta Campofiorito	1
Vogel	3
Volkmar	1
Ward	1
Weiss	1
Wells	2
Wilhelm Rein	2
William James	1

Autores Citados pelos Manuais Brasileiros Metodologia 1941-1970	Recorrência
Wilson	2
Winckler	1
Wirt	1
Wolfgang Luserke	1
Wynneken	4
Yohnston	1
Yolanda Pais Leme	1
Ziller	2
Zuberbühler	1

Obras Citadas pelos Manuais Brasileiros Metodologia 1941-1970	Recorrência
A alma do educador e o problema da formação do mestre, de Kerscheinsteiner	1
A Amazônia que eu vi, de Raimundo Morais	1
A aritmética da Escola Nova, de Everardo Backheuser	1
A arte de ensinar, de E. E. White	1
A arte de escrever (Albalat), de Cândido Figueiredo	1
A arte de escrever, de Silveira Bueno	1
A arte popular e educação, de Ariosto Espinheira	1
A colheita do algodão e a freqüência escolar, de Genésio de Assiz, São Paulo, 9-12/1936	1
A cooperação da escola primária no combate ao tracoma, de Silvio de Almeida Toledo (dr.)	1
A coruja, de João Kopke	1
A criança problema, de Arthur Ramos, São Paulo, 1939	1
A criança, de Maria Montessori, Lisboa, 1937	1
A crise brasileira de educação, de Sud Menucci	1
A educação e seu aparelhamento moderno, de Francisco Venâncio Filho	1
A educação funcional, de Edouard Claparède	1
A educação funcional, de Edouard Claparède, São Paulo, 1940	1
A educação sexual, de padre Negromonte	1
A escola ativa e os trabalhos manuais, de Corinto da Fonseca, São Paulo, 1929	2

continua

continuação

Obras Citadas pelos Manuais Brasileiros Metodologia 1941-1970	Recorrência
A escola ativa e os trabalhos manuais, de Corinto da Fonseca, São Paulo, 1930	1
A escola ativa, de Adolphe Ferrière	1
A escola e o caráter, de Foerster	1
A escola moderna, de Maria dos Reis Campos, Rio de Janeiro, 1934	1
A Escola Nova, de Jonathas Serrano	3
A Escola Nova, de Jonathas Serrano, Rio de Janeiro, 1932	1
A escola primária, de Teobaldo Miranda Santos	1
A escola primária, de Teobaldo Miranda Santos, Rio de Janeiro, 1944	3
A escrita na escola primária, de Orminda Marques	1
A escrita na escola primária, de Orminda Marques, São Paulo, 1936	1
A evolução do povo brasileiro, de Oliveira Viana	1
A filosofia da educação, de Horne	1
A formação do estilo (Albalat), de Cândido Figueiredo	1
A função socializadora da aritmética, de Faria de Vasconcelos	1
A hereditariedade normal e patológica, de Pinheiro Guimarães	1
A Igreja e o regime co-educativo, de Pio XI	1
A instrução e o Império, de Primitivo Moacir	1
A lei biogenética e a escola ativa, de Adolphe Ferrière, São Paulo 1929	1
A natureza e a significação biológica do bocejo, de Valentim Dumpert, 1921	1
A nova metodologia da aritmética, de Thorndike	1
A nova metodologia da aritmética, de Thorndike, Porto Alegre, 1936	1
À quoi tient la superiorité des anglo-saxons, de Demolins, França, 1897	1
A retirada da laguna, de Visconde de Taunay	1
A vida maravilhosa dos animais, de C. de Melo Leitão	1
ABC da intuição ou teoria das formas e das relações mensuráveis, de Pestalozzi	1
ABC de psicologia, de Cuvillier	1
Administração escolar, de Antônio Carneiro Leão, São Paulo, 1939	1
Administration industrielle, de Henri Fayol	1
An experiment with a project curriculum, de Coolings	1

continua

continuação

Obras Citadas pelos Manuais Brasileiros Metodologia 1941-1970	Recorrência
An introduction to education and teaching progress, de John Adams e W. Taylor, Madrid, 1919	1
Análise lógica do diagrama, de Sílvio de Aguiar Sousa	1
Anatomia e fisiologia humanas, de Almeida Jr.	1
Anchieta, o santo do Brasil, de Pedro Calmon	1
Anuário de Ensino do Estado de São Paulo, de São Paulo, 1935/1936	1
Anuário estatístico do Brasil, IBGE, Brasil, 1951	1
Anuários do Ensino de São Paulo – 1º volume, São Paulo, 1917	1
Aplicación del método Decroly a la enseñanza primária, de Ana Rubiés	1
Aplicación del método Decroly a la enseñanza, de Gerard Boon	1
Aplicación del método Decroly, de Gerard Boon	2
Apostilas aos dicionários, de Mário Gonçalves Viana	1
Apostilas das aulas dadas sobre o assunto, de Paulo Campos, 1949	1
Aritmetica generale e algebra, de Ettore Bortolotti	1
Aritmética na Escola Nova, de Everardo Backheuser	1
Aritmética na Escola Nova, de Everardo Backheuser, Rio de Janeiro, 1933	1
Aritmética, geometria y trabajo manual, de Alpera, Madrid, 1932	1
Arte de la escritura y de la caligrafia, de Blanc, Madrid, 1927	1
Artur e seu papagaio, de João Kopke	1
As crianças anormais, de A. Binet	1
As idéias modernas sobre as crianças, de A. Binet	1
As modernas diretrizes da didática, de Antônio D'Ávila	1
As modernas teorias pedagógicas e a nova educação na URSS, de Pinkevich	1
As reprovações na escola primária, de Luís Gonzaga Fleury, São Paulo	1
Biblioteca de Educação, de Manoel Bergström Lourenço Filho	1
Bibliotecas escolares, de Lorenzo Luzuriaga, Madrid, 1931	1
Biografia de Jean-Jacques Rousseau – coleção Grandes Educadores, Porto Alegre	1
Biografia de S. João Bosco – coleção Grandes Educadores, Porto Alegre	1
Biografia Edouard Claparède – coleção Grandes Educadores, Porto Alegre	1
Biografia Platão – coleção Grandes Educadores, Porto Alegre	1

continua

continuação

Obras Citadas pelos Manuais Brasileiros Metodologia 1941-1970	Recorrência
Biologia aplicada à educação, de Aristides Ricardo, São Paulo, 1936	1
Biologia educacional, de Almeida Jr.	1
Biotipologia, de W. Bernardinelli	1
Botânica geral e aplicada, de E. de Sousa Brito	1
Campestre, de Zalina Rolim	1
Cartas de Inglaterra, de Rui Barbosa	1
Cartilla de aritmética, de R. Torrosa, Barcelona, 1931	1
Céus e terras no Brasil, de Visconde de Taunay	1
Coletânea literária, de Rui Barbosa	1
Como diagnosticar as aptidões dos escolares, de Edouard Claparède, Porto, 1931	1
Como diagnosticar as aptidões dos escolares, de Edouard Claparède, Porto, 1927	1
Como ensinar desenho, de Nereu Sampaio	1
Como ensinar linguagem, de Firmino Costa, São Paulo, 1933	1
Como fazer observar nossos alunos, de Goué	1
Como pensamos, de John Dewey	1
Como pensamos, de John Dewey, São Paulo, 1933	1
Como se enseña el dibujo, de Masriera, Madrid, 1923	1
Como se enseña el dibujo, de Masriera, Madrid, 1923	1
Como se enseña la geografia, de Dantin Cereceda,	1
Como se enseña la geografia, de Dantin Cereceda, Madrid, 1931	1
Como se enseña la historia, de Teófilo Sanjuan, Madrid, 1931	1
Como se enseña los trabajos manuales, de Jose Montua, Madrid, 1929	1
Como se enseñan las ciencias naturales, de Enrique Rioja, Madrid, 1927	1
Como se ensina a aritmética, de Everardo Backheuser, Porto Alegre, 1946	2
Como se ensina a escrever, de Faria de Vasconcelos, Lisboa, 1934	1
Como se ensina a geografia, de Antônio Firmino Proença, São Paulo	1
Como se ensina a história, de Jonathas Serrano, São Paulo, 1935	1
Como se ensina a leitura, de Pennel e Cusak, Porto Alegre, 1942	1
Como se ensina a leitura, de Pennel, Porto Alegre, 1942	1
Como se ensina aritmética, de Faria de Vasconcelos, Lisboa, 1934	1

continua

continuação

Obras Citadas pelos Manuais Brasileiros Metodologia 1941-1970	Recorrência
Como se ensina geografia, de Antônio Firmino Proença, São Paulo	1
Como se ensina, de Sampaio Dória	3
Compêndio de higiene, de Fontenelle, Rio de Janeiro, 1942	2
Compêndio de psicologia infantil, de Charlote Buhler	1
Complementi di algebra e analisi, de Marcolongo	1
Cooperação da escola primária no combate ao tracoma, de S. Almeida Toledo	1
Cooperativas escolares, de Fábio Luz Filho, Rio de Janeiro, 1933	1
Cooperativas, talleres, huertos y granjas escolares, de Domingos Tirado Benedi, México, 1940	1
Cour de philosophie, de Lahrs, Paris, 1926	1
Cours d'algébre, de Nicoletti e Sansone	1
Crestomatia arcaica, de J.J. Nunes	1
Crianças anormais, de A. Binet e T. Simon	1
Curiosidades verbais, de João Ribeiro	1
Curriculum construction, de Charters	1
Curso de cartografia, de Silva e Voss	1
D. Pedro e o Grito da Independência, de Assis Cintra	1
Da composição das palavras, de Dionísio de Halicarnasso	1
Debates pedagógicos, de Tristão de Ataíde	1
Defesa do projeto do Código Civil, de Ernesto Carneiro de Ribeiro	1
Der aufsatz in lichte der lehrplanidee, de Seyefert, Leipzig, 1921	1
Der aufsatz-unterrich auf psychiologischer graundlage, de Schmieder, Leipzig, 1916	1
Determinación de la edad mental, de César Juarros, Madrid, 1943	1
Dicionário contemporâneo, de Caldas Aulete	1
Dicionário de verbos e regimes, de Francisco Fernandes	1
Dicionário dos Lusíadas, de Afrânio Peixoto e P. Pinto	1
Dicionário etimológico, de Antenor Nascentes	1
Dicionário ilustrado, de Patrascoiu	1
Dicionário psico-pedagógico, de Djacir Menezes	1
Dicionário, de Pereira e Souza, 1825	1
Didáctica especial, de Hugo Calzetti	2
Didáctica especial, de Hugo Calzetti, Buenos Aires	2

continua

continuação

Obras Citadas pelos Manuais Brasileiros Metodologia 1941-1970	Recorrência
Didáctica general, de Hugo Calzetti, Buenos Aires	1
Didáctica general, de Hugo Calzetti, Buenos Aires, 1939	3
Didáctica general, de Schmieder, Madrid, 1932	3
Didáctica magna, de Comenius	2
Didáctica o dirección del aprendizaje, de Diego González, Havana, 1939	4
Didáctica o dirección del aprendizaje, de Diego González, Havana, 1943	2
Didáctica o dirección del aprendizaje, de Diego González, Havana, 1937	1
Didaktik der neuen schule, de Ficker, 1930	1
Didaktik der neuen schule, de Ficker, Oesterwieck-Harz, 1930	1
Didática da Escola Nova, de Aguayo	2
Didática da Escola Nova, de Aguayo, São Paulo, 1929	1
Didática da Escola Nova, de Aguayo, São Paulo, 1935	18
Didática da Escola Nova, de Anderson	1
Didática, de João Toledo	2
Didática, de Lombardo Radice	1
Die freideutsche jugendbewgung, de K. Ahlborn, München, 1918	1
Die freie aufsatz, de Gansberg, Leipzig, 1926	1
Die neue schule und ihre unterrichslehe, de Adolf Rude, 1929	1
Die neue schule und ihre unterrichtslehre, de Adolf Rude, 1924	1
Die neue schule und ihre unterrichtslehre, de Adolf Rude, 1929	1
Die neue schule und ihre unterrichtslehre, de Adolf Rude, Oesterwieck, 1930	1
Die neue schule und ihre unterrichtslehre, de Adolf Rude, Oesterwieck, 1929	1
Die neue schule und ihre unterrichtslehre, de Adolf Rude, Osterwieck, 1929	1
Die neue schule, de Adolf Rude, 1931	1
Die neue und ihre unterrichtslehre, de Adolf Rude, 1929,	1
Die neuen schule und ihre unterrichslehre, de Adolf Rude, 1929	1
Digressões lexicológicas, de J. J. Nunes	2
Directing learning in the elementary school, de Monroe e Streitz, Nova Iorque, 1932	2
Directing learning, de Frederick Robert, Nova Iorque, 1927	1
Disciplinae, de Marco Terêncio Varrão	1

continua

continuação

Obras Citadas pelos Manuais Brasileiros Metodologia 1941-1970	Recorrência
Discurso do método, de Descartes	1
Divini illius magistri, de Pio XI	1
Divini illius magistri, de Pio XI, Petrópolis, 1929	1
Doenças transmissíveis, de Raul Magalhães	1
Dom Casmurro, de Machado de Assis	1
Educação comparada, de Kandel, São Paulo, 1943	1
Educação física, intelectual e moral, de Spencer	1
Educação funcional, de Edouard Claparède, São Paulo, 1940	1
Educação progressiva, de Anísio Teixeira	1
Educação pública: sua organização e administração, de Anísio Teixeira, Rio de Janeiro, 1935	1
Educação, de Sampaio Dória	2
Educação, de Spencer	2
Education handwork or manual training, de Jenkins, Baltimore, 1917	1
Education nouvelle, de Demolins, Paris, 1901	1
Educational psychology, de Douglas e Holland, Nova Iorque, 1942	1
Educational psychology, de Gates e Jersild, Nova Iorque, 1942	1
Educational psychology, de Jordan, Nova Iorque, 1942	1
Educational psychology, de Jordan, Nova Iorque, 1944	1
Educational psychology, de Thorndike, Nova Iorque, 1931	1
El aprendizaje de la lectura por el método global, de Dottrens e Margairaz	1
El dibujo en la escuela primária, de Masriera, Madrid, 1925	1
El material de enseñanza, de Vicente Valls, Madrid, 1927	1
El método Cousinet	1
El método de projetos, de Fernando Sainz	1
El método de proyetos, de Fernando Sainz, Buenos Aires, 1945	1
El método Decroly, de Amélie Hamaide, Madrid, 1923	1
El método Decroly, de Ballesteros	1
El método Decroly, de Ballesteros, Buenos Aires, 1945	1
El niño que no aprende, de Mira e Lopez, Buenos Aires, 1947	1
El sistema de Winnetka en la prática, de Margarida Comas	1
Elementi di trigonometria, de Forte Benali e Marcolongo	1
Elementos de geometria, de Scarpis	1
Eléments de la théoria des nombres, de Forte Benali e Marcolongo	1

continua

continuação

Obras Citadas pelos Manuais Brasileiros Metodologia 1941-1970	Recorrência
Emilinha no país da gramática, de Monteiro Lobato	1
Emílio, de Jean-Jacques Rousseau	1
Enciclopedia delle matematiche elementari, de Wells	1
Enfants au collège, de Maurice Fleury, 1905	1
Ensaio de biotipologia educacional, de Everardo Backheuser	1
Ensaio de biotipologia educacional, de Everardo Backheuser, Porto Alegre	1
Ensaio de biotipologia educacional, de Everardo Backheuser, Porto Alegre, 1941	1
Enseñanza de las escuelas primarias, de Kiel, Havana, 1918	1
Ensinar a ensinar, de Afrânio Peixoto	2
Ensino universal da língua materna, de Jacotot	1
Epitoma rerum germanicorum usque nostra tempora, de Winphepling	1
Eruditio didascalica, de Hugo de S. Vitor	1
Esboço de História da Educação, de Ruy Aires Bello	1
Escola brasileira – método de leitura, de Castilho	3
Escola brasileira, de João Toledo	2
Escola experimental, de Paulo Maranhão, Rio de Janeiro, 1935	1
Escola pitoresca, de Almeida Jr.	1
Escola primária, de Teobaldo Miranda Santos	1
Essai de philosophie pédagogique, de De Hovre	1
Estudo sobre os testes ABC, da Comissão de Estudos do SIAE do Departamento de Educação de São Paulo, São Paulo, 9-12/1939	1
Estudos da história americana, de Fidelino Figueiredo	1
Estudos de língua portuguesa (I e II), de J. Roberto Moreira	1
Eugenia em cinco lições, de Otávio Domingues	1
Exame de adaptação (Decreto-lei nº 441, de 26-2-1942), 26-2-1942	1
Exercices d'algèbre, de J. Faunery	1
Exercices d'arithmétique, de J. Faunery	1
Exercices de géometrie, de F. G. M.	1
Exercices de trogonometrie, de F. G. M.	1
Falar e escrever, de Cândido Figueiredo	1
Fatos da linguagem, de Heráclito Graça	1
Fiel, de João Kopke	1

continua

continuação

Obras Citadas pelos Manuais Brasileiros Metodologia 1941-1970	Recorrência
Filosofia da educação, de Aguayo	1
Filosofia da educação, de C. Antônio Alves Siqueira	1
Filosofia da educação, de Teobaldo Miranda Santos	1
Filosofia da educação, de Teobaldo Miranda Santos, Rio de Janeiro, 1942	1
Filosofia da educação, de Teobaldo Miranda Santos, Rio de Janeiro, 1940	1
Filosofia de educação, de Teobaldo Miranda Santos	1
Filosofia, pedagogia, religião, de Lúcio J. Santos	1
Fundamentos do método, de Onofre de Arruda Penteado Jr.	1
Fundamentos do método, de Onofre de Arruda Penteado Jr., São Paulo, 1938	2
General method: foundation and application, de John Peter Wynne, Nova Iorque, 1929	2
General methods of teaching in elementary schools, de Parker	2
Geografia e história, de Maria dos Reis Campos	1
Geometria del espacio, de Glaeser	1
Geometria del plano, de Mahler	1
Geometria, de Piucherle	1
Gramática expositiva, de Mário de Sousa Lima	1
Gramática histórica, de Alfredo Pujol	1
Gramática histórica, de L. P. Silva Andrade	1
Gramática histórica, de Said Ali	1
Gramática metódica da língua portuguesa, de Napoleão Mendes de Almeida	1
Grandes educadores – D. Bosco, de Antônio D'Ávila	1
Grandes vultos da independência, de Afonso de Taunay	1
Guia do estudante – português, São Paulo	1
Guias didáticos, Ministério da Educação da Inglaterra	1
Guias didáticos, Ministério da Inglaterra	1
Hacia la escuela renovada, de Ovídio Decroly, Madrid	1
Handbuch der pädagogik, de Nohl e Pallat, Beltz, 1930	1
Handbuch der pädagogik, de Nohl e Pallat, Beltz, Lagensalza, 1929	1
Handbuch für den anfangsunterricht, de Langer-Leprund	1

continua

continuação

Obras Citadas pelos Manuais Brasileiros Metodologia 1941-1970	Recorrência
Higher álgebra, de Severi	1
Higiene e educação de saúde, de Carlos Sá, Rio de Janeiro, 1943	1
Higiene em desfile, de Cesar Leal Ferreira, Niterói, 1946	2
Higiene em desfile, de Cesar Leal Ferreira, Niterói, 1946	1
Higiene escolar, de Burgerstein	2
Higiene escolar, de Burgerstein, Rio de Janeiro, 1934	1
Higiene, de Afrânio Peixoto	1
Higiene, de Afrânio Peixoto, Rio de Janeiro, 1926	1
Higiene, de Fontenelle	1
História da Capitania de S. Vicente, de Pedro Taques Paes Leme	1
História da civilização brasileira, de J. Calógeras	1
História da civilização brasileira, de Pedro Calmon	1
História da civilização, de Jonathas Serrano	1
História da civilização, de Wells	1
História da educação, de Paul Monroe	1
História da literatura brasileira, de Ronald Carvalho	1
História da natureza, de Plínio	1
História da pedagogia, de Me. Francisca Peters	1
História de la geografia, de Kretschmer	1
História de Portugal, de A. Sérgio	1
História de Portugal, de Oliveira Martins	1
História do Brasil, de Frei Vicente do Salvador	1
História do Brasil, de Rocha Pombo	1
História do Brasil, de Tito Lívio Ferreira	1
História do Império, de Tobias Monteiro	1
História ou educação, B. Andrade Filho	1
How to make a curriculum, de Franklin Bobbit, Boston, 1924	1
How to teach handwriting, de Freeman e Dougherty, Boston, 1923	1
Humanismo pedagógico, de Tristão de Ataíde	1
Iniciación general al método Decroly, de Ovídio Decroly e Boon, Buenos Aires, 1943	1
Inocência, de Visconde de Taunay	1
Instituições escolares, de Maria dos Reis Campos, Rio de Janeiro, 1938	1

continua

continuação

Obras Citadas pelos Manuais Brasileiros Metodologia 1941-1970	Recorrência
Introdução à pedagogia moderna, de Ruy Aires Bello	1
Introdução à psicologia educacional, de Noemi da Silveira Rudolfer, São Paulo, 1938	1
Introdução à psicologia educacional, de Noemi da Silveira Rudolfer	1
Introdução à sociologia, de Tristão de Ataíde	1
Introdução ao estudo da Escola Nova, de Manoel Bergström Lourenço Filho, São Paulo, 1933	2
Introdução ao estudo da Escola Nova, de Manoel Bergström Lourenço Filho, São Paulo, 1930	2
Introdução ao estudo da Escola Nova, de Manoel Bergström Lourenço Filho	1
Introdução ao estudo da Escola Nova, de Manoel Bergström Lourenço Filho, São Paulo, 1930	1
Introdução ao estudo da Escola Nova, de Manoel Bergström Lourenço Filho, São Paulo, 1936	1
Introdución al estudio de la pedagogía terapêutica, de Alfred Strauss	1
Introduzzione alla teoria del numeri, de Vittorio Murer	1
Investigaciones lógicas, de Husserl, Madrid, 1929	1
Jardim da infância, de Teobaldo Miranda Santos	1
Jeux et récreation scientifique, de Héraraud	1
José Maurício e Carlos Gomes, de Visconde de Taunay	1
L'âme de l'adolescent, de Pierre Mendousse, Paris, 1947	2
L'Éducation de la parole, de Jagot, Paris, 1929	1
L'éducation des enfants anormaux, de Descoeudres	1
L'éducation nouvelle, de Demolins, França, 1899	1
L'éducation nouvelle, de EHM, Paris, 1938	1
L'éducation, de Dupanloup	2
L'enseignement du travail manuel à l'école primaire, de M. Charles, Paris, 1922	1
L'experimentation en pédagogie, de Buyse, Bruxelas, 1935	1
L'iniciation a l'ativité intellectuelle et motrice par les jeux éducatifs, de Monchamp e Decroly	1
L'iniciation à la methode des test, de Sydney e Lucilla e Pressey	1
La autonomia em la escuela, de Jean Piaget e Heller, Buenos Aires, 1941	1

continua

continuação

Obras Citadas pelos Manuais Brasileiros Metodologia 1941-1970	Recorrência
La ciencia de la educación, de Ruiz e Tirado, México, 1940	3
La cooperación em la escuela, de Ballesteros	1
La educación ativa, de Mallard e Cutó	2
La educación intelectual, de Ramon Ruiz Amado	1
La educación nueva, de Lorenzo Luzuriaga, Tucuman, 1943	1
La enseñanza de la composición al niño, de Alejandro Gali, Barcelona, 1933	1
La enseñanza de la escritura, de Dottrens	1
La enseñanza de la escritura, de Dottrens, Madrid, 1934	1
La enseñanza de la historia, de Lavisse e outros, Madrid, 1934	1
La enseñanza de le lectura y de la escritura en la escuela primaria, de Valenzuela, Santiago, 1943	1
La enseñanza del lenguage, de Domingos Tirado Benedi, Barcelona, 1939	1
La enseñanza del lenguage, de Domingos Tirado Benedi, Buenos Aires, 1939	2
La escuela a la medida, de Edouard Claparède, Madrid	2
La escuela nueva y sus procedimientos didácticos, de Adolf Rude, Barcelona, 1937	1
La escuela, el maestro y el material de enseñanza, de M. Cossio, Madrid, 1926	1
La experimentación em pedagogia, de Buyse	1
La experimentación pedagógica, de Buyse, Barcelona, 1937	1
La función de globalización y la enseñanza, de Ovídio Decroly, Madrid, 1927	1
La geografia en la escuela primaria, de Fernandez, Havana, 1916	1
La inadaptación escolar, de Telma Reca, Buenos Aires, 1944	1
La iniciación a la actividad intelectual y motriz por los juegos educativos, de Ovídio Decroly e Monchamp	1
La iniciación matemática, de Laisant, Paris, 1917	1
La lectura silenciosa, de Anderson, Madrid, 1934	1
La lécture silencieuse, de Anderson	1
La liberté de l'enfant à l'école active, de Adolph Ferrière	1
La medida del nivel mental, de Serebrinsky, Buenos Aires, 1944	1

continua

continuação

Obras Citadas pelos Manuais Brasileiros Metodologia 1941-1970	Recorrência
La medida objetiva del trabalho escolar, de Alejandro Gali, Madrid, 1929	1
La méthode Decroly, de Amélie Hamaide	2
La méthode des tests, de René Nihard	1
La metodologia de la aritmética y de la geometria, de Margarida Comas, Buenos Aires, 1941	1
La prática de la escuela activa, de Adolphe Ferrière, Madrid, 1928	1
La pratique des testes mentaux, de Buyse e Ovídio Decroly	1
La psychologie des écoliers, de Philippe	1
La rédaction chez les petis, de Marie Fargues	1
La science amusante, de Tom Tit	1
La vida psiquica del adolescente, de Charlote Buhler, Buenos Aires, 1947	1
La vie des insectes, de Fabre	1
Le calcul est la mésure au premier degré de l'école Decroly, de Ovídio Decroly e Hamaide	1
Le calcul et la mésure au premier degré de l'école Decroly, de Ovídio Decroly e Hamaide, 1932	1
Le calcul et la mésure au premier degrée de l'école Decroly, de Ovídio Decroly e Hamaide	1
Le catholicisme, ses pédagogues, as pédagogie, de De Hovre	1
Le méthode Decroly, de Amélie Hamaide	1
Le travail manuel dans les école primaires élementaires, de Beauvisage, Paris, 1910	1
Lecciones de didactica, de Lombardo Radice, Barcelona, 1933	1
Lecciones de didactica, de Lombardo Radice, Barcelona, 1935	1
Lecciones de didactica, de Lombardo Radice, Madrid, 1933	1
Lecciones de pedagogia aplicada al trabajo manual, de Dill, México, 1918	1
Leçons d'arithmétique, de Caraça	1
Leis, de Platão	1
Leitura e linguagem no curso primário, INEP, 1949	1
Lendas e contos do Brasil, de Oswaldo Orico	1
Ler e brincar, de Juraci Silveira, Rio de Janeiro, 1944	1
Ler e brincar, de Juraci Silveira, Rio de Janeiro, 1948	1

continua

continuação

Obras Citadas pelos Manuais Brasileiros Metodologia 1941-1970	Recorrência
Les anomalies mentales, chez écoliers, de Philippe e Boncour	1
Les écoles de demain, de John Dewey, Paris, 1931	1
Les éditions du cerf, de Juvisy	1
Les idées modernes sur les enfants, de A. Binet	5
Les idées pédagogiques de Don Bosco, de Breckk, Paris	1
Les merceilles de l'instinct chez les insectes, de Fabre	1
Les sciences géografiques, de Vallaux	1
Lezioni de algebra complementari, de Niewenglouski	1
Lições de didática, de Lombardo Radice	1
Lições de filologia portuguesa, de José Leite Vasconcelos	1
Lições de linguagem, de Robert Keller	1
Lições de português, de Otoniel Mota	1
Lições de português, de Otoniel Mota, São Paulo	1
Lições de português, de Sousa Silveira	1
Lições de química (2 volumes), de Basin	1
Lírica de Camões, de José Maria Rodrigues	1
Literatura infanto-juvenil, de Antônio D'Ávila	1
Logica y nociones de teoria del conocimiento, de Francisco Romero e Pucciarelli, Buenos Aires, 1939	1
Lógica, de Francisco Romero e Pucciarelli	1
Los fines, las materias y los metodos de la educación, de John Dewey, Madrid, 1927	1
Los fundamentos de la psicologia, de João de Sousa Ferraz	1
Machado de Assis, de Eduardo Carlos Pereira	1
Machado de Assis, de Lúcia Miguel Pereira	1
Manual de califasia, califonia, calirrítmia e a arte de escrever, de Silveira Bueno	1
Manual de filosofia, de Karl Jaspers	1
Manual de metodologia prática, de Armas de Baéz, Havana, 1928	1
Manual de pedagogia moderna, de Everardo Backheuser	1
Manual de pedagogia moderna, de Everardo Backheuser, Porto Alegre, 1942	1
Manual de testes, de Afro do Amaral Fontoura, Rio de Janeiro	1

continua

continuação

Obras Citadas pelos Manuais Brasileiros Metodologia 1941-1970	Recorrência
Manual do professor primário, de Teobaldo Miranda Santos, São Paulo	2
Manual do professor primário, de Teobaldo Miranda Santos, São Paulo, 1947	1
Manuel de philosophie thomiste, de Collin, Paris, 1937	1
Mapa geral das bandeiras paulistas, de Afonso de Taunay	1
Mauá, de Alberto Faria	1
Meios de expressão, de Said Ali	1
Memorial de Aires, de Machado de Assis	1
Memórias para a história da Capitania de S. Vicente, de Fr. Gaspar Madre de Deus	1
Menão, de Platão	1
Metodologia da história na aula primária, de Jonathas Serrano	1
Metodologia da história na aula primária, de Jonathas Serrano, Rio de Janeiro, 1917	1
Metodologia da leitura e da escrita, de Doreste, Porto, 1938	1
Metodologia da linguagem, de Budin, São Paulo, 1949	1
Metodologia da linguagem, de Leão Carneiro, Rio de Janeiro, 1950	1
Metodologia das ciências físicas e naturais, de José de Almeida	2
Metodologia das ciências físicas e naturais, de José de Almeida, Rio de Janeiro, 1925	1
Metodologia das ciências físicas e naturais, de José de Almeida, Curitiba, 1941	1
Metodologia das ciências físicas e naturais, de Moisés Xavier Araújo, Rio de Janeiro, 1933	1
Metodologia das ciências físicas e naturais, de Xavier Araújo	1
Metodologia das ciências físicas e naturais, de Xavier Araújo, Rio de Janeiro, 1933	1
Metodologia das ciências naturais, de Vicente Valls, Porto, 1936	1
Metodologia de la aritmética education, de Benchara, Oxford, 1921	1
Metodologia de la aritmética elemental, de E. Pérez Somozo, Havana, 1930	1
Metodologia de la aritmética elemental, de J. Peres Somosa, Havana, 1940	1
Metodologia de la aritmética y la geometria, de Margarida Comas, Madrid, 1932	1

continua

continuação

Obras Citadas pelos Manuais Brasileiros Metodologia 1941-1970	Recorrência
Metodologia de la aritmética y la geometria, de Margarida Comas, Buenos Aires, 1944	1
Metodologia de la enseñanza de la história, de V. Delfino, Buenos Aires, 1912	1
Metodologia de las ciencias físicas, de Vicente Valls, Madrid, 1933	1
Metodologia de las ciencias naturales y la agricultura, de Bargalló, Réus, 1931	1
Metodologia de las ciencias naturales, de Vicente Valls, Madrid, 1932	1
Metodologia de los problemas, de Charenton, Madrid, 1930	1
Metodologia del lenguage, de Alpera, Buenos Aires, 1945	1
Metodologia del lenguaje, de Alpera, Madrid, 1933	1
Metodologia del linguage, de Alpera, Madrid, 1933	1
Metodologia do ensino da geografia, de Delgado de Carvalho, Rio de Janeiro, 1925	1
Metodologia do ensino geográfico, de Delgado de Carvalho	1
Metodologia do ensino geográfico, de Delgado de Carvalho,	1
Metodologia do ensino primário, de Afro do Amaral Fontoura, Rio de Janeiro	4
Metodologia especial de la enseñanza primária, de Mercante, Buenos Aires, 1921	1
Metodologia, de Adolfo Lima	1
Metodologia, de Mercante	1
Metodologia, de Teobaldo Miranda Santos	1
Meu mestre de física, de Miguel Milano	1
Modern elementary school practice, de Freeland, Nova Iorque, 1927	1
Modern elementary school practice, de Freeland, Nova Iorque, 1926	1
Modern methods in teaching, de B. Wilson, Boston, 1924	1
Modern methods in teaching, de George Kyte, Nova Iorque, 1924	1
Modern methods in teaching, de Wilson, Kyte, Goerge e Herbert, 1924	1
Museos y exposiciones escolares, de José Xandri Pich, Madrid, 1927	1
Na era das bandeiras, Afonso de Taunay	1
Na planície amazônica, de Raimundo Morais	1
Niños indisciplinados, de Elemer Von Karman, Buenos Aires, 1941	1
Noções de álgebra e análise, de Cohen	1

continua

continuação

Obras Citadas pelos Manuais Brasileiros Metodologia 1941-1970	Recorrência
Noções de Cosmografia e geografia, de Artur Campos Gonçalves	1
Noções de higiene escolar, de Aristides Ricardo	1
Noções de higiene escolar, de Aristides Ricardo, São Paulo, 1936	2
Noções de História da Educação, de Teobaldo Miranda Santos	1
Noções de história da educação, de Teobaldo Miranda Santos, São Paulo, 1945	1
Noções de psicologia aplicada à educação, de Iago Pimentel	1
Noções de psicologia educacional, de Teobaldo Miranda Santos, São Paulo, 1945	1
Noções de sociologia, de Achiles Archero Jr.	1
Noções de sociologia, de Me. Francisca Peeters	1
Noções educativas de modelagem, de B. C. Morais	1
Notas de metodologia matemática, de Sanchez Pérez, Porto, 1921	1
O crescimento mental, de João Toledo	1
O descobrimento do Brasil, de Capistrano de Abreu	1
O desenho a serviço da educação, de Artur Perrelet	1
O desenho a serviço da educação, de Artur Perrelet, Rio de Janeiro, 1930	1
O desenho a serviço da educação, de Artur Perrelet, Rio de Janeiro, 1930	1
O desenho natural para a escola e a auto-instrução, de Pedro Schmidt, 1830	1
O desenho racional na escola, de Lienaux	1
O grande imperador, de Visconde de Taunay	1
O livro escolar brasileiro, de Vicente Peixoto	1
O Marquês de Barbacena, de J. Calógeras	1
O método dos testes, de René Nihard, São Paulo, 1947	1
O meu idioma, de Otoniel Mota	1
O periquito, de João Kopke	1
O problema do ensino secundário e a decadência do ensino no Brasil, de padre Arlindo Vieira	1
O problema nacional brasileiro, de Alberto Torres	1
O professor, de Everardo Backheuser	1
O selvagem, de Couto de Magalhães	1
O tesouro da criança	1

continua

continuação

Obras Citadas pelos Manuais Brasileiros Metodologia 1941-1970	Recorrência
O trabalho dos menores, de Silvio de Almeida Toledo, São Paulo, 3-6/1937	1
Oração aos moços, de Rui Barbosa	1
Organização de museus escolares, de Leontina da Silva Busch	2
Organización escolar, de Ballesteros e Sainz, Madrid, 1925	1
Organización escolar, de Ballesteros e Sainz, Madrid, 1934	1
Orientação ao estudo de desenho e trabalhos manuais na escola primária, de Judith Melo, Rio de Janeiro, 1933	1
Orientação educacional, de Aracy Muniz Freire	1
Os africanos no Brasil, de Nina Rodrigues	1
Os Andradas, de Alberto de Sousa	1
Os centros de interesse na escola, de Abner de Moura, São Paulo, 1931	1
Os Lusíadas, de Epifâneo Dias	1
Os Lusíadas, de José Maria Rodrigues	1
Os métodos modernos de ensino da geografia, de Ruellan, Rio de Janeiro, 1943	1
Os sertões, de Euclides da Cunha	2
Os testes e a reorganização escolar, de Isaías Alves, Rio de Janeiro, 1934	3
Os testes, de Bela Szekely, Buenos Aires, 1948	1
Os vegetais, sua vida e sua utilidade, de E. de Sousa Brito	1
Palestras pedagógicas, de William James	1
Parecer, de Rui Barbosa, Brasil, 1882	1
Pedagogia – teoria e prática (2º volume), de Antônio D'Ávila	2
Pedagogia – teoria e prática (1º volume), de Antônio D'Ávila	1
Pedagogia – teoria e prática, de Antônio D'Ávila	1
Pedagogia científica, de Aguayo	1
Pedagogia científica, de Aguayo, São Paulo, 1935	1
Pedagogia científica, de Aguayo, São Paulo, 1936	5
Pedagogia científica, de Maria Montessori	3
Pedagogia e filosofia, de John Dewey	1
Pedagogia experimental, de Lay, Madrid, 1928	1
Pedagogia, de Alcântara Garcia, Madrid, 1919	1
Pedagogia, de padre Carlos Leôncio	1

continua

continuação

Obras Citadas pelos Manuais Brasileiros Metodologia 1941-1970	Recorrência
Pedagogia, de Paul Barth, Madrid, 1929	1
Pédagogie vécue, de Charrier, Paris, 1922	2
Pequeno dicionário brasileiro da língua portuguesa (um grupo de filólogos)	1
Pessoal extranumerário (Decreto-lei n. 1.321, de 23-2-1945)	1
Planos de lição, de João Toledo	2
Poetry in the school, de Jagger, Edimburgo, 1928	1
Populações meridionais, de Oliveira Viana	1
Português prático, de Marques da Cruz	1
Prática de ensino, de Teobaldo Miranda Santos, Rio de Janeiro, 1948	2
Prática de ensino, Teobaldo Miranda Santos	1
Práticas Escolares – 1º volume, de Antônio D'Ávila	1
Práticas escolares – 2º volume, de Antônio D'Ávila	4
Práticas escolares – 2º volume, de Antônio D'Ávila, São Paulo, 1944	1
Práticas escolares – 3º volume, Antônio D'Ávila	7
Práticas escolares, de Antônio D'Ávila, São Paulo, 1942	13
Práticas escolares, de Antônio D'Ávila, São Paulo, 1944	1
Précis de psychologie, de William James	1
Preparação ao nacionalismo, de Afonso Arinos de Melo Franco	1
Primi elementi della teoria dei numeri, de Rosatti e Benedetti	1
Princípios de sociologia, de Fernando de Azevedo	1
Princípios elementares de educação, de Gates	1
Princípios elementares de educação, de Thorndike, São Paulo, 1936	1
Principles and technique of teaching, de Frank Thomas, Boston, 1927	1
Problemas de administração escolar, de Luís Damasco Pena, São Paulo, 1936	1
Problemas de psicologia e pedagogia, de Ovídio Decroly	1
Problemas de psicologia y pedagogia, de Ovídio Decroly	1
Problemas práticos de física (cadernos de), de Heitor Lira da Silva	1
Problemas práticos de física elementar, de Heitor Lira da Silva	1
Profilaxia das doenças contagiosas, de Gustavo Lessa	1
Programa de Ensino para o curso primário, de José Ribeiro de Escobar, Pernambuco, 1929	1
Progressive methods of teaching, de Martin Stormzand, Boston, 1924	1

continua

continuação

Obras Citadas pelos Manuais Brasileiros Metodologia 1941-1970	Recorrência
Protágoras, de Platão	1
Psicologia da aritmética, de Thorndike	2
Psicologia da criança e psicologia experimental, de Edouard Claparède	1
Psicologia da criança, de Edouard Claparède, Rio de Janeiro, 1940	4
Psicologia da criança, de João de Sousa Ferraz	1
Psicologia da criança, de Teobaldo Miranda Santos, Rio de Janeiro, 1948	1
Psicologia da infância, de Silvio Rabello	1
Psicologia da infância, de Silvio Rabello, São Paulo, 1943	1
Psicologia de la edad juvenil, de Spranger, Buenos Aires, 1946	1
Psicologia de las materias de enseñanza primária, de Homer B. Reed, México, 1952	1
Psicologia de las materias de enseñanza primária, de Homer B. Reed, México, 1942	1
Psicologia del aprendizaje del dibujo, de Lopez, Havana, 1925	1
Psicologia del aprendizaje intelectual y manual, de W. H. Pyle	1
Psicologia del dibujo, de Royo, Havana, 1918	1
Psicologia del nino, de Robert Gaupp	1
Psicologia do comportamento, de Henri Piéron	1
Psicologia do desenho infantil, de Silvio Rabello	1
Psicologia do desenho infantil, de Silvio Rabello, São Paulo, 1933	1
Psicologia e lógica, de Karl Jaspersl	1
Psicologia educacional, de Teobaldo Miranda Santos	1
Psicologia evolutiva da criança, de Mira e Lopez, Rio de Janeiro, 1946	1
Psicologia experimental, de Henri Piéron, São Paulo	1
Psicologia humana, de João de Sousa Ferraz	1
Psicologia para estudantes de educação, de Gates	1
Psicologia para estudantes de educação, de Gates, São Paulo, 1939	2
Psicologia para maestros, de Lipmann	1
Psicologia pedagógica, de De La Vassière, Porto Alegre, 1929	1
Psicologia pedagógica, de De La Vassière, Porto Alegre, 1937	2
Psicologia social, Raul Briquet	1
Psicologia, de Sampaio Dória	1
Psicologia, de W. Warren	1

continua

continuação

Obras Citadas pelos Manuais Brasileiros Metodologia 1941-1970	Recorrência
Psychologie de l'enfant et psychologie expérimentale, de Edouard Claparède	1
Psychologie de la lecture et de l'écriture, de Javal	2
Psychologie et logique, de Cardeal Mercier	1
Psychologie expérimentale, de De La Vassière	1
Psychologie pédagogique, de De La Vassière	1
Questioni reguardenti le matematiche elementaria, de Wells	1
Quincas Borba, de Machado de Assis	1
Reéducation des déficients psychique et des retardés scolaires, de Mlle. Hoffer	1
Regime de verbos, de Pe. José Stringari	1
Rembrandt considerado como educador, de Langbehn	1
Réplica, de Rui Barbosa	1
Res nostra, de Calógeras	1
Rondônia, de Roquete Pinto	1
Ruralismo no bairro do Serrote, 5-6/1936	1
Ruralização, de Sud Menucci, 1944	1
Saudade, de Tales Castanho de Andrade, 1920	1
Science et méthode, de Poincaré	1
Série completa, de Mário Barreto	1
Serões gramaticais, de Ernesto Carneiro de Ribeiro	1
Sintaxe histórica portuguesa, de Epifâneo Dias	1
Sobre o teste Dearbon, São Paulo	1
Sociologia educacional, de Delgado de Carvalho	1
Souvenir entomologiques, de Fabre	1
Súmula didática, de Alberto Pimentel Filho	1
Teaching and learning in the elementary school, de Mossman, Boston, 1929	1
Teaching of history in elementary and secondary school, de Johnson, Nova Iorque, 1933	1
Teaching of the new geography, de Atwood e Thomas, Boston, 1935	1
Técnica da pedagogia moderna, de Everardo Backheuser, Rio de Janeiro, 1934	3
Técnica da pedagogia moderna, de Everardo Backheuser, Rio de Janeiro, 1936	1

continua

continuação

Obras Citadas pelos Manuais Brasileiros Metodologia 1941-1970	Recorrência
Testes ABC para verificação da maturidade necessária à aprendizagem da leitura e da escrita, de Manoel Bergström Lourenço Filho, Rio de Janeiro, 1933	1
Testes ABC, de Manoel Bergström Lourenço Filho	2
Testes ABC, de Manoel Bergström Lourenço Filho, São Paulo, 1933	1
Testes de inteligência nas escolas, de Isaías Alves, Rio de Janeiro, 1934	1
Testes de inteligência nas escolas, Distrito Federal	1
Testes para a medida do desenvolvimento da inteligência, A. Binet e T. Simon, São Paulo, 1929	1
Testes para a medida do desenvolvimento da inteligência, de A. Binet e T. Simon, São Paulo	1
The applied psychology of reading, de Brooks, Nova Iorque, 1926	1
The improvement of reading, de Gates	1
The nature and direction of learning, de William Burton, Nova Iorque, 1929	3
The practice of educational handowrk, de W. F. Fowler, Londres, 1912	1
The project method, de Kilpatrick, Nova Iorque, 1918	1
The psychology of arithmetic, de Thorndike, Nova Iorque, 1929	1
The psychology of reading, de Darborn, Nova Iorque, 1906	1
The teaching of geographu, de Branom e Branom, Boston, 1921	1
The teaching of geography, de Moore e Wilcox, Nova Iorque, 1932	1
The technique of curriculum making, de Harap, Nova Iorque, 1928	2
The technique of curriculum making, de Tarap, Nova Iorque, 1928	1
The technique of study, de Crawford, Boston, 1928	1
Théorie des nombre, de Lucas	1
Trabalho individual na escola segundo o Plano Dalton, de Lynch	1
Trabalhos manuais em madeira, de B. C. Morais	1
Trabalhos práticos de química, de H. Soares Brandão	1
Transformemos a escola, de Adolphe Ferrière	2
Transformemos la escuela, de Adolphe Ferrière, Barcelona, 1929	1
Transformemos la escuela, de Adolphe Ferrière, Madrid, 1929	1
Tratado de ensino do desenho, de Wilhelm Flitner	1
Tratado de física, de Raul Romano	1
Tratado de higiene, de J. Barros Barreto, Rio de Janeiro, 1942, 1945	2
Tratado de pedagogia, de Pedro Anísio	1

continua

continuação

Obras Citadas pelos Manuais Brasileiros Metodologia 1941-1970	Recorrência
Tratado de psicologia, de Dwelshauvers	1
Tratado teórico e prático de metodologia, de V. A. Achile, Paris, 1908	2
Trechos seletos, de Sousa Silveira	1
Trigonometria, de Kerscheinsteiner	1
Trigonometry, de Granville	1
Types of elementary teaching and learning, de Parker, Boston, 1930	1
Um ensaio de organização de classes seletivas do 1º grau, com o emprego dos testes ABC, de Manoel Bergström Lourenço Filho, São Paulo, 1931	2
Um esquema de sociologia geral, de Juvenal Paiva Pereira	1
Um retrospecto, de João Lourenço Rodrigues	1
Un programa escolar desarrollado en proyetos, de Wells, Madrid, 1929	1
Univeristy álgebra, de Wentworth	1
Valor educativo da ciência na escola elementar, de Clifford Woody	1
Viagem ao Araguaia, de Couto de Magalhães	1
Viagens de outrora	1
Vícios de linguagem, de Sandoval Figueiredo	1
Vida e educação, John Dewey, São Paulo, 1930	1
Vocabulário ortoépico remissivo, de Mário Gonçalves Viana	1
Vocabulário ortográfico, de Laudelino Freire	1
Vultos e episódios do Brasil, de Batista Pereira	1
Werkarbeit und klassenzimmer, de Hilbrand, Kesther, Lindemann e Stiehler, Leipzig, 1924	1

ANEXO 5
REFERÊNCIAS AOS AUTORES E TEXTOS PORTUGUESES NOS MANUAIS BRASILEIROS E REFERÊNCIAS AOS AUTORES E TEXTOS BRASILEIROS NOS MANUAIS PORTUGUESES

Referências aos autores e textos portugueses nos manuais brasileiros e referências aos autores e textos brasileiros nos manuais portugueses

Brasil nos manuais portugueses	*Portugal nos manuais brasileiros*
9 MENÇÕES AO PAÍS	10 MENÇÕES AO PAÍS
17 MENÇÕES A AUTORES 5 delas a *Teobaldo Miranda Santos* 4 delas a *Jonatas Serrano* 2 delas a *Manoel Bergström Lourenço Filho* 2 delas a *Tristão de Ataíde* 2 delas a *Leão Carneiro* 1 delas a *Everardo Backheuser* 1 delas a um *"pedagogo brasileiro"*	59 MENÇÕES A AUTORES 19 delas a *Mário Gonçalves Viana* 17 delas a *Faria de Vasconcelos* 12 delas a *Émile Planchard* 10 delas a *Alberto Pimentel Filho* 1 delas a *João de Barros*
15 MENÇÕES A LIVROS 3 delas ao *Psicologia educacional*, de Delgado de Carvalho 2 delas ao *Sociologia educacional*, de Delgado de Carvalho 2 delas ao *Humanismo pedagógico*, de Tristão de Ataíde 2 delas ao *Como se ensina história*, de Jonathas Serrano 1 delas às *Noções de psicologia*, de Teobaldo Miranda Santos 1 delas ao *Manual do professor primário*, de Teobaldo Miranda Santos 1 delas ao *Introdução ao estudo da Escola Nova*, de Lourenço Filho	84 MENÇÕES A LIVROS 18 delas ao *Pedagogia geral*, de Mário Gonçalves Viana (sem data, 1955, 1946) 7 delas ao *Pedagogia escolar contemporânea*, de Émile Planchard (1941, 1946) 6 delas *A investigação pedagógica*, de Émile Planchard 3 delas *A arte de estudar*, de Mário Gonçalves Viana (1943) 3 delas ao *Como se ensina aritmética*, de Faria de Vasconcelos (1934) 3 delas aos *Jogos e canções infantis*, de Augusto Pires de Lima 2 delas ao *Como se ensina a escrever*, de Faria de Vasconcelos (1934)

continua

continuação

Brasil nos manuais portugueses	Portugal nos manuais brasileiros
1 delas ao *Como ensinar linguagem*, de Firmino Costa 1 delas ao *Técnica da pedagogia moderna*, de Everardo Backheuser 1 delas ao *Como se ensina a aritmética*, de Everardo Backheuser	2 delas *A inteligência*, de Faria de Vasconcelos (1934) 2 delas *A arte de estudar*, de Faria de Vasconcelos (1937) 2 delas à *Pedologia*, de Alberto Pimentel Filho 2 delas *A educação integral*, de Mário Gonçalves Viana (1940) 2 delas a *Para observar as crianças*, de Faria de Vasconcelos 2 delas *A experimentação pedagógica*, de Émile Planchard 1 delas a *Como se aprende a estudar*, de Guerreiro Murta (1927) 1 delas à *Súmula didática*, de Alberto Pimentel Filho 1 delas a *Trabalhos manuais – seu valor educativo*, de J. A. Cunha Peixoto (1910) 1 delas a *Algumas considerações sobre a psicologia dos adolescentes*, de José Neiva (1942) 1 delas a *As regras de ensinar a maneira de escrever a ortografia portuguesa*, de Pedro de Magalhães, João Soares, Fernão de Oliveira e João de Barros 1 delas a *Notas de didática especial*, de José Maria Gaspar e Orbelino Ferreira (1946) 1 delas à *História da instrução popular em Portugal*, de D. Antônio da Costa 1 delas à *Gramática elementar da língua*, de João de Barros 1 delas à *Cartilha da língua portuguesa*, de Fernão de Oliveira 1 delas a *Como se ensinar a raciocinar em aritmética*, de Faria de Vasconcelos 1 delas à *Psicologia dos grupos*, de Mário Gonçalves Viana 1 delas ao *Fabulário*, de Mário Gonçalves Viana (1942) 1 delas à *Escolha das profissões*, de Mário Gonçalves Viana 1 delas *As modernas diretrizes do ensino primário*, de Mário Gonçalves Viana (1929)

continua

continuação

Brasil nos manuais portugueses	Portugal nos manuais brasileiros
	1 delas às *Apostilas aos dicionários*, de Mário Gonçalves Viana
	1 delas *A arte de aprender*, de Mário Gonçalves Viana (1947)
	1 delas *A arte da leitura*, de Mário Gonçalves Viana (1940)
	1 delas às *Lições de pedologia e pedagogia experimental*, de Faria de Vasconcelos
	1 delas *A arte de estudar*, de Faria de Vasconcelos (1936)
	1 delas à *Delinqüência e inteligência nos adolescentes*, de Faria de Vasconcelos (1936)
	1 delas à *Pedagogia contemporânea*, de Émile Planchard
	1 delas ao *Como se ensinar a escrever*, de Faria de Vasconcelos (1934)
	1 delas ao *Como ensinar a raciocinar em aritmética*, de Faria de Vasconcelos (1934)
	1 delas à *Arte de estudar*, de Faria de Vasconcelos (1936)
	1 delas *A função socializadora da aritmética*, de Faria de Vasconcelos
	1 delas ao *Vocabulário ortoépico remissivo*, de Mário Gonçalves Viana
	1 delas *A escolha da carreira para os nossos filhos*, de Faria de Vasconcelos (1936)
	1 delas à *Cartilha para aprender a ler*, de João de Barros
	1 delas à *Cartilha*, de João Soares
	1 delas à *Didática das ciências naturais*, de Faria de Vasconcelos (1936)

ANEXO 6
AUTORES DOS MANUAIS PEDAGÓGICOS

Autor	Formação	Atuação	Bibliografia	Contatos no Exterior
1. José Maria da Graça Afreixo Ovar 24/08/1842 Lisboa ??/??/1919	Seminário de Santarém; Escola Normal (S. Vicente de Lisboa); Faculdade de Direito.	Professor Primário; Professor vitalício de S. Vicente de Lisboa; Professor em Escola Central para o sexo masculino da cidade de Lisboa, no Largo de Intendente; Professor de cursos de preparação para os exames liceais; Professor de Escola Normal; Diversas tarefas na organização de revistas educacionais; Filantropia e associativismo.	Imprensa periódica; Conjunto de livros que lançaram as bases para um conhecimento mais "técnico" e "sistemático" da pedagogia. *Elementos de pedagogia para servirem de guia aos candidatos do magistério primário* (em colaboração com Henrique Freire), Lisboa, 1870. *Apontamentos para a história da pedagogia*, Lisboa, 1883. *Memória histórico-econômica do Conselho de Serpa*, Coimbra, 1884. *Boletim do Clero e do Professorado. A Escola* (Lisboa-Évora). *A Escola* (Coimbra). *Gazeta Pedagógica. Revista Pedagógica.*	
2. João Almeida				

continua

continuação

Autor	Formação	Atuação	Bibliografia	Contatos no Exterior
3. Domingos Rodrigues Anes Baganha Alcácer do Sal 20/02/1847 Lisboa 06/02/1911	Filho de professores primários; Instituto Industrial e Comercial de Lisboa/Engenheiro Maquinista; Instituto Agrícola de Lisboa.	Movimentos de tendência republicana e socialista; Intendente de pecuária do Distrito de Faro; Inspetor dos Serviços Pecuários da Circunscrição Sul; Participação em grupos mais conservadores; Escritos sobre educação.	Obras sobre pecuária; Livros que resultam da preparação de suas irmãs para os exames do magistério primário; Pequeno guia que revela claramente os conteúdos pedagógicos que eram exigidos aos professores primários; Artigos em revistas educacionais; *Noções elementares de pedagogia, para servirem de guia seguro aos candidatos ao magistério primário*, Porto, 1878. *Compêndio de moral.* 4ª edição, 1890. "João de Deus – Discurso", *Revista de educação e ensino*, v.XI, 1896, pp.347-56. *A escola. Revista de educação e ensino*.	
4. António da Fonseca Carvão Paim da Câmara Angra do Heroísmo 21/02/1864 Angra do Heroísmo 04/06/1931	Faculdade de Direito da Universidade de Coimbra.	Advogado, conservador do registro predial, administrador do conselho, governador civil, juiz de direito substituto; Professor de pedagogia e diretor da Escola de Habilitação ao Magistério Primário de Angra do Heroísmo; Professor provisório do 1º e 2º grupos do Liceu de Angra.	*Manual de pedagogia*, que é uma síntese de obras de autores portugueses e franceses. Este livro substitui um outro, considerado desatualizado, da autoria de Michel Charbonneau, traduzido por Raposo Botelho. O manual, apesar da falta de originalidade, acabou por ser um instrumento de trabalho importante para algumas gerações que tinham dificuldade em adquirir outra bibliografia. *Apontamentos para lições de pedagogia teórica e prática*, Angra do Heroísmo, 2 v., 1902-1903.	

continua

continuação

Autor	Formação	Atuação	Bibliografia	Contatos no Exterior
5. José Augusto Coelho Sendim (Tabuaço) 02/01/1850 Porto 18/06/1925	Seminário de Lamego; Faculdade de Teologia da Universidade de Coimbra (curso não concluído).	Carreira eclesiástica; Professor do ensino particular nas cadeiras de Filosofia e História nos colégios Nossa Senhora da Glória e de S. Lázaro, no Porto; Professor da Escola Normal do Porto. Começa por reger a cadeira de Ciências Físico-Químicas e depois a de Pedagogia; Muda para Lisboa, onde atua como professor da Escola Normal da Capital; Diretor interino da Escola Normal de Lisboa para o sexo masculino e da Escola Normal de Lisboa para o sexo feminino de Lisboa; Redator político de um jornal; Membro fundador da Sociedade de Geografia Comercial do Porto; Redator e Colaborador de revistas educacionais; Participação no Conselho Superior de Instrução Pública; Realizador de Conferências na Academia de Estudos Livres; Iniciador em Portugal da pedagogia com caráter científico.	Alguns de seus livros conheceram inúmeras edições, sendo o autor mais lido e divulgado no ensino normal, no campo da pedagogia e das metodologias. O seu trabalho contribuiu para a formação de várias gerações de professores primários e para a consolidação de uma determinada concepção de "pedagogia". A sua obra situa-se na ligação entre o "pensamento pedagógico" e a "formação de professores". *Princípios de pedagogia*, São Paulo, 4 v., 1891-1893. *Elementos de pedagogia para uso dos alunos das escolas normais primárias*, Lisboa, 1894. *Manual prático de pedagogia para uso dos professores em geral e em especial dos professores do ensino médio e primário*, Porto, 1894. *Organização geral do ensino aplicável ao estado atual da nação portuguesa*, Porto, 1896. *O ensino inicial de leitura*, 1898. *Manual prático de pedagogia*, Porto, 1901. *Noções de pedagogia elementar*, Lisboa, 1903. *A reforma do ensino primário*, Porto, 1909. *O correio das escolas. O ginasta. Educação Nacional. Revista pedagógica. O vintém das escolas.*	

continua

continuação

Autor	Formação	Atuação	Bibliografia	Contatos no Exterior
6. Domingos Evangelista ???? ??/??/18?? Porto ??/??/195?		Contribuiu para a edificação de uma pedagogia nacionalista que mergulha algumas de suas raízes em ideias da Educação Nova.	Colaborador da imprensa pedagógica, é também um dos principais autores de manuais escolares no período do Estado Novo. Assina ainda textos de apoio aos professores e materiais de caráter didático. Traduziu *A escola ativa*, de Ferrière. *A escola ativa* de Adolphe Ferrière (tradução, adaptação e comentário), Porto, 1934. *A escola ativa dentro da mística formal da escola portuguesa*, documento datilografado, 1934. *Elementos de pedagogia*, Porto, 1945. *Guia da legislação escolar destinado aos agentes do ensino primário e alunos das escolas do magistério*, Porto, 1945. *Educação nacional. Escola portuguesa*.	
7. Orbelino Geraldes Ferreira Vila Nova de Foz Côa 18/07/1914 Lisboa 13/01/1965	Pertence a uma "dinastia" de professores primários (filho de professores e pai de uma professora); Escola Normal Primária de Coimbra	Professor oficial em Santa Ovaia e em Vila Nova de Tazem; Professor de Didática Especial e de Legislação e Administração Escolares na Escola do Magistério Primário de Lisboa; É um dos homens que mais influenciou o ensino e a pedagogia das escolas do magistério primário, desde a reabertura destas instituições em 1943, após a remodelação operada pelo Estado Novo, até a década de 1960.	Seus escritos mais importantes situam-se no domínio da metodologia, merecendo realce as *Notas de didática especial* (em colaboração com José Maria Gaspar), que teve a primeira edição em 1944, e a *Didática prática* publicada em 1953. Nestas obras, e numa série de artigos na imprensa especializada, procede a uma divulgação de preceitos didáticos, principalmente nas áreas de aritmética, leitura, escrita, ortografia, geografia, história, desenho e trabalhos manuais.	As opções ideológicas do autor levam-no à procura de uma *tradição pedagógica portuguesa*, obra na qual critica os "pedagogos internacionalistas" e defende "o verdadeiro sentido da tradicional educação portuguesa, profundamente humana e cristã". É nesta linha de ação que devem ser lidos, também, os seus textos de cariz político, nos quais faz a apologia do regime salazarista e defende a "civilização cristã" contra o "ódio comunista".

continua

continuação

Autor	Formação	Atuação	Bibliografia	Contatos no Exterior
		A sua filosofia educativa baseia-se na articulação entre um discurso de cariz técnico (prático, metodológico) e uma referência sistemática aos valores tradicionais e à moral cristã. Para além da ação educativa, tem uma significativa intervenção política em defesa do ideário salazarista.	Tendo sempre como objetivo fornecer elementos úteis à ação pedagógica dos professores primários – e à formação dos alunos-mestres das escolas do magistério primário – ele acaba por desempenhar um papel importante na consolidação de uma cultura pedagógica, essencialmente técnica e metodológica. Um segundo plano de intervenção diz respeito à *Legislação e administração escolares*, obra que publica no ano de 1945, de novo em colaboração com José Maria Gaspar, funcionando como um auxiliar precioso sobre questões tão diversas como o modo de proceder ao recenseamento escolar, às matrículas e passagens de ano, à realização dos exames, à organização dos horários, à escrituração e estatísticas escolares etc. Ao propor uma leitura "oficiosa" de leis e regulamentos, essa obra criou uma cultura administrativa do ensino primário e difundiu mesmo uma cultura profissional a partir de uma interpretação dos "deveres dos professores". Foi ainda colaborador regular da imprensa pedagógica.	

continua

continuação

Autor	Formação	Atuação	Bibliografia	Contatos no Exterior
			Notas de didática especial (em colaboração com José Maria Gaspar), Porto, 1944. *Legislação e administração escolares* (em colaboração com José Maria Gaspar), Coimbra, 1945. *Tradição pedagógica portuguesa*, Lisboa, 1952. *Brasil pedagógico*. Lisboa, 1953. *Didática prática*, Lisboa s/d. *Badaladas*, Lisboa, 1957. *Braseiro da morte* (em colaboração com Pedro Pires e Mário de Oliveira), s/l, 1963. *Educação. O educador.*	
8. Francisco de Castro Freire S. Silvestre do Campo (Coimbra) 30/04/1811 Niza 10/03/1884	Faculdade de Matemática da Universidade de Coimbra; Faculdade de Filosofia da Universidade de Coimbra; Bacharelato na Universidade de Coimbra; Licenciatura na Universidade de Coimbra; Doutoramento na Universidade de Coimbra.	Vogal do Conselho de Instrução Pública; Leciona na Faculdade de Matemática da Universidade de Coimbra; Diretor da Faculdade de Matemática da Universidade de Coimbra; Vice-Reitor da Universidade de Coimbra; Provedor da Santa Casa da Misericórdia de Coimbra; Presidente da Junta-Geral do Distrito de Coimbra.	Dedica-se à poesia e colabora em revistas literárias. Docente universitário, o trabalho de Francisco de Castro Freire revela bem a importância que era concedida à preparação dos professores do ensino primário, cuja ação era considerada essencial para o progresso do país. Nesse sentido, ele é bem representativo de uma geração intelectual de meados do século XIX, que não desdenhou dedicar-se às questões da infância e da educação. *Manual para o exame de habilitação ao magistério de instrução primária* (em colaboração com Joaquim Freire de Macedo), Paris, 2 tomos, 1868.	

continua

continuação

Autor	Formação	Atuação	Bibliografia	Contatos no Exterior
			Memória histórica da Faculdade de Matemática, nos cem anos decorridos desde a reforma da Universidade em 1772 até ao presente, Coimbra, 1872. O Instituto.	
9. Henrique Augusto da Cunha Soares Freire Trafaria (Almada) 18/07/1842 São Brás de Alportel ??/11/1908	Liceu Municipal de Setúbal; Escola Normal Primária de Marvilha; Faz parte de uma elite do professorado primário, a primeira geração formada em uma escola normal.	Professor primário em Grândola, Almada, Lisboa e Funchal; Escrivão; Subinspetor da instrução primária em Leiria; Professor da Casa Pia de Lisboa; Professor de Escola Normal de Évora; Subinspetor escolar em Faro; Sócio-fundador da Sociedade de Instrução do Porto; Honorário da Sociedade de Escritores e Artistas de Madri; Correspondente do Retiro Literário Português do Rio de Janeiro, das sociedades de geografia de Anvers e Lisboa, da Real Associação dos Arquitetos Civis e Arqueólogos Portugueses; Cavaleiro da Ordem de Cristo; Um dos dinamizadores da escola normal e das conferências pedagógicas, no associativismo docente e na imprensa pedagógica;	Apóia o lançamento do periódico *Gazeta pedagógica* (1869-1870); Funda a revista pedagógica *A escola* (1884); Escreve obras para o magistério primário; Coautor com Graça Afreixo dos *Elementos de pedagogia para servirem de guia aos candidatos ao magistério primário*, exprime nessa obra, que conheceu diversas edições, as suas opiniões sobre as matérias necessárias "às novas exigências dos cursos normais": em páginas de grande clareza os autores assinalam os aspectos essenciais da organização da escola, da metodologia geral, da metodologia especial, da pedagogia, da educação física, da psicologia, da educação moral e da legislação relativa à instrução primária. *Elementos de pedagogia para servirem de guia aos candidatos ao magistério primário* (em colaboração com J. M. Graça Afreixo), Lisboa, 1870. *Compêndio de corografia de Portugal*, Lisboa, 1870. *Seleta de poesias infantis*, Funchal, 1874.	

continua

continuação

Autor	Formação	Atuação	Bibliografia	Contatos no Exterior
		É, a vários títulos, um dos melhores representantes da primeira geração de professores primários que tiveram uma formação profissional para o exercício do magistério e que vão lançar as bases da rede pública da instrução primária e do ensino normal nas décadas finais do século XIX.	*Pedagogia* (Biblioteca do Povo e das Escolas, nº 81), Lisboa, 1884. "Relatório sobre mobília e utensílios escolares", in *Conferências pedagógicas – Relatório das Conferências de Lisboa em 1883*, Lisboa, 1884, p.113-2. *Flores do magistério*, Évora, 1890. *As crianças*. *Boletim do Clero e do Professorado*. *A escola*. *Gazeta pedagógica*. *A instrução primária*.	Correspondente do Retiro Literário Português do Rio de Janeiro, das sociedades de geografia de Anvers e Lisboa, da Real Associação dos Arquitetos Civis e Arqueólogos Portugueses; Intervém ativamente nas conferências pedagógicas de Lisboa, em 1883, nomeadamente com um "Relatório sobre mobília e utensílios escolares, no qual explica a importância deste tema recorrendo a autores estrangeiros e a uma preocupação emergente com as questões da higiene.
10. José Maria Gaspar Ega (Condeixa-a-Nova) 29/10/1910 Ega (Condeixa-a-Nova) 30/09/1987	Estudos preparatórios de Filosofia e Teologia no Seminário de Coimbra; Diploma do Magistério Primário em Coimbra; Curso de Ciências Pedagógicas da Faculdade de Letras de Coimbra.	Professor Primário oficial em Coimbra, Crestuma e Mafamude; Diretor escolar adjunto em Viana do Castelo; Professor de Didática e Legislação da Escola do Magistério Primário de Coimbra; Inspetor-orientador da Escola do Magistério Primário de Coimbra; Professor de Psicopedagogia na Escola Normal Social (Coimbra); Presidente da Liga Escolar Católica; Vogal da Junta Nacional de Educação; Bolsista do Instituto de Alta Cultura em Espanha;	Fundador de *O orfãozito*, órgão da Santa Casa de Misericórdia de Coimbra, e de *Rumo*, jornal dos alunos da Escola do Magistério da mesma cidade, colabora ativamente na imprensa periódica, nomeadamente em revistas e jornais pedagógicos. Escreveu dois manuais para as escolas do magistério primário em colaboração com Orbelino Geraldes Ferreira. Também fez conferências. *Deus, Pátria, Família*: ensaio pedagógico (em colaboração com Orbelino Geraldes Ferreira), Porto, 1944. *Legislação a administração escolares* (em colaboração com Orbelino Geraldes Ferreira), Coimbra, 1945.	Bolsista do Instituto de Alta Cultura, na Espanha; Bolsista do Instituto de Alta Cultura, na França, e no Centro Internacional de Estudos Pedagógicos, em Sèvres; Nacionalista convicto, comunga dos ideais do Estado Novo, tendo desempenhado funções de alguma importância na União Nacional.

continua

continuação

Autor	Formação	Atuação	Bibliografia	Contatos no Exterior
		Bolseiro do Instituto de Alta Cultura em França, no Centro Internacional de Estudos Pedagógicos em Sèvres; Participa como delegado da L. E. C. no Congresso da União Mundial de Educadores Católicos (8/1957, Viena); Presidente da Câmara Municipal de Condeixa-a-Nova e da comissão concelhia da União Nacional, secretariando a Comissão Distrital de Coimbra da União Nacional; Colaborou, de certa forma, para o encerramento das Escolas do Magistério Primário em 1936 (trata-se de um momento que significa a transição entre a geração normalista republicana e o novo grupo docente ideologicamente alinhado com o Estado Novo); Nacionalista convicto, comunga dos ideais do Estado Novo, tendo desempenhado funções de alguma importância na União Nacional.	*Oiça! Senhora Professora*: ensaio pedagógico, Coimbra, 1945. *O cinema e a escola*, Coimbra, 1948. *Educação do adulto iletrado*: orientação psico-pedagógica e didática (em colaboração com Francisco de Sousa Loureiro), Coimbra, 1953. *Escola e formação humana*, Coimbra, 1964. *O problema missionário e a educação*, Coimbra, 1964. *A campanha. Educação. O educador. Entre nós. Escola portuguesa. Escola remoçada. Estudos. Humus. A nossa escola. Rumo. Seiva.*	
11. Bernardino da Fonseca Lage ???? ??/??/188? ???? ??/??/19??	Escola Normal de Lisboa.	Professor de Aritmética e Geometria, Ginástica e Pedagogia da Escola Normal para o sexo masculino de Coimbra; Bibliotecário da Escola Normal.	Manuais escolares para o ensino primário; Manuais para a escola normal; *Lições de metodologia*, Coimbra, 1923. *Metodologia especial – a língua e a literatura portuguesa na educação primária*, Lisboa, 1924.	

continua

continuação

Autor	Formação	Atuação	Bibliografia	Contatos no Exterior
			Geometria para as 3ª e 4ª classes do ensino primário elementar, Porto, 4ª edição, 1929. *Caderno de exercícios e problemas de aritmética para o ensino primário elementar: 2ª classe*, Lisboa, 4ª edição, 1935. *Caderno de exercícios e problemas de aritmética para o ensino primário elementar: 4ª classe*, Porto, 5ª edição, 1937. *Aritmética para todas as classes do ensino primário elementar: 3ª classe*, Porto, 6ª edição, 1943. *Didática geral da escola moderna*, Porto, 1945. *Soluções dos exercícios e problemas de aritmética contidos nos cadernos das 2ª, 3ª e 4ª classes do ensino primário elementar*, Lousã, 1947. *Geometria para o ensino primário elementar*, 10ª edição, Porto, 1956. *Escola portuguesa. Escola renovada. Revista escolar.*	
12. António Cândido De Almeida Leitão Coimbra 13/02/1880 Lisboa 11/01/1949	Direito na Universidade de Coimbra.	Advogado; Professor de Escola Normal para o sexo feminino de Coimbra; Professor em Liceu (Coimbra); Diretor das Escolas Normais de Coimbra, ficando encarregue de proceder à fusão das escolas para o sexo masculino e para o sexo feminino; Professor e Diretor da Escola Normal de Coimbra;	Escreveu manual de pedagogia para Escola Normal; Colaborador da imprensa pedagógica; "Instrução primária e ensino normal", *Revista pedagógica*, n.2, 1903, p.17-23. *Elementos de pedagogia*, Coimbra, 1906. *Primeiras noções de educação cívica*, Porto, 1913. *Legislação escolar: regime legal da escola primária*, Coimbra, 1913.	

continua

continuação

Autor	Formação	Atuação	Bibliografia	Contatos no Exterior
		Membro da Comissão encarregada de proceder aos trabalhos preparatórios para a instalação da nova Escola Normal Primária de Coimbra; António Leitão pertence à geração que pôs de pé o ensino normal nas primeiras décadas do século XX, assumindo, no entanto, uma postura mais institucional, o que levou, de algum modo, a uma menor participação nos movimentos pedagógicos que foram particularmente intensos na cidade de Coimbra, em grande medida graças à atividade de Álvaro Viana de Lemos; Ocupou importantes cargos políticos durante a República.	*A prisão-escola de Leiria*, s/l, s/d. *A escola nova. A federação escolar. A instrução do povo. Revista pedagógica.*	
13. Adolfo Ernesto Godfroy de Abreu e Lima Lisboa 28/05/1874 Lisboa 27/11/1943	Direito na Universidade de Coimbra.	Secretário substituto na 2ª Vara do Tribunal de Comércio de Lisboa; Advogado; Incursões no campo do teatro (escrita de peças infantis, tradução de peças estrangeiras, crítico teatral na imprensa, vogal de juri de admissão de peças de teatro D. Maria II etc); Tradutor de autores ligados a diversas áreas, do teatro à sociologia, passando pela literatura e pela psicologia; Professor da Escola Oficina nº 1; Diretor de Escola Normal de Benfica;	Escreve diversos livros e artigos ligados à educação, funda revistas e exerce funções como correspondente em Portugal de revistas pedagógicas estrangeiras, mantendo uma relação epistolar com alguns dos vultos principais da Educação Nova; *Educação e ensino* – educação integral, Lisboa, 1914. *O ensino da "história"*, Lisboa, 1914. *Orientação geral da educação*, Lisboa, separata da "Revista de Educação Geral e Técnica", 1916. *Metodologia*, Lisboa, 2 vo., 1921-1932.	Tradutor de autores ligados a diversas áreas, do teatro à sociologia, passando pela literatura e pela psicologia; Exerce funções como correspondente em Portugal de revistas pedagógicas estrangeiras, mantendo uma relação epistolar com alguns dos vultos principais da Educação Nova.

continua

continuação

Autor	Formação	Atuação	Bibliografia	Contatos no Exterior
		Diretor do Liceu Pedro Nunes; Trabalha nos serviços educativos de *A Voz do Operário*, na Liga Nacional de Instrução, na Associação dos Professores de Portugal, na Sociedade de Estudos Pedagógicos, na Liga de Ação Educativa; Adesão ao anarquismo (é preso por ocasião do Golpe de Estado de 1926).	*Pedagogia sociológica*, Lisboa-Porto, 2 v., 1929-1936. *Alma feminina. Atlântida. A batalha. Boletim pedagógico. A conquista do pão. O debate. Educação. Educação social. Escola nova. Germinal. A humanidade. O intransigente. Lumen. Os novos. Revista de educação geral e técnica. Terra livre. A última hora.*	
14. Francisco de Sousa Loureiro Chaves 29/10/1909 Coimbra 08/05/1979	Licenciado em Filologia Românica (provavelmente em Coimbra); Habilitado para o Magistério Liceal.	Professor de Liceu D. João III, em Coimbra; Diretor da Escola do Magistério Primário de Coimbra; Trabalha no sentido de uma "educação nacionalista".	Manual de didática para escola normal; Livros para o ensino da gramática na escola primária; Livros acerca da educação de adultos; *O que penso sobre o ensino da Gramática: ensaio crítico para o exame de estado do 2º grupo no Liceu de D. João III*, Coimbra, 1940. *Lições de pedagogia e didática geral*, Coimbra, 1950. *Educação do adulto iletrado: orientação psico-pedagógica e didática* (em colaboração com José Maria Gaspar), Coimbra, 1953. *Rumo*.	Trabalha no sentido de uma "educação nacionalista".
15. Alberto Pimentel Filho Lisboa 21/11/1875 Lisboa 15/07/1950	Escola Politécnica (provavelmente em Lisboa); Escola Médico-Cirúrgica (provavelmente em Lisboa).	Professor de Escola Normal de Lisboa.	Manuais para a Escola Normal; A sua obra merece um estudo mais atento, na medida em que ela se situa em um momento crucial de afirmação das perspectivas cientificas em educação e de consolidação institucional da formação de professores.	Excelente conhecimento dos debates em curso no plano internacional.

continua

continuação

Autor	Formação	Atuação	Bibliografia	Contatos no Exterior
			Psicofisiologia, Lisboa, 1916. *Lições de pedagogia geral e de história da educação*, Lisboa, 2ª edição, 1932. *Breves indicações acerca dos testes de Binet e Simon*, Lisboa, 1932. *Súmula didática*, Lisboa, 1933. *Pedologia (esboço de uma história natural da criança)*, Lisboa, 2ª edição, 1935-1936. "A Sorbonne de Benfica", *A república*, 22 de junho de 1938.	
16. António Francisco Moreira de Sá Lisboa 14/08/1825 Almada 02/08/1880		Professor régio de instrução primária em Lisboa; Participação no movimento associativo do professorado; Membro da Associação dos Professores.	Escreveu manuais escolares (de história, geografia, corografia, doutrina cristã, ortografia, agricultura e pedagogia); Redator do *Jornal da Associação dos Professores*; Fundador e diretor do *Boletim do Clero e do Professorado*; *Compêndio de corografia portuguesa para uso dos alunos da instrução primária e secundária*. Lisboa, 1863. *Compêndio elementar de agricultura para uso das aulas primárias segundo o decreto de 30 de outubro de 1869*, Lisboa, 1870. *Compêndio de pedagogia coordenado conforme os programas de 8 de março de 1870 para os exames dos candidatos ao magistério*, Lisboa, 1870. *Compêndio de história elementar para uso dos alunos das aulas primárias*, Lisboa, 3ª edição, 1871. *Boletim do Clero e do Professorado*. *Jornal da Associação dos Professores*.	

continua

continuação

Autor	Formação	Atuação	Bibliografia	Contatos no Exterior
17. Rafael de Barros Soeiro	Habilitado com o Curso de Ciências Pedagógicas pela Universidade de Coimbra.	Professor efetivo da Escola do Magistério Primário de Braga.		
18. António Sena Faria de Cabral Azevedo Vasconcelos Castelo Branco 02/03/1880 Lisboa 11/08/1939	Descende, pelo lado paterno, de uma família de magistrados e, pelo lado materno, de uma família de proprietários rurais; Colégio religioso dos Padres do Espírito Santo; Liceu em Castelo Branco; Faculdade de Direito na Universidade de Lisboa; Estuda Ciências Sociais na Bélgica, onde obtém o título de doutor; O trajeto que segue não é de todo usual entre as elites ilustradas nacionais, além de sugerir uma ruptura com a tradição cultural familiar.	Professor na Universidade Nova de Bruxelas na área de psicologia e pedagogia; Assistente de laboratório de Guilherme De Greef (Universidade Nova de Bruxelas); Participou do programa de extensão universitária da Universidade Nova de Bruxelas como professor de Literatura Dramática; Participou de programa semelhante na Universidade Popular Portuguesa; Membro da Liga de Educação Nacional em Portugal; Professor de Ciências da Educação no Instituto Jean-Jacques Rousseau; Assistente no Laboratório de Psicologia Experimental dirigido por Claparède; Secretário do Bureau International des Écoles Nouvelles; Membro da Sociedade Belga de Pedotecnia; "Agente internacional" da Educação Nova; Inspetor escolar em Cuba, organizador de duas escolas novas, uma delas para crianças abandonadas; Organizador da seção de Psicologia e Pedagogia da Escola Normal Superior em La Paz (Bolívia);	Redator da *Revista Escolar*; Inicia a "Biblioteca de Cultura Pedagógica", onde publicará mais de uma dezena de títulos sobre variados assuntos ligados à educação, à psicologia e à orientação profissional; *Como se ensina a aritmética* (1933), *Como se ensina a escrever* (1934), *A inteligência* (1934), *Para observar as crianças* (1934), *Como se ensinar a raciocinar em aritmética* (1934), *O problema da fadiga escolar* (1934), *O valor físico do indivíduo* (1935), *O ensino da ortografia* (1935). Autor de uma obra vastíssima; *O ensino ético-social das multidões*, Lisboa, 1902. *Lições de pedagogia e pedologia experimental*, Lisboa, 1909. *Une école nouvelle en Belgique*, Neuchatel, 1915. *Problemas escolares* (série), Lisboa, 1921. *Lições de psicologia geral*, Lisboa, 1924. *Problemas escolares* (II série), Lisboa, 1929. *A obra do Instituto de Orientação Profissional*, Lisboa, 1933. *Obras completas* (org. José Ferreira Marques), Lisboa, 2 v., 1986-2000.	Breve estadia em Paris, em 1901; Longa permanência na Bélgica (7 anos) para estudar Ciências Sociais na Universidade Nova de Bruxelas, onde obtém o título de doutor; Será o labor acumulado durante estes anos europeus que carreará para Portugal, mas de forma contínua apenas depois das experiências americanas. Pelo estrangeiro ficará ainda alguns anos: estava num dos centros mais evoluídos da investigação psicológica e da experimentação pedagógica, tinha meios para trabalhar, participava de uma sociabilidade intelectual e científica onde pontificavam algumas das figuras mais significativas da moderna pedagogia e possuía o entusiasmo de quem quer fazer obra; Permanência na Suíça, lembrado por Ferrière como um dos grandes nomes da Escola Nova. Bem acolhido no seio do movimento das Escolas Novas, integra-se rapidamente nas suas instituições basilares de formação, organização, divulgação e investigação a funcionar em Genebra;

continua

continuação

Autor	Formação	Atuação	Bibliografia	Contatos no Exterior
		Diretor de Escola Normal em Sucre (Bolívia); Possuía o que as instituições educativas portuguesas mais careciam: cultura científica, domínio da prática pedagógica e experiência administrativa para reformar a educação nacional; Em Portugal, aderiu ao grupo "Seara Nova"; Profere inúmeras conferências; Professor da Escola Normal Superior em Portugal, ensina disciplinas ligadas à psicologia e à pedagogia; Diretor do Instituto de Orientação Profissional em Portugal; Publicista com um importante conjunto de obras de divulgação científica; Exerce atividades no campo da educação popular; Professor na Faculdade de Letras.	*Boletim da Liga de Instrução de Viana do Castelo. Boletim do Instituto de Orientação Profissional. A criança portuguesa. Educação. Educação nova. Educação popular. Educação social. O ensino do povo. Escola moderna. A escola primária. A saúde escolar. Seara Nova.*	Parte para a América Latina, onde cumpre a terceira fase do seu percurso vivido no exterior; vai primeiro para Cuba, depois para a Bolívia, atuando como formador, orientador e organizador; Suas primeiras experiências partilha com Adolphe Ferrière, Edouard Claparède, Pierre Bovet ou Ovide Decroly; Autor português mais conhecido no exterior.

Manuais Pedagógicos Brasileiros: escritores – sua formação, atuação, produção, áreas e lugares de circulação

Autor	Formação	Atuação	Bibliografia	Contatos Estrangeiro
1. Conte, Alberto		Lente de Psicologia e Pedagogia da Escola Normal de São Carlos		
2. Albuquerque, Irene de		Professora catedrática de Prática de Ensino do Instituto de Educação do estado da Guanabara; Professora catedrática de prática de ensino do Instituto de Educação; Professora de Metodologia dos cursos de aperfeiçoamento do Inep; Diplomada pelo Instituto de Educação do Distrito Federal e pela Faculdade Nacional de Filosofia	Autora de: *Matemática fácil e atraente*; *Jogos e recreações matemáticas* (livro do professor); *Noções de educação doméstica* (para o curso secundário); *Diário de Lúcia* (matemática, 4º ano primário); *Metodologia de matemática*, Rio de Janeiro, Conquista, 1958; *Testes para o curso primário*.	Fez cursos de aperfeiçoamento no George Peabody College for teachers.
3. Andrade, Benedito de		General; Professor catedrático de Contabilidade na Academia Militar das Agulhas Negras, onde foi um dos pioneiros na adaptação e aplicação do Sistema Morrison, com excelentes resultados; Professor de História da Educação no Ginásio e Escola Normal Santa Ângela, em Resende; Professor de Organização e Técnica Comercial na Escola Técnica de Comércio Dom Bosco, na mesma cidade.	*Contabilidade pública*, São Paulo: Atlas, 1970; *Prática de comércio*, São Paulo: Atlas, 1971; *Técnicas comerciais*, São Paulo: Atlas, 1971.	
4. Anísio, Pedro		Monsenhor; Lente de Pedagogia e Pedologia da Escola Normal do estado da Paraíba.		

continua

continuação

Autor	Formação	Atuação	Bibliografia	Contatos Estrangeiro
5. Araújo, Moisés Xavier de		Técnico em educação; Professor do Instituto de Educação do estado da Guanabara e de Niterói.		
6. Arquero Júnior, Aquiles		Ex-Assistente Geral do Departamento de Educação de São Paulo; Diretor da Escola Universitária de São Paulo.	*Os grupos sociais e a educação*, ensaio, São Paulo, Imp. Comercial, 1938, 88 p., 23,5 cm; *Lições de sociologia*, 2ª ed., S. Paulo, Ed. Publicações Brasil, 1939, 343 p.; *Dicionário de sociologia*, São Paulo: Ed. Publicações Brasil, 1939, 190 p., 18 cm; *A sociologia educacional*, in Revista Universitária, S. Paulo, 1940; *Lições de sociologia educacional*, S. Paulo: Ed. Publicações Brasil, 1940, 397 p. (Melo, 1954: 65)	
7. Backheuser, Everardo		Presidente da Comissão Nacional do Ensino Primário, do Ministério da Educação e Saúde (Brasil).		
8. Bonfim, Manuel (1868-1932)		Ensaísta; Um dos predecessores da Sociologia contemporânea (segundo Antônio Cândido) Professor da Escola Normal; Diretor do Pedagogium; Diretor do Laboratório de Psicologia Experimental "Pode-se dizer que Manoel Bomfim (1868-1932), quando comparado a outros ensaístas de seu tempo, passou mais ou menos despercebido. (...)	*O Brasil* (com uma nota explicativa de Carlos Maul), São Paulo: Companhia Editora Nacional, 1935; *A América Latina*: males de origem. Rio de Janeiro: Livraria Garnier, 1905; *O Brasil*: com uma nota explicativa de Carlos Maul, São Paulo, Companhia Editora Nacional, 1935; *O Brasil nação*: realidade da soberania brasileira, Rio de Janeiro, Francisco Alves, 1931.	

continua

continuação

Autor	Formação	Atuação	Bibliografia	Contatos Estrangeiro
		ao contrário do que aconteceu com a obra de outros ensaístas, suas obras não foram reeditadas. (...) Mas a razão fundamental para o esquecimento de sua obra decorre do fato de Manoel Bomfim estar adiantado com relação aos intelectuais de seu tempo, ou o fato de ser capaz de propor uma perspectiva para a qual esses intelectuais só discordavam quanto às razões de nossa inferioridade como povo, mas não dessa inferioridade; socialista, num período em que os nossos intelectuais, direta ou indiretamente, estavam seduzidos pelas realizações de Mussolini, Manoel Bomfim não poderia ser compreendido. Além disso, Bonfim tentava conciliar nacionalismo e socialismo, o que, para grande parte do pensamento de esquerda, durante muito tempo pareceu uma heresia política e teórica." (Leite, 1983, p.276).		
9. Borges, Circe de Carvalho Pio	Licenciada e bacharel em Pedagogia pela Faculdade Nacional de Filosofia da Universidade do Brasil; Diplomada pelo Instituto de Educação do Distrito Federal.	Professora catedrática do Instituto de Educação do Distrito Federal.		
10. Campos, Ismael de França		Engenheiro civil; Mestre em artes; Mestre em educação;		

continua

continuação

Autor	Formação	Atuação	Bibliografia	Contatos Estrangeiro
		Catedrático de Didática da Matemática do Instituto de Educação; Membro do Conselho Estadual de Educação.		
11. Cersósimo, Jonas	Bacharel em ciências jurídicas e sociais; Pós-graduado em Direito Criminal.	Professor de Psicologia, Sociologia, Economia e Direito; Membro da Academia de Letras Mackenzie; Autor intelectual e fundador do Movimento de Atualização Pedagógica.		
12. Coelho, Haydée Gallo	Professora primária diplomada pela Escola de Professores do Instituto de Educação do Distrito Federal.	Professora de ensino secundário da prefeitura do Distrito Federal; Professora de Prática de Ensino.		
13. D'Ávila, Antônio Jaú – 1903 São Paulo – 1989	Formou-se na Escola Normal Caetano de Campos, em 1920.	Professor de Educação da Escola Normal anexa ao Ginásio Ipiranga (1940) Ex-Diretor do Serviço de Orientação Pedagógica do Departamento de Educação de São Paulo (1947, 1949) Assessor Técnico da Divisão de Ensino no Senai em São Paulo (1962, 1965, 1966).	*As modernas diretrizes da didática* (tese de concurso, 1935); *Didática da Escola Nova* (Aguayo, cotradução, 1934); *Guia do estudante* – português (1940); *Guia de linguagem no curso primário* (no prelo em 1940); *O tesouro da criança* – leituras – 4 graus primários; *Literatura infanto-juvenil*; *D. Bosco* – biografia In Grandes Educadores; *Os interesses da adolescência* (palestra); Edmundo de Amicis (palestra); Santa Teresa de Jesus e o magistério (palestra); Saber e saber ensinar (palestra); Que fazer com os menores de 12 a 14 anos (palestra); A mulher no magistério de São Paulo (palestra);	

continua

continuação

Autor	Formação	Atuação	Bibliografia	Contatos Estrangeiro
			Os segredos da personalidade (palestra); Poesia e glória da Inconfidência Mineira (conferência); A multiplicidade das tarefas do professor (palestra); O professor em face do livro (palestra); Grandes figuras do magistério feminino (conferência); O adulto em face da criança (palestra); D. Bosco e a criança (conferência); Poesia e educação (conferência); Castigo e educação (conferência); Saudação aos professores de 1907 (discurso); Discurso de posse – Instituto Histórico e Geográfico de S. Paulo; *Páginas cívicas*: grandes figuras do magistério feminino, São Paulo: Sesi, 19--.	
14. Dorneles, Leny Werneck		Professora do Instituto de Educação.	Pátria e cidadania: 4º ano, Rio de Janeiro, Livro Técnico, 1971.	
15. Fagundes, Eunice Mendes		Professora do Instituto de Educação; Designada pela Coordenação Geral de Prática de Ensino, em 1962 e segundo instruções da Secretaria de Educação e Cultura, para desenvolver o programa experimental de Prática de Ensino da 1ª série do Curso Normal.		
16. Figueiredo, Ruy Santos		Professor de Técnica de Ensino do IAG da PUC; Professor de Relações Humanas da Escola de Engenharia da PUC;		

continua

continuação

Autor	Formação	Atuação	Bibliografia	Contatos Estrangeiro
		Ex-professor de Psicologia e Liderança da Escola Naval; Ex-conferencista de Técnica de Ensino para professores ITA; Conferencista sobre assuntos de Didática da PUC-RGS; Professor de Relações Humanas dos cursos de Gerência Financeira e Gerência de Marketing, do IAG da PUC; Professor de Recursos de Ensino do Curso de Técnica de Treinamento do IAG da PUC.		
17. Fontoura, Afro do Amaral		Professor da Pontifícia Universidade Católica do Rio de Janeiro, da Universidade do estado do Rio de Janeiro, da Faculdade de Serviço Social do Distrito Federal; Chefe do Departamento de Sociologia da Faculdade de Ciências Sociais; Técnico de Educação; Delegado do Governo junto a várias Escolas Normais; Professor de inúmeros cursos de aperfeiçoamento para professores	*Aspectos da vida rural brasileira*, Rio de Janeiro, 1945; *Diretrizes e bases da educação nacional*: introdução, crítica, comentários, interpretação, Rio de Janeiro: Editora Aurora, 1968; *Introdução à sociologia*, Rio de Janeiro, Editora Globo, 1955.	
18. Gaudenzi, Josefina de Castro e Silva		Professora primária com exercício em zona rural, em escola pré-vocacional; Professora em escola experimental e na Escola Primária do Instituto de Educação do Distrito Federal; Professora de Prática de Ensino;	*Estudos sociais na escola primária*: 1º ao 4º ano, Rio de Janeiro, Centro Brasileiro de Pesquisas Educacionais, 1964.	

continua

continuação

Autor	Formação	Atuação	Bibliografia	Contatos Estrangeiro
		Diretora da Escola Normal Carmela Dutra (da prefeitura do Distrito Federal); Professora de ensino secundário da prefeitura do Distrito Federal.		
19. Grisi, Rafael		Professor de Didática em cursos de formação docente primária e secundária.	*Ensino da leitura*: o método e a cartilha, São Paulo: Imprensa Oficial, 1946; *O ensino do vernáculo na escola secundária*, São Paulo, S. N., 1938, tese de livre-docência; *Lalau, Lili e o lobo...* pré-livro do principiante, São Paulo, Editora do Brasil, 1951; *Pedagogia e utopia*: o problema do "método didático universal", São Paulo, S. N., 1952.	
20. Jataí, Norah de Castro		Professora do Instituto de Educação; Designada pela Coordenação Geral de Prática de Ensino, em 1962 e segundo instruções da Secretaria de Educação e Cultura, para desenvolver o programa experimental de Prática de Ensino da 1ª série do Curso Normal.		
21. Köhn, Maria Lúcia de Freitas		Professora do Instituto de Educação; Designada pela Coordenação Geral de Prática de Ensino, em 1962 e segundo instruções da Secretaria de Educação e Cultura, para desenvolver o programa experimental de Prática de Ensino da 1ª série do Curso Normal.		

continua

continuação

Autor	Formação	Atuação	Bibliografia	Contatos Estrangeiro
22. Lima, Angelina de		Catedrática de Metodologia e Prática de Ensino do Instituto de Educação João Ramalho; Ex-professora de psicologia da Escola Normal de Campos do Jordão; Professora do curso de aperfeiçoamento para ingresso no magistério primário; Diretora do curso de orientação educacional através do livro especializado; Laureada pela Faculdade de Filosofia, Ciências e Letras da USP.		
23. Lopes, Wanda Rollin Pinheiro		Professora do Instituto de Educação; Designada pela Coordenação Geral de Prática de Ensino, em 1962 e segundo instruções da Secretaria de Educação e Cultura, para desenvolverem o programa experimental de Prática de Ensino da 1ª série do Curso Normal.		
24. Lourenço Filho, Manuel Bergström			Organizou a Biblioteca de Educação, uma coleção editada pela Melhoramentos entre 1927 a 1941. Algumas de suas obras foram integradas a essa coleção (Monarcha, 1997); Dentre os vários artigos publicados em periódicos educacionais e livros escritos pelo autor, pode-se destacar aqui: *A formação de professores: da Escola Normal à Escola de Educação*, Brasília, Inep, 2001;	Ao integrar a Sociedade Brasileira de Psicanálise, idealizada e fundada em 1927 por Durval Marcondes, figura então repudiada por grande parte da comunidade médica, para reunir pessoas leigas, mais intelectualizadas e interessadas no estudo e divulgação da teoria freudiana (Sagawa, 1980), Lourenço Filho, ao lado de outros professores universitários, médicos de diferentes

continua

continuação

Autor	Formação	Atuação	Bibliografia	Contatos Estrangeiro
			Tendências da educação brasileira, São Paulo: Melhoramentos, 19--; *Organização e administração escolar*: curso básico, São Paulo: Melhoramentos, 19--.	especialidades e não médicos, como o poeta Menotti del Picchia e o jurista Cândido Mota Filho, além de homens de letras, artistas, intelectuais e membros da alta sociedade paulista, cumpriu papel importante na implantação e divulgação da psicanálise, na época objeto de suspeitas e alvo de críticas que a denegriam.
25. Marcozi, Alaíde Madeira		Professora do Instituto de Educação.	*Siga aprendendo*, Rio de Janeiro: Civilização Brasileira, 1968.	
26. Matos, Luís Alves de		Catedrático de Didática Geral e Especial; Diretor do Colégio de Aplicação da Faculdade de Educação da Universidade Federal do Rio de Janeiro; Ex-catedrático e ex-diretor da Faculdade de Educação da Universidade do Distrito Federal.		
27. Menezes, Djacir		Doutor em ciências jurídicas e sociais; Catedrático de Psicologia da Escola Normal Pedro II; Membro do Instituto do Ceará.	*O Brasil no pensamento brasileiro*: introdução, organização e notas de Djacir Menezes, Rio de Janeiro: Inep, 1957; *Tratado de economia política*, Rio de Janeiro: Freitas Bastos, 1956; *Vida social e criação literária*, Rio de Janeiro: MEC, 1958; *Ensaio de biotipologia educacional*, Porto Alegre: Livraria Globo, 1941; *Professor*, Rio de Janeiro: Agir, 1946.	

continua

continuação

Autor	Formação	Atuação	Bibliografia	Contatos Estrangeiro
28. Moura, Maria de Nazareth		Membro do Conselho Estadual de Educação do estado de São Paulo; Diretora técnica da Colmeia, desde sua fundação; Professora de orientação educacional da Faculdade de São Bento da PUC; Professora de serviço social de grupo da Escola de Serviço Social da PUC-SP.		
29. Nérici, Imídeo Giusepe		Professor da Universidade Mackenzie, da Faculdade Municipal de Filosofia, Ciências e Letras de Taubaté, das Faculdades Metropolitanas Unidas, da Faculdade de Filosofia, Ciências e Letras Oswaldo Cruz, Colégio Estadual e Escola Normal Dr. Alarico Silveira; Ex-professor na Faculdade de Filosofia da Universidade do Distrito Federal	*Educação e maturidade*, São Paulo: Atlas, 1976; *Adolescência, o drama de uma idade*, Rio de Janeiro: Editora Fundo de Cultura, 1960; *Introdução à lógica*, São Paulo: Nobel, 1974; *Introdução à supervisão escolar*, São Paulo, Atlas: 1976; *Seus filhos, o sexo e você*: normas da educação sexual da infância à adolescência, Rio de Janeiro: Fundo de Cultura, 1958.	Membro da Interamerican Society of Psychology.
30. Passos, Ana Maria Diniz Porto		Professora do Instituto de Educação; Designada pela Coordenação Geral de Prática de Ensino, em 1962 e segundo instruções da Secretaria de Educação e Cultura, para desenvolver o programa experimental de Prática de Ensino da 1ª série do Curso Normal.		

continua

continuação

Autor	Formação	Atuação	Bibliografia	Contatos Estrangeiro
31. Pentagna, Romanda		Ex-Diretora do Instituto de Educação de Niterói; Ex-professora de Didática Geral e Especial, de Pedagogia da Faculdade Fluminense de Filosofia; Professora de Didática Geral do Instituto de Educação de Niterói; Ex-professora de Didática do Instituto Social da PUC; Ex-professora de Didática Geral do Instituto Social da Pontifícia Universidade Católica; Ex-Orientadora Educacional do Instituto de Educação de Niterói, ex-chefe da Divisão de Pesquisa de Orientação Pedagógica da Secretaria de Educação e Cultura do Estado do Rio de Janeiro; Professora de Didática Geral e de Psicologia Educacional do Instituto de Educação Prof. Ismael Coutinho (ex-Instituto de Educação de Niterói).	Súmulas de aulas dos cursos de férias (sobre seleção de classes de 1ª série e ortofrenia), 1ª ed., 1957, Gráfica Milone (divulgado pelo Le Bureau International d'Education, Genebra, nas línguas inglesa e francesa, no n.148 de seu Boletim); *Compêndio de pedagogia*, de acordo com os programas do Concurso de Ingresso no Magistério e das Escolas Normais do estado do Rio de Janeiro, 3ª ed., 1965, Livraria Freitas Bastos (divulgado pelo Le Bureau International d'Education, Genebra, nas línguas inglesa e francesa, no n.153 de seu Boletim); *Didática geral*, adotado nos Institutos de Educação e Escolas Normais do estado do Rio de Janeiro, recomendado em escolas de igual nível, no estado da Guanabara, projetado em todo Brasil, 4ª ed., 1964, Livraria Freitas Bastos (divulgado pelo Le Bureau International d'Education, Genebra, nas línguas inglesa e francesa, no n.160 de seu Boletim).	

continua

continuação

Autor	Formação	Atuação	Bibliografia	Contatos Estrangeiro
32. Penteado Jr, Onofre de Arruda		Do Instituto de Educação, da Universidade de São Paulo; Catedrático geral e especial da Faculdade de Filosofia, Ciências e Letras da Universidade de São Paulo.	*Compêndio de psicologia*: problemas de psicologia educacional, para o uso das escolas normais, São Paulo, FFLCH-USP, 1949; *Formação do professor secundário, a experiência e as escolas de prática*, São Paulo, FFLCH-USP, 1952; *Introdução ao estudo da orientação educacional*, São Paulo, FFLCH-USP, 1953; *Valores humanos na educação*, São Paulo, FFLCH-USP, 1957; *Do livro didático; Compêndio de psicologia, Problemas de psicologia educacional*, 2ª. ed., S. Paulo, Cruzeiro do Sul, 1949.	
33. Pontes, Maria Lúcia Guida Costa		Diretora-secretária do Curso de Orientação Educacional de São Paulo.		
34. Queirós, Brisolva de Brito	Licenciada em Pedagogia pela Faculdade Nacional de Filosofia da Universidade do Brasil; Diplomada pelo Instituto de Educação do Distrito Federal.	Professora de ensino secundário da prefeitura do Distrito Federal; Assistente de Administração escolar e Educação comparada da Faculdade Nacional de Filosofia.	Autora dos livros: *Geografia do Brasil* (curso de admissão); *A pedagogia geral de Herbert* (monografia); *S. Tomaz de Aquino e a educação* (monografia).	
35. Rego, Marion Vilas Boas Sá		Professora do Instituto de Educação.	*Treinamento de professores de primeiro grau: tarefas metódicas, estágio supervisionado*. Rio de Janeiro: INL/MEC, 1975; *Estudos sociais: guia do professor – livro 1*, Rio de Janeiro: Livro Técnico, 1968.	

continua

continuação

Autor	Formação	Atuação	Bibliografia	Contatos Estrangeiro
36. Reis, Amadice Amaral dos		Professora do Instituto de Educação; Designada pela Coordenação Geral de Prática de Ensino, em 1962 e segundo instruções da Secretaria de Educação e Cultura, para desenvolver o programa experimental de Prática de Ensino da 1ª série do Curso Normal.		
37. Santos, Teobaldo Miranda		Catedrático de Filosofia da Educação da Universidade Católica, da Faculdade de Filosofia de Santa Úrsula e do Instituto de Educação do Rio de Janeiro; Professor de Pedagogia da Escola Técnica de Assistência Social da Prefeitura do Distrito Federal; Ex-diretor da Escola Normal Oficial de Campos; Ex-catedrático de Prática do Ensino Primário da Univ. do Distrito Federal; Ex-diretor geral do Departamento de Educação Primária e do Departamento de Educação; Técnico-Profissional do Distrito Federal.	*Escola primária*: organização e administração, Rio de Janeiro, A Noite, 1943; *Organização social e política do Brasil*: de acordo com a nova constituição brasileira de 1969, São Paulo, Nacional, 1973.	
38. Toledo, João		Assistente técnico do ensino do estado de São Paulo; Inspetor geral do ensino do estado de São Paulo.	*Aprender a ensinar*, por Sheridan e White, trad. de parceria com Erasmo Braga, 1922; *Sombras que vivem*, Campinas, Tip. Genoud, 1923, 198 p.; *O crescimento mental*, S. Paulo, Imprensa Metodista, 1925; *Escola brasileira*, S. Paulo, Imprensa Metodista, 1925, 360 p.;	

continua

continuação

Autor	Formação	Atuação	Bibliografia	Contatos Estrangeiro
			Didática, S. Paulo: Livraria Liberdade, 1930; *Planos de lição*, S. Paulo: Livraria Liberdade, 1934, 332 p. ilus., 19 x 14 cm, S. Paulo; *Variações sobre motivos de história paulista*, S. Paulo: Imprensa Metodista, 1939, 255 p., 19 cm; Anhangüera e Rafael, in *O bom ginasiano*, por Máximo Moura Santos e Francisco Lopes de Azevedo, 2ª série, Rio: Alves, 1942, p.75-77; *Bandeirantes*, idem, 3ª série, p.22-25; *Pioneiros do ensino primário*, abre o volume, com prefácio de Leo Vaz, S. Paulo: Cruzeiro do Sul, 1944, 90 p. (Melo, 1954, p.464).	
39. Veloso, Dario		Lente catedrático de História Universal e do Brasil, do Ginásio Paranaense e da Escola Normal.		

SOBRE O LIVRO

Formato: 16 x 23 cm
Mancha: 27,5 x 49 paicas
Tipologia: Horley Old Style 11/15
Papel: Off-set 75 g/m² (miolo)
Cartão Supremo 250 g/m² (capa)
1ª edição Editora Unesp: 2018

EQUIPE DE REALIZAÇÃO

Capa
Marcelo Girard

Edição de texto
Arlete Sousa (Copidesque)
Nair Hitomi Kayo (Revisão)

Editoração eletrônica
Sergio Gzeschnik

Assistência editorial
Alberto Bononi
Richard Sanches

Impresso por :

gráfica e editora

Tel.:11 2769-9056